U0941378

2018年国家统一法律职业资格考试专题讲座系列

肖沛权讲刑事诉讼法

众合奉献

法考元年

肖沛权 编著

图书在版编目（CIP）数据

肖沛权讲刑事诉讼法/肖沛权编著．—北京：人民日报出版社，2017.11

ISBN 978-7-5115-5083-5

Ⅰ.①肖… Ⅱ.①肖… Ⅲ.①刑事诉讼法－中国－资格考试－自学参考资料 Ⅳ.①D925.2

中国版本图书馆 CIP 数据核字(2017)第 271568 号

书　　名：肖沛权讲刑事诉讼法
作　　者：肖沛权

出 版 人：董　伟
责任编辑：周海燕
封面设计：飞翔的企鹅

出版发行：人民日报出版社
社　　址：北京金台西路 2 号
邮政编码：100733
发行热线：（010）65369509　65369527　65369846　65363528
邮购热线：（010）65369530　65363527
编辑热线：（010）65369518
网　　址：www.peopledailypress.com
经　　销：新华书店
印　　刷：北京国马印刷厂

开　　本：787mm×1092mm　1/16
字　　数：442 千字
印　　张：18.25
印　　次：2017 年 12 月第 1 版　2017 年 12 月第 1 次印刷

书　　号：ISBN 978-7-5115-5083-5
定　　价：58.00 元

第十六版序

拥抱国家统一法律职业资格考试[①]

法律职业共同体成员，需要经由统一的入职资格考试而成为一个共同体。此乃一个法治国家不争的司法制度之基。幸运的是，在最近三十多年，我们在此道路上一直朝着正确的方向前进。

第一次国家律师资格考试始于1986年，其后每两年举行一次。邓公“南巡”讲话之后，考试主管部门决定在1992年之后每年举行一次。这一国家级考试制度的逐步规范化及其常年推行为我国早期建立统一的律师资格奠下制度之基，对保障律师队伍的整体较高法律素养居功甚伟。

但在同时期，法官、检察官的入职考试制度却迟迟未能同步建立。直到九十年代中期才有法、检两家各自组织的内部资格考试，这种自家考自家人的考试，在报名资格、命题组织、批卷以及通过率等环节的规范化、严肃性上都不足以与当时的国家律师资格考试相提并论，也客观上导致法、检两家队伍与律师队伍在整体法律素养上的难言优势甚至是劣势。这一局面与域外法治社会的情形恰形成对照。为此，从九十年代中后期开始，法律界有识之士疾呼建立统一司法考试制度，渐获体制内外的更多响应与回应。最终促成2001年10月最高人民法院、最高人民检察院、司法部联合颁布《国家司法考试实施办法（试行）》，规定除院长、检察长之外的所有新任法官、检察官以及律师必须参加统一的国家司法考试，取得法律职业资格证书。这是法官、检察官职业化启动的标志性工程。是年，三部门各自终止了初任法官资格、初任检察官资格、律师资格考试，于2002年初成功举行了首次国家统一司法资格考试，“三考合一”落地有声，法官、检察官、律师及公证员等四类主要法律职业群体的统一入口制度设

① 为节省篇幅，本丛书的第十六版只列本版的序言。前15版的序言，题目分别是：《我们工作的全部意义》（2017年，第十五版）；《法律人的时代担当》（2016年，第十四版）；《我们为什么学习法律》（2015年，第十三版）；《常识及其获取的路径》（2014年，第十二版）；《期待国家统一司法考试的再完善》（2013年，第十一版）；《众合三年：为法治而努力》（2012年，第十版）；《众合为什么：我们的法学教育观（下）》（2011年，第九版）；《众合为什么：我们的法学教育观（上）》（2010，第八版）；《再认真一些》（2009，第七版）；《与读者的愉快聊天》（2008，第六版）；《做法律的传播者》（2007，第五版）；《激情传道法治信仰》（2006，第四版）；《投身法学》（2005，第三版）；《法学教育的责任》（2004，第二版）；《写一本好书》（2003，首版）。有兴趣的读者可以到众合教育官网 www.zhongheedu.com 的图书频道阅读，也可以联系作者的新浪微博索取：民法李建伟，http://weibo.com/u/1924585171。

想获得实现。此举获得了法律界乃至全社会、全世界的一致好评，被普遍视为司法改革迈出了实质性、基础性的一步，也是取得的最大成果之一。①

在2002-2017年期间的将近16年间，② 这一举世瞩目、也被视为“中国第一考”的考试制度在组织、命题、报考、通过等多环节上都历经多次制度演变。总的情况看，可以从两方面来历说其制度演变的功过得失。

一方面，国家统一司法考试的权威性获得了更高层次、更大范围的认可。标志性之一，这项考试对于全国范围内法学院的法学教育发挥了极其深刻的潜移默化的影响；标志性之二，全社会参加这项考试的总人数一直保持稳定的增长，“港澳台”地区申请参考的人数也一直保持稳定；标志性之三，多种经验性证据证明，全社会对于司法考试的认知度也在稳定的上升。虽然法律法规并不要求公职律师、企业法律顾问须过司法考试，但绝大多数企业尤其是大中型企业（特别是国企）在招聘以上岗位时，几乎都无例外的要求应聘者的法律职业资格证书，尤其是国家国资委主管的历经多年的企业法律顾问资格考试，干脆取消了事。与国资委的决定类似，公安部关于全国警察执法资格考试的相关管理办法也规定，凡通过司法考试者可以免考。所有这些，既可以视为国家统一司法资格考试的外溢效应，也可以当作司法考试权威性不断受到全社会更高层次的认可的结果。类似的这些成就还有很多，无需一一列举，总之都可以视作司法考试制度在过去16年间取得的令人骄傲的成就。

但另一方面，司法考试在某些方面的规则变更与政策执行，也出现了不少令人遗憾或者困惑之处。众所周知，国家统一司法考试的制度设计灵魂在于“统一性”，也即保障法律职业共同体的门槛一统，保持司法人员在法律知识、法律意识、法律思维乃至法律信仰上的同质性。此处的统一性，包括参考人员的考试资格（也即教育背景）统一、考试内容（科目）与方式统一、过关分数统一、考试结果（颁发的法律职业资格证书）统一等各个方面。据我观察，在2001年的《国家司法考试实施办法（试行）》当年以及随后的三年（2002、2003、2004年）的实施中，基本上维持了这种统一性。但在其后的10多年间，这项考试统一性的坚守似乎越来越困难，甚至遭受一步步的啃噬。对此，2013年出版的本书第十一版的序言在当年的背景下曾经做过一一列举与深刻剖析。今天再次温习这篇序言，不仅未显落伍，而是更加的深刻。举其要者：特殊地区的照顾分数一降再降，有些地方的过关标准低的令人诧异；报考者的条件降格的区域面积越来越大，大专法律学历报考者愈来愈多；受“双降”（降低报考条件、降低通过分数）照顾的所谓“特殊地区”范围越来越大；通过率一升再升；③ 令人遗憾的“小司考”（即给西部等部分地区的现任法官、检察官开设带有明显照顾性质的“司考小灶”，据悉其通过率极高）。这些举措，站在中国特殊国情论的立场看，似乎应该获得更多的理解；但另一方面，也可以说削弱了司法人员职业化的入门标准，某种

① 参见贺卫方：《北大法学教授贺卫方阐述统一司法考试的方法》，载《南方周末》2001年7月23日；贺卫方：《统一司法考试的意义》，载《西政青年》2004年总第45期；李建伟：《本科法学教育、司法考试与法律职业共同体：关系架构及其改革命题》，载《中国司法》2007年第9期。

② 首次国家统一司法考试在2002年2月底举行，末代司考在2017年9月第三个周末举行，可谓跨度恰好十五年半。

③ 多年来司法考试过关率到底几何，似乎一直是一个秘密，考试组织者未见公开公布。但从司法部部长张军同志2017年9月16日视察中国政法大学考点时的讲话可知，2002-2016年的15次司法考试已有88.8万人通过司法考试获得法律职业资格，按照这一期间年均不超过35万人的实际参考人数计算，司法考试过关率维持在一个比较高的数字。考虑到前几次司法考试过关率不足两位数的实际，可见后期的通过率可能会更高。

意义上伤害了国家统一司法考试的权威性，也是不争的事实。

要之，实施了16年的国家统一司法考试，整体上取得的成绩非常之大，这是首先予以肯定的。但是，与时俱进的重大改革也是势在必行的。2014年10月中国共产党十八届四中全会通过的《关于全面推进依法治国若干重大问题的决定》对建设法治社会的全局作出整体性部署，将依法治国确定为党领导人民治理国家的基本方式，提出要保证公正司法，提高司法公信力，为此的重大制度保障就是加强法治工作队伍建设，包括“加强立法队伍、行政执法队伍、司法队伍建设”，具体的举措包括：“推进法治专门队伍正规化、专业化、职业化，提高职业素养和专业水平”，“完善法律职业准入队伍，健全国家统一法律职业资格考试制度，建立法律职业从业人员统一职前培训制度”，还要“加强法律服务队伍建设”，具体包括：“构建社会律师、公职律师、公司律师等优势互补、结构合理的律师队伍”，“各级党政机关和人民团体普遍设立公职律师，企业可设立公司律师”，“发展公证员、基层法律服务工作者、人民调解员队伍”等。作为执政党的纲领性文件，《关于全面推进依法治国若干重大问题的决定》不仅为建立取代国家统一司法考试的国家统一法律职业资格考试制度确立了框架，指明了方向，也提出了配套制度举措。

为贯彻执行《关于全面推进依法治国若干重大问题的决定》，中共中央办公厅、国务院办公厅在2015年年底印发《关于完善国家统一法律职业资格制度的意见》（以下简称《意见》）。《意见》明确规定建立健全国家统一法律职业资格考试制度，将现行司法考试制度调整为国家统一法律职业资格考试制度，同时改革法律职业资格考试内容，加强法律职业资格考试科学化、标准化、信息化建设。《意见》具体明确了法律职业的范围和取得法律职业资格的条件，一方面，在司法考试制度确定的法官、检察官、律师和公证员四类法律职业人员基础上，将部分涉及对公民、法人权利义务的保护和克减、具有准司法性质的法律从业人员纳入法律职业资格考试的范围，也就是扩大了需要法律职业资格的从业人员范围，另一方面，《意见》还分别从思想政治、专业学历条件和取得法律职业资格等三个方面明确了法律职业的准入条件，总体上看提升了未来有资格参加法律职业资格考试人员的法律专业学历条件。要之，通过“一扩一升”，法律职业资格考试不可仅仅被视为司法考试的升级版或者加强版，而是一个质的飞跃版。当然，至于与司法考试相比，哪些人员将被排斥在报考门外，哪些新法律职业需要持证上岗，还有待于十九大之后考试主管部门颁布的最新法规、政策来揭晓答案，让我们拭目以待。但无论细节如何，国家统一法律职业资格考试的时代已经来临了。

尚未拿到法律职业资格证书的法律学人，应该张开双臂，迎接这个新的时代。

我们期待，要珍惜来之不易的国家统一司法考试制度在促进法治专门队伍正规化、专业化、职业化上的重大贡献，坚定维护作为其正义灵魂的“统一性”，为此，未来的国家统一法律职业资格考试的制度设计成败要点包括：一是根本上杜绝小司考及所有类似“小灶”举措的再发生；二是既要统一本科层次的法学教育背景之报考资格，又要根据国情不可一蹴而就，应当尊重早前已经通过各种渠道取得法律学历文凭的基本期待权益，老人老办法，新人新办法；三是坚决统一过关分数，特殊地区的司法人员队伍的稳定通过其他制度性安排获得解决与保障；如确有必要设置C证，建议严格限定于欠发达的少数民族自治区域的少数民族考生；四是科学设计通过率，保持合理的总通过人数的社会保有量；五是下狠力气改革考试内容，依法限定在合理的法律科目，逐步推进考试方式的变革，改变目前过于依赖选择题的单纯笔试局面，突出对法理素养与执业能力的考查比重，等等。

在迎接与拥抱法律职业资格考试的新时期，众合教育的诸位教授同仁该当何为？自古以来，法律无不围绕着利益的分配这一核心问题而展开。之所以要进行利益分配，乃是物质供给的紧张所致，是人类面临的资源、利益稀缺性所致，也即韩非子所说的“人民众而财富寡”。由于半个多世纪前人口政策的严重失误，物质和利益稀缺的事实在当代的中国最为凸显，法律之于利益的定分止争更显紧要。放眼世界，全人类的物质生活的发展背景也是人多物寡、供不应求，这决定了必须以法律的统一性、规范性、利导性来推进物质利益的分配和主体交往的合作。在此背景下，法治不彰，意味着人类物质生活和利益分配的必然失序。这正是法治秩序成为不同民族、国家共同追求的基本缘由，即使在国际社会，建立国家间、国际组织间、私人主体间跨国交往、跨国贸易交往之基本秩序，也必须以国际法、冲突法为基准。[①] 那么，法律职业资格考试与此话题何干？我想，我们走向富强、公正、民主与法治社会之路的不二路径方向，就是走向开放社会。开放社会的实质是允许人们建立各种的联系，使得社会从星状体走向网体。就是青年学人熊培云提出的，衡量人类社会进步有两个关键词：一是自由，二是合作。[②] 对此我很赞同。比如我所讲授的专业领域民法的精神，一言以蔽之，就是在讲社会中人与人之间基于独立个体之前提自由地进行财产权、人身权的合作与交换。作为辅导各路法律精英人才顺利通过法律职业资格考试的本丛书作者而言，就如张军部长所言的，为法治建设输送更多的的优秀人才，就会大益于这个时代的法治事业。法治社会能否成功建设，这是关涉到我民族伟大复兴事业能否成功的最艰巨的考验之一。希望我们透过参与法律职业资格考试的尺寸之努力，能够有益于、助力于这项伟大事业的实现。

让本丛书的作者与读者，共同展开怀抱，一起迎接国家统一法律职业资格时代的到来，拥抱即将在2018年隆重登场的首次法律职业资格考试！

这一切的启端，从愉快的阅读本丛书开始。

是为序言。

2017年10月8日，初稿
10月18日，定稿

① 谢晖：《法律文化，沟通物质文化和精神文化的桥梁》，载《人民法院报》2011年12月16日，《法律文化周刊》第92期。

② 熊培云：《自由在高处》，新星出版社2011年版，第261页。

刑事诉讼法是我国的基本法律之一，它上通宪法，是宪法的权威注脚；下涉民权，是人权保障的标准尺度，在维护国家公平正义、保障公民合法权益、规范司法执法行为等方面起着决定性作用，具有不可估量的社会价值。在近几年的考试中，刑事诉讼法的考查分值稳定保持在70-80分的区间，地位可以说十分重要。而相较于存在多种学说争议的刑法、民法等实体法而言，刑事诉讼法所涉及的繁杂理论较少，难度相对较小，因此只要考生能透彻掌握法条，善于对关联知识点进行比较、归纳和总结，取得高分并非难事。

在阅读本书复习刑事诉讼法之时，考生朋友应当注意以下几点：

一、坚固基础，重视理论

近些年来考试不断重视对理论问题的考查，考题已不仅仅局限于对法条的直接考查，而愈加重视法条背后的理论支撑。如：2012年卷二第22题考查“尊重和保障人权”的基本理念，第23题考查社会主义法治理念和刑事诉讼理念，第64题考查刑事诉讼价值；2013年卷二第22题考查刑事诉讼目的理论，第23题考查刑事诉讼构造，第37题考查刑事审判原则；2014年卷二第24题考查刑事诉讼构造，第64题考查刑事诉讼法与宪法的关系；2015年卷二第22题考查刑事诉讼价值，第26题考查传闻证据规则，第64题考查程序法定原则；2016年卷二第22题考查刑事诉讼职能、审判原则、审判模式，第64题考查刑事诉讼法的独立价值，第74题考查审判监督程序的理念和功能；2017年卷二第26题考查证据规则的区分，第74题考查刑事审判模式等，都是围绕刑事诉讼理论进行命题。因此，考生在平时的复习过程中，应适当注意对理论的学习，掌握刑事诉讼法的核心理论，系统学习本书知识点，将基础打牢。

二、熟悉法条，关注新法

“以法设题”是司法考试的命题规律。对于考生而言，“以题寻法”，熟记重点高频法条，则是应对《刑事诉讼法》等法条型学科考试的重要策略。但在研习条文的同时也要学会推敲条文，理解记忆，掌握法条的考查方式和命题规律，切忌机械记忆。

此外，对于新增的司法解释，也要高度重视。即使其可能不是常规考点，也应当有针对性地对可考性强的法条进行深入掌握，因为每年的新增法条必然成为当年考试的易考点。具体体现在：2012 年卷二和卷四对当年考试大纲新增加的 2012 年《刑事诉讼法修正案》共考查了 50 余分；2013 年卷二和卷四对《刑事诉讼法修正案》及修改后的司法解释共考查了 50 分左右；2016 年卷二第 33、41、72、94 题对当年新增的《公安机关办理刑事案件程序规定》进行了考查。因此，考生在准备 2018 年法律职业资格考试时，应当重点掌握 2012 年《刑事诉讼法修正案》、《六机关规定》、《刑事诉讼法解释》和《高检规则》的修改之处以及 2018 年法律职业资格考试大纲新增的司法解释。

三、做透真题，总结规律

备战考试需要大量做题，但不等于盲目滥做，一味追求做题数量只能事倍功半。在复习过程中，应当掌握答题技巧，及时总结规律。历年真题是考试复习的指向标，考试从不回避常规考点，每年都会出现同样的知识点重复考查的现象，因此，通过大量的演练真题可找到出题者的出题规律，进而提高做题的准确性。具体到做题过程中，应当认真阅读习题解析，将题目的知识点提炼记忆，并思考该知识点是否有其他出题形式，如此举一反三，便能收到事半功倍之效。

本书在作者过去撰写的讲义基础上，结合最新考试命题趋势进行了大幅度调整，尤其是在刑事诉讼基础理论上进行了补强，按照考试要求设计出诸多专题，并对相似知识点进行了有价值的整理归纳，便于考生全面掌握考试的重点、难点和命题思路，帮助考生顺利通过考试。

最后，预祝各位考生顺利通过考试！

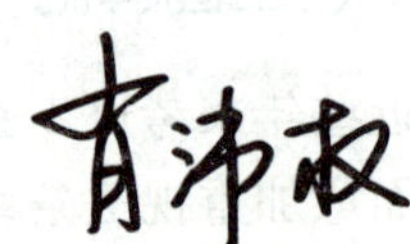

目
录
contents

专题一　刑事诉讼法概述

核心重点

刑事诉讼法与宪法的关系；刑事诉讼法与刑法的关系；刑事诉讼法与法治国家；惩罚犯罪与保障人权；程序公正与实体公正；诉讼效益与司法公正；刑事诉讼的价值；刑事诉讼的构造。

考点精要

- 概述
  - 刑事诉讼的概念
  - 刑事诉讼法的概念
  - 刑事诉讼法的渊源
  - 刑事诉讼法的任务
  - 刑事诉讼的目的
    - 根本目的：维护政治经济制度
    - 直接目的：惩罚犯罪和保障人权
  - 刑事诉讼的价值
    - 工具价值
    - 自身独立价值
    - （工具价值、自身独立价值）公正、秩序、效益
  - 刑事诉讼的主体
    - 专门机关
    - 诉讼参与人

第一节　刑事诉讼法概述

一、刑事诉讼

刑事诉讼，是指人民法院、人民检察院和公安机关（含国家安全机关等其他侦查机关）在当事人及其他诉讼参与人的参加下，依照法律规定的程序，追诉犯罪，解决被追诉人刑事责任问题的活动。

刑事诉讼具有以下特征：

1. 由人民法院、人民检察院和公安机关（含国家安全机关）主持进行。
2. 须依照法律规定的程序进行。
3. 在当事人及其他诉讼参与人的参加下进行。
4. 是实现国家刑罚权的活动。

二、刑事诉讼法

1. 概念。

刑事诉讼法，是指国家制定或认可的调整刑事诉讼活动的法律规范的总称。刑事诉讼法有狭义和广义之分。狭义的刑事诉讼法单指刑事诉讼法典，在我国即《中华人

民共和国刑事诉讼法》（自 1979 年颁布，经过 1996 年第一次修改，2012 年 3 月 14 公布的第二次全面修订）；广义的刑事诉讼法则指一切调整刑事诉讼活动的法律规范的总称（考试考的是广义的刑事诉讼法）。

2. 渊源。

宪法	刑事诉讼法是根据《宪法》制定的。《宪法》规定了许多与刑事诉讼直接相关的原则和制度，这些规定是刑事诉讼法的重要渊源。
刑事诉讼法典	即 1979 年 7 月 1 日通过，1996 年 3 月 17 日修正，2012 年再次修正的《刑事诉讼法》。它是我国刑事诉讼法的主要法律渊源。
有关的法律	指全国人民代表大会及其常务委员会制定的有关刑事诉讼的法律规定。如《刑法》、《人民法院组织法》、《人民检察院组织法》、《国家安全法》等。
有关的法律和规定	包括立法解释，如最高人民法院《关于执行〈中华人民共和国刑事诉讼法〉若干问题的解释》（以下简称《刑事诉讼法解释》）；以及司法解释，如最高人民法院、最高人民检察院、公安部、国家安全部、司法部、全国人大常委会法制工作委员会《关于刑事诉讼法实施中若干问题的规定》（以下简称《六机关规定》）、最高人民检察院《人民检察院刑事诉讼规则》（以下简称《高检规则》）。
地方性法规	指地方人民代表大会及其常务委员会颁布的地方性法规中关于刑事诉讼程序的规定。
有关国际条约	这些公约、条约为我国批准或者加入的，但保留条款除外。

三、刑事诉讼法与刑法的关系

1. 刑法是实体法，解决的是犯罪与刑罚的问题；刑事诉讼法是程序法，解决的是以何种程序追究刑事责任的问题。

2. 刑事诉讼法具有保障刑法正确适用的工具价值，也有自己独立的价值。

（1）工具价值，即刑事诉讼法在保障刑法实施方面的价值。

①通过明确对刑事案件行使侦查权、起诉权、审判权的专门机关，为查明案件事实、适用刑事实体法提供了组织上的保障。

②刑事诉讼法通过明确行使侦查权、起诉权、审判权主体的权力与职责及诉讼参与人的权利与义务，为查明案件事实及适用刑事实体法的活动提供了基本构架。同时，由于有明确的活动方式和程序，也为刑事实体法适用的有序性提供了保障。

③规定了收集证据的方法与运用证据的规则，既为获取证据、明确案件事实提供了手段，又为收集证据、运用证据提供了程序规范。

④关于程序系统的设计，可以在相当程度上避免、减少案件实体上的误差。

⑤针对不同案件或不同情况设计不同的具有针对性的程序，使得案件处理简繁有别，保证处理案件的效率。

（2）独立价值，主要表现为以下方面：

①刑事诉讼法所规定的诉讼结构、原则、制度、程序，体现着程序本身的民主、法治、人权精神，也反映出一国刑事司法制度的进步、文明程度，是衡量社会公正的一个极为重要的指标。

②刑事诉讼法具有弥补刑事实体法不足并“创制”刑事实体法的功能。

③刑事诉讼法具有阻却或影响刑事实体法实现的功能。

综上，刑事诉讼法既有保障刑法实施的工具价值，又具有独立价值。刑事诉讼法与刑事实体法相辅相成，构成国家统一的刑事法制体系。

刑事诉讼法的独立价值之一是具有影响刑事实体法实现的功能。下列哪些选项体现了这一功能？（2016-2-64，多）①

A. 被告人与被害人达成刑事和解而被法院量刑时从轻处理

B. 因排除犯罪嫌疑人的口供，检察院作出证据不足不起诉的决定

C. 侦查机关对于已超过追诉期限的案件不予立案

D. 只有被告人一方上诉的案件，二审法院判决时不得对被告人判处重于原判的刑罚

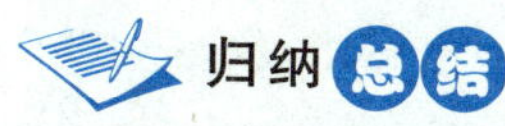

刑事诉讼法与刑法的关系	区别	1. 刑法（实体法）：犯罪与刑罚的问题。 2. 刑事诉讼法（程序法）：追诉犯罪的程序、追诉机关、审判机关的权力范围、当事人以及诉讼参与人的诉讼权利以及相互的法律关系。
	联系	两者有共同的目的（惩罚犯罪、保障人权、维护社会秩序、限制国家公权为目的）；刑事诉讼法保障刑法的实现；刑事诉讼法有其独立的价值。

四、刑事诉讼法与法治国家、宪法的关系

1. 刑事诉讼法与法治国家的关系。

刑事诉讼法规范并限制国家权力，从而成为保障公民基本人权和自由的基石，而国家权力得以规范行使与公民基本人权和自由得以充分保障，正是法治国家的标志。刑事诉讼法在实现法治国家方面的作用，集中体现在与宪法的关系之中。因为法治国家的标识是限制公权，保障私权自由。

2. 刑事诉讼与宪法的关系。

刑事诉讼法与宪法的关系，一方面，体现为刑事诉讼法在宪法中的的重要地位，以至于宪法关于程序性条款的规定成为法治国家的基本标志；而从世界各国来看，有关刑事诉讼的程序性条款构成宪法中关于人权保障条款的核心，故而，“宪法是静态的刑事诉讼法，刑事诉讼法是动态的宪法”。另一方面，体现为刑事诉讼法在维护宪法制度方面发挥的重要作用。国家要确保宪法所保障的公民基本权利，非依法不得侵犯；为维护宪法确认的制度和原则，国家制定刑法并通过刑事程序对破坏宪法制度而构成犯罪的人予以制裁。具体来说：（1）要通过刑事诉讼法保证刑法的实施来实现；（2）要通过刑事诉讼法本身的实施来实现。

刑事诉讼法与法治国家	1. 刑事诉讼法在实现法治国家方面的作用，集中体现在于宪法的关系之中。 2. 刑事诉讼法规范和限制国家权力，从而成为保障公民基本人权和自由的基石。而国家权力得以规范行使与公民基本人权和自由得以充分保障，正是法治国家的基本标志。
刑事诉讼法与宪法的关系	1. 一方面体现为在宪法中的重要地位，以至于宪法关于程序性条款的规定成为法治国家的基本标志。 2. 一方面体现为其在维护宪法制度发挥的重要作用。具体而言：第一，要通过刑事诉讼法保证宪法的内容实现。第二，要通过刑事诉讼法本身的实施来实现。

① 答案：A、B、D。

第二节　刑事诉讼法的制定目的与任务

1. 刑事诉讼法的制定目的。

《刑事诉讼法》第 1 条：为了保证刑法的正确实施，惩罚犯罪，保护人民，保障国家安全和社会公共安全，维护社会主义社会秩序，根据宪法，制定本法。

【高能提醒】

刑事诉讼法的四个目的：

1. 保证刑法的正确实施。
2. 惩罚犯罪，保护人民。
3. 保障国家安全和社会公共安全。
4. 维护社会主义社会秩序。

2. 刑事诉讼法的任务。

《刑事诉讼法》第 2 条：中华人民共和国刑事诉讼法的任务，是保证准确、及时地查明犯罪事实，正确应用法律，惩罚犯罪分子，保障无罪的人不受刑事追究，教育公民自觉遵守法律，积极同犯罪行为作斗争，维护社会主义法制，尊重和保障人权，保护公民的人身权利、财产权利、民主权利和其他权利，保障社会主义建设事业的顺利进行。

【高能提醒】

刑事诉讼法三大任务：

1. 首要任务：保证准确、及时地查明犯罪事实，正确适用法律，惩罚犯罪分子，保障无罪的人不受刑事追究。

2. 重要任务：教育公民自觉遵守法律，积极同犯罪行为作斗争。

3. 根本任务：维护社会主义法制，尊重和保障人权，保护公民的人身权利、财产权利、民主权利和其他权利，保障社会主义建设事业的顺利进行。

第三节　刑事诉讼的基本理念

一、惩罚犯罪与保障人权

1. 惩罚犯罪，是指通过刑事诉讼程序，在准确、及时查明案件事实真相的基础上，对构成犯罪的被告人公正地适用刑法，从而打击犯罪。即运用刑事实体法和刑事程序法来抑制犯罪。

2. 保障人权，是指在刑事诉讼中，保障诉讼参与人特别是犯罪嫌疑人、被告人的权利免受非法侵害。具体来说，有以下三点内涵：（1）无辜的人不受追究；（2）有罪的人受到公正处罚；（3）诉讼权利得到充分保障和行使。（注意：保障人权的对象是犯罪嫌疑人、被告人及其他诉讼参与人）

3. 惩罚犯罪与保障人权是具有密切联系、同等重要的两个方面，在刑事诉讼中要努力实现二者的结合。

【高能提醒】

在《刑事诉讼法》第2条中，增加了国家尊重和保障人权的内容，后面的很多制度修改都体现了保障人权的理念。比如辩护权的扩大，强制辩护范围的扩大，非法证据排除规则等等。

二、实体公正和程序公正

诉讼公正包含实体公正与程序公正两个方面：

1. 实体公正即结果公正。

（1）据以定罪量刑的犯罪事实应当证据确实充分；

（2）正确适用刑法，准确认定犯罪嫌疑人是否犯罪及其罪名；

（3）按照罪刑相适应原则，依法适度判定刑罚；

（4）对于错误处理的案件，采取救济方法及时纠正、及时补偿。

2. 程序公正即过程公正。

（1）严格遵守刑事诉讼法的规定；

（2）认真保障当事人和其他诉讼参与人，特别是犯罪嫌疑人、被告人和被害人的诉讼权利；

（3）严禁刑讯逼供和以其他非法手段取证；

（4）实现司法机关依法独立行使职权；

（5）保障诉讼程序的公开性和透明度；

（6）严格依法定期限办案、结案。

【高能提醒】

我们要坚持实体公正和程序公正并重原则，但当二者出现价值冲突的时候，要注重对程序公正的保障。要注意：1. “离开了程序正义的实体正义”，是非正义。2. 发生矛盾时程序正义是超越实体正义的。3. 要严格执法，既遵守实体法，也遵守程序法。

三、诉讼效率和司法公正

诉讼效率是指诉讼中所投入的司法资源（包括人力、财力、物力）与案件处理数量的比例。作为诉讼中的两大价值目标，公正和效率之间，公正是首要价值目标。随着社会犯罪率的不断上升，刑事司法系统承受着越来越大的压力，因而除了司法公正，诉讼效率也成为衡量一个国家刑事诉讼是否科学与文明的又一重要尺度。如《刑事诉讼法》规定了“准确、及时地查明犯罪事实”的内容，而且还从诉讼期限、轻罪不起诉和简易程序等多方面体现了诉讼效率的理念。

对于诉讼效率与司法公正这一对价值目标，刑事诉讼应当遵循“公正优先，兼顾效率”的原则。在刑事司法实践中，以保证司法公正为前提追求效率，而不能草率办案，损害实体公正和程序公正。

【高能提醒】

1. 诉讼效率是指诉讼中所投入的司法资源（包括人力、财力、设备等）与所取得的诉讼成果的比例关系。

2. 司法公正与效率的关系处理：公正优先兼顾效率。

3. 刑事诉讼法中关于效率的具体诉讼程序体现：简易程序、酌定不起诉程序等。

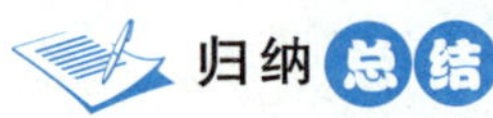

惩罚犯罪与保障人权	1. 惩罚犯罪是指通过刑事诉讼程序，在准确及时查明案件事实真相的基础上，对构成犯罪的被告人公正适用刑法，以打击犯罪。 2. 保障人权是指在刑事诉讼过程中，保障诉讼参与人特别是犯罪嫌疑人、被告人的权利免受非法侵害，是对国家刑罚权的规制。 【注意】要坚持惩罚犯罪和保障人权相结合，二者应当并重，不可片面强调一面而忽视另一面。
实体公正与程序公正	1. 实体公正：即结果公正，包括定罪与量刑的公正。 2. 程序公正：即过程公正，是诉讼程序方面体现的公正，具体体现：（1）严格遵守刑事诉讼法规定；（2）保障诉讼参与人的诉讼权利；（3）严禁刑讯逼供和以其他非法手段取证；（4）真正实现司法机关依法独立行使职权；（5）程序公开与透明；（6）按法定期限办案、结案。 【注意】二者是既对立又统一的矛盾。坚持实体公正与程序公正并重。
诉讼效率与司法公正	1. 诉讼效率是指诉讼中所投入的司法资源（包括人力、财力、设备等）与所取得的诉讼成果的比例关系。 2. 司法公正与效率的关系处理：公正优先，兼顾效率。 3. 刑事诉讼法中关于效率的具体诉讼程序体现：简易程序、酌定不起诉程序等。

第四节　刑事诉讼的基本范畴

一、刑事诉讼的目的

刑事诉讼的目的是指国家制定刑事诉讼法和进行刑事诉讼活动所期望达到的结果。刑事诉讼的目的首先可以区分为根本目的与直接目的。

刑事诉讼的根本目的即通过制定刑事诉讼法和实施刑事诉讼法活动达到维护社会秩序之目的。实际上，根本目的的并非刑事诉讼法所特有，国家制定的所有法律都是这个目的。直接目的表现为两方面：1. 通过刑事诉讼活动，对构成犯罪的被告人适用刑法，惩罚犯罪，实现国家刑罚权。2. 在刑事诉讼活动中，保障人权，使诉讼参与人的合法诉讼权利不受侵犯，特别是犯罪嫌疑人、被告人和被害人的诉讼权利。刑事诉讼根本目的与直接目的的关系在于：根本目的的实现有赖于直接目的的实现。

而在美国、德国及我国台湾地区，刑事诉讼的目的尚有理论分类，主要包括下列几种学说：

1. 犯罪控制模式和正当程序模式。

（1）犯罪控制模式。

该模式认为，控制犯罪绝对为刑事诉讼程序最主要的机能，刑事程序运作的方式与取向，应依此目标进行。该模式的基本价值理念是：刑事诉讼以惩罚犯罪的“效率”为目标与评价标准。一个能以有限的资源处理数量庞大的案件并提高逮捕与有罪判决率的刑事程序，才是符合犯罪控制模式的成功者，并看重提高逮捕和有罪判决率的刑事程序。

（2）正当程序模式。

该模式的理论基础是自然法的学说，认为人类拥有某些与生俱来的基本权利。因此，该模式主张刑事诉讼目的不单是发现实体真实。更重要的是以公平与合乎正义的程序来保护被告人的人权。

2. 实体真实主义和正当程序主义。

（1）实体真实主义。

该模式认为，刑事诉讼旨在追求案件实体真实的诉讼目的。它将刑事诉讼法视为发现实体真实的刑法手段，同时在人权保障的问题上，实体真实也处于优势地位。实体真实主义可以分为积极实体真实主义和消极实体真实主义。

积极实体真实主义	认为凡出现了犯罪就应该毫无遗漏地去加以发现和处罚，不使一个犯罪脱逃。
消极实体真实主义	将发现真实和保障无辜相联系，认为刑事诉讼目的在于发现实体真实，本身应当包含力求避免处罚无罪者的意思，而不是单纯毫无遗漏地处罚任何一个犯罪者。

（2）正当程序主义。

该模式认为，刑事诉讼的目的重在维护正当的程序。正当程序主义的认识论基础是：刑事诉讼对案件事实的认识能力是十分有限的，刑事诉讼中的真实只是作为认识的真实。刑事诉讼中的真实只是有限的真实，我们只能通过诉讼程序内在活动去接近这种真实。

在刑事司法实践中坚持不偏不倚、不枉不纵、秉公执法原则，反映了我国刑事诉讼“惩罚犯罪与保障人权并重”的理论观点。如果有观点认为“司法机关注重发现案件真相的立足点是防止无辜者被错误定罪”，该观点属于下列哪一种学说？（2013-2-22，单）①

A. 正当程序主义　　B. 形式真实发现主义

C. 积极实体真实主义　　D. 消极实体真实主义

3. 家庭模式。

该模式以家庭中的父母和子女的关系来比喻国家和个人的关系，并以此为出发点，提出解决问题的途径。

【高能提醒】

我国理论界一般认为，刑事诉讼应当将惩罚犯罪与保障人权两个方面并重。

二、刑事诉讼的价值

1. 秩序价值。

刑事诉讼秩序价值包括两方面含义：（1）通过惩治犯罪，维护社会秩序，即恢复被犯罪破坏的社会秩序以及预防社会秩序被犯罪所破坏；（2）追究犯罪的活动是有

① 答案：D。

序的。

在实现秩序方面，刑事诉讼由控诉、辩护、裁判构成的基本结构，决定了它更有利于充分展露事实，明确案件真相和正确确定刑事责任。刑事诉讼三方的活动被法律程序所约束，且彼此相互牵制，可最大限度避免因刑事司法权行使本身所导致的新的社会冲突和对社会秩序的破坏。刑事诉讼通过适用体现特定社会价值观的刑事法律，可以惩治并抑制犯罪，解脱无辜，化解冲突，从而为维护社会的良好秩序和实现国家的长治久安提供了条件。

2. 公正价值。

在刑事诉讼价值中居于核心的地位。刑事诉讼公正价值包括实体公正和程序公正两个方面。实体公正既包括通过惩治犯罪实现社会正义，也包括对犯罪惩罚本身的公正性；程序公正是指程序本身符合特定的公正标准，如近、现代刑事诉讼理论所主张的裁判者中立，诉讼参与人尤其是当事人权利的充分保障，在法律关系上最大限度实现权利、义务的平等及在诉讼中各方当事人机会对等，强制措施的适用应当适度，等等。

在实现公正价值方面，刑事诉讼由相对中立的第三者——法院在听取控诉、辩护双方所提出的材料和意见的基础上进行审理并作出裁判，可以体现出解决冲突的方式的公正性，这是国家行政方式所不具备的。同时，一定时期的立法常被作为公正的社会准则，刑事诉讼以此作为是非曲直的评价依据，就为案件的处理结果设定了公正的基础，从而易被社会公众所接受。

【新法速递】

《中国共产党关于全面推进依法治国若干重大问题的决定》指出：公正是法治的生命线，司法公正对社会公正具有重要引领作用，司法不公对社会公正具有致命破坏作用。必须完善司法管理体制和司法权力运行机制，规范司法行为，加强对司法活动的监督，努力让人民群众在每一个司法案件中感受到公平正义。

3. 效益价值。

刑事诉讼的效益价值既包括效率，也包括在保证社会生产方面所产生的效益，即刑事诉讼对推动社会经济发展方面的效益。

刑事诉讼的秩序、公正、效益价值是通过《刑事诉讼法》的制定和实施来实现的。一方面，《刑事诉讼法》保证《刑法》的正确实施。实现秩序、公正、效益价值，这称为《刑事诉讼法》的工具价值。另一方面，《刑事诉讼法》的制定和适用本身也在实现着秩序、公正、效益价值，这称为《刑事诉讼法》的独立价值。因此，只有严格执行《刑事诉讼法》，才能实现刑事诉讼价值。

【高能提醒】

刑事诉讼的秩序、公正、效益诸项价值相互依存、相互作用、相互制约，不可偏废。如果不适当地追求高效率处罚，而忽视程序的有序性和公正性，结果会造成处罚不公乃至大量冤狱，导致更尖锐的社会矛盾和更多新的犯罪，不仅损害了秩序和公正，而且也没有真正实现效益。反之，同样会造成恶果。

归纳总结

刑事诉讼价值是指刑事诉讼立法及其实施对国家、社会及其一般成员具有的效用和意义。刑事诉讼价值包括：秩序、公正、效益等。

秩序	1. 通过惩治犯罪，维护社会秩序。2. 追究犯罪的活动是有序的。
公正	是诸价值的核心，包括实体公正与程序公正。
效益	注意效益与效率的区别，既包括效率，也包括刑事诉讼对推动社会经济发展方面的效益。

三、刑事诉讼职能

刑事诉讼职能，是指根据法律规定，国家专门机关和诉讼参与人在刑事诉讼中所承担的职责、具有的作用和功能。刑事诉讼有三种基本职能，即控诉、辩护和审判。

1. 控诉职能。

控诉职能，是指提出控诉，要求追究犯罪嫌疑人、被告人的刑事责任的职能，主要由侦查机关、检察机关、自诉人和被害人及其法定代理人、诉讼代理人等行使。

2. 辩护职能。

辩护职能相对于控诉职能，指提出对被控诉人有利的事实和理由，维护被控诉人合法权益的职能，由犯罪嫌疑人、被告人和辩护人等行使。

3. 审判职能。

审判职能，是指通过审理确定被告人是否犯有被指控的罪行和应否处以刑罚以及处以何种刑罚的职能，由人民法院行使。

【高能提醒】

证人、鉴定人、见证人、翻译人员既不行使控诉、辩护职能，也不行使审判职能。

归纳总结

控诉职能	侦查机关、检察院、被害人、自诉人及其法定代理人、诉讼代理人。
辩护职能	犯罪嫌疑人、被告人及其法定代理人、辩护人。
审判职能	法院。

四、刑事诉讼构造

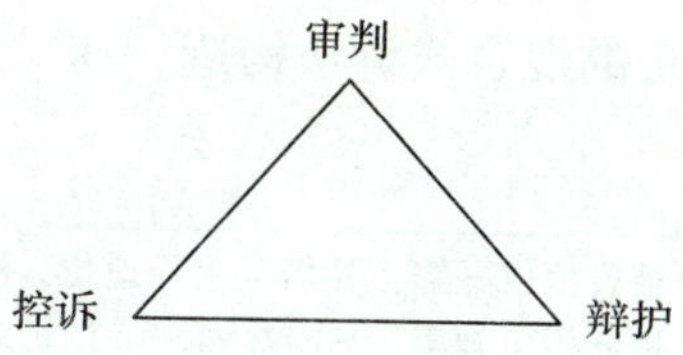

刑事构造结构，是指刑事诉讼法所确立的进行刑事诉讼的基本方式以及专门机关、诉讼参与人在刑事诉讼中形成的法律关系的基本格局，它集中体现为控诉、辩护、审判三方在刑事诉讼中的地位及其相互间的法律关系。

刑事诉讼理论通说认为，人类历史上曾出现过弹劾式诉讼和纠问式诉讼两种诉讼结构，现代刑事审判模式大体上分为当事人主义和职权主义两种，前者主要实行于英美法系国家，后者主要实行于大陆法系国家，还出现了兼采当事人主义和职权主义审判模式优点的混合式审判模式。

1. 弹劾式审判模式。

诉讼史上最初出现的刑事审判模式为弹劾式审判模式，实行于奴隶制社会。弹劾式诉讼结构主要盛行于古罗马共和时期、欧洲日耳曼法（法兰克王国）前期以及英国的封建时期。其特征为：

（1）没有国家追诉机关，诉讼由被害人或者其他人控告而开始；

（2）只有原告起诉后，法官才进行审判；

（3）原告、被告在诉讼中地位平等，并居于主导地位，对于疑难案件，实行神明裁判。

2. 纠问式审判模式。

随着封建集权专制的形成，又出现了纠问式审判模式。其特征为：

（1）法官集侦查、控诉、审判职能于一身；

（2）法官负责调查事实、收集证据、侦查和审判秘密进行；

（3）刑讯合法化、制度化，对被告人广泛采用刑讯，对原告和证人也可以刑讯；

（4）被害人只是提供线索、引起诉讼的人，被告人处于诉讼客体的地位，是被拷问，被追究的对象。

3. 当事人主义。

当事人主义将开始和推动诉讼的主动权委于当事人，控诉、辩护双方当事人在诉讼中居于主导地位，适用于程序上保障人权的诉讼目的。大陆法系国家采职权主义。其特征为：

（1）法官消极中立；

（2）控辩双方积极主动和平等对抗；

（3）控辩双方共同控制法庭审理的进程。

4. 职权主义。

职权主义将诉讼的主动权委于国家专门机关，适用于实体真实的诉讼目的。英美法系国家采当事人主义。其特征为：

（1）法官居于中心地位，主导法庭审理的进行；

（2）控辩双方的积极性受到抑制，处于消极被动的地位；

（3）法官掌握程序控制权。

5. 混合式诉讼。

日本“二战”后在职权主义背景下大量吸收当事人主义因素，从而形成了以当事人主义为主，以职权主义为补充的混合式诉讼构造。

归纳总结

弹劾式诉讼	私人追诉；不告不理；原被告地位平等，并居于主导地位，法官以仲裁者的身份听取原被告的诉讼主张、证据及辩论，并据此作出判决；神明裁判。
纠问式诉讼	法官主动依职权追究犯罪；控审不分；被告人是被追诉的客体；刑讯合法；审判一般秘密进行。
当事人主义	法官自我克制，不主动依职权调查证据，案件事实的发现委诸控辩双方，由当事人推进诉讼。
职权主义	法官主动依职权调查证据，法官推进诉讼进程。
混合式诉讼	保留了法官主动依职权调查证据的权力，又大力借鉴当事人主义的因素，注重控辩双方平等对抗。

关于我国刑事诉讼构造，下列哪一选项是正确的？（2017-2-22，单）[1]

① 答案：D。

A. 自诉案件审理程序适用当事人主义诉讼构造

B. 被告人认罪案件审理程序中不存在控辩对抗

C. 侦查程序已形成控辩审三方构造

D. 审查起诉程序中只存在控辩关系

五、刑事诉讼阶段

在刑事诉讼中，按照一定顺序进行的相互连接的一系列行为过程，可以划分为若干相对独立的单元，即为刑事诉讼阶段。一个完整的公诉案件诉讼阶段包括立案、侦查、起诉、审判和执行。自诉案件包括审判和执行阶段。

1. 公诉案件的诉讼阶段：立案、侦查、起诉、审判（一审、二审+再审、死刑复核）、执行。

2. 自诉案件的诉讼阶段：立案（法院受理）、审判、执行。

【高能提醒】

划分刑事诉讼阶段的标准是：

1. 直接任务。例如，侦查阶段的直接任务是收集证据，查明犯罪事实，确定并在必要时逮捕犯罪嫌疑人。而起诉阶段的直接任务，就公诉案件来说，是对侦查机关侦查终结后移送起诉的案件，从认定事实、适用法律等方面进行全面审查并依法作出是否提起公诉的决定。

2. 参加诉讼的机关和个人的构成。侦查阶段参加诉讼的机关主要是具有侦查权的机关，起诉阶段主要是检察机关，而审判阶段则主要是法院。

3. 诉讼行为的方式。各诉讼阶段诉讼行为的方式有明显不同。例如，侦查阶段依法进行的专门调查工作和采取的有关强制性措施，与审判阶段在法庭上由法官主持，在公诉人（在公诉案件中）、当事人及其他诉讼参与人的参加下进行的开庭审理和宣判活动，在方式上存在着明显的不同。

4. 诉讼法律关系。刑事诉讼法律关系是指进行或参加刑事诉讼的机关或参与人基于《刑事诉讼法》的规定而产生的相互间的权利义务关系。不同诉讼阶段法律关系也有所不同。在起诉阶段体现为犯罪嫌疑人和检察机关的双方关系，没有独立的第三方的介入。而在审判阶段，则体现为法官居中裁判，控辩双方平等对抗的三方关系。

5. 诉讼的总结性文书。例如，起诉阶段的总结性文书为起诉书、不起诉决定书；而审判活动的总结性文书为判决书、裁定书等。

六、刑事诉讼主体

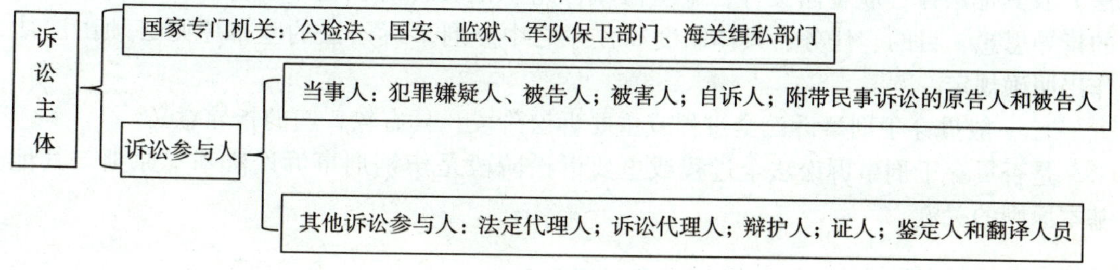

专题二 刑事诉讼的基本原则

核心重点

具有法定情形不予追究刑事责任。

考点精要

刑事诉讼法基本原则
- 特点
- 侦查权、检察权、审判权由专门机关依法行使
- 严格遵守法定程序
- 人民法院、人民检察院依法独立行使职权
- 分工负责，互相配合，互相制约
- 人民检察院依法对刑事诉讼实行法律监督
- 各民族公民有权使用本民族语言文字进行诉讼
- 未经人民法院依法判决对任何人都不得确定有罪
- 具有法定情形不予追究刑事责任
- 犯罪嫌疑人、被告人有权获得辩护
- 追究外国人刑事责任适用我国刑事诉讼法

第一节 基本原则概述

刑事诉讼法的基本原则，是指反映刑事诉讼理念和目的的要求，贯穿于刑事诉讼全过程或者主要诉讼阶段，对刑事诉讼过程具有普遍或者重大指导意义和规范作用，为国家专门机关和诉讼参与人参与刑事诉讼必须遵循的基本行为准则。

一、刑事诉讼法的基本原则的特点

1. 体现刑事诉讼活动的基本规律。

这些基本法律准则有着深厚的法律理论基础和丰富的思想内涵。

2. 必须由法律明确规定。

刑事诉讼原则可以由法律明文规定，包括《宪法》或者宪法性文件，《刑事诉讼法》及其他法律，联合国文件，某些区域性组织的文件等，也可以体现于刑事诉讼法的指导思想、目的、任务、具体制度和程序之中。刑事诉讼法的基本原则必须由法律作出明确规定。

3. 一般贯穿于刑事诉讼全过程或主要诉讼阶段，具有较普遍的指导意义。

是否贯穿于刑事诉讼法全过程或主要诉讼阶段是辨别刑事诉讼法基本原则与其他基本原则的关键。

4. 具有法律约束力。

基本原则虽然较为抽象和概括，但各项具体的诉讼制度和程序都必须与之相符合。而且，在具体诉讼制度没有作出详细规定的时候，可以直接适用刑事诉讼法的基本原则，即刑事诉讼原则具有弥补法律规定不足和填补法律漏洞的功能。

二、刑事诉讼法规定的基本原则包括两大类

1. 一般原则。

即刑事诉讼和其他性质的诉讼必须共同遵守的原则，如以事实为根据，以法律为准绳原则；公民在法律面前一律平等原则；各民族公民有权使用本民族语言文字进行诉讼原则；审判公开原则；保障诉讼参与人的诉讼权利原则，等等。

2. 刑事诉讼所独有的基本原则。

如侦查权、检察权、审判权由专门机关依法行使原则；人民法院、人民检察院依法独立行使职权原则；分工负责、互相配合、互相制约原则；犯罪嫌疑人、被告人有权获得辩护原则，等等。

第二节　侦查权、检察权、审判权由专门机关依法行使原则

《刑事诉讼法》第 3 条第 1 款规定：对刑事案件的侦查、拘留、执行逮捕、预审，由公安机关负责。检察、批准逮捕、检察机关直接受理案件的侦查、提起公诉，由人民检察院负责。审判由人民法院负责。除法律特别规定的以外，其他任何机关、团体和个人都无权行使这些权力。

1. 侦查权、检察权、审判权具有专属性，其行使主体只能是公安机关、人民检察院和人民法院等国家专门机关。其他任何机关、社会团体及其他单位、公民无权行使这些职权。

2. 公安机关、人民检察院和人民法院分别行使侦查权、检察权和审判权，不能相互代替和混淆。

3. 公安机关、人民检察院和人民法院在行使职权时还必须严格遵守刑法、刑事诉讼法及其他有关法律的规定。

4. “法律另有规定”主要体现为，除公安机关享有侦查权外，还有人民检察院、国家安全机关、军队保卫部门、监狱也享有侦查权。

【高能提醒】

我国的侦查机关有 5 个：公安机关、人民检察院、国家安全机关、军队保卫部门、监狱。人民法院没有侦查权。

第三节　严格遵守法律程序原则（程序法定原则）

《刑事诉讼法》第 3 条第 2 款规定：人民法院、人民检察院和公安机关进行刑事诉讼，必须严格遵守本法和其他法律的有关规定。

1. 人民法院、人民检察院和公安机关进行刑事诉讼活动时，必须严格遵守刑事诉

讼法和有关法律的规定。

2. 严重违反法律程序的，应当依法承担相应的法律后果。体现为：

（1）搜集证据的程序违法——非法证据排除规则；

（2）对于一审程序违法的——二审法院裁定撤销原判，发回重审；

（3）死刑案件程序违法的——最高院裁定不予核准，并撤销原判，发回重新审判；

（4）生效裁判程序违法的——启动再审进行纠正。

3. 程序法定原则是现代刑事诉讼的基本要求。它包括两层含义：

（1）立法方面的要求，即刑事诉讼程序应当由法律事先明确规定；

（2）司法方面的要求，即刑事诉讼活动应当依据国家法律规定的刑事程序来进行。

从《刑事诉讼法》的上述规定以及我国《宪法》和《刑事诉讼法》“以法律为准绳”等项规定来看，可以说，在我国法律已基本确立了刑事程序法定原则。

第四节　人民法院、人民检察院依法独立行使职权原则（司法独立原则）

《刑事诉讼法》第5条规定：人民法院依照法律规定独立行使审判权，人民检察院依照法律规定独立行使检察权，不受行政机关、社会团体和个人的干涉。

1. 人民法院行使审判权，人民检察院行使检察权，在法定职责范围内都是独立的，不受行政机关、社会团体和个人的干涉。注意：这里是不受“行政机关”干涉，不能表述成不受“任何机关”干涉。

2. 人民法院、人民检察院依法独立行使职权，仍然需要接受党的领导，接受各级人民代表大会的监督，并应当自觉接受人民群众、社会舆论的监督。

3. 人民法院行使审判权和人民检察院行使检察权，必须严格遵守宪法和法律的各项规定。

4. 人民法院和人民检察院作为一个组织整体，集体对审判权和检察权的行使负责。在我国独立行使审判权和检察权的主体是人民法院、人民检察院，而不是某个审判员或者检察员。

【高能提醒】

法院独立包括外部独立和内部独立，而检察院独立只有外部独立。这是因为人民法院和人民检察院在上下级关系上有所不同。人民检察院上下级之间是领导与被领导的关系，上级人民检察院有权就具体案件对下级人民检察院作出命令、指示。独立行使检察权，实质上是指整个检察系统作为一个整体独立行使检察权。而人民法院上下级之间是监督与被监督的关系，各具体法院在具体案件的审判过程中独立行使审判权，包括上级人民法院在内的其他人民法院无权干涉。上级人民法院对下级人民法院的监督必须通过法定的程序进行，如改变管辖、在第二审程序中撤销错误的判决等。另外，还需注意，我国法院内部独立仅指集体独立，不包括法官个人独立。

最高法院的监督指导方式	最高人民法院通过审理案件、制定司法解释或者规范性文件、发布指导性案例、召开审判业务会议、组织法官培训等形式，对地方各级人民法院和专门人民法院的审判业务工作进行指导。

高级法院的监督指导方式	高级人民法院通过审理案件、制定审判业务文件、发布参考性案例、召开审判业务会议、组织法官培训等形式，对辖区内各级人民法院和专门人民法院的审判业务工作进行指导。
中级法院的监督指导方式	中级人民法院通过审理案件、总结审判经验、组织法官培训等形式，对基层人民法院的审判业务工作进行指导。

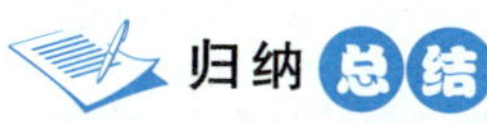

司法独立	法院独立	1. 外部独立：不受行政机关、社会团体和个人的干涉。 【注意】但必须接受中国共产党的领导，必须接受人大的监督并向其报告工作。 2. 内部独立：上下级法院之间是监督关系；某个法院整体独立。
	检察院独立	只有外部独立，上下级检察院是领导与被领导。
法院、检察院要依法独立行使职权。		

第五节　分工负责，互相配合，互相制约原则

《刑事诉讼法》第 7 条规定：人民法院、人民检察院和公安机关进行刑事诉讼，应当分工负责，互相配合，互相制约，以保证准确有效地执行法律。

1. 分工负责，指公、检、法在刑事诉讼中根据法律有明确的职权分工，应当在法定范围内行使职权，各司其职，各负其责，既不能相互替代，也不能相互推诿。

2. 互相配合，指公、检、法进行刑事诉讼，应当在分工负责的基础上，相互支持，通力合作，使案件处理能上下衔接，协调一致，共同完成查明案件事实，追究、惩罚犯罪的任务。

3. 互相制约，指公、检、法进行刑事诉讼，应当按照职能分工和程序上的设置，相互约束，相互制衡，防止发生错误或及时纠正错误，保证准确执行法律，做到不错不漏，不枉不纵。

第六节　人民检察院依法对刑事诉讼实行法律监督

《刑事诉讼法》第 8 条规定：人民检察院依法对刑事诉讼实行法律监督。可见，人民检察院是我国专门的法律监督机关。在刑事诉讼活动中，有权对公安机关的立案侦查、法院的审判和执行机关的执行活动是否合法进行监督。这种监督贯穿于刑事诉讼活动的始终。

1. 立案监督。

（1）人民检察院认为公安机关对应当立案侦查的案件而不立案侦查的，有权要求公安机关 7 日内说明不立案的理由。

（2）人民检察院认为公安机关不立案理由不能成立的，应当通知公安机关立案，公安机关接到通知后 15 日内应当立案。

2. 审查批捕过程中的监督。

（1）对侦查行为的监督。人民检察院在审查批准逮捕和审查起诉中，发现公安机关的侦查活动有违法情况，应当通知公安机关予以纠正，公安机关应当将纠正情况通知检察院。

（2）对提请批准逮捕的监督。人民检察院办理审查批捕的案件，发现应当逮捕而公安机关未提请批准逮捕的，应当建议公安机关提请批准逮捕。如果公安机关提请批准逮捕的理由不能成立的，人民检察院也可以直接作出逮捕的决定，送达公安机关执行。

3. 审查起诉阶段的监督。

（1）对侦查活动的监督。《刑事诉讼法》55 条规定：人民检察院接到报案、控告、举报或者发现侦查人员以非法方法收集证据的，应当进行调查核实。对于确有以非法方法收集证据情形的，应当提出纠正意见；构成犯罪的，依法追究刑事责任。

（2）对移送起诉的监督。检察院在办理公安机关移送起诉的案件中，发现遗漏依法应当移送审查起诉的同案犯罪嫌疑人的，应当要求公安补充移送审查起诉；对于犯罪事实清楚，证据确实充分的，检察院可以直接提起公诉。

4. 审判阶段的监督。

（1）人民检察院发现人民法院审理案件违反法律规定的诉讼程序，有权向人民法院提出纠正意见。

【高能提醒】

人民检察院对违反法定程序的庭审活动提出纠正意见，应当在庭审后以检察机关的名义通过书面形式提出。

（2）对一审裁判的监督。地方各级人民检察院认为本级人民法院第一审的判决、裁定确有错误的时候，应当向上一级人民法院提出抗诉，即二审抗诉。

（3）对生效裁判的监督。对于已经发生法律效力的判决和裁定，人民检察院如果发现确有错误，有权按照审判监督程序提出抗诉，即再审抗诉。

（4）对死刑复核程序的监督。《刑事诉讼法》第 240 条第 2 款规定：在复核死刑案件过程中，最高人民检察院可以向最高人民法院提出意见。最高人民法院应当将死刑复核结果通报最高人民检察院。

5. 执行阶段的监督。

（1）死刑执行的临场监督。人民法院在交付执行死刑前，应当通知同级人民检察院派员临场监督。

（2）对监外执行的监督。监狱、看守所提出暂予监外执行的书面意见的，应当将书面意见的副本抄送人民检察院。人民检察院可以向决定或者批准机关提出书面意见。决定或者批准暂予监外执行的机关应当将暂予监外执行决定抄送人民检察院。人民检察院认为暂予监外执行不当的，应当自接到通知之日起 1 个月以内将书面意见送交决定或者批准暂予监外执行的机关，决定或者批准暂予监外执行的机关接到人民检察院的书面意见后，应当立即对该决定进行重新核查。

（3）对减刑、假释的监督。被判处管制、拘役、有期徒刑或者无期徒刑的罪犯，在执行期间确有悔改或者立功表现，应当依法予以减刑、假释的时候，由执行机关提出建议书，报请人民法院审核裁定，并将建议书副本抄送人民检察院。人民检察院可以向人民法院提出书面意见。人民检察院认为人民法院减刑、假释的裁定不当，有权在收到裁定书副本后 20 日以内，向人民法院提出书面纠正意见。人民法院应当在收到纠正意见后 1 个月内重新组成合议庭进行审理，作出最终裁定。

（4）对执行机关执行刑罚的活动是否合法实行监督。如果发现有违法的情况，应当通知执行机关纠正。

归纳总结

立案监督	检察院认为公安机关对应当立案而不立案侦查的，应当要求公安机关说明不立案的理由。公安机关应当在7日内说明情况书面答复检察院。检察院认为公安机关不立案的理由不能成立的，应当通知公安机关。公安机关在收到《通知立案书》后，应当在15日内决定立案。
侦查监督	如审查批准逮捕、对监视居住的监督。审查起诉中的监督。
审判监督	1. 对庭审活动的监督：事后监督；以检察院整体名义提出；书面纠正意见。 2. 对裁判的监督：抗诉。 （1）二审抗诉——针对未生效的一审裁判； （2）再审抗诉——针对已生效的裁判。
执行监督	1. 刑罚执行的监督。 2. 刑罚变更的监督：如对减刑、假释裁定的监督。对监外执行决定的监督。

第七节　各民族公民有权使用本民族语言文字进行诉讼

《刑事诉讼法》第9条规定：各民族公民都有用本民族语言文字进行诉讼的权利。人民法院、人民检察院、公安机关对于不通晓当地通用的语言文字的诉讼参与人，应当为他们翻译。在少数民族聚居或者多民族杂居的地区，应当用当地通用的语言进行审讯，用当地通用的文字发布判决、布告和其他文件。

1. 各民族公民都有权使用本民族的语言进行陈述、辩论，有权使用本民族文字书写有关诉讼文书。

2. 公、检、法机关在少数民族聚居或者杂居的地区，要用当地通用的语言进行侦查、起诉和审判，用当地通用的文字发布判决书、公告、布告和其他文件。

3. 如果诉讼参与人不通晓当地通用的语言文字，公、检、法机关有义务为其指定或者聘请翻译人员进行翻译。

【高能提醒】

1. 翻译人员：只能由司法机关指派和聘请，当事人不能同鉴定人一样自行决定聘请。

2. 只能给诉讼参加人提供翻译，不能针对司法机关的人员提供翻译。

3. 特点：翻译人员应当是与本案没有利害关系的人，否则，当事人有权申请其回避。

第八节　未经人民法院依法判决对任何人都不得确定有罪

《刑事诉讼法》第12条规定：未经人民法院依法判决，对任何人都不得确定有罪。

1. 基本含义。

（1）明确规定了确定被告人有罪的权力由人民法院统一行使，其他任何机关、团体和个人都无权行使。定罪权是刑事审判权的核心，人民法院作为我国唯一的审判机关，代表国家统一独立行使刑事审判权。

（2）人民法院判决被告人有罪，必须严格依照法定程序。

2. 具体体现。

(1) 区分犯罪嫌疑人与刑事被告人。公诉案件在提起公诉前将被追究者称为犯罪嫌疑人，提起公诉后始称为刑事被告人。

(2) 控诉方承担举证责任。被告人不负证明自己无罪的义务，不得因被告人不能证明自己无罪便推定其有罪。

(3) 疑案作无罪处理。在一审中，对于证据不足、不能认定被告人有罪的，人民法院应当作出证据不足、指控罪名不能成立的无罪判决。

【高能提醒】

该原则明确规定只有人民法院享有定罪权，在一定程度上吸收了无罪推定原则的精神。但在我国司法实践中，有罪推定的观念还有相当的影响，我国并未达到无罪推定的高度。

社会主义法治的公平正义，要通过法治的一系列基本原则加以体现。“未经法院依法判决，对任何人都不得确定有罪”是《刑事诉讼法》确立的一项基本原则。关于这一原则，下列哪些说法是正确的？(2013-2-64，多)①

A. 明确了定罪权的专属性，法院以外任何机关、团体和个人都无权行使这一权力

B. 确定被告人有罪需要严格依照法定程序进行

C. 表明我国刑事诉讼法已经全面认同和确立无罪推定原则

D. 按照该规定，可以得出疑罪从无的结论

第九节　具有法定情形不予追究刑事责任原则

《刑事诉讼法》第 15 条规定：有下列情形之一的，不追究刑事责任，已经追究的，应当撤销案件，或者不起诉，或者终止审理，或者宣告无罪：(1) 情节显著轻微、危害不大，不认为是犯罪的；(2) 犯罪已过追诉时效期限的；(3) 经特赦令免除刑罚的；(4) 依照刑法告诉才处理的犯罪，没有告诉或者撤回告诉的；(5) 犯罪嫌疑人、被告人死亡的；(6) 其他法律规定免予追究刑事责任的。

1. 法定不予追究刑事责任的具体情形与处理方式。

法定情形（六种）	不同阶段的处理方式			
	立案阶段	侦查阶段	审查起诉阶段	审判阶段
情节显著轻微、危害不大，不认为是犯罪的	不立案	撤销案件	不起诉（法定）	宣告无罪
犯罪已过追诉时效	不立案	撤销案件	不起诉（法定）	终止审理
经特赦令免除刑罚的	不立案	撤销案件	不起诉（法定）	终止审理
告诉才处理的犯罪，没有告诉或撤回告诉的	不立案	撤销案件	不起诉（法定）	终止审理
犯罪嫌疑人、被告人死亡的	不立案	撤销案件	不起诉（法定）	终止审理或宣告无罪
其他法律规定免予追究刑事责任的	不立案	撤销案件	不起诉（法定）	终止审理

① 答案：A、B。

【高能提醒】

1. 这里规定的是情节“显著轻微”，不是犯罪情节，与《刑事诉讼法》第173条第2款中作出酌定不起诉的条件，即犯罪情节“轻微”不同。如果是“轻微”情形的构成犯罪，可以作出酌定不起诉。

2. 公检法司没有采取强制措施，犯罪嫌疑人、被告人也没有逃避侦查和审判才有诉讼期限，过了时效还要追诉的经过最高检察院批准规定。

3. 我国没有大赦，只有特赦（特赦经全国人大常委会批准由国家主席宣布），这种特赦命令具有终止刑事追究的法律效力。

4.《刑事诉讼法》第15条规定的只是三种自诉案件中的一种“亲告案件”。这种情形只包括5个罪：侮辱罪（严重危害社会秩序和国家利益的除外）、诽谤罪（严重危害社会秩序和国家利益的除外）、暴力干涉婚姻自由罪（致使被害人死亡的除外）、虐待罪（致使被害人重伤、死亡的除外）、侵占罪（没有遗弃罪、重婚罪，容易混淆）。其他两类自诉案件即被害人有证据证明的轻微刑事案件和公诉转自诉的案件，则不属于《刑事诉讼法》第15条规定的6种情形。

2. 特殊情形（《高检规则》第401条、402条）

公安侦查的案件	审查起诉发现犯罪嫌疑人没有犯罪事实。	应当作出不起诉决定。
	对于犯罪事实并非犯罪嫌疑人所为，需要重新侦查的。	应当在作出不起诉决定后书面说明理由，将案卷材料退回公安机关并建议公安机关重新侦查。
自侦案件	发现犯罪嫌疑人没有犯罪事实，或者符合《刑事诉讼法》第15条规定的情形之一的。	应当退回侦查部门，建议撤销案件。

社会主义法治要通过法治的一系列原则加以体现。具有法定情形不予追究刑事责任是《刑事诉讼法》确立的一项基本原则，下列哪一案件的处理体现了这一原则？(2014-2-23，单)①

A. 甲涉嫌盗窃，立案后发现涉案金额400余元，公安机关决定撤销案件

B. 乙涉嫌抢夺，检察院审查起诉后认为犯罪情节轻微，不需要判处刑罚，决定不起诉

C. 丙涉嫌诈骗，法院审理后认为其主观上不具有非法占有他人财物的目的，作出无罪判决

D. 丁涉嫌抢劫，检察院审查起诉后认为证据不足，决定不起诉

第十节　犯罪嫌疑人、被告人有权获得辩护原则

《刑事诉讼法》第11条规定：人民法院审判案件，被告人有权获得辩护，人民法院有义务保证被告人获得辩护。

① 答案：A。

1. 犯罪嫌疑人、被告人享有辩护的权利。

辩护权是犯罪嫌疑人、被告人最基本的诉讼权利，我国法律赋予犯罪嫌疑人、被告人辩护权，并在制度和程序上充分保障犯罪嫌疑人、被告人行使辩护权。在任何情况下，对任何犯罪嫌疑人、被告人都不得以任何理由限制或剥夺其辩护权。

2. 公、检、法机关有义务保障犯罪嫌疑人、被告人享有辩护权。

在刑事诉讼中，为保障犯罪嫌疑人、被告人的辩护权，公、检、法机关负有以下义务：

（1）告知义务。

在刑事诉讼活动中，应当及时告知犯罪嫌疑人、被告人享有辩护权以及法律赋予的其他诉讼权利，如聘请辩护人的权利、委托辩护人的权利、申请回避的权利、上诉权等。

（2）为犯罪嫌疑人、被告人提供进行辩护的条件。

如为符合法定情形的被告人指定承担法律援助义务的律师、认真听取被告人及其辩护人的意见等。辩护应当是实质意义上的，而不应当仅是形式上的，这是有效辩护原则的要求。

自行辩护	犯罪嫌疑人、被告人有权为自己辩护（任何案件、任何诉讼阶段）。
委托辩护	1. 公诉案件：自被侦查机关第一次讯问或者采取强制措施之日起（侦查期间，只能委托律师）。 2. 自诉案件：随时。
法律援助辩护	公安司法机关有保障的义务。

关于有效辩护原则，下列哪些理解是正确的？（2015-2-69，多）①

A. 有效辩护原则的确立有助于实现控辩平等对抗

B. 有效辩护是一项主要适用于审判阶段的原则，但侦查、审查起诉阶段对辩护人权利的保障是审判阶段实现有效辩护的前提

C. 根据有效辩护原则的要求，法庭审理过程中一般不应限制被告人及其辩护人发言的时间

D. 指派没有刑事辩护经验的律师为可能被判处无期徒刑、死刑的被告人提供法律援助，有违有效辩护原则

① 答案：A、C、D。

专题三 刑事诉讼中的专门机关和诉讼参与人

核心重点

每个机关在诉讼中的地位、性质以及每一个机关内部相互之间的关系；诉讼参与人的范畴；被害人的权利；自诉人的权利；犯罪嫌疑人和被告人的权利；单位当事人有关程序；证人的特征和资格；鉴定人的相关特征和权利；法定代理人的权限。

考点精要

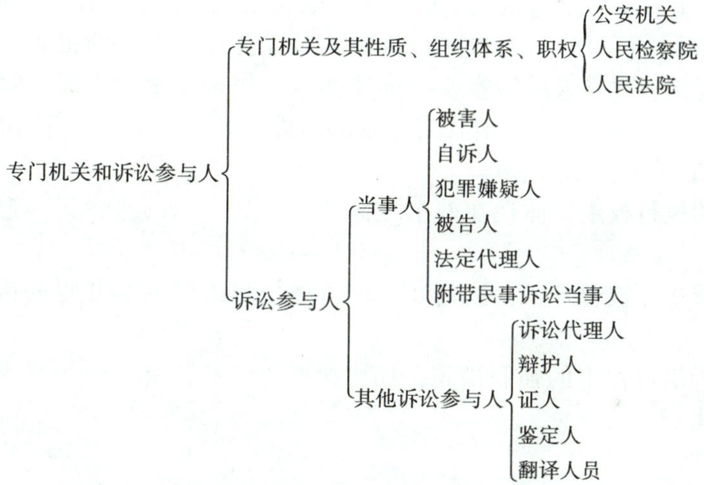

第一节 刑事诉讼中的专门机关

一、公安机关

1. 性质。

公安机关在性质上属于行政机关，是国家的治安保卫机关，是各级人民政府即国家行政部门的组成部分。公安机关属同级人民政府的一个职能部门，在性质上属行政机关。从性质上看，公安机关与人民检察院和人民法院是不同的。人民检察院和人民法院在性质上属司法机关。

2. 组织体系。

公安机关设置在各级人民政府中，国务院设立公安部，是全国公安机关的领导机关；地方各级设立公安厅、公安局、公安分局。公安机关上下级之间是领导与被领导的关系。上级公安机关发现下级公安机关作出的决定或者办理的案件有错误的，有权予以撤销或者变更，也可以指令下级公安机关予以纠正。

此外，公安部和地方公安机关根据工作需要，经国务院批准，可以在一些特殊的部门或单位设立专门公安机关。我国设立的专门公安机关，主要有在国家海关总署设立的海关总署缉私局和在各直属海关设立的缉私局，还有在铁路、交通、林业、民航等系统设立的公安机关。

3. 职权。

刑事案件的侦查由公安机关进行，法律另有规定的除外。在刑事诉讼中，公安机关的主要职权有以下几种。

（1）立案权。

公安机关是我国主要的侦查机关，因此，一般刑事案件都是由公安机关来负责立案。

（2）侦查权。

在侦查过程中，公安机关有权依法讯问犯罪嫌疑人，询问证人，有权进行勘验、检查、搜查，有权扣押物证、书证、视听资料、电子数据等证据，查询、冻结存款、汇款、债券、股票、基金份额等财产，组织鉴定、辨认和侦查实验，采取技术侦查措施，实施通缉，有权对犯罪嫌疑人采取拘传、取保候审、监视居住等强制措施。

对现行犯或重大嫌疑分子有权先行拘留。对符合逮捕条件的犯罪嫌疑人有权申请检察机关批准逮捕，对经人民检察院批准逮捕或人民检察院、人民法院决定逮捕的犯罪嫌疑人，有权执行逮捕。对符合法定条件的案件，有权作出侦查终结的决定。

（3）执行权。

公安机关的执行权主要体现在两个方面：一个是刑罚的执行，一个是强制措施的执行。

①在刑事诉讼的执行阶段，被判处拘役、剥夺政治权利的罪犯的执行由公安机关负责。

②在刑事诉讼过程中的强制措施，如取保候审、监视居住、拘留、逮捕应当由公安机关来负责执行。

【高能提醒】

除了公安机关作为主要侦查机关之外，其他侦查机关及其职权如下：

1. 国家安全机关：对危害国家安全的刑事案件，行使与公安机关相同的职权。国家安全机关是国家的安全保卫机关，是各级人民政府的组成部分。

2. 军队保卫部门：对军队内部发生的刑事案件行使侦查权。军队保卫部门的重要任务之一，是负责侦查军队内部发生的刑事案件。军队保卫部门在刑事诉讼中，可以行使宪法和法律规定的公安机关的侦查、拘留、预审和执行逮捕等职权。

3. 监狱：对罪犯在监狱内犯罪的案件由监狱进行侦查。监狱是国家的刑罚执行机关，是实现人民法院的生效裁判，对罪犯进行劳动改造的主要场所。依据法律有关规定，被判处死刑缓期二年执行、无期徒刑、有期徒刑的罪犯，在监狱内执行刑罚。监狱不仅有执行权，监狱对监狱内的犯罪还行使侦查权。

二、人民检察院

1. 性质。

检察机关是国家的法律监督机关，代表国家行使检察权，属于国家的司法机关。

在刑事诉讼中，它既是公诉机关，又是诉讼活动的监督机关。

2. 组织体系。

人民检察院组织体系包括最高人民检察院、地方各级人民检察院和专门人民检察院。

（1）最高人民检察院。

最高人民检察院是我国最高检察机关。主要职责是：领导地方各级人民检察院和专门人民检察院的工作；对全国的重大刑事案件行使检察权；对各级人民法院已经发生效力的判决和裁定，如果发现确有错误，按照审判监督程序提出抗诉；依法对监狱、看守所的活动进行监督；依法对刑事诉讼、民事审判和行政诉讼实行法律监督；对具体应用法律、法令的问题进行解释；制定检察工作条例、细则和办法；规定各级人民检察院的人员编制。

（2）地方各级人民检察院。

地方各级人民检察院分为：省、自治区、直辖市人民检察院；省、自治区、直辖市人民检察院分院，自治州和省辖市人民检察院；县、市、自治县和市辖区人民检察院。其中，省一级人民检察院和县一级人民检察院，根据工作需要，提请本级人民代表大会常务委员会批准，可以在工矿区、农垦区、林区等区域设置人民检察院，作为派出机构。

（3）专门人民检察院。

我国的专门人民检察院包括铁路运输检察院和中国人民解放军军事检察院。铁路检察院包括铁路运输检察院分院和基层铁路运输检察院。军事检察院是设立在中国人民解放军中的专门法律监督机关。对现役军人实施的违反职责罪和其他刑事案件依法行使检察权。

【高能提醒】

上级人民检察院领导下级人民检察院的工作，并可以直接指挥参与下级人民检察院的办案活动。上级人民检察院在必要的时候，可以直接侦查或者组织、指挥、参与侦查下级人民检察院管辖的案件，也可以将本院管辖的案件交由下级人民检察院侦查。下级人民检察院认为案情重大、复杂，需要由上级人民检察院侦查的案件，可以请求移送上级人民检察院侦查。

3. 职权。

（1）立案、侦查权。

对于法律规定由人民检察院直接受理的贪污贿赂犯罪、国家机关工作人员的渎职犯罪、国家机关工作人员利用职权实施的特定的侵犯公民民主权利的犯罪以及侵犯公民人身权利的犯罪案件等，有权立案、侦查。同时也有权决定对犯罪嫌疑人进行拘传、取保候审、监视居住、拘留和逮捕。

（2）公诉权。

检察机关是国家唯一的公诉机关，代表国家行使公诉案件的控诉权。

（3）法律监督权。

检察机关有权对立案、侦查、审判活动和执行活动进行监督。

【高能提醒】

对于国家机关工作人员利用职权实施的其他重大的犯罪案件，需要由人民检察院直接受理的时候，经省级以上人民检察院决定，可以由人民检察院立案侦查。

三、人民法院

1. 性质。

根据《刑事诉讼法》第12条：未经人民法院依法判决，对任何人都不得确定有罪。因此，人民法院是刑事诉讼中唯一有权审理和判决有罪的专门机关。

2. 组织体系。

人民法院组织体系包括最高人民法院、地方各级人民法院和专门人民法院。

（1）最高人民法院。

最高人民法院是国家最高审判机关。最高人民法院监督地方各级人民法院和专门人民法院的审判工作，审判法律、法令规定由它管辖的和它认为应由自己审判的第一审案件。对高级人民法院、专门人民法院判决和裁定的上诉案件和抗诉案件、最高人民检察院按照审判监督程序抗诉的案件进行审判，对于在审判过程中如何具体适用法律、法令的问题进行解释。

（2）地方各级人民法院。

地方各级人民法院分为省、自治区、直辖市高级人民法院，中级人民法院和各基层人民法院。

（3）专门人民法院。

我国目前建立的专门法院有军事法院、铁路运输法院和海事法院。其中海事法院没有刑事案件审判权。

【高能提醒】

人民法院上下级之间是监督与被监督的关系：上级人民法院通过二审程序、审判监督程序、死刑复核程序维持下级人民法院正确的裁判，纠正错误的裁判来实现监督。人民法院的监督不是通过对具体案件的指导实现的，各级人民法院依照职权独立地进行审判，上级人民法院不应对下级人民法院正在审理的案件作出决定，指令下级人民法院执行。下级人民法院也不应将案件在判决之前报送上级人民法院，请求审查批示，而检察院系统上下级是领导关系。

3. 职权。

人民法院的职权可以分为审判权以及为保障审判权的实施而享有的其他职权两类。

（1）人民法院的审判权。

①直接受理自诉案件；

②有权对人民检察院提起公诉的案件进行审查，对符合起诉条件的开庭审判；

③有权根据事实和法律对被告人作出有罪或者无罪、罪重或者罪轻、处罚或者免刑的判决；

④有权对诉讼程序问题和部分实体问题作出裁定或者决定；

⑤有权对适用没收程序、强制医疗程序等特别程序的案件进行审理并进行裁决。

（2）人民法院为保障审判权的实施而享有的其他职权。

①对被告人决定逮捕和采取拘传、取保候审、监视居住等强制措施；

②在法庭审理过程中，对证据进行调查核实，必要时可以进行勘验、检查、扣押、查封、鉴定和查询、冻结；

③对证人的强制出庭及处罚权；

④对违反法庭秩序的诉讼参与人和旁听人员进行必要的处罚；

⑤收缴和处理赃款、赃物及其孳息，执行某些判决和裁定，并对执行中的某些问题进行审核、裁决；

⑥向有关单位提出司法建议。

【高能提醒】

人民法院没有强制措施的拘留，但有司法拘留权；法院对证据进行调查核实，但这不是侦查权。

1. 关于监狱在刑事诉讼中的职权，下列哪一选项是正确的？（2016-2-23，单）①

A. 监狱监管人员指使被监管人体罚虐待其他被监管人的犯罪，由监狱进行侦查

B. 罪犯在监狱内犯罪并被发现判决时所没有发现的罪行，应由监狱一并侦查

C. 被判处有期徒刑罪犯的暂予监外执行均应当由监狱提出书面意见，报省级以上监狱管理部门批准

D. 被判处有期徒刑罪犯的减刑应当由监狱提出建议书，并报法院审核裁定

2. 关于公检法机关的组织体系及其在刑事诉讼中的职权，下列哪些选项是正确的？（2015-2-65，多）②

A. 公安机关统一领导、分级管理，对超出自己管辖的地区发布通缉令，应报有权的上级公安机关发布

B. 基于检察一体化，检察院独立行使职权是指检察系统整体独立行使职权

C. 检察院上下级之间是领导关系，上级检察院认为下级检察院二审抗诉不当的，可直接向同级法院撤回抗诉

D. 法院上下级之间是监督指导关系，上级法院如认为下级法院审理更适宜，可将自己管辖的案件交由下级法院审理

归纳总结

公安机关	性质	主要的侦查机关（行政机关）。
	组织体系	1. 按照行政区划设立公安部、厅、局、分局（派出所）。 2. 上下级是领导关系。
	职权	立案权；侦查权；执行权等。
人民检察院	性质	专门的法律监督机关。
	组织体系	1. 最高人民检察院、地方人民检察院（省、市、县）、专门检察院（铁路、军事）。 2. 上下级是领导关系。
	职权	立案、侦查权；公诉权；法律监督权。
人民法院	性质	唯一的审判机关。
	组织体系	1. 最高人民法院、地方人民法院（高、中、基层）、专门法院（铁路、军事）。 2. 上下级是监督关系。
	职权	对实体问题的裁决和对与审判有关的程序问题的处理。

① 答案：D。

② 答案：A、B、C。

第二节　诉讼参与人

诉讼参与人是指在刑事诉讼过程中享有一定诉讼权利，承担一定诉讼义务的除了国家专门机关工作人员以外的人。诉讼参与人一般可分为两大类：一是当事人；二是其他诉讼参与人。

一、当事人

（一）概述

1. 概念。

当事人，是指与案件的结局有着直接利害关系，对刑事诉讼进程发挥着较大影响作用的诉讼参与人。

2. 范围。

（1）被害人；

（2）自诉人；

（3）犯罪嫌疑人；

（4）被告人；

（5）附带民事诉讼的原告人；

（6）附带民事诉讼的被告人。

3. 当事人共有的诉讼权利。

（1）用本民族语言文字进行诉讼。

（2）申请回避权。在具有法定理由时申请侦查人员、检察人员、审判人员或者书记员、鉴定人、翻译人员回避，对于驳回申请回避的决定，有权申请复议一次。

（3）控告权。对于侦查人员、检察人员、审判人员侵犯其诉讼权利或者对其人身进行侮辱的行为，有权提出控告。

（4）有权参加法庭调查和法庭辩论。向证人发问并质证，辨认物证和其他证据，并就证据发表意见，申请通知新的证人到庭和调取新的物证，申请重新勘验或者鉴定，互相辩论等。

（5）申诉权。对已经发生法律效力的判决、裁定不服的，向人民法院或者人民检察院提出申诉。

（二）被害人

1. 概念。

广义的被害人，是指人身、财产或者其他权益遭受犯罪行为直接侵害的人。广义的被害人包括以下几种：

（1）公诉案件中的被害人；（本专题所讨论的被害人，是狭义的被害人，仅指第一类）

（2）在自诉案件中提起刑事诉讼的被害人，即自诉人；

（3）由于被告人的犯罪行为而遭受物质损失的被害人，即附带民事诉讼原告人。

2. 被害人的诉讼权利。

被害人在刑事诉讼中除享有诉讼参与人共有的诉讼权利以外，还享有以下诉讼权利：

（1）报案、控告权。根据《刑事诉讼法》第108条规定，被害人对侵犯其人身、财产权利的犯罪事实或者犯罪嫌疑人，有权向公安机关、人民检察院或者人民法院报案或者控告。

【高能提醒】

报案、控告作为被害人的一项诉讼权利，法律并不要求被害人找对管辖的机关。《刑事诉讼法》第108条第3款规定：公安机关、人民检察院或者人民法院对于报案、控告、举报，都应当接受。对于不属于自己管辖的，应当移送主管机关处理，并且通知报案人、控告人、举报人；对于不属于自己管辖而又必须采取紧急措施的，应当先采取紧急措施，然后移送主管机关。

（2）对于公安机关不立案的救济权：

①被害人作为控告人对于公安机关不立案的决定如果不服，可以申请复议。

②被害人认为公安机关对应当立案侦查的案件而不立案侦查，有权向人民检察院提出，人民检察院应当要求公安机关说明不立案的理由。人民检察院认为公安机关不立案理由不能成立的，应当通知公安机关立案，公安机关接到通知后应当立案。

③被害人有证据证明对被告人侵犯自己人身、财产权利的行为应当依法追究刑事责任，且有证据证明曾经提出控告，而公安机关不予立案的案件被害人有权向人民法院提起自诉。

（3）对于检察院不起诉的救济：

①被害人对人民检察院作出的不起诉决定不服的，有权向上一级人民检察院提出申诉。

②被害人有证据证明对被告人侵犯自己人身、财产权利的行为应当依法追究刑事责任，且有证据证明曾经提出控告，而检察院决定不起诉的案件被害人有权向人民法院提起自诉。

（4）对于法院裁判不服的救济：

①不服地方各级人民法院的第一审判决的，有权请求人民检察院抗诉。

②不服地方各级人民法院的生效裁判的，有权提出申诉。

③对法院强制医疗的决定不服，有权向上一级法院申请复议。

（5）委托诉讼代理人的权利。自刑事案件移送审查起诉之日起，有权委托诉讼代理人。

题

关于刑事诉讼当事人中的被害人的诉讼权利，下列哪些选项是正确的？（2015-2-66，多）①

A. 撤回起诉、申请回避　　B. 委托诉讼代理人、提起自诉

C. 申请复议、提起上诉　　D. 申请抗诉、提出申诉

（三）自诉人

1. 概念。

自诉人，是指在自诉案件中，以自己的名义直接向人民法院提起诉讼的人。自诉

① 答案：B、D。

人相当于自诉案件的原告，通常是该案件的被害人。

2. 自诉人的诉讼权利。

（1）自诉人有权直接向人民法院提起自诉。自诉案件中，自诉人承担控诉职能，向法院直接提起刑事诉讼。

（2）自诉人有权随时委托诉讼代理人。

【高能提醒】

公诉案件的被害人自案件移送审查起诉之日起才能委托诉讼代理人。

（3）和解、撤诉、调解权。自诉人有权同被告人自行和解或者撤回自诉，告诉才处理的案件和被害人有证据证明的轻微刑事案件的自诉人有权在人民法院的主持下与被告人达成调解协议。

【高能提醒】

公诉转自诉案件不能调解。

（4）有权参加法庭调查和法庭辩论，申请审判人员以及书记员、鉴定人、翻译人员回避。

（5）申请法院调查取证权。人民法院受理自诉案件后，对于因为客观原因不能取得并提供的有关证据，自诉人有权申请人民法院调查取证。人民法院认为必要的，可以依法调取。

（6）上诉权。自诉人有权对第一审人民法院尚未发生法律效力的判决、裁定提出上诉。

【高能提醒】

虽然自诉人属于广义上的被害人，但是自诉人是可以上诉的，而公诉案件的被害人没有上诉权。

（7）申诉权。自诉人有权对人民法院已经发生法律效力的判决、裁定提出申诉。

（四）犯罪嫌疑人、被告人

1. 防御性权利。

（1）有权使用本民族语言文字进行诉讼。

（2）辩护权。

首先，犯罪嫌疑人、被告人有权获得辩护。在公诉案件中，犯罪嫌疑人自被侦查机关第一次讯问或者采取强制措施之日起，有权委托辩护人。在侦查期间，只能委托律师作为辩护人。自诉案件中，被告人有权随时委托辩护人。

其次，公检法机关有告知义务。侦查机关在第一次讯问犯罪嫌疑人或者对犯罪嫌疑人采取强制措施的时候，应当告知犯罪嫌疑人有权委托辩护人。人民检察院自收到移送审查起诉的案件材料之日起 3 日以内，应当告知犯罪嫌疑人有权委托辩护人。人民法院自受理案件之日起 3 日以内，应当告知被告人有权委托辩护人。犯罪嫌疑人、被告人在押期间要求委托辩护人的，人民法院、人民检察院和公安机关应当及时转达其要求。

最后，犯罪嫌疑人、被告人在押的，也可以由其监护人、近亲属代为委托辩护人。辩护人接受犯罪嫌疑人、被告人委托后，应当及时告知办理案件的机关。在自诉案件中，有权随时委托辩护人；辩护律师在侦查期间可以为犯罪嫌疑人提供法律帮助；代理申诉、控告；申请变更强制措施；向侦查机关了解犯罪嫌疑人涉嫌的罪名和案件有关情况，提出意见。有权在法定条件下获得法律援助机构指派的律师为其提供辩护。有权拒绝辩护人继续为其辩护，也有权另行委托辩护人辩护。

（3）拒绝回答权。犯罪嫌疑人有权拒绝回答侦查人员提出的与本案无关的问题。

（4）被告人有权在开庭前10日内收到起诉书副本。

（5）参加法庭调查权。

（6）参加法庭辩论权。

（7）最后陈述权。被告人有权向法庭作最后陈述。最后陈述权不能替代也不能省略。如果是未成年被告人可以由法定代理人补充陈述，但并非替代。

（8）反诉权。自诉案件的被告人有权对自诉人提出反诉。

【高能提醒】

公诉转自诉案件不能反诉、不能调解。

2. 救济性权利。

（1）申请复议权。对驳回申请回避的决定不服的，有权申请复议。

（2）控告权。对审判人员、检察人员和侦查人员侵犯公民诉讼权利和有人身侮辱的行为，有权提出控告。

（3）申请变更强制措施权。犯罪嫌疑人、被告人被羁押的，有权申请变更强制措施；对于人民法院、人民检察院和公安机关采取的强制措施法定期限届满的，有权要求解除。

（4）申诉权。第一，对检察院作出的酌定不起诉决定，有权向人民检察院申诉；第二，对已经发生法律效力的判决、裁定，有权向人民法院、人民检察院提出申诉。

（5）上诉权。对一审未生效的裁判有权向上一级人民法院上诉。

3. 程序保障权。

（1）在未经人民法院依法判决的情况下，不得被确定有罪。

（2）获得人民法院的公开、独立、公正的审判。

（3）在刑事诉讼过程中，不受审判人员、检察人员、侦查人员以刑讯逼供、威胁、引诱、欺骗及其他非法方法进行讯问。

（4）不受侦查人员实施的非法逮捕、拘留、取保候审、监视居住等强制措施。

（5）不受侦查人员的非法搜查、扣押等侦查行为。

（五）附带民事诉讼当事人

附带民事诉讼的当事人包括附带民事诉讼原告人和附带民事诉讼被告人。

1. 附带民事诉讼原告人。

附带民事诉讼原告人是指在刑事诉讼中，因被告人的犯罪行为遭受物质损失，并在刑事诉讼过程中提出赔偿请求的人。有权提起附带民事诉讼的主体包括以下几种情况：

（1）遭受犯罪行为直接侵害的被害人本人，包括公民、企事业单位、机关、团体等组织；

（2）已经死亡的被害人的近亲属；

（3）无行为能力或者限制行为能力被害人的法定代理人；

（4）如果是国家财产、集体财产遭受损失的，人民检察院在提起公诉的时候，可以提起附带民事诉讼。

2. 附带民事诉讼被告人。

附带民事诉讼被告人是指在刑事诉讼中，对犯罪行为所造成的物质损失负有赔偿责任的人。附带民事诉讼中依法负有赔偿责任的人包括：

(1) 刑事诉讼被告人（包括公民、法人和其他组织），没有被追究刑事责任的其他共同致害人；

(2) 已被执行死刑的罪犯的遗产继承人；

(3) 未成年刑事被告人的监护人；

(4) 共同犯罪案件中，案件审结前已经死亡的被告人的遗产继承人；

(5) 其他对刑事被告人的犯罪行为依法应当承担民事赔偿责任的单位和个人。

3. 附带民事诉讼当事人的诉讼权利。

(1) 委托诉讼代理人。委托时间视公诉、自诉而定：如果是公诉案件自移送审查起诉之日起，自诉案件随时可以委托代理人；

(2) 有权提起反诉；

(3) 有权申请回避；

(4) 有权参加附带民事诉讼部分的法庭调查和法庭辩论；

(5) 有权要求人民法院主持调解或者与附带民事诉讼原告人自行和解；

(6) 对于地方各级人民法院第一审尚未发生法律效力的判决、裁定的附带民事诉讼部分不服的，有权提出上诉；

(7) 对于地方各级人民法院已经发生法律效力的判决、裁定的附带民事诉讼部分不服的，有权提出申诉。

（六）单位当事人

1. 单位犯罪嫌疑人、被告人。

在单位犯罪的情况下，单位可以独立成为犯罪嫌疑人、被告人，与作为自然人的直接负责的主管人员和其他直接责任人员一起参与刑事诉讼。

(1) 单位的诉讼代表人。在刑事诉讼中，被告人必须出庭参加诉讼，单位作为法人无法出庭，于是，法律规定由单位的诉讼代表人代表单位出庭。

(2) 单位代表人的资格。被告单位的诉讼代表人，应当是法定代表人或者主要负责人；法定代表人或者主要负责人被指控为单位犯罪直接负责的主管人员或者因客观原因无法出庭的，应当由被告单位委托其他负责人或者职工作为诉讼代表人。但是，有关人员被指控为单位犯罪的其他直接责任人员或者知道案件情况、负有作证义务的除外。

(3) 代表人拒不出庭的后果。被告单位的诉讼代表人不出庭的，应当按照下列情形分别处理：

①诉讼代表人系被告单位的法定代表人或者主要负责人，无正当理由拒不出庭的，可以拘传其到庭；因客观原因无法出庭，或者下落不明的，应当要求人民检察院另行确定诉讼代表人；

②诉讼代表人系被告单位的其他人员的，应当要求人民检察院另行确定诉讼代表人出庭。

(4) 单位犯罪嫌疑人、被告人的诉讼权利和诉讼义务。单位犯罪嫌疑人、被告人与自然人一样，享有一系列的权利，也承担一系列的义务。如单位也享有委托辩护人的权利、申请回避权、上诉权等等。

2. 单位被害人。

被害人一般是指自然人，但单位也可以成为被害人。单位被害人参与刑事诉讼时，应由其法定代表人作为代表参加刑事诉讼。法定代表人也可以委托诉讼代理人参加刑事诉讼。单位被害人在刑事诉讼中的诉讼权利和诉讼义务，与自然人作为被害人大体相同。

归纳总结

被害人	1. 报案或控告的权利。 2. 对公安机关不立案决定不服，有权向检察院提出意见。 3. 对检察院不起诉决定不服有权申诉。 4. 公诉转自诉。 5. 有权委托诉讼代理人。 6. 没有上诉权，只有请求抗诉权（判决）和申诉权（生效裁判）。
自诉人	参见一审程序一章关于自诉案件的内容。
犯罪嫌疑人、被告人	单位犯罪嫌疑人、被告人：与自然人权利和义务基本相同。 【注意】1. 担任诉讼代表人的主体：担任诉讼代表人的主体应当是法定代表人或者主要负责人。特殊情况下，被告单位委托其他负责人或者职工作为诉讼代表人。 2. 诉讼代表人变更：开庭审理单位犯罪案件，应当通知被告单位的诉讼代表人出庭；没有诉讼代表人参与诉讼的，应当要求人民检察院确定。 3. 对诉讼代表人可以采取拘传：被告单位的诉讼代表人不出庭的，应当按照下列情形分别处理：（1）诉讼代表人系被告单位的法定代表人或者主要负责人，无正当理由拒不出庭的，可以拘传其到庭；因客观原因无法出庭，或者下落不明的，应当要求人民检察院另行确定诉讼代表人；（2）诉讼代表人系被告单位的其他人员的，应当要求人民检察院另行确定诉讼代表人出庭。 【注意】此处的拘传不是强制措施。
附带民事诉讼原告人、被告人	参见附带民事诉讼程序专题。

二、其他诉讼参与人

其他诉讼参与人是指除公安司法人员以及当事人之外，参与诉讼活动并在诉讼中享有一定的诉讼权利、承担一定的诉讼义务的人。根据《刑事诉讼法》第106条的规定，其他诉讼参与人是指法定代理人、诉讼代理人、辩护人、证人、鉴定人和翻译人员。

1. 法定代理人。

法定代理人是由法律规定的对被代理人负有专门保护义务并代其进行诉讼的人。

（1）代理人范围。

被代理人的父母、养父母、监护人和负有保护责任的机关、团体的代表。

（2）代理对象。

当刑事诉讼中的当事人或者某些诉讼参与人是未成年人、无行为能力人或者限制行为能力人。

（3）地位。

法定代理人具有独立的法律地位，在行使代理权限时无须经过被代理人同意（不

同于委托代理人)。这是由于法定代理人参加刑事诉讼是依据法律的规定，而不是基于委托关系。

(4) 权限。

法定代理人享有广泛的与被代理人相同的诉讼权利，但法定代理人不能代替被代理人作陈述，也不能代替被代理人承担与人身相关联的义务。

2. 诉讼代理人。

(1) 产生。

诉讼代理人是基于被代理人的委托而代表被代理人参与刑事诉讼的人。

(2) 委托主体。

被害人、自诉人、附带民事诉讼当事人及其法定代理人有权委托诉讼代理人。另外，被害人的近亲属也可以委托诉讼代理人。

【高能提醒】

上文中只有公诉案件的被害人的近亲属可以委托诉讼代理人，其他几类主体的近亲属不可以委托诉讼代理人。所谓近亲属，是指夫、妻、父、母、子、女、同胞兄弟姐妹。这与民法规定的范围不同。犯罪嫌疑人、被告人不能委托代理人，其委托的是辩护人，但强制医疗和没收程序中委托的是代理人。

3. 证人。

证人，是指在诉讼外了解案件情况的当事人以外的人。

(1) 特点。

①证人必须是了解案件情况的人。这是证人的首要条件。

②证人必须是在诉讼之外了解案件情况的人。参与案件办理的侦查、审查起诉、审判人员以及辩护人、诉讼代理人、鉴定人等在诉讼过程中也了解了案件情况，但其对案件情况的了解是在诉讼开始后的诉讼过程中形成的，因而不属于证人。这些人员如果在诉讼开始之前就了解了案件情况，就应当优先作证人，一般不得参与案件的办理。

【高能提醒】

《刑事诉讼法》第187条规定，人民警察就其执行职务时目击的犯罪情况作为证人出庭作证。

③证人只能是自然人。国家机关、企业、事业单位或者人民团体，不能成为证人，因为它们不能像自然人一样感知案件事实，无法享有证人的诉讼权利或者承担证人的诉讼义务。

④生理上、精神上有缺陷或者年幼，并且不能辨别是非、不能正确表达的人不得作为证人。

【高能提醒】

生理上、精神上有缺陷或者年幼，只有达到不能辨别是非或者不能正确表达的程度，才不能作证人。换句话说，生理上、精神上虽然有缺陷或者年幼，但是还没有达到不能辨别是非或者不能正确表达的程度，仍然可以作证人。

⑤证人具有优先性和不可替代性。证人对案件事实的感知是其可以证明案件事实的根据，这种感知具有亲历性，是不可能由他人替代的。当证人的身份与其他诉讼主

体的身份发生冲突时，只能优先作为证人，而不能既作证人，又兼有其他诉讼主体的身份。

（2）证人的权利。

①有权用本民族语言文字进行诉讼。

②有权查阅证言笔录，并在发现笔录的内容与作证的内容不符时要求予以补充或者修改。

③对于公安司法机关工作人员侵犯其诉讼权利或者对其有人身侮辱的行为，有权提出控告。

④对于其因作证而支出的交通、住宿、就餐等费用，有权要求补助，并且在单位的福利待遇不被克扣。根据《刑事诉讼法》第63条规定，证人因履行作证义务而支出的交通、住宿、就餐等费用，应当给予补助。证人作证的补助列入司法机关业务经费，由同级政府财政予以保障。有工作单位的证人作证，所在单位不得克扣或者变相克扣其工资、奖金及其他福利待遇。

【高能提醒】

刑事诉讼中证人的经济补助并不包括误工费，此处区别于民事诉讼。

⑤有权要求公安司法机关保证其本人以及其近亲属的安全，防止因作证而遭受不法侵害。《刑事诉讼法》第62条规定：对于危害国家安全犯罪、恐怖活动犯罪、黑社会性质的组织犯罪、毒品犯罪等案件，证人、鉴定人、被害人因在诉讼中作证，本人或者其近亲属的人身安全面临危险的，人民法院、人民检察院和公安机关应当采取以下一项或者多项保护措施：a. 不公开真实姓名、住址和工作单位等个人信息；b. 采取不暴露外貌、真实声音等出庭作证措施；c. 禁止特定的人员接触证人、鉴定人、被害人及其近亲属；d. 对人身和住宅采取专门性保护措施；e. 其他必要的保护措施。证人、鉴定人、被害人认为因在诉讼中作证，本人或者其近亲属的人身安全面临危险的，可以向人民法院、人民检察院、公安机关请求予以保护。人民法院、人民检察院、公安机关依法采取保护措施，有关单位和个人应当配合。

（3）证人的出庭义务。

①证人应当出庭的条件：《刑事诉讼法》第187条第1款规定：公诉人、当事人或者辩护人、诉讼代理人对证人证言有异议，且该证人证言对案件定罪量刑有重大影响、人民法院认为证人有必要出庭作证的，证人应当出庭作证。

②证人出庭的例外：《刑事诉讼法解释》第206条规定：证人具有下列情形之一，无法出庭作证的，人民法院可以准许其不出庭：a. 在庭审期间身患严重疾病或者行动极为不便的；b. 居所远离开庭地点且交通极为不便的；c. 身处国外短期无法回国的；d. 有其他客观原因，确实无法出庭的。具有前款规定情形的，可以通过视频等方式作证。

③证人拒绝作证的后果：《刑事诉讼法》第188条规定：经人民法院通知，证人没有正当理由不出庭作证的，人民法院可以强制其到庭，但是被告人的配偶、父母、子女除外。证人没有正当理由拒绝出庭或者出庭后拒绝作证的，予以训诫；情节严重的，经院长批准，处以10日以下拘留。被处罚人对拘留决定不服的，可以向上一级人民法院申请复议。复议期间不停止执行。

4. 鉴定人。

鉴定人，是指接受公安司法机关的指派或者聘请，运用自己的专门知识或者技能对刑事案件中的专门性问题进行分析判断并提出书面鉴定意见的人。

（1）特点。

①鉴定人必须是没有利害关系的人。

②鉴定人通过参加刑事诉讼的途径了解案件的真实情况。

③鉴定人受到公安司法机关指派或者聘请产生，并且在诉讼过程中可以更换。这是必不可少的形式要件，也是刑事诉讼中的鉴定人与一般具有专门知识或者技能的专业人员的区别所在。

④鉴定人必须具备鉴定某项专门性问题的知识或技能。

⑤鉴定人只能是自然人。

（2）鉴定人的诉讼权利。

①了解与鉴定有关的案件情况；

②有权要求指派或者聘请的机关提供足够的鉴定材料，在提供的鉴定材料不充分、不具备作出鉴定结论的条件时，有权要求有关机关补充材料，否则有权拒绝鉴定；

③要求为鉴定提供必要的条件；

④收取鉴定费用。

（3）鉴定人的出庭作证义务

①应当通知鉴定人出庭的情形。根据《刑事诉讼法解释》第205条规定，公诉人、当事人或者辩护人、诉讼代理人对鉴定意见有异议，申请法庭通知鉴定人出庭作证，人民法院认为有必要的，应当通知鉴定人出庭。

②经人民法院通知，鉴定人拒不出庭作证的，鉴定意见不得作为定案的根据。

③鉴定人由于不能抗拒的原因或者有其他正当理由无法出庭的，人民法院可以根据情况决定延期审理或者重新鉴定。

④对没有正当理由拒不出庭作证的鉴定人，人民法院应当通报司法行政机关或者有关部门。

5. 辩护人（具体参见辩护与代理专题）。

辩护人是指在刑事诉讼中接受犯罪嫌疑人、被告人及其法定代理人的委托，或者接受人民法院的指定，依法为犯罪嫌疑人、被告人辩护，以维护其合法权益的人。

6. 翻译人员。

翻译人员，是指在刑事诉讼过程中接受公安司法机关的指派或者聘请，为参与诉讼的外国人或无国籍人、少数民族人员、盲人、聋人、哑人等进行语言、文字或者手势翻译的人员。

翻译人员在刑事诉讼中享有以下诉讼权利：

（1）了解与翻译有关的案件情况。

（2）要求公安司法机关提供与翻译内容有关的材料。

（3）查阅记载其翻译内容的笔录，如果笔录同实际翻译内容不符，有权要求修正或补充。

（4）获得相应的报酬和经济补偿。

【高能提醒】

牢记：近亲属、见证人、专门知识的人不是其他诉讼参与人；鉴定人属于其他诉讼参与人，勘验、检查的人、书记员、陪审员都属于专门机关的人。

【概念辨析】

1. 鉴定人 VS. 有专门知识的人（专家辅助人）

区别要点	鉴定人	有专门知识的人
是否需要专门知识	是	是
是否需要专门资质	需要	不需要
参与诉讼的目的	对专门性事实作出鉴定意见	对鉴定意见发表意见
所发表的意见是否属于法定证据	属于	不属于
参与诉讼的方式	经过公检法机关指派或聘请	控辩双方申请法庭通知有专门知识的人出庭

2. 鉴定人 VS. 证人

区别要点	鉴定人	证人
是否必须是自然人	是	是
参与诉讼的方式	经公检法指派或聘请	案件事实决定了某人成为证人
是否需要专门知识	需要	不需要
与案件或当事人是否可以有利害关系	不可以	可以
是否可以替代	可以	不可以
产生时间	诉讼内	案发时
对何种事实进行鉴定或作证	专门性事实	一般性事实

归纳总结

法定代理人	范围	父母、养父母、监护人和负有保护责任机关、团体的代表
	代理对象	限制行为能力和无行为能力的人
	产生依据	法律规定
	权限	法定代理人权利=被代理人权利
	诉讼地位	仅仅是其他诉讼参与人，不能成为当事人
诉讼代理人	范围	律师；人民团体或者被代理人所在单位推荐的人；被代理人的监护人、亲友。
	委托诉讼代理人的人	公诉案件被害人及其法定代理人或近亲属；自诉案件的自诉人及其法定代理人；附带民事诉讼的当事人及其法定代理人。
	产生依据	诉讼代理人是基于被代理人的委托参加诉讼的，而不是基于法律的规定
	权限	委托人授权范围内
	诉讼地位	仅仅是被代理人的代言人，承担控诉或辩护职能
证人	条件	1. 直接或间接了解案情；2. 当事人以外的人； 3. 在诉讼外了解案情；4. 自然人。
	资格	能辨别是非和正确表达
	特征	不可替代性，优先性——证人不适用回避

鉴定人	特点	1. 具备专门性问题的知识或技能；2. 通过指派或者聘请产生；3. 参加诉讼的途径了解案件的真实情况；4. 没有利害关系的人；5. 鉴定人是自然人。
	范围	故意或职务过失犯罪，受过开除公职，被撤销鉴定人登记，禁止从事司法鉴定
辩护人	1. 辩护人，是指接受委托或法律援助机关指派，帮助犯罪嫌疑人、被告人行使辩护权； 2. 没收程序、强制医疗程序中请的都是诉讼代理人而不是辩护人。	
翻译人员	对象	为外国人、少数民族人员、盲人、聋人、哑人等进行语言、文字或手势翻译的人
	特点	没有利害关系的人，当事人有权申请其回避

专题四 管辖

核心重点

检察机关直接受理的案件；人民法院直接受理的案件；中级人民法院；特殊管辖。

考点精要

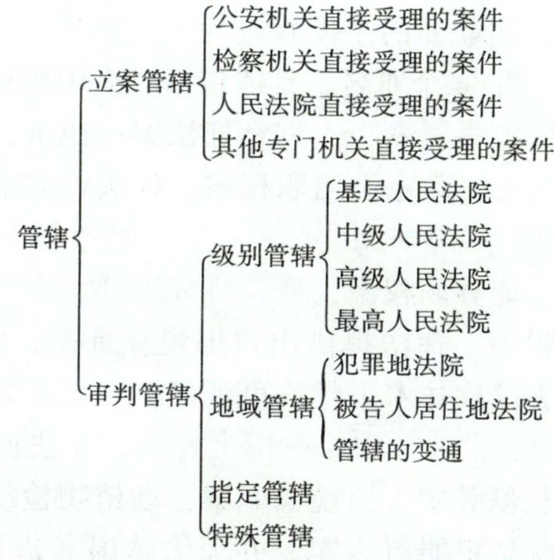

刑事诉讼中的管辖，是指发生了刑事案件，“谁来管，谁来判”的问题，公安机关、人民检察院和人民法院之间立案受理刑事案件以及人民法院系统内审判第一审刑事案件的分工制度。

管辖分为立案管辖和审判管辖两大类。其实质就是公安司法机关在受理刑事案件方面的权限划分问题。

1. 立案管辖：是公安机关、人民检察院和人民法院直接受理刑事案件上的权限划分。

2. 审判管辖：是人民法院系统内各级法院、普通人民法院与专门人民法院以及专门人民法院之间在审判第一审刑事案件上的权限划分。审判管辖包括普通法院的审判管辖和专门法院的审判管辖等。

第一节 立案管辖

立案管辖，是指公安机关（包括国家安全机关）、人民检察院和人民法院之间在直接受理刑事案件上的权限分工。立案管辖所要解决的是对一个具体的案件应由公、检、法三机关中的哪一个机关首先受理立案的问题。

一、人民检察院直接受理的案件范围

1. 贪污贿赂犯罪。

《刑法》分则第8章规定的贪污贿赂罪和其他章节中明确规定按照《刑法》分则第8章贪污贿赂罪的规定定罪处罚的犯罪。具体包括：贪污案、挪用公款案、受贿案、单位受贿案、行贿案、对单位行贿案、介绍贿赂案、单位行贿案、巨额财产来源不明案、隐瞒境外存款案、私分国有资产案、私分罚没财物案。

【高能提醒】

此罪主体为在国家机关工作的人员和在国有企业工作的人员以及委派到非国有企业、事业单位上班的人员。公司、企业人员受贿罪，对公司、企业人员行贿罪等商业贿赂犯罪案件不是由人民检察院直接受理，而是由公安机关管辖。因为此类犯罪不属于《刑法》第8章规定的犯罪。

2. 国家机关工作人员的渎职犯罪。

修订后的《刑法》已将渎职罪的主体修改为国家机关工作人员，具体指《刑法》分则第9章规定的渎职罪，共34个罪名。具体包括：滥用职权案，玩忽职守案，故意泄露国家秘密案，过失泄露国家秘密案，徇私枉法案，民事、行政枉法裁判案，执行判决、裁定失职案，执行判决、裁定滥用职权案，枉法仲裁案，私放在押人员案，失职致使在押人员脱逃案，徇私舞弊减刑、假释、暂予监外执行案，徇私舞弊不移交刑事案件案，滥用管理公司、证券职权案，徇私舞弊不征、少征税款案，徇私舞弊发售发票、抵扣税款、出口退税案，违法提供出口退税凭证案，国家机关工作人员签订、履行合同失职被骗案，违法发放林木采伐许可证案，环境监管失职案，食品监管渎职案，传染病防治失职案，非法批准征用、占用土地案，非法低价出让国有土地使用权案，放纵走私案，商检徇私舞弊案。商检失职案，动植物检疫徇私舞弊案，动植物检疫失职案，放纵制售伪劣商品犯罪行为案，办理偷越国（边）境人员出入境证件案，放行偷越国（边）境人员案，不解救被拐卖、绑架妇女、儿童案，阻碍解救被拐卖、绑架妇女、儿童案，帮助犯罪分子逃避处罚案，招收公务员、学生徇私舞弊案，失职造成珍贵文物损毁、流失案。

【高能提醒】

下列国家工作人员所实施的具有渎职性质的犯罪由公安机关管辖（因为下列罪名不属于国家机关工作人员渎职）：（1）非法经营同类营业罪；（2）为亲友非法牟利罪；（3）签订、履行合同失职被骗罪；（4）玩忽职守造成破产、严重损失罪；（5）滥用职权造成破产、严重损失罪；（6）徇私舞弊低价折股、出售国有资产罪。

3. 国家机关工作人员利用职权实施的侵犯公民人身权利和民主权利的犯罪。

（1）一般主体：①非法拘禁罪；②非法搜查罪；③破坏选举罪。

（2）特殊主体：①刑讯逼供罪；②暴力取证罪；③体罚虐待被监管人罪；④报复陷害罪。

4. 国家机关工作人员利用职权实施的其他重大犯罪案件。

对于国家机关工作人员利用职权实施的其他重大的犯罪案件，需要由人民检察院直接受理的时候，经省级以上人民检察院决定，可以由人民检察院立案侦查。必须符合下列条件：

（1）必须是国家机关工作人员利用职权实施的前3类以外的重大犯罪案件；

（2）必须经过省级以上人民检察院决定。

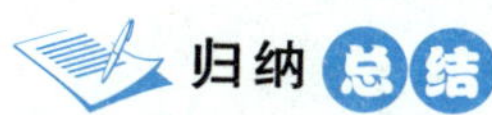

贪污贿赂案件	是指刑法分则第8章规定的贪污贿赂罪，且包括行贿；介绍贿赂；私分国有资产案；私分罚没财物案。
国家（机关）工作人员的渎职犯罪	是指刑法分则第9章规定的渎职罪：徇私舞弊不征、少征税款案；不解救被拐卖妇女儿童罪；阻碍解救被拐卖妇女儿童罪。
国家机关工作人员利用职权实施的侵犯公民人身权利、民主权利的犯罪案件	1. 非法拘禁案；2. 非法搜查案；3. 破坏选举案；4. 暴力取证案；5. 虐待被监管人案；6. 报复陷害案；7. 刑讯逼供案
国家机关工作人员利用职权实施的其他重大的犯罪案件，需要由人民检察院直接受理的时候，经省级以上人民检察院决定，可以由人民检察院立案侦查。	

孙某系甲省乙市海关科长，与走私集团通谋，利用职权走私国家禁止出口的文物，情节特别严重。本案该如何确定立案管辖？（2015-2-67，多）①

A. 可由公安机关立案侦查

B. 经甲省检察院决定，可由检察院立案侦查

C. 甲省检察院决定立案侦查后可根据案件情况自行侦查

D. 甲省检察院决定立案侦查后可根据案件情况指定甲省丙市检察院侦查

二、人民法院直接受理的案件范围

人民法院仅直接受理自诉案件，立案后直接进入审理阶段，不需要经过专门机关侦查。这类案件包括三种情形：

1. 告诉才处理的案件（亲告案件）。

告诉才处理的案件，是指只有被害人或其法定代理人提出控告和起诉人民法院才予以受理的案件，但如果被害人因受到强制、威吓、无法告诉的，人民检察院或者被害人的近亲属也可以告诉。包括：

（1）侮辱、诽谤案（严重危害社会秩序和国家利益的除外）；

（2）暴力干涉婚姻自由案（致使被害人死亡的除外）；

（3）虐待案（致使被害人重伤、死亡的除外）；

（4）侵占案（绝对的告诉才处理）。

【高能提醒】

自诉案件与告诉才处理的案件是一种包含的关系，自诉案件包括了告诉才处理的案件，告诉才处理的案件是自诉案件的一种。

2. 被害人有证据证明的轻微刑事案件（可公可自）。

这类案件必须满足两个条件：一是必须是轻微的刑事案件；二是被害人必须有相应的证据证明被告人有罪。这类案件主要包括：

① 答案：A、B、C、D。

(1) 故意伤害案（轻伤）；

(2) 非法侵入住宅案；

(3) 侵犯通信自由案；

(4) 重婚案；

(5) 遗弃案；

(6) 生产、销售伪劣商品案；

(7) 侵犯知识产权案；

(8) 属于《刑法》分则第四章、第五章规定的，对被告人可能判处3年有期徒刑以下刑罚的案件。

【高能提醒】

本项规定的案件，被害人直接向人民法院起诉的，人民法院应当依法受理。对其中证据不足、可以由公安机关受理的，或者认为对被告人可能判处三年有期徒刑以上刑罚的，应当告知被害人向公安机关报案，或者移送公安机关立案侦查。被害人向公安机关控告的，公安机关应当受理。此类自诉案件的特点是可以公诉也可以自诉。

3. 公诉转自诉的案件（公转自）。

被害人有证据证明对被告人侵犯自己人身、财产权利的行为应当依法追究刑事责任，且有证据证明曾经提出控告，而公安机关或者人民检察院不予追究被告人刑事责任的案件。

公诉转自诉的案件，是指从性质上说，这类案件原本属于公诉案件范围，若要成为自诉案件，必须具备4个条件：

(1) 被害人有足够证据证明；

(2) 被告人侵犯了自己的人身、财产权利；

(3) 应当追究被告人刑事责任的；

(4) 有证据证明曾经提出控告。

【高能提醒】

这类刑事案件范围很广，既包括公安机关或者检察机关不立案侦查或撤销的案件，也包括检察机关决定不起诉的案件。

归纳总结

告诉才处理的案件	1. 侮辱、诽谤案（严重危害社会秩序和国家利益的除外）； 2. 暴力干涉婚姻自由案（致使被害人死亡的除外）； 3. 虐待案（致使被害人重伤、死亡的除外）； 4. 侵占案（绝对的告诉才处理的案件）。
被害人有证据证明的轻微刑事案件（公诉与自诉交叉）	1. 故意伤害案（轻伤）；2. 重婚案；3. 遗弃案；4. 非法侵入住宅案；5. 侵犯通信自由案；6. 生产、销售伪劣商品案（但严重危害社会秩序和国家利益的除外）；7. 侵犯知识产权案（刑法分则第3章第7节规定的，但严重危害社会秩序和国家利益的除外）；8. 刑法分则第4章、第5章规定的，对被告人可能判处3年有期徒刑以下刑罚的案件。 【注意】上述案件，被害人直接向法院起诉，法院应当受理。证据不足、可由公安机关受理的，或者认为对被告人可能判3年以上的，应当告知被害人向公安机关报案，或者移送公安机关立案侦查。

公诉转自诉案件	被害人有证据证明对被告人侵犯自己人身、财产权利的行为应当依法追究刑事责任，而公安机关或人民检察院不予追究的案件。

三、公安机关立案侦查的案件

公安机关	1. 下列国家工作人员的渎职犯罪：【注意】此罪主体为“国家工作人员”，即国有公司、企业、事业单位、人民团体中从事公务的人员和国家机关、国有公司、企业、事业单位委派到非国有公司、企业、事业单位、社会团体从事公务的人员，以及其他依照法律从事公务的人员。 （1）如非法经营同类营业罪；（2）（国有公司、企业领导）签订、履行合同失职被骗罪； （3）为亲友非法牟利罪；（4）国有公司企业事业单位人员失职罪； （5）国有公司企业事业单位人员滥用职权罪；（6）徇私舞弊低价折股、出售国有资产罪。
	2. 涉税案件：“骗取出口退税案”。
	3. 非国家机关工作人员的受贿罪：（1）商业贿赂；（2）商业行贿；（3）职务侵占罪。
几类特殊案件的侦查权：	1. 间谍、特务案件（由国家安全机关立案侦查）；2. 对军队内部发生的案件（由军队保卫部门负责侦查）；3. 罪犯在监狱内犯罪（由监狱立案侦查）；4. 对走私案件的侦查；5. 伪证罪、拒不执行判决裁定罪等其他犯罪；6. 非法剥夺宗教信仰自由；7. 破坏少数民族风俗习惯；8. 打击报复会计、统计人员罪。

四、对立案管辖中交叉管辖的处理

1. 公安机关与人民检察院在侦查刑事案件中涉及到对方管辖的案件时，应当将不属于本部门管辖的案件移送给对方。在上述情况中，如果涉嫌主罪属于其中一个机关管辖，则由该机关为主侦查，另一侦查机关予以配合。

2. 公安机关或人民检察院在侦查过程中，如果发现被告人还犯有属于人民法院直接受理的罪行时，应分情况进行处理：

（1）如果发现犯罪嫌疑人还犯有属于人民法院直接受理的罪行的，对此公安和检察院没有立案权可以告知被害人向人民法院直接提起诉讼；

（2）如果发现犯罪嫌疑人还犯有属于第二、第三种自诉案件，可以接受控告人的控告或者直接立案，并进行必要的调查，然后在人民检察院提起公诉时，随同公诉案件移送人民法院，合并审理。侦查终结后对公诉案件不提起公诉的，则应将属于人民法院管辖的案件直接移送人民法院处理。

3. 人民法院在审理自诉案件过程中，如果发现被告人还犯有必须由人民检察院提起公诉的罪行时，应当将新发现的罪行另案移送有管辖权的公安机关或者人民检察院处理。

4.《六机关规定》第 3 条规定，具有下列情形之一的，人民法院、人民检察院、公安机关可以在其职责范围内并案处理：（1）一人犯数罪的；（2）共同犯罪的；（3）共同犯罪的犯罪嫌疑人、被告人还实施其他犯罪的；（4）多个犯罪嫌疑人、被告人实施的犯罪存在关联，并案处理有利于查明案件事实的。

5.《防冤假错案意见》第 23 条规定：严格依照法定程序和职责审判案件，不得参与公安机关、人民检察院联合办案。

公安机关与检察院交叉	1. 分别管辖：涉及到对方管辖的案件时，将不属于本部门管辖的案件移送给对方。 2. 主罪原则：涉嫌主罪的机关管辖，另一机关配合。
公诉案件/自诉案件交叉	公安机关、人民检察院在侦查过程中，发现被告人还犯有自诉案件时： 1. 对于属于告诉才处理的案件，告知被害人向人民法院直接提起诉讼。 2. 对于属于其他类型自诉案件，可直接立案进行侦查，随同公诉案件移送人民法院。
自诉案件/公诉案件交叉	法院在审理自诉案件时，如果发现被告人还犯有必须由人民检察院提起公诉的罪刑时，应将新发现的罪行另案移送有管辖权的公安机关或者人民检察院处理。

第二节　审判管辖

审判管辖，是指各级人民法院之间、同级人民法院之间以及普通人民法院与专门人民法院之间、各专门法院之间，在审判第一审刑事案件上的权限划分。审判管辖所要解决的是在人民法院系统内部受理案件的分工。包括级别管辖、地域管辖、移送管辖、指定管辖。

一、级别管辖

级别管辖，是指各级人民法院之间在审判第一审刑事案件上的权限划分，是对第一审刑事案件审判权的纵向划分，解决的是上下级人民法院之间的权限分工问题。

1. 基层人民法院管辖的第一审刑事案件。

《刑事诉讼法》第19条规定，绝大多数刑事案件实际上都是由基层人民法院进行第一审。刑事自诉案件的自诉人、被告人一方或者双方是在我国港、澳、台居住的中国公民或者其住所地是在我国港、澳、台的，由犯罪地的基层人民法院审判。

2. 中级人民法院管辖的第一审刑事案件。

（1）危害国家安全、恐怖活动案件。危害国家安全案件是指《刑法》分则第一章规定的危害国家安全的案件。恐怖活动案件的范围主要依据《刑法》分则规定的罪名予以明确。其中，涉嫌“资助恐怖活动组织或实施恐怖活动的个人罪”和“组织、领导、参加恐怖活动组织罪”都属于恐怖活动案件，由中级人民法院一审。

（2）可能判处无期徒刑、死刑的案件。

（3）违法所得没收程序。《刑事诉讼法》第281条规定，没收违法所得的申请，由犯罪地或者犯罪嫌疑人、被告人居住地的中级人民法院组成合议庭进行审理。

【高能提醒】

上述规定并不是说这些案件必须由中级人民法院进行第一审，而是最低应由中级人民法院一审，并不排除由高级人民法院、最高人民法院对这些案件进行第一审。

3. 高级人民法院管辖的第一审刑事案件。

高级人民法院管辖全省（自治区、直辖市）性的重大刑事案件。

4. 最高人民法院管辖的第一审刑事案件。

最高人民法院管辖在全国范围内具有重大影响的，性质、情节都特别严重的刑事案件。

5. 级别管辖的变通。

就高不就低	一人犯数罪、共同犯罪案件，其中一人或者一罪属于上级法院管辖的，全案由上级法院管辖。
上可以审下	上级法院在必要的时候，可以审判下级法院管辖的第一审刑事案件；下级法院认为案情重大、复杂需要由上级法院审判的第一审刑事案件，可以请求移送上一级法院审判。 【注意】检察院认为可能判处无期徒刑、死刑，向中级法院提起公诉的案件，中级法院受理后，认为不需要判处无期徒刑、死刑的，应当依法审判，不再交基层法院审判。
下不可以审上	基层法院对可能判处无期徒刑、死刑的第一审刑事案件，应当移送中级法院审判。

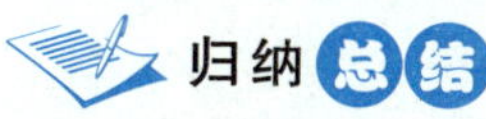

最高人民法院	全国性的重大刑事案件。
高级人民法院	全省（自治区、直辖市）性的重大刑事案件。
中级人民法院	1. 危害国家安全、恐怖活动案件。 2. 可能判处无期徒刑、死刑的案件。 3. 犯罪嫌疑人、被告人逃匿、死亡案件违法所得的没收程序。 【注意】新法删除了外国人犯罪的案件。
基层人民法院	除上级人民法院管辖的以外的案件。

某县破获一抢劫团伙，涉嫌多次入户抢劫，该县法院审理后认为，该团伙中只有主犯赵某可能被判处无期徒刑。关于该案的移送管辖，下列哪些选项是正确的？（2014-2-66，多）①

A. 应当将赵某移送中级法院审理，其余被告人继续在县法院审理

B. 团伙中的未成年被告人应当一并移送中级法院审理

C. 中级法院审查后认为赵某不可能被判处无期徒刑，可不同意移送

D. 中级法院同意移送的，应当书面通知其同级检察院

二、地域管辖

地域管辖，是指同级人民法院之间，在审判第一审刑事案件时的权限划分，是对第一审刑事案件审判权的横向划分，解决的是同级人民法院之间的权限分工问题。

（一）以犯罪地管辖为主，被告人居住地管辖为辅原则

刑事案件由犯罪地的人民法院管辖。如果被告人居住地的人民法院审判更为适宜的，可以由被告人居住地的人民法院管辖。

1. 犯罪地包括犯罪行为发生地和犯罪结果发生地。

《刑事诉讼法解释》第 2 条规定，犯罪地包括犯罪行为发生地和犯罪结果发生地。针对或者利用计算机网络实施的犯罪，犯罪地包括犯罪行为发生地的网站服务器所在地，网络接入地，网站建立者、管理者所在地，被侵害的计算机信息系统及其管理者所在地，被告人、被害人使用的计算机信息系统所在地以及被害人财产遭受损失地。

2. 居住地是指被告人的户籍地。

经常居住地与户籍地不一致的，经常居住地为其居住地。经常居住地为被告人被追诉前已连续居住 1 年以上的地方，但住院就医的除外。

① 答案：C、D。

由被告人居住地的人民法院管辖更为适宜的情况一般包括：被告人流窜作案，主要犯罪地难以确定，而其居住地的群众更多地了解案件的情况；被告人在居住地民愤极大，当地群众要求在当地审判的；可能对被告人适用缓刑、管制或者单独适用剥夺政治权利等刑罚，因而需要在其居住地执行的，等等。

【高能提醒】

《关于办理网络犯罪案件适用刑事诉讼程序若干问题的意见》

1. 网络犯罪地包括犯罪行为发生地的网站服务器所在地。网络接入地，网站建立者、管理者所在地，被侵害的计算机信息系统及其管理者所在地，被告人、被害人使用的计算机信息系统所在地，以及被害人财产遭受损失地。

2. 网络犯罪案件由犯罪地公安机关立案侦查。必要时，可以由犯罪嫌疑人居住地公安机关立案侦查。有多个犯罪地的网络犯罪案件，由最初受理的公安机关或者主要犯罪地公安机关立案侦查。有争议的，按照有利于查清犯罪事实、有利于诉讼的原则，由共同上级公安机关指定有关公安机关立案侦查。

3. 具有特殊情况，由异地公安机关立案侦查更有利于查清犯罪事实、保证案件公正处理的跨省（自治区、直辖市）重大网络犯罪案件，可以由公安部商最高人民检察院和最高人民法院指定管辖。

4. 人民检察院对于公安机关移送审查起诉的网络犯罪案件，发现犯罪嫌疑人还有犯罪被其他公安机关立案侦查的，应当通知移送审查起诉的公安机关。人民法院受理案件后，发现被告人还有犯罪被其他公安机关立案侦查的，可以建议人民检察院补充侦查。人民检察院经审查，认为需要补充侦查的，应当通知移送审查起诉的公安机关。经人民检察院通知，有关公安机关根据案件具体情况，可以对犯罪嫌疑人所犯其他犯罪并案侦查。

5. 询（讯）问异地证人、被害人以及与案件有关联的犯罪嫌疑人的，可以由办案地公安机关通过远程网络视频等方式进行询（讯）问并制作笔录。远程询（讯）问的，应当对询（讯）问过程进行录音录像，并随案移送。

6. 收集、提取电子数据，能够获取原始存储介质的，应当封存原始存储介质，并制作笔录，记录原始存储介质的封存状态，由侦查人员、原始存储介质持有人签名或者盖章；持有人无法签名或者拒绝签名的，应当在笔录中注明，由见证人签名或者盖章。有条件的，侦查人员应当对相关活动进行录像。

7. 远程提取电子数据的，应当说明原因，有条件的，应当对相关活动进行录像。

8. 对电子数据涉及的专门性问题难以确定的，由司法鉴定机构出具鉴定意见，或者由公安部指定的机构出具检验报告。

周某采用向计算机植入木马程序的方法窃取齐某的网络游戏账号、密码等信息，将窃取到的相关数据存放在其租用的服务器中，并利用这些数据将齐某游戏账户内的金币、点券等虚拟商品放在第三方网络交易平台上进行售卖，获利5000元。下列哪些地区的法院对本案具有管辖权？（2013-2-65，多）①

A. 周某计算机所在地　　　　B. 齐某计算机所在地

① 答案：A、B、C、D。

C. 周某租用的服务器所在地　　　　D. 经营该网络游戏的公司所在地

（二）以最初受理的人民法院审判为主，主要犯罪地人民法院审判为辅原则

1. 最初受理法院审判。

（1）几个同级人民法院都有权管辖的案件，由最初受理的人民法院审判。

（2）在必要的时候，可以移送主要犯罪地的人民法院审判。

（3）“必要的时候”，一般应从有利于查清犯罪事实、及时处理案件以及充分发挥审判活动的教育作用等方面考虑。所谓主要犯罪地，包括案件涉及多个地点时对该犯罪的成立起主要作用的行为地，也包括一人犯数罪时，主要罪行的实行地。

2. 主要犯罪地。

（1）一人在不同地区犯一个罪，其中的犯罪行为实施地；

（2）一人在不同地区犯同一种罪，其中的主要犯罪行为的实施地；

（3）一人在不同地区犯数罪，其中的最严重犯罪行为的实施地；

（4）在共同犯罪中，主犯的犯罪行为实施地。

3.《公安部规定》第23条规定：对倒卖、伪造、变造火车票的案件，由最初受理案件的铁路公安机关或者地方公安机关管辖。必要时，可以移送主要犯罪地的铁路公安机关或者地方公安机关管辖。铁路建设施工工地发生的刑事案件由地方公安机关管辖。

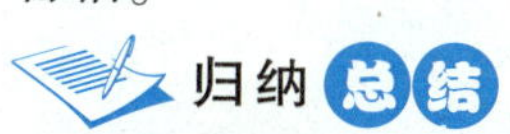

<table>
<tr><td rowspan="2">一般原则</td><td rowspan="2">以犯罪地人民法院管辖为主，被告人居住地人民法院管辖为辅。</td><td>犯罪地</td><td>1. 犯罪地包括犯罪行为发生地和犯罪结果发生地。
2. 针对或者利用计算机网络实施的犯罪，犯罪地包括犯罪行为发生地的网站服务器所在地，网络接入地，网站建立者、管理者所在地，被侵害的计算机信息系统及其管理者所在地，被告人、被害人使用的计算机信息系统所在地，以及被害人财产遭受损失地。</td></tr>
<tr><td>被告人居住地</td><td>1. 居住地是指被告人的户籍地。经常居住地与户籍地不一致的，经常居住地为其居住地。经常居住地为被告人被追诉前已连续居住一年以上的地方，但住院就医的除外。
2. 被告单位登记的住所地为其居住地。主要营业地或者主要办事机构所在地与登记的住所地不一致的，主要营业地或者主要办事机构所在地为其居住地。</td></tr>
<tr><td>共同管辖</td><td colspan="3">几个法院都有管辖权的，由最初受理的法院审判为主。必要时可以移送主要犯罪地的法院审判。</td></tr>
</table>

三、指定管辖

指定管辖是指当管辖不明或者有管辖权的法院不宜行使管辖权时，由上级人民法院以指定的方式确定案件的管辖。

1. 指定管辖的情形。

（1）管辖不明。地区管辖不明的刑事案件。在这种情况下，应当由争议各方在审限内协商解决；协商不成的，由争议的人民法院分别逐级报请共同的上级人民法院指定管辖。协商是必经程序，而且必须是逐级报请。

（2）不宜管辖。有管辖权的人民法院不宜行使管辖权的刑事案件。不宜行使管辖权的，可以请求上一级人民法院管辖；上一级人民法院可以管辖，也可以指定与提出

请求的人民法院同级的其他人民法院管辖。

（3）规避管辖。《刑事诉讼法解释》第21条：第二审人民法院发回重新审判的案件，人民检察院撤回起诉后，又向原第一审人民法院的下级人民法院重新提起公诉的，下级人民法院应当将有关情况层报原第二审人民法院。原第二审人民法院根据具体情况，可以决定将案件移送原第一审人民法院或者其他人民法院审判。

【高能提醒】

《高检规则》第18条：分、州、市检察院办理直接立案侦查的案件，需要将属于本院管辖的案件指定下级检察院管辖的，应当报请上一级检察院批准。

2. 指定管辖程序。

（1）争议解决。

对管辖权发生争议的，应当在审限内协商解决；协商不成的，由争议的人民法院分别逐级报请共同的上级人民法院指定管辖。

（2）指定管辖的时间和通知规定。

①上级人民法院可以决定审判依法应当由下级人民法院一审的案件。但这种决定必须在下级人民法院第一审宣判之前作出，并应当下达改变管辖决定书，并书面通知同级人民检察院。

②上级人民法院指定管辖的，应当将指定管辖决定书分别送达被指定管辖的人民法院和其他有关的人民法院。

（3）案卷移送。

①对于公诉案件，应当书面通知提起公诉的人民检察院，并将全部案卷材料退回，审理期限从书面通知当事人之日起计算。

②对于自诉案件，应当将全部案卷材料移送被指定管辖的人民法院，并书面通知当事人

归纳总结

情形	程序
管辖不明（法院对管辖权发生争议的）	管辖权发生争议的，应当在审理期限内协商解决——协商不成的，分别层报共同的上级人民法院指定管辖。
管辖明确但客观上不宜或不能行使管辖权	1. 可以请求移送上一级人民法院管辖。上一级人民法院可以管辖，也可以指定。 2. 指定时：不能违背级别管辖；不能超出辖区指定。
【注意】指定后的案卷移送制度（由原受理案件的人民法院移送）： 1. 公诉案件：应当书面通知同级人民检察院，并将案卷材料退回，同时书面通知当事人。 2. 自诉案件：应当将案卷材料移送被指定管辖的人民法院，并书面通知当事人。	

四、特殊案件的审判管辖

类别	情形	管辖的法院
一类	国际条约规定的罪行	抓获地法院。
	外国人在领域外对中国、中国人犯罪	该外国人入境地、入境后居住地或被害中国公民离境前居住地法院。

续表

类别	情形	管辖的法院
二类	领域外的中国船舶内的犯罪	最初停泊的中国口岸所在地。
	领域外的中国航空器内的犯罪	中国最初降落地。
	国际列车上的犯罪	协议优先；没有协议的，最初停靠的中国车站所在地或者目的地铁路运输法院。
三类	我国公民在驻外领使馆内的犯罪	主管单位所在地或者原户籍地。
	我国公民在领域外的犯罪	离境前居住地或原户籍所在地的法院管辖；被害人是中国公民的，也可由被害人离境前居住地的法院管辖。
四类	漏罪	原则上为原审法院；由服刑地或者犯罪地更为适宜的由该法院管辖。
	新罪	服刑期间又犯罪的，由服刑地法院管辖。 罪犯在脱逃期间犯罪的，由服刑地的法院管辖。但是，在犯罪地抓获罪犯并发现其在脱逃期间的犯罪的，由犯罪地的法院管辖。

专题五 回 避

核心重点

回避的对象；回避的审查；回避的决定权主体；回避的效力；回避的相关程序。

考点精要

- 回避
  - 回避的概念
  - 回避适用人员
    - 审判人员、检察人员、侦查人员
    - 书记员、翻译人员、鉴定人
    - 其他人员
  - 回避理由
    - 是本案当事人或者是当事人的近亲属
    - 本人或者他的近亲属和本案有利害关系
    - 违规会见当事人及委托代理人或接受其请客送礼等
    - 担任过本案证人、鉴定人、辩护人或者诉讼代理人
    - 与本案当事人有其他关系，可能影响案件公正处理
  - 回避程序
    - 其他回避理由
    - 自行回避
    - 指令回避
  - 回避种类
    - 回避的决定权人
    - 回避的期间
    - 回避的申请
    - 回避的审查决定
    - 对驳回回避申请的复议

第一节 回避适用的对象

1. 审判人员。

审判人员指各级人民法院院长、副院长、审判委员会委员、庭长、副庭长、审判员、助理审判员、其他在法院中占行政编制的工作人员以及人民陪审员。

【高能提醒】

人民陪审员也属于审判人员，所以也属于回避对象。

2. 检察人员。

检察人员包括人民检察院检察长、副检察长、检察委员会委员、检察员和助理检察员。

3. 侦查人员。

包括具体侦查人员和对具体案件的侦查有权参与讨论和做出决定的负责人。

4. 参与侦查、起诉、审判活动的书记员、翻译人员、鉴定人。

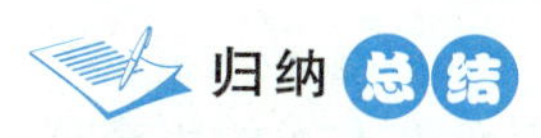

内容	回避的告知义务	法院应当依法告知当事人及其法定代理人有权申请回避，并告知其合议庭组成人员、独任审判员、书记员等人员的名单。
	需要回避对象	1. 审判人员、检察人员；2. 侦查人员；3. 书记员；4. 翻译人员； 5. 鉴定人（具有专门知识的人）；6. 审委会、检委会。
	无须回避对象	1. 证人、辩护人、代理人。 2. 司法警察。

第二节　回避的理由与种类

一、理由

1. 是本案的当事人或者是当事人的近亲属的。

《刑事诉讼法》第106条的规定，当事人是指被害人、自诉人、犯罪嫌疑人、被告人、附带民事诉讼的原告人和被告人；近亲属是指夫、妻、父、母、子、女、同胞兄弟姐妹。

【高能提醒】

最高人民法院《关于审判人员在诉讼活动中执行回避制度若干问题的规定》第1条对此作了进一步的解释，规定与当事人有直系血亲、三代以内旁系血亲以及近姻亲关系的审判人员都应当回避。

2. 本人或者他的近亲属和本案有利害关系的。

所谓利害关系是指本案的处理结果会影响到审判人员、检察人员、侦查人员以及书记员、翻译人员、鉴定人或其近亲属的利益。

3. 担任过本案的证人、鉴定人、辩护人、诉讼代理人或者翻译人员的。

在同一个案件中，曾经担任证人、鉴定人、辩护人或诉讼代理人的人，对案件事实往往已经形成自己的看法，如果再以其他办案人员的身份参与对该案件的处理，就很难做到客观公正。

4. 与本案当事人有其他关系，可能影响公正处理案件。

这是对上述三种情形以外的概括性规定，内容比较广泛，既可以是同学、朋友等友好关系，也可以是不睦关系，即与当事人有过仇隙、纠纷等。具体则由公安司法机关裁量决定。上述关系必须达到影响案件公正处理的程度时，才应当回避。

5. 接受当事人及其委托的人的请客送礼，或者违反规定会见当事人及其委托的人。

《刑事诉讼法》第29条规定：审判人员、检察人员、侦查人员不得接受当事人及其委托的人的请客送礼，不得违反规定会见当事人及其委托的人。审判人员、检察人员、侦查人员违反前款规定的，应当依法追究法律责任。当事人及其法定代理人有权要求他们回避。

【高能提醒】

对此种情形的回避，当事人及其法定代理人应当提供相关证据材料。

6. 参加过本案侦查、起诉的侦查、检察人员。

《高检规则》第30条规定：参加过本案侦查的侦查人员，不得承办本案的审查逮捕、起诉和诉讼监督工作。该规定适用于人民检察院书记员、司法警察和人民检察院聘请或指派的翻译人员和鉴定人。

《刑事诉讼法解释》第25条第1款规定：参加过本案侦查、审查起诉的侦查、检察人员，调至人民法院工作的，不得担任本案的审判人员。该规定适用于法庭书记员、翻译人员和鉴定人。

7. 在一个审判程序中参与过本案审判工作的合议庭组成人员不得再参与本案其他程序的审判，该规定适用于法庭书记员、翻译人员和鉴定人员。

《刑事诉讼法解释》第25条第2款规定：凡在一个审判程序中参与过本案审判工作的合议庭组成人员或者独任审判员，不得再参与本案其他程序的审判。该规定适用于法庭书记员、翻译人员和鉴定人。对于第二审法院经过第二审程序裁定发回重审或者按照审判监督程序重新审理的案件，原审法院负责审理此案的原合议庭组成人员不得再参与对案件的审理。

《刑事诉讼法解释》第25条第2款也对此种回避事由作了例外规定，即发回重新审判的案件，在第一审人民法院作出裁判后又进入第二审程序或者死刑复核程序的，原第二审程序或者死刑复核程序中的合议庭组成人员，无需因之前曾参与本案的审理程序而回避。

林某盗版销售著名作家黄某的小说涉嫌侵犯著作权罪，经一审和二审后，二审法院裁定撤销原判，发回原审法院重新审判。关于该案的回避，下列哪些选项是正确的？(2014-2-67，多)①

A. 一审法院审判委员会委员甲系林某辩护人妻子的弟弟，黄某的代理律师可申请其回避

B. 一审书记员乙系林某的表弟而未回避，二审法院可以此为由裁定发回原审法院重审

C. 一审合议庭审判长丙系黄某的忠实读者，应当回避

D. 丁系二审合议庭成员，如果林某对一审法院重新审判作出的裁判不服再次上诉至二审法院，丁应当自行回避

二、种类

1. 自行回避。

指审判人员、检察人员、侦查人员等在诉讼过程中遇有法定回避情形时，主动要求退出刑事诉讼活动。

2. 申请回避。

指案件当事人及其法定代理人、辩护人或者诉讼代理人认为审判人员、检察人员、侦查人员等具有法定回避情形，而向他们所在的机关提出申请，要求他们回避。

① 答案：A、B。

3. 指令回避。

指令回避是指审判人员、检察人员、侦查人员等遇有法定的回避情形时，没有自行回避，当事人及其法定代理人也没有申请回避，公、检、法机关等有关组织或负责人可以依职权命令其退出案件诉讼活动的制度。

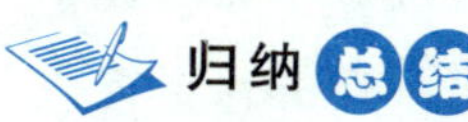

身份不当回避	1. 是本案的当事人或者当事人近亲属。 2. 本人或者其近亲属与本案有利害关系的。 3. 担任过本案的证人、鉴定人、辩护人、诉讼代理人或者翻译人员的。 4. 与本案当事人有其他关系，可能影响公正处理案件的。
任职回避	1. 法院任职回避《刑事诉讼法解释》第 36 条： （1）审判人员和法院其他工作人员从人民法院离任后二年内，不得以律师身份担任辩护人。 （2）审判人员和人民法院其他工作人员从人民法院离任后，不得担任原任职法院所审理案件的辩护人，但作为被告人的监护人、近亲属进行辩护的除外。 （3）审判人员和人民法院其他工作人员的配偶、子女或者父母不得担任其任职法院所审理案件的辩护人，但作为被告人的监护人、近亲属进行辩护的除外。 2. 检察院任职回避《高检规则》第 39 条： （1）审判人员、检察人员从人民法院、人民检察院离任后二年以内，不得以律师身份担任辩护人。 （2）检察人员从人民检察院离任后，不得担任原任职检察院办理案件的辩护人。但作为犯罪嫌疑人的监护人、近亲属进行辩护的除外。 （3）检察人员的配偶、子女不得担任该检察人员所任职检察院办理案件的辩护人。
跨诉讼阶段回避	在一个程序中参与过本案工作的人员，不得再参与该案其他程序的处理。 1. 对于第二审法院经过第二审程序裁定发回重审或者按照审判监督程序重新审理的案件，原审法院负责审理此案的原合议庭组成人员不得再参与对案件的审理。 2.《刑事诉讼法解释》第 25 条第 2 款：发回重新审判的案件，在第一审人民法院作出裁判后又进入第二审程序或者死刑复核程序的，原第二审程序或者死刑复核程序中的合议庭组成人员不受本款规定的限制。
违法违规需要回避	1. 违反规定会见本案当事人、辩护人、诉讼代理人的； 2. 为本案当事人推荐、介绍辩护人、诉讼代理人，或者为律师、其他人员介绍办理本案的； 3. 索取、接受本案当事人及其委托人的财物或者其他利益的； 4. 接受本案当事人及其委托人的宴请，或者参加由其支付费用的活动的； 5. 向本案当事人及其委托人借用款物的； 6. 有其他不正当行为，可能影响公正审判的； 7. 审判人员、检察人员、侦查人员不得接受当事人及其委托的人的请客送礼。
种类	1. 自行回避：符合回避理由的人主动要求退出刑事诉讼活动。 2. 申请回避：指案件当事人及其法定代理人、辩护人、诉讼代理人申请，要求回避。 3. 指令回避：有回避决定权的人或者机构要求相关的人员不得参加相关程序。

第三节　回避的程序

1. 申请时间。

在刑事诉讼中的各个阶段，如侦查、起诉和审判等阶段，都可以启动回避程序。侦查人员、检察人员、审判人员应当在相应的诉讼阶段及时告知当事人有申请回避权。

2. 申请主体与方式。

当事人及其法定代理人、辩护人或者诉讼代理人要求司法工作人员回避的，应当书面或者口头向公安司法机关提出，并说明理由或者提供有关证明材料。被申请回避的人员一般应暂停参与本案的诉讼活动。

【高能提醒】

对侦查人员的回避在作出决定前，侦查人员不能停止对案件的侦查工作，以免影响及时收集犯罪证据和查明案件事实。但是作出回避决定后，申请或者被申请回避的公安机关负责人、侦查人员不得再参与本案的侦查工作。

3. 回避的决定主体。

（1）审判人员、检察人员、侦查人员的回避，应当分别由院长、检察长、县级以上公安机关负责人决定。

（2）人民法院院长的回避，由本院审判委员会决定。审判委员会讨论院长回避时，由副院长主持，院长不得参加。

（3）检察长和公安机关负责人的回避，由同级人民检察院检察委员会决定。这里的公安机关负责人，是指公安机关的正职负责人。对公安机关副职负责人的回避，由正职负责人决定。检察委员会讨论检察长回避问题时，由副检察长主持。检察长不得参加。

（4）书记员、翻译人员和鉴定人的回避，一般应当按照诉讼进行的阶段，分别由公安机关负责人、检察长或法院院长决定。书记员、翻译人员和鉴定人实行“谁聘请，谁决定”。书记员、翻译人员和鉴定人的回避在刑事诉讼中由院长、检察长、公安机关负责人决定，这与民事诉讼及行政诉讼中由审判长决定不同。

【高能提醒】

关于检察院书记员的回避，《刑事诉讼法解释》第31条规定，当事人及其法定代理人申请出庭的检察人员回避的，人民法院应当决定休庭，并通知人民检察院，由该院检察长或者检察委员会决定。

4. 回避前诉讼活动的法律效力。

《公安部规定》第37条规定，被决定回避的公安机关负责人、侦查人员在回避决定作出以前所进行的诉讼活动是否有效，由作出决定的机关根据案件情况决定。

《高检规则》第31条规定，被决定回避的检察人员，在回避决定作出以前所取得的证据和进行的诉讼行为是否有效，由检察委员会或者检察长根据案件具体情况决定。

5. 对驳回回避申请的复议。

（1）人民法院、人民检察院和公安机关处理回避问题应当使用“决定”的形式。回避的决定可以采用口头方式或者书面方式做出，采用口头方式的，必须将决定记录在案。对于自行回避和指令回避，回避决定的做出不需要告知当事人。

（2）有关回避的决定一经作出，一般即发生法律效力。当事人及其法定代理人、辩护人、诉讼代理人对驳回申请的决定不服，可以申请复议一次。在复议主体作出复议决定前，不影响被申请回避的人员参与案件的处理活动。

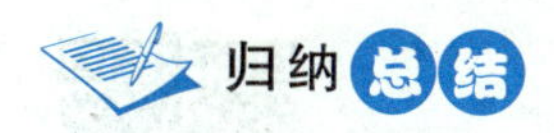

归纳总结

<table>
<tr><td rowspan="7">回避程序</td><td colspan="2">申请时间</td><td>任何诉讼阶段。</td></tr>
<tr><td colspan="2">申请主体</td><td>当事人及其法定代理人、辩护人和诉讼代理人。</td></tr>
<tr><td colspan="2">申请方式</td><td>书面或口头（无论自行回避，还是申请回避均可）。</td></tr>
<tr><td colspan="2">决定的主体</td><td>1. 审判委员会——→法院院长——→审判人员
2. 同级检察委员会 ↗ 检察长 ——→ 检察人员
2. 同级检察委员会 ↘ 公安机关负责人 ——→ 侦查人员
【注意】书记员、翻译人员和鉴定人的回避，实行“谁聘请，谁决定”原则。</td></tr>
<tr><td rowspan="2">回避的后果</td><td>效力</td><td>1. 程序是否暂停？【注意】侦查人员的侦查活动不停止。
2. 回避后，先前行为的效力如何？效力待定——谁决定回避，谁决定效力。</td></tr>
<tr><td>救济</td><td>1. 复议一次——向原决定机关。
2. 谁要复议——当事人及其法定代理人、辩护人、诉讼代理人。
3. 无法定理由回避，当庭驳回，并不得复议。</td></tr>
</table>

法院审理过程中，被告人赵某在最后陈述时，以审判长数次打断其发言为理由申请更换审判长。对于这一申请，下列哪一说法是正确的？（2013-2-28，单）①

A. 赵某的申请理由不符合法律规定，法院院长应当驳回申请

B. 赵某在法庭调查前没有申请回避，法院院长应当驳回申请

C. 如法院作出驳回申请的决定，赵某可以在决定作出后五日内向上级法院提出上诉

D. 如法院作出驳回申请的决定，赵某可以向上级法院申请复议一次

① 答案：A。

专题六 辩护与代理

核◆心◆重◆点◆

辩护人的范围，是指哪些人可以接受犯罪嫌疑人、被告人的委托，担任他们的辩护人并参与诉讼。我国《刑事诉讼法》第32条和我国《律师法》以及《刑事诉讼法解释》的有关条款中，对辩护人的范围作了全面的规定，既规定了辩护人的正面范围，又规定了辩护人的禁止范围。

考点精要

- 辩护与代理
  - 辩护
    - 辩护人的概念和人数
    - 辩护人的范围
    - 辩护人的诉讼地位和责任
    - 辩护人的权利和义务
    - 辩护的种类
    - 法律援助辩护
    - 拒绝辩护
  - 代理
    - 代理的含义
    - 刑事代理的种类
    - 诉讼代理人的范围
    - 诉讼代理人的权利
    - 诉讼代理人的责任

第一节　辩护人

一、辩护人的概念和人数

辩护人，是指接受犯罪嫌疑人、被告人的委托或法律援助机关指派，帮助犯罪嫌疑人、被告人行使辩护权，以维护其合法权益的人。

《刑事诉讼法解释》第38条：一名被告人可以委托一至二人作为辩护人。一名辩护人不得为两名以上的同案被告人，或者未同案处理但犯罪事实存在关联的被告人辩护。

二、辩护人的范围

1. 可以担任辩护人的人。

（1）律师；

（2）人民团体或者犯罪嫌疑人、被告人所在单位推荐的人；

（3）犯罪嫌疑人、被告人的监护人、亲友。

2. 不能担任辩护人的人。

（1）正在被执行刑罚或者处于缓刑、假释考验期间的人；

（2）依法被剥夺、限制人身自由的人；

（3）无行为能力或者限制行为能力的人；

（4）人民法院、人民检察院、公安机关、国家安全机关、监狱的现职人员；

（5）人民陪审员；

（6）与本案审理结果有利害关系的人；

（7）外国人或者无国籍人。

【高能提醒】

上述第四至七项规定的人员，如果是被告人的监护人、近亲属，由被告人委托担任辩护人的，可以准许。

3. 审判人员担任辩护人的限制情形。

《刑事诉讼法解释》第36条对于审判人员离任后担任辩护人问题作出了限制：

（1）审判人员和人民法院其他工作人员从人民法院离任后2年内，不得以律师身份担任辩护人；

（2）审判人员和人民法院其他工作人员从人民法院离任后，不得担任原任职法院所审理案件的辩护人，但作为被告人的监护人、近亲属进行辩护的除外；

（3）审判人员和人民法院其他工作人员的配偶、子女或者父母不得担任其任职法院所审理案件的辩护人，但作为被告人的监护人、近亲属进行辩护的除外。

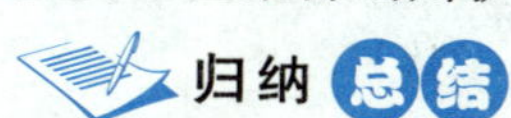

可以担任辩护人的人	1. 律师。 2. 人民团体或者犯罪嫌疑人、被告人所在单位推荐的人。 3. 犯罪嫌疑人、被告人的监护人、亲友。	
不能担任辩护人的人	绝对禁止	1. 正在被执行刑罚或者处于缓刑、假释考验期间的人。 2. 依法被剥夺、限制人身自由的人。 3. 无行为能力或者限制行为能力的人。
	相对禁止	1. 人民法院、人民检察院、公安机关、国家安全机关、监狱的现职人员。 2. 人民陪审员。 3. 与本案审理结果有利害关系的人。 4. 外国人或者无国籍人。 **【注意】**相对禁止是指1、2、3、4这些人一般情况下不能担任辩护人，但如果是被告人的近亲属或者是监护人，可以作为辩护人。
【注意】1. 审判人员、检察人员和法检其他工作人员从法院离任后2年内，不得以律师身份担任辩护人。 2. 上述人员从法检离任后，不得担任原任职法检所办理案件的辩护人。但作为犯罪嫌疑人、被告人的监护人、近亲属进行辩护的除外。 3. 上述人员的配偶、子女或者父母，不得担任其任职法院所办理案件的辩护人。但作为犯罪嫌疑人、被告人的监护人、近亲属进行辩护的除外。（《刑事诉讼法解释》第36条） 4. 上述人员的配偶、子女不得担任其任职检察院所审理案件的辩护人。（《高检规则》第39条）		

郭某涉嫌招摇撞骗罪。在检察机关审查起诉时，郭某希望委托辩护人。下列哪一人员可以被委托担任郭某的辩护人？(2009-2-23，单)①

A. 郭某的爷爷，美籍华人

B. 郭某的儿子，16 岁

C. 郭某的朋友甲，曾为郭某招摇撞骗伪造国家机关证件

D. 郭某的朋友乙，司法行政部门负责人

三、辩护人的诉讼地位和责任

1. 辩护人的诉讼地位。

(1) 辩护人在刑事诉讼中只承担辩护职能，是犯罪嫌疑人、被告人合法权益的专门维护者。辩护人在刑事诉讼中一般不能检举、揭发犯罪嫌疑人、被告人已经实施的犯罪行为。

(2) 辩护人是独立的诉讼参与人，享有独立的诉讼地位，以自己的名义，独立进行辩护，不受犯罪嫌疑人、被告人意思表示的约束。辩护人与犯罪嫌疑人、被告人的关系，不同于诉讼代理人和当事人的关系。辩护律师参与诉讼是履行法律规定的职责，而不是基于犯罪嫌疑人、被告人的授权。辩护人不是犯罪嫌疑人、被告人的“代言人”。

(3) 辩护人所维护的只能是犯罪嫌疑人、被告人的合法权益。因此辩护人只能依据事实和法律为犯罪嫌疑人、被告人进行辩护，而不能为其当事人谋取非法利益，更不得教唆犯罪嫌疑人、被告人翻供，帮助犯罪嫌疑人、被告人威胁、引诱证人改变证言或者进行其他妨碍诉讼的活动。

2. 辩护人的责任。

根据《刑事诉讼法》第 35 条，辩护人的责任是根据事实和法律，提出犯罪嫌疑人、被告人无罪、罪轻或者减轻、免除其刑事责任的材料和意见，维护犯罪嫌疑人、被告人的诉讼权利和其他合法权益。具体来说：

实体辩护	即根据事实和法律，提出证明犯罪嫌疑人、被告人无罪、罪轻或者减轻、免除其刑事责任的材料和意见。
程序辩护	即帮助犯罪嫌疑人、被告人依法正确行使自己的诉讼权利，在发现犯罪嫌疑人、被告人的诉讼权利遭受侵犯时，向公安司法机关提出意见，要求依法制止，或向有关单位提出控告。
提供其他法律帮助	辩护人应当解答犯罪嫌疑人、被告人提出的有关法律问题，为犯罪嫌疑人、被告人代写有关文书，案件宣判后，应当了解被告人的态度，征求其对判决的意见以及是否提起上诉等。

3. 侦查阶段的辩护律师。

诉讼地位	辩护人（只能委托律师）。
诉讼权利	为犯罪嫌疑人提供法律帮助；代理申诉、控告；申请变更强制措施；向侦查机关了解犯罪嫌疑人涉嫌的罪名及案件有关情况，嫌疑人被采取、变更、解除强制措施，侦查机关延长侦查羁押期限等情况，提出意见，可以同在押的犯罪嫌疑人会见和通信。

① 答案：D。

4. 有效辩护原则。

有效辩护原则是指在刑事诉讼中，辩护应当对保护犯罪嫌疑人、被告人的权利具有实质意义，而不仅仅是形式上的。有以下三个要求：

（1）犯罪嫌疑人、被告人作为刑事诉讼的当事人在整个诉讼过程中应当享有充分的辩护权。

（2）允许犯罪嫌疑人、被告人聘请合格的能够有效履行辩护职责的辩护人为其辩护，这种辩护同样应当覆盖从侦查到审判甚至执行阶段的整个刑事诉讼过程。

（3）国家应当保障犯罪嫌疑人、被告人自行辩护权的充分行使，并通过设立法律援助制度确保犯罪嫌疑人、被告人能够获得符合最低标准并具有实质意义的律师帮助。

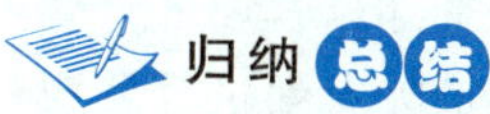
归纳总结

诉讼地位	独立的诉讼参与人：1. 独立于公检法；2. 独立于犯罪嫌疑人、被告人（根据事实与法律进行辩护）。
职责	1. 只承担辩护职责，专门维护犯罪嫌疑人、被告人合法权益。2. 包括实体辩护与程序辩护。

四、辩护人的权利

1. 阅卷权。

《刑事诉讼法》第38条规定：辩护律师自人民检察院对案件审查起诉之日起，可以查阅、摘抄、复制本案的案卷材料。其他辩护人经人民法院、人民检察院许可，也可以查阅、摘抄、复制上述材料。

（1）时间：自人民检察院对案件审查起诉之日起。在审查起诉阶段，辩护人应当到人民检察院阅卷；案件起诉到人民法院后，辩护人应当到人民法院阅卷。

（2）范围：案卷材料（指包括诉讼文书和证据材料在内的案卷中的所有材料），合议庭、审判委员会的讨论记录以及其他依法不公开的材料不得查阅、摘抄、复制。

（3）方法：查阅、复印、拍照、扫描等。

（4）权利保障：辩护人、诉讼代理人复制案卷材料的，人民检察院和人民法院只收取工本费；法律援助律师复制必要的案卷材料的，应当免收或者减收费用。

（5）限制：其他非律师辩护人需要经人民法院、人民检察院许可。

2. 会见、通信权。

《刑事诉讼法》第37条规定：辩护人的会见通信权包含了下列内容：

（1）辩护律师无需许可即有权同在押的或者监视居住的犯罪嫌疑人、被告人会见和通信。其他辩护人需要经人民法院、人民检察院许可。

（2）辩护律师持律师执业证书、律师事务所证明和委托书或者法律援助公函即有权要求会见在押的犯罪嫌疑人、被告人。

（3）看守所应当及时安排会见，至迟不得超过48小时。

【高能提醒】

《六机关规定》第7条规定，辩护律师要求会见在押的犯罪嫌疑人、被告人的，看守所应当及时安排会见，保证辩护律师在48小时以内见到在押的犯罪嫌疑人、被告人。

（4）危害国家安全犯罪、恐怖活动犯罪、特别重大贿赂犯罪案件，在侦查期间辩护律师会见在押的或者监视居住的犯罪嫌疑人，应当经侦查机关许可。上述案件，侦查机关应当事先通知看守所。

【高能提醒】

《高检规则》第45条规定，有下列情形之一的，属于特别重大贿赂犯罪：

1. 涉嫌贿赂犯罪数额在50万元以上，犯罪情节恶劣的。

2. 有重大社会影响的。

3. 涉及国家重大利益的。

《高检规则》第46条规定，对于特别重大贿赂犯罪案件，辩护律师在侦查期间提出会见在押或者被监视居住的犯罪嫌疑人的，人民检察院侦查部门应当在3日以内决定并答复辩护律师。在有碍侦查的情形消失后，应当通知看守所或者执行监视居住的公安机关和辩护律师，辩护律师可以不经许可会见犯罪嫌疑人。对于特别重大贿赂犯罪案件，人民检察院在侦查终结前应当许可辩护律师会见犯罪嫌疑人。

（5）辩护律师会见在押的或者监视居住的犯罪嫌疑人、被告人，可以了解案件有关情况，提供法律咨询等。自案件移送审查起诉之日起，可以向犯罪嫌疑人、被告人核实有关证据。

（6）辩护律师会见在押的或者监视居住的犯罪嫌疑人时，不得监听，不得派员在场。

3. 调查取证权。

根据《刑事诉讼法》第41条规定，辩护律师调查取证有下列几种方式：

（1）经证人或者其他有关单位和个人同意，可以向他们收集与本案有关的材料。

（2）经人民检察院或者人民法院许可，并且经被害人或者其近亲属、被害人提供的证人同意，可以向他们收集与本案有关的材料。

【高能提醒】

《刑事诉讼法解释》第50条规定，辩护律师申请向被害人及其近亲属、被害人提供的证人收集与本案有关的材料，人民法院认为确有必要的，应当签发准许调查书。

（3）申请人民检察院、人民法院代为调查取证。根据《六机关规定》第8条规定，对于辩护律师申请人民检察院、人民法院收集、调取证据，人民检察院、人民法院认为需要调查取证的，应当由人民检察院、人民法院收集、调取证据，不得向律师签发准许调查决定书，让律师收集、调取证据。

（4）根据《刑事诉讼法》第37条规定，辩护律师自案件移送审查起诉之日起，可以向犯罪嫌疑人、被告人核实有关证据。

（5）根据《刑事诉讼法》第39条规定，辩护人认为在侦查、审查起诉期间公安机关、人民检察院收集的证明犯罪嫌疑人、被告人无罪或者罪轻的证据材料未提交的，有权申请人民检察院、人民法院调取。

（6）证据开示义务。根据《刑事诉讼法》第40条规定，辩护人收集的有关犯罪嫌疑人不在犯罪现场、未达到刑事责任年龄、属于依法不负刑事责任的精神病人的证据，应当及时告知公安机关、人民检察院。

根据《刑事诉讼法》的规定，辩护律师收集到的下列哪一证据应及时告知公安机关、检察院？(2016-2-27，单)①

A. 强奸案中被害人系精神病人的证据

B. 故意伤害案中犯罪嫌疑人系正当防卫的证据

C. 投放危险物质案中犯罪嫌疑人案发时在外地出差的证据

D. 制造毒品案中犯罪嫌疑人犯罪时刚满16周岁的证据

4. 提出意见权。

(1) 根据《刑事诉讼法》第86条第2款规定，人民检察院审查批准逮捕，可以询问证人等诉讼参与人，听取辩护律师的意见；辩护律师提出要求的，应当听取辩护律师的意见。

(2) 根据《刑事诉讼法》第269条规定，对未成年犯罪嫌疑人、被告人应当严格限制适用逮捕措施。人民检察院审查批准逮捕和人民法院决定逮捕，应当讯问未成年犯罪嫌疑人、被告人，听取辩护律师的意见。

(3) 根据《刑事诉讼法》第159条规定，在案件侦查终结前，辩护律师提出要求的，侦查机关应当听取辩护律师的意见，并记录在案。辩护律师提出书面意见的，应当附卷。

(4) 根据《刑事诉讼法》第170条规定，人民检察院审查案件，应当讯问犯罪嫌疑人，听取辩护人、被害人及其诉讼代理人的意见，并记录在案。辩护人、被害人及其诉讼代理人提出书面意见的，应当附卷。

(5) 根据《刑事诉讼法》第240条规定，最高人民法院复核死刑案件，应当讯问被告人，辩护律师提出要求的，应当听取辩护律师的意见。

5. 申请取保候审的权利。

《刑事诉讼法》第95条规定，犯罪嫌疑人、被告人及其法定代理人、近亲属或者辩护人有权申请变更强制措施。人民法院、人民检察院和公安机关收到申请后，应当在3日以内作出决定；不同意变更强制措施的，应当告知申请人，并说明不同意的理由。

【高能提醒】

所有辩护人不管是律师还是非律师辩护人，都有权为犯罪嫌疑人、被告人申请取保候审。

6. 申请解除超期强制措施的权利。

《刑事诉讼法》第97条的规定，人民法院、人民检察院或者公安机关对于被采取强制措施法定期限届满的犯罪嫌疑人、被告人应当予以释放、解除取保候审、监视居住或者依法变更强制措施。犯罪嫌疑人、被告人及其法定代理人、近亲属或者辩护人对于人民法院、人民检察院或者公安机关采取强制措施法定期限届满的，有权要求解除强制措施。

① 答案：C。

7. 申请回避权。

《刑事诉讼法》第31条规定，本章关于回避的规定适用于书记员、翻译人员和鉴定人。辩护人、诉讼代理人可以依照本章的规定要求回避、申请复议。

【高能提醒】

申请回避的主体从过去的当事人及其法定代理人扩大到了他的辩护人和诉讼代理人。

8. 申诉、控告权。

《刑事诉讼法》第47条规定，辩护人、诉讼代理人认为公安机关、人民检察院、人民法院及其工作人员阻碍其依法行使诉讼权利的，有权向同级或者上一级人民检察院申诉或者控告。人民检察院对申诉或者控告应当及时进行审查，情况属实的，通知有关机关予以纠正。

9. 保密权。

《刑事诉讼法》第46条规定，辩护律师对在执业活动中知悉的委托人的有关情况和信息，有权予以保密。但是，辩护律师在执业活动中知悉委托人或者其他人，准备或者正在实施危害国家安全、公共安全以及严重危害他人人身安全的犯罪的，应当及时告知司法机关。

10. 人身保障权。

《刑事诉讼法》第42条第2款规定，违反相关规定的，应当依法追究法律责任，辩护人涉嫌犯罪的，应当由办理辩护人所承办案件的侦查机关以外的侦查机关办理。辩护人是律师的，应当及时通知其所在的律师事务所或者所属的律师协会。

11. 拒绝辩护权。

辩护律师在下列情形下有权拒绝为犯罪嫌疑人、被告人进行辩护：

（1）委托事项违法；

（2）委托人利用律师提供的服务从事违法活动；

（3）委托人故意隐瞒与案件有关的重要事实的。

归纳总结

辩护人类型 诉讼权利	辩护律师	非律师辩护人
阅卷权（《刑事诉讼法》第38条）	1. 自人民检察院对案件审查起诉之日起，可以查阅、摘抄、复制本案的案卷材料。案卷材料包括案件的诉讼文书和证据材料。 2. 合议庭、审判委员会的讨论记录以及其他依法不公开的材料不得查阅、摘抄、复制。 【注意】采取技术侦查措施收集的材料作为证据使用的，批准采取技术侦查措施的法律决定文书应当附卷，辩护律师可以依法查阅、摘抄、复制。（《高检规则》第265条第2款）	需经许可
会见通信权（《刑事诉讼法》第37条）★★★★★	1. 辩护律师凭“三证”即可要求会见：律师执业证书、律师事务所证明和委托书或者法律援助公函。 2. 看守所应当在48小时内安排会见。 3. 以下三类案件，在侦查阶段会见在押或被监视居住的嫌疑人，仍须经侦查机关的许可：危害国家安全犯罪、恐怖活动犯罪、特别重大贿赂犯罪案件。上述案件，侦查机关应当事先通知看守所或公安机关。	

续表

辩护人类型 / 诉讼权利	辩护律师	非律师辩护人
会见通信权（《刑事诉讼法》第 37 条）★★★★★	公安机关办理对危害国家安全犯罪案件、恐怖活动犯罪案件，除有碍侦查或者可能泄露国家秘密的情形外，应当作出许可的决定。 **【注意】** 有下列情形之一的，属于“有碍侦查”：1. 可能毁灭、伪造证据，干扰证人作证或者串供的；2. 可能引起犯罪嫌疑人自残、自杀或者逃跑的；3. 可能引起同案犯逃避、妨碍侦查的；4. 犯罪嫌疑人的家属与犯罪有牵连的。 检察院办理特别重大贿赂犯罪案件，在有碍侦查的情形消失后，应当通知看守所或者执行监视居住的公安机关和辩护律师，辩护律师可以不经许可会见犯罪嫌疑人。对于特别重大贿赂犯罪案件，人民检察院在侦查终结前应当许可辩护律师会见犯罪嫌疑人。 **【注意】** 有下列情形之一的，属于特别重大贿赂犯罪：1. 涉嫌贿赂犯罪数额在五十万元以上，犯罪情节恶劣的；2. 有重大社会影响的；3. 涉及国家重大利益的。（《高检规则》第 45 条） 4. 自案件移送审查起诉之日起，可以向犯罪嫌疑人、被告人核实有关证据。 5. 辩护律师会见犯罪嫌疑人、被告人时不被监听。	需经许可
调查取证权	1. 向证人、有关单位取证，须经证人和单位同意。 2. 向被害人、被害人近亲属及其提供的证人取证，须经检察院、法院许可，且经证人本人同意。（《刑事诉讼法》第 41 条） 3. 申请检察院、法院调取证据材料。法院认为确有收集、调取必要，且不宜或者不能由辩护律师收集、调取的，应当同意。法院收集、调取证据材料时，辩护律师可以在场。（不得向律师签发准许调查决定书，应当自己取证） 4. 在侦查、审查起诉期间公安机关、检察院收集的证明犯罪嫌疑人、被告人无罪或者罪轻的证据材料未提交的，申请检察院、法院调取有关证据。	没有此权利
提出意见权	1. 在案件侦查终结前，辩护律师提出要求的，侦查机关应当听取辩护律师的意见，并记录在案。（《刑事诉讼法》第 159 条） 2. 检察院审查批准逮捕，可以听取辩护律师的意见；辩护律师提出要求的，应当听取辩护律师的意见。（《刑事诉讼法》第 86 条） 3. 对未成年人审查批捕、审查起诉，应当听取辩护人的意见。 4. 审查起诉阶段，检察院应当听取辩护人的意见。（《刑事诉讼法》第 170 条） 5. 第二审案件依法不开庭审理的，应当讯问被告人，听取其他当事人、辩护人、诉讼代理人的意见。合议庭全体成员应当阅卷，必要时应当提交书面阅卷意见。 6. 最高人民法院复核死刑案件，辩护律师提出要求的，应当听取辩护律师的意见。（《刑事诉讼法》第 240 条）	
获得通知权	有权在开庭 3 日以前获得法院的出庭通知书。	
参加法庭调查和法庭辩论的权利	1. 在法庭调查阶段，经审判长许可向被告人、证人、鉴定人发问；有权申请法庭通知有专门知识的人出庭，就鉴定人作出的鉴定意见提出意见；有权申请通知新的证人到庭，调取新的物证，重新鉴定或者勘验。 2. 在法庭辩论阶段，可以发表意见，并与控方展开辩论。	
申请取保候审	被羁押的犯罪嫌疑人、被告人+法定代理人+近亲属+辩护人（包括律师和非律师）。	
非独立的上诉权	经被告人同意，可以提出上诉。	
解除超期羁押	被羁押的犯罪嫌疑人、被告人及其法定代理人、近亲属或者辩护人。	
提出申诉、控告	认为公、检、法阻碍其依法行使诉讼权利的，有权向同级或者上一级检察院申诉或者控告。	
拒绝辩护权	1. 委托事项违法。 2. 委托人利用律师提供的服务从事违法活动。 3. 委托人故意隐瞒与案件有关的重要事实。	

刘某涉嫌特别重大贿赂犯罪被指定居所监视居住，律师洪某担任其辩护人。关于洪某在侦查阶段参与刑事诉讼，下列哪些选项是正确的？（2014-2-68，多）①

A. 会见刘某应当经公安机关许可

B. 可申请将监视居住的地点变更为刘某的住处

C. 可向刘某核实有关证据

D. 会见刘某不受监听

五、辩护人的义务

1. 辩护人收集的有关犯罪嫌疑人不在犯罪现场、未达到刑事责任年龄、属于不负刑事责任的精神病人的证据，应当及时告知公安机关、人民检察院，以避免对不必要的案件进行侦查和审查起诉，节约司法资源。

2. 辩护律师对在执业活动中知悉的委托人或者其他人，准备或正在实施危害国家安全、公共安全以及严重危害他人人身安全的犯罪的，应当及时告知司法机关，但公安司法机关应当为辩护律师保密。

3. 辩护律师和其他辩护人不得帮助犯罪嫌疑人、被告人隐匿、毁灭、伪造证据或者串供，不得威胁、引诱证人作伪证及进行其他干扰司法机关诉讼活动的行为。否则，应当依法追究法律责任。

4. 辩护人接受委托后，应当及时告知办理案件的机关其接受委托的情况。根据《刑事诉讼法解释》第46条，审判期间，辩护人接受被告人委托的，应当在接受委托之日起3日内，将委托手续提交人民法院。法律援助机构决定为被告人指派律师提供辩护的，承办律师应当在接受指派之日起3日内，将法律援助手续提交人民法院。

5. 会见在押犯罪嫌疑人、被告人时，应当遵守看管场所的规定。

6. 参加法庭审判时要遵守法庭秩序。

7. 未经人民检察院或者人民法院许可，不得向被害人或被害人提供的证人收集与本案有关的材料。

8. 不得违反规定会见法官、检察官以及其他有关工作人员，向法官、检察官以及其他有关工作人员行贿，介绍贿赂或者指使、诱导当事人行贿，或者以其他不正当方式影响法官、检察官以及其他有关工作人员依法办理案件。

归纳总结

特定证据展示义务	辩护人收集的有关犯罪嫌疑人不在犯罪现场、未达到刑事责任年龄、属于依法不负刑事责任的精神病人的证据，应当及时告知公安机关、人民检察院。（《刑事诉讼法》第40条）
保密义务	辩护律师对在执业活动中知悉的委托人的有关情况和信息，有权予以保密。但是，辩护律师在执业活动中知悉委托人或者其他人，准备或者正在实施危害国家安全、公共安全以及严重危害他人人身安全的犯罪的，应当及时告知司法机关。

① 答案：B、D。

不得毁灭证据、伪造证据、妨碍作证	辩护人或者其他任何人，不得帮助犯罪嫌疑人、被告人隐匿、毁灭、伪造证据或者串供，不得威胁、引诱证人作伪证以及进行其他干扰司法机关诉讼活动的行为。
	1. 辩护人违反上述规定，涉嫌犯罪的：应当由办理辩护人所承办案件的侦查机关以外的侦查机关办理。（应当报请上一级公安机关、检察机关立案侦查或者由上一级机关指定其他公安机关、检察机关立案侦查。上一级机关不得指定办理辩护人所承办案件的侦查机关的下级机关立案侦查） 2. 辩护人是律师的，应当及时通知其所在的律师事务所或者所属的律师协会。

六、辩护的种类

（一）自行辩护

自行辩护，是指犯罪嫌疑人、被告人针对控诉进行辩解和反驳，自己为自己所作的辩护，这种辩护方式贯穿于刑事诉讼过程的始终，也是犯罪嫌疑人、被告人实现其辩护权的最基本方式。

（二）委托辩护

1. 委托辩护的时间。

（1）自诉案件的被告人有权随时委托辩护人为自己辩护。

（2）公诉案件的犯罪嫌疑人在被侦查机关第一次讯问或者采取强制措施之日起，有权委托辩护人。需要注意的是，侦查阶段只能聘请律师担任辩护人。

侦查机关在第一次讯问犯罪嫌疑人或者对犯罪嫌疑人采取强制措施的时候，应当告知犯罪嫌疑人有权委托辩护人。人民检察院自收到移送审查起诉的案件材料之日起3日以内，应当告知犯罪嫌疑人有权委托辩护人。人民法院自受理案件之日起3日以内，应当告知被告人有权委托辩护人。

2. 委托人。

根据《刑事诉讼法》第33条规定，犯罪嫌疑人、被告人在押期间要求委托辩护人的，人民法院、人民检察院和公安机关应当及时转达其要求。犯罪嫌疑人、被告人在押的，也可以由其监护人、近亲属代为委托辩护人。

3. 辩护人告知义务。

辩护人接受犯罪嫌疑人、被告人委托后，应当及时告知办理案件的机关。

（三）法律援助辩护

法律援助辩护是指犯罪嫌疑人、被告人及其近亲属因经济困难或者其他原因没有委托辩护人而向法律援助机构申请的，或者具备法定情形时由公检法机关直接通知法律援助机构，由法律援助机构指派律师为其提供辩护。根据《刑事诉讼法》第34条的规定，适用法律援助辩护具有以下几个特点：

第一，法律援助辩护必须以犯罪嫌疑人、被告人没有委托辩护人为前提。

第二，法律援助辩护适用于从侦查、审查起诉到审判整个刑事诉讼过程。

第三，法律援助辩护只能由律师担任，其他人不得担任。

1. 申请辩护的情形。

犯罪嫌疑人、被告人因经济困难等原因没有委托辩护人的，本人及其近亲属可以向法律援助机构提出申请，符合法律援助条件的“应当”为其提供法律援助辩护。

2. 应当法律援助的情形。

根据《刑事诉讼法》的规定，犯罪嫌疑人、被告人具有下列情形时应当通知法律

援助机构指派律师担任辩护人：

（1）盲、聋、哑人；

（2）未完全丧失辨认或者控制自己行为能力的精神病人；

（3）可能被判处无期徒刑、死刑；

（4）未成年人。

此外，高级人民法院复核死刑案件，被告人没有委托辩护人的，人民法院应当通知法律援助机构指派律师为其提供辩护。

3. 可以通知法律援助的情形。

《刑事诉讼法解释》第43条的规定，具有下列情形之一，被告人没有委托辩护人的，人民法院可以通知法律援助机构指派律师为其提供辩护：

（1）共同犯罪案件中，其他被告人已经委托辩护人；

（2）有重大社会影响的案件；

（3）人民检察院抗诉的案件；

（4）被告人的行为可能不构成犯罪；

（5）有必要指派律师提供辩护的其他情形。

对于这些情况，人民法院可以根据具体情况裁量决定是否通知法律援助机构指派律师担任辩护人，人民法院决定不通知的，犯罪嫌疑人、被告人仍可申请法律援助。

归纳总结

<table>
<tr><td>自行辩护</td><td colspan="3">贯穿诉讼全过程，任何诉讼阶段、任何案件都可以。</td></tr>
<tr><td>委托辩护</td><td colspan="3">1. 公诉案件：自被侦查机关第一次讯问或者采取强制措施之日起。
【注意】1. 侦查阶段只能委托律师担任辩护人。2. 嫌疑人、被告人本人可委托；如其在押，也可以由其近亲属、监护人代为委托。
2. 自诉案件：随时。</td></tr>
<tr><td rowspan="6">法律援助辩护</td><td rowspan="3">特点</td><td>适用前提</td><td>以没有辩护人为前提。</td></tr>
<tr><td>适用阶段</td><td>适用于侦查、审查起诉、审判阶段。</td></tr>
<tr><td>适用程序</td><td>只能由法援律师担任；公、检、法三机关通知法援机构指派律师。</td></tr>
<tr><td rowspan="3">种类</td><td>申请法援辩护</td><td>因经济困难或者其他原因没有委托辩护人的，本人及其近亲属可以向法律援助机构提出申请。对符合法律援助条件的，法律援助机构应当指派律师为其提供辩护。</td></tr>
<tr><td>强制法援辩护</td><td>1. 盲、聋、哑。
2. 尚未完全丧失辨认或者控制自己行为能力的精神病人。
3. 审判时候的未满18周岁的未成年人。
4. 可能判处无期、死刑的。</td></tr>
<tr><td>酌定法援辩护（可以通知）</td><td>1. 共同犯罪案件中，其他被告人已经委托辩护人。
2. 有重大社会影响的案件。
3. 人民检察院抗诉的案件。
4. 被告人的行为可能不构成犯罪。
5. 有必要指派律师提供辩护的其他情形。</td></tr>
</table>

七、拒绝辩护

刑事诉讼中有两种拒绝辩护：一种是犯罪嫌疑人、被告人拒绝辩护人为其辩护；

另一种是律师拒绝继续为犯罪嫌疑人、被告人辩护。

1. 辩护人拒绝辩护。

我国《律师法》第32条规定：律师接受委托后，无正当理由的，不得拒绝辩护或者代理。但是，委托事项违法、委托人利用律师提供的服务从事违法活动或者委托人故意隐瞒与案件有关的重要事实的，律师有权拒绝辩护或者代理。可见，与犯罪嫌疑人、被告人拒绝辩护不同，律师拒绝继续为犯罪嫌疑人、被告人辩护具有严格的法定条件。

2. 被告人拒绝辩护。

在审判过程中，被告人可以拒绝辩护人继续为他辩护，也可以另行委托辩护人辩护。虽然《刑事诉讼法》未对侦查、审查起诉阶段拒绝辩护做出规定，但由于犯罪嫌疑人在侦查阶段即可委托辩护人，如果犯罪嫌疑人在侦查阶段、审查起诉阶段拒绝辩护人继续辩护或要求更换辩护人，也应当参照本条规定进行处理。以下为被告人拒绝辩护的后果：

（1）非强制辩护的被告人，如果被告人拒绝辩护的，人民法院应当准许；应当准许被告人另行委托；再次拒绝的，可以准许，但是最终只能自行辩护。

（2）强制辩护的被告人，拒绝法律援助的辩护人为其辩护，如果有正当理由，人民法院应当准许；如果没有正当理由，人民法院不予准许。人民法院准许时，被告人可以另行委托辩护人，也可以由法院指定；重新开庭后再次拒绝的，无论有无理由，都不予准许。

【高能提醒】

1. 有多名被告人的案件，部分被告人拒绝辩护人辩护后，没有辩护人的，根据案件情况，可以对该被告人另案处理，对其他被告人的庭审继续进行。

2. 依照上述规定另行委托辩护人或者指派律师的，自案件宣布休庭之日起至第15日止，由辩护人准备辩护，但被告人及其辩护人自愿缩短时间的除外。

归纳总结

辩护律师拒绝辩护	1. 委托事项违法；2. 委托人利用律师提供的服务从事违法活动；3. 委托人故意隐瞒与案件有关的重要事实的。	
被告人拒绝辩护人为其辩护	强制法援辩护案件	有正当理由的，可以拒绝1次，但最终必须有辩护人参加（可以自行委托，也可以是指派法援律师）。
	其他案件	其他案件中，被告人可以拒绝2次，不需要理由，但最终只能自行辩护。

第二节 刑事代理

一、含义

刑事诉讼中的代理，是指代理人接受公诉案件的被害人及其法定代理人或者近亲属、自诉案件的自诉人及其法定代理人、附带民事诉讼的当事人及其法定代理人的委托，以被代理人的名义参加诉讼，由被代理人承担代理行为的法律后果的一项诉讼活动。

二、种类

1. 刑事代理产生的方式。

从刑事代理产生的方式看，刑事代理可分为两种：一是法定代理，即基于法律规定而产生的代理；二是委托代理，即基于被代理人的委托、授权而产生的代理。

2. 刑事代理的委托主体。

从刑事代理的委托主体看，刑事诉讼中的代理主要有：公诉案件被害人的代理，自诉案件的代理，附带民事诉讼当事人的代理，犯罪嫌疑人、被告人逃匿、死亡案件违法所得没收程序中的代理和依法不负刑事责任的精神病人的强制医疗程序中的代理五种情况。

（1）公诉案件被害人的代理。

公诉案件的被害人及其法定代理人或者近亲属，自案件移送审查起诉之日起，有权委托诉讼代理人。

（2）自诉案件的代理。

自诉案件的自诉人及其法定代理人，有权随时委托诉讼代理人。

【高能提醒】

在刑事自诉案件中，被告人依法有权提起反诉。自诉案件中自诉人的代理人，在诉讼中代表自诉人行使控诉职能。但是当被告人对其提起反诉后，本诉的自诉人又成了反诉中的被告人，本诉中自诉人委托的代理人，也可以接受反诉的被告人的委托做他的辩护人，即由行使控诉职能转变为兼行控诉与辩护职能。同样，自诉案件的被告人提起反诉，其原来承担辩护职能的辩护人也可以成为既承担控诉职能又承担辩护职能的代理人及辩护人。反诉案件的代理人，一般都具有双重身份，既是被告人的辩护人，又是反诉的诉讼代理人。因此，必须办理双重委托手续，明确代理权限。

（3）附带民事诉讼当事人的代理。

律师在附带民事诉讼中的代理，实质上是民事诉讼代理。但附带民事诉讼代理人也有特殊之处，例如，附带民事诉讼的代理人可能身兼数职，比如既担任被告人的辩护人，又担任反诉中反诉人的代理人等。

①公诉案件附带民事诉讼的当事人及其法定代理人，自案件移送审查起诉之日起，有权委托诉讼代理人；

②自诉案件附带民事诉讼的当事人及其法定代理人，有权随时委托诉讼代理人。

（4）犯罪嫌疑人、被告人逃匿、死亡案件违法所得没收程序中的代理。

《刑事诉讼法》第281条第2款的规定，犯罪嫌疑人、被告人的近亲属和其他利害关系

人有权申请参加诉讼也可以委托诉讼代理人参加诉讼。

（5）强制医疗程序中的代理。

刑事诉讼法确立的“依法不负刑事责任的精神病人的强制医疗程序”也涉及代理问题。

《刑事诉讼法》第286条第2款规定：人民法院审理强制医疗案件，应当通知被申请人或者被告人的法定代理人到场。被申请人或者被告人没有委托诉讼代理人的，人

民法院应当通知法律援助机构指派律师为其提供法律帮助。

三、诉讼代理人的范围和权利

1. 范围。

在刑事诉讼中，委托诉讼代理人的范围以及人数，与辩护人的范围相同。

2. 权利。

诉讼代理人除享有代理授权范围内的被代理人的权利外，还享有以下权利：

（1）查阅、摘抄、复制本案的案卷材料。

经人民检察院、人民法院许可，可以查阅、摘抄、复制与本案有关的材料，了解案情。在审查起诉阶段，可以到人民检察院查阅、摘抄、复制本案的案卷材料；在审判阶段，可以到人民法院查阅、摘抄、复制本案的案卷材料。

（2）调查取证权。

律师担任代理人的，可以进行调查取证，也可以申请人民检察院、人民法院调查取证。具体程序参照辩护人申请人民检察院、人民法院调查取证程序适用。非律师担任代理人的，不享有调查取证权。

（3）申诉、控告权。

诉讼代理人认为公安机关、人民检察院、人民法院及其工作人员阻碍其依法行使诉讼权利的，有权向同级或者上一级人民检察院申诉或者控告。具体申诉、控告程序与辩护人相同。

3. 责任。

依照《刑事诉讼法解释》第56条的规定，诉讼代理人有权根据事实和法律，维护被害人、自诉人或者附带民事诉讼当事人的诉讼权利和其他合法权益。诉讼代理人应当向人民法院提交由被代理人签名或者盖章的委托书。如果被代理人是附带民事诉讼当事人的，诉讼代理人应当向人民法院提交由被代理人签名或者盖章的授权委托书。

【概念辨析】

辩护人与诉讼代理人的区别

	辩护人	诉讼代理人
诉讼地位不同	具有独立诉讼地位。	非独立的诉讼参与人。
进行诉讼活动的依据不同	依据事实与法律。	在授权范围内进行不得违背被代理人意志。
产生的时间不同	1. 公诉：第一次讯问或者采取强制措施之日起。 2. 自诉：随时。	1. 公诉：移送审查起诉之日起。 2. 自诉：随时。
委托的主体不同	犯罪嫌疑人、被告人及其监护人、近亲属。	1. 公诉案件的被害人及其法定代理人或者近亲属。 2. 自诉案件的自诉人及其法定代理人。 3. 附带民事诉讼的当事人及其法定代理人。
承担的诉讼职能不同	辩护职能。	控诉职能（附带民事诉讼的当事人委托的诉讼代理人除外）。

归纳总结

案件类型	有权委托的主体	可以委托的时间	诉讼代理人范围
公诉案件的代理	被害人、其法定代理人、近亲属	自案件移送审查起诉之日起	与辩护人范围相同
自诉案件的代理	自诉人、法定代理人	随时委托	
附带民事诉讼中的代理	附带民事诉讼当事人、法定代理人	视公诉、自诉而定	

专题七 刑事证据

核心重点

证据的合法性；非法证据排除规则；物证；书证；证人证言；口供；视听资料；直接证据和间接证据；原始证据和传来证据；实物证据和言词证据；不需要证明的对象；证明责任的分配。

考点精要

- 刑事证据
  - 刑事证据的概念和基本属性
    - 概念
    - 特征
    - 基本原则
  - 刑事证据的种类
    - 物证
    - 书证
    - 证人证言
    - 被害人陈述
    - 犯罪嫌疑人、被告人供述和辩解
    - 视听资料、电子数据
    - 鉴定意见
    - 勘验、检查、辨认、侦查实验笔录
  - 刑事证据的理论分类
    - 原始证据与传来证据
    - 有罪证据与无罪证据
    - 言词证据与实物证据
    - 直接证据与间接证据
  - 刑事证据规则
    - 非法证据排除规则
    - 自白任意规则
    - 传闻证据规则
    - 意见证据规则
    - 补强证据规则
    - 最佳证据规则
    - 关联性规则
  - 刑事诉讼证明
    - 证明对象
    - 证明责任
    - 证明标准

第一节　证据概述

一、概念

《刑事诉讼法》第48条规定：可以用于证明案件事实的材料，都是证据。证据包括：1. 物证。2. 书证。3. 证人证言。4. 被害人陈述。5. 犯罪嫌疑人、被告人供述和辩解。6. 鉴定意见。7. 勘验、检查、辨认、侦查实验等笔录。8. 视听资料、电子数据。

我国刑事诉讼中的证据，是指以法律规定的形式表现出来的能够证明案件真实情况的一切事实。对于刑事证据的概念，可以从以下三个方面理解：

1. 刑事证据本身是一种客观存在的材料。
2. 刑事证据是证明案件真实情况的根据和认定案件事实的手段。
3. 刑事证据必须符合法律规定的八种表现形式。

二、特征

刑事证据具有以下三个紧密联系的基本属性：客观性、关联性、合法性。

1. 客观性。

客观性，是指证据是客观存在的，不以人的主观意志为转移。

任何一种犯罪行为都是在一定的时间和空间发生的，只要有行为的发生，就必然留下各种痕迹和印象并形成证据，这是不以人的意志为转移的客观存在。任何主观想象、虚构、猜测、假设、臆断、梦境以及来源不清的道听途说等等并非客观存在的材料，都不能成为刑事诉讼中的证据。

2. 关联性。

关联性，是指证据必须与案件事实有客观联系，对证明刑事案件事实具有某种实际意义。证据关联性主要从以下几个方面理解：

（1）关联性是证据的一种客观属性。

证据的关联性不是办案人员的主观想象或者强加的联系，而是根源于证据事实同案件事实之间的客观联系。

（2）证据与案件事实相关联的形式是多种多样、十分复杂的。

其中最常见的是因果联系，即证据事实是犯罪的原因或结果的事实；其次是与犯罪相关的空间、时间、条件、方法、手段的事实。它们或者反映犯罪的动机，或者反映犯罪的手段，或者反映犯罪过程和实施犯罪的环境、条件，或者反映犯罪后果。还有反映犯罪事实不存在或犯罪并非犯罪嫌疑人、被告人所为等。

（3）证据的关联性是证据证明力的原因。

所谓证明力，是指证据所具有的对案件事实的证明作用，也就是证据对证明案件事实的价值。证据对案件事实有无证明力以及证明力的大小，取决于证据本身与案件事实有无联系以及联系的紧密、强弱程度。一般来说，如果证据与案件事实之间的联系紧密，则该证据的证明力较强，在诉讼中所起的作用也较大。

【高能提醒】

关联性是证据证明力的原因，没有关联性的证据不具有可采性，但具有关联性的证据未必都具有可采性。

关于证据的关联性，下列哪一选项是正确的？（2014-2-27，单）①

① 答案：C。

A. 关联性仅指证据事实与案件事实之间具有因果关系
B. 具有关联性的证据即具有可采性
C. 证据与待证事实的关联度决定证据证明力的大小
D. 类似行为一般具有关联性

3. 合法性。

合法性是指对证据必须依法加以收集和运用。证据的合法性主要包括以下内容：

（1）证据的收集和运用主体要合法。

依据该点，只有法定的有权主体收集的证据才可作为定案的根据。

（2）证据的形式应当合法。

要求作为证明案件事实的证据材料形式上必须符合法律要求。《刑事诉讼法》第48条规定了证据种类：物证；书证；证人证言；被害人陈述；犯罪嫌疑人、被告人供述和辩解；鉴定意见；勘验、检查、辨认、侦查实验等笔录；视听资料、电子数据。

（3）证据的提供、收集和审查，必须符合法定的程序要求。

无论是公安司法人员收集证据，还是当事人或其他诉讼参与人提供证据，都应当合法。

（4）证据必须经法定程序出示和查证。

证人证言必须在法庭上经过公诉人、被害人和被告人、辩护人双方询问、质证；物证必须当庭出示，让当事人辨认；未到庭的证人的证言笔录、鉴定意见、勘验、检查等笔录和其他作为证据的文书，应当当庭宣读，听取公诉人、当事人和辩护人、诉讼代理人的意见。未经法庭查证属实的材料，均不得作为定案的根据。

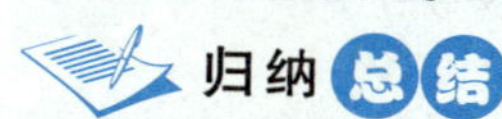

基本特征	内容
客观性	是指证据是客观存在的事实，是不以人的意志为转移的。 【注意】1. 测谎仪的结论。2. 证人的猜测性、评论性、推断性的证言，不能作为证据使用，但根据一般生活经验判断符合事实的除外。
关联性	是指作为证据的事实与案件事实之间存在某种客观的联系。 【注意】品格材料、前科、类似事件不具有关联性。
合法性	1. 证据收集主体合法。 2. 收集的证据符合法定证据种类——不符合法定证据种类不能作为定案根据。 3. 证据收集程序合法——关联考点：非法证据排除规则（注：二者不完全对等）。

三、证据制度的基本原则

证据制度的基本原则包括证据裁判原则、自由心证原则。

1. 证据裁判原则。

证据裁判原则，又称证据裁判主义，其基本含义是指对于诉讼中事实的认定，应依据有关的证据作出；没有证据，不得认定事实。在现代诉讼制度下，证据裁判原则至少包含有以下三个方面的含义：

（1）对事实问题的裁判必须依靠证据，没有证据不得认定事实。

（2）裁判所依据的必须是具有证据资格的证据。

（3）裁判所依据的必须是经过法庭调查的证据。

2. 自由心证原则。

自由心证原则的内涵是指，法律不预先设定机械的规则来指示或约束法官，而由法官针对具体案情，根据经验法则、逻辑规则和自己的理性、良心来自由判断证据和认定事实。自由心证（在我国又被称为内心确信制度）是指法官依据法律规定，通过内心的良知、理性等对证据的取舍和证明力进行判断，并最终形成确信的制度。

自由心证原则并不适用于证据的发现、收集、质证、认证全过程，它是只适用于最终的裁判阶段的原则。

证据裁判原则	1.《关于切实防止冤假错案的规定》第6条明确提出要坚持证据裁判原则。即“坚持证据裁判原则，依法应当出庭的证人没有正当理由拒绝出庭或者出庭后拒绝作证的，法庭对其证言真实性无法确认的该证人证言不得作为定案的根据，证据未经当庭出示、辨认、质证等法庭调查程序查证属实的，不得作为定案的根据”。 2. 证据裁判原则：是指对于案件事实的认定，必须有相应的证据予以证明。没有证据或者证据不充分，不能认定案件事实。 （1）认定案件事实必须依靠证据，没有证据不能认定案件事实，除非法律另有规定； （2）用于认定案件事实的证据必须具有证据能力（证据资格）； （3）用于定案的证据必须是在法庭上查证属实的证据。
自由心证原则	（1）自由心证原则：证据的取舍、证据的证明力大小以及对案件事实的认定规则等，法律不预先作明确规定，而由裁判者按照自己的良心、理性形成内心确信，以此作为对案件事实认定的一项基本原则。 （2）自由心证原则包含两方面的内容：自由判断和内心确信。

第二节　刑事证据的种类

《刑事诉讼法》第48条规定：可以用于证明案件事实的材料，都是证据。证据包括：1. 物证。2. 书证。3. 证人证言。4. 被害人陈述。5. 犯罪嫌疑人、被告人供述和辩解。6. 鉴定意见。7. 勘验、检查、辨认、侦查实验等笔录。8. 视听资料、电子数据。证据必须经过查证属实，才能作为定案的根据。

证据种类实际上是证据在法律上的分类，是证据的法定形式。

一、物证

1. 概念。

物证是以其外部特征、存在位置、物理属性来证明案件真实情况的一切物品和痕迹。所谓物品，是指与案件事实有联系的客观实在物，如作案工具、赃款赃物等；所谓痕迹，是指物体相互作用所产生的印痕和物体运动时所产生的轨迹，如脚印、指纹等。

2. 特点：客观性、稳定性，通常只能作为间接证据。

物证是以其外部特征、物品属性、存在状况等来发挥证明作用的，因此，与其他证据相比，物证具有较强的客观性、稳定性。另外，物证所包含的信息内容通常只能反映案件中的某些片段或个别情节，而不能一步到位地直接证明案件中的主要事实，因此，通常只能作为间接证据。

二、书证

（一）概念

书证，指以文字、符号、图画以及三者组合体等记载的内容和表达的思想来证明案件事实的书面材料或其他物质材料。书证的表现形式和制作方法多种多样，不限于“书写的文字材料”。

刑事诉讼中的书证虽然表现形式及制作方法多种多样，但必须同时具备以下两个特点：

1. 必须是以文字、符号、图画等记载或者表达了人的一定思想的物品，而且其所记载或表达的思想内容能够为人们所认知和理解。

2. 该项材料所记载的内容或者所表达的思想，必须与待证明的案件事实有关联，能够被用来证明案件事实。并非一切记载有思想内容的文字材料都是书证。

（二）书证与物证的区别

1. 书证是以记载的内容和表达的思想起证明作用的，物证则是以外部特征。形状、性质及存在的方式和状态等证明案情的。书证与物证的区别主要在于，书证以内容证明案件事实，物证则以物质属性和外观特征证明案件事实。

2. 书证与物证的联系主要是都要有实物载体，属于实物证据。如果一个物体同时以上述两种方式发挥证明作用，它就既是书证又是物证。

（三）物证、书证的审查

1. 根据《刑事诉讼法解释》第70条规定，据以定案的物证应当是原物。原物不便搬运，不易保存，依法应当由有关部门保管、处理，或者依法应当返还的，可以拍摄、制作足以反映原物外形和特征的照片、录像、复制品。

物证的照片、录像、复制品，不能反映原物的外形和特征的，不得作为定案的根据。

物证的照片、录像、复制品，经与原物核对无误、经鉴定为真实或者以其他方式确认为真实的，可以作为定案的根据。

2. 根据《刑事诉讼法解释》第71条规定，据以定案的书证应当是原件。取得原件确有困难的，可以使用副本、复制件。

书证有更改或者更改迹象不能作出合理解释，或者书证的副本、复制件不能反映原件及其内容的，不得作为定案的根据。

书证的副本、复制件，经与原件核对无误、经鉴定为真实或者以其他方式确认为真实的，可以作为定案的根据。

3. 根据《刑事诉讼法解释》第73条规定，在勘验、检查、搜查过程中提取、扣押的物证、书证，未附笔录或者清单，不能证明物证、书证来源的，不得作为定案的根据。

物证、书证的收集程序、方式有下列瑕疵，经补正或者作出合理解释的，可以采用：

（1）勘验、检查、搜查、提取笔录或者扣押清单上没有侦查人员、物品持有人、见证人签名，或者对物品的名称、特征、数量、质量等注明不详的；

（2）物证的照片、录像、复制品，书证的副本、复制件未注明与原件核对无异，无复制时间，或者无被收集、调取人签名、盖章的；

（3）物证的照片、录像、复制品，书证的副本、复制件没有制作人关于制作过程和原物、原件存放地点的说明，或者说明中无签名的；

（4）有其他瑕疵的。

对物证、书证的来源、收集程序有疑问，不能作出合理解释的，该物证、书证不得作为定案的根据。

三、证人证言

（一）概念

证人证言，是指证人就其所了解的案件情况向公安司法机关所作的陈述。证人证言一般是以笔录加以固定的口头陈述，但是，经办案人员同意，由证人亲笔书写的书面证词也是证人证言。

（二）证人的特点和资格

1. 证人的特点。

（1）当事人以外的人；

（2）亲身感知的事实，非猜测、评论、推断；

（3）自然人，自然人以外的单位、组织不能作证人；

（4）特征：不可替代性，优先性。

2. 证人的资格。

（1）凡是知道案件情况的人，都有作证的义务；

（2）生理上、精神上有缺陷或者年幼，不能辨别是非、不能正确表达的人，不能作证人。

《刑事诉讼法》第 187 条第 2 款：人民警察就其执行职务时目击的犯罪情况作为证人出庭作证，适用前款规定。这里的人民警察是以证人身份出庭作证，而非以侦查人员的身份就其侦查取证情况出庭说明情况。

（三）证人证言的特点

1. 证人是犯罪嫌疑人、被告人、被害人以外的人。

一般而言，与犯罪嫌疑人、被告人、被害人相比，其陈述受利害关系影响较小。

2. 陈述的是亲身感知的事实。

《刑事诉讼法解释》第 75 条第 2 款规定：证人的猜测性、评论性、推断性的证言，不得作为证据使用，但根据一般生活经验判断符合事实的除外。

3. 容易受到其他因素的影响。

证人证言是证人对感知情况的反映，往往会受到证人的主观因素和客观条件的影响。

4. 证人证言不可替代。

证人既不能由公安司法机关自由选择和指定，也不能由别人代替和更换。凡没有亲身经历或闻知案件情况的人，都不具有证人资格；即使共同经历了同一案件的人，也不得互相代替作证。

（四）证人证言的补强规则

根据《刑事诉讼法解释》第 109 条规定，下列证据应当慎重使用，有其他证据印证的，可以采信：

1. 生理上、精神上有缺陷，对案件事实的认知和表达存在一定困难，但尚未丧失正确认知、表达能力的被害人、证人和被告人所作的陈述、证言和供述。

2. 与被告人有亲属关系或者其他密切关系的证人所作的有利被告人的证言，或者与被告人有利害冲突的证人所作的不利被告人的证言。

四、被害人陈述

被害人陈述，是指刑事被害人就其受害情况和其他与案件有关的情况向公安司法机关所作的陈述。

【高能提醒】

被害人既可以是自然人，也可以是单位。自诉人和附带民事诉讼的原告人如果是被害人，他们的陈述也是被害人陈述。

五、犯罪嫌疑人、被告人的供述和辩解

1. 概念。

犯罪嫌疑人、被告人的供述和辩解，是指犯罪嫌疑人、被告人就有关案件的情况向侦查、检察和审判人员所作的陈述。它的内容主要包括犯罪嫌疑人、被告人承认自己有罪的供述和说明自己无罪、罪轻的辩解。

【高能提醒】

犯罪嫌疑人、被告人检举他人犯罪的性质和内容的证据属于何种证据，应当具体分析。共犯同案的犯罪嫌疑人、被告人检举其他共犯的犯罪事实属于犯罪嫌疑人、被告人供述和辩解的内容，不是证人证言。因为共犯相互之间就共同犯罪的情况相互检举，与个人的罪责有关。而单个犯罪嫌疑人、被告人检举他人的犯罪事实，或同案犯罪嫌疑人、被告人对非共犯的检举，则与自己的罪责无关，应属于证人证言。

2. 对待原则。

重证据、重调查研究，不轻信口供。在收集口供中要严禁刑讯逼供，禁止以威胁、引诱、欺骗等非法方法提取口供。只有被告人供述，没有其他证据的，不能认定被告人有罪和处以刑罚；没有被告人供述，证据确实充分的，可以认定犯罪嫌疑人、被告人有罪和处以刑罚。

【高能提醒】

对共犯口供的证明力问题，一般认为共犯口供仍然是口供。共犯不能互为证人，否则容易导致违法取得口供和不正确运用。如果只有共犯口供，没有其他证据的，不能据以定罪量刑。

3. 被告人庭审中翻供的处理。

《刑事诉讼法解释》第 83 条第 2、3 款规定：被告人庭审中翻供，但不能合理说明翻供原因或者其辩解与全案证据矛盾，而其庭前供述与其他证据相互印证的，可以采信其庭前供述；被告人庭前供述和辩解存在反复，但庭审中供认，且与其他证据相互印证的，可以采信其庭审供述；被告人庭前供述和辩解存在反复，庭审中不供认，且无其他证据与庭前供述印证的，不得采信其庭前供述。

六、鉴定意见

鉴定意见，是指公安司法机关为了解决案件中某些专门性问题，指派或聘请具有这方面专门知识和技能的人，进行鉴定后所作的书面意见。刑事案件中需要进行鉴定的专门性问题非常广泛，常见的有法医学鉴定、司法精神病学鉴定、书法笔迹鉴定、痕迹鉴定、化学鉴定、会计鉴定、技术鉴定等。

运用鉴定意见时须注意以下要点：

1. 鉴定意见的形式必须是书面的鉴定书，由鉴定人本人签名，单位公章只能用于证明鉴定人身份，不能代替个人签名。

2. 鉴定意见必须当庭宣读，鉴定人一般应当出庭，对鉴定过程和内容、结论作出说明，接受质证。

3. 鉴定意见只能对案件中的专门性问题出具意见，而不能对案件中的法律问题和普通事实出具意见。

4. 如果一个问题的鉴定由多人共同进行，而鉴定人意见不一致时，应当分别作出鉴定意见，而不应根据少数服从多数的原则出具鉴定意见。

【高能提醒】

医院的诊断证明书，应以书证形式（如果是医生以医院的名义出具）或者证人证言形式（如果是医生以个人名义出具）出具，而不应以鉴定意见的方式出示。

七、勘验、检查、辨认、侦查实验笔录

1. 概念。

（1）勘验笔录，是指办案人员对与犯罪有关的场所、物品、尸体等进行勘查、检验后所作的记录。

（2）检查笔录，是指办案人员为确定被害人、犯罪嫌疑人、被告人的某些特征、伤害情况和生理状态，对他们的人身进行检验和观察后所作的客观记载。

（3）辨认笔录，是指客观、全面记录辨认过程和辨认结果，并由有关在场人员签名的记录。

（4）侦查实验笔录，是指对侦查实验的试验条件、试验过程和试验结果的客观记载。

2. 对勘验、检查、辨认、侦查实验笔录的审查。

《刑事诉讼法解释》第 91 条规定：对侦查实验笔录应当着重审查实验的过程、方法，以及笔录的制作是否符合有关规定。

侦查实验的条件与事件发生时的条件有明显差异，或者存在影响实验结论科学性的其他情形的，侦查实验笔录不得作为定案的根据。

题

关于辨认程序不符合有关规定，经补正或者作出合理解释后，辨认笔录可以作为证据使用的情形，下列哪一选项是正确的？（2012-2-27，单）[①]

A. 辨认前使辨认人见到辨认对象的

① 答案：C。

B. 供辨认的对象数量不符合规定的

C. 案卷中只有辨认笔录，没有被辨认对象的照片、录像等资料，无法获悉辨认的真实情况的

D. 辨认活动没有个别进行的

八、视听资料、电子数据

1. 概念。

视听资料、电子数据，是指以录音、录像、电子计算机或其他高科技设备所存储的信息证明案件真实情况的资料。视听资料，是指以模拟信号存储的录音、录像带等音视频资料。电子数据，是以数字化形式存储于计算机存储器或外部存储介质中、能够证明案件真实情况的数据或信息。《关于办理刑事案件收集提取和审查判断电子数据若干问题的规定》第1条第1、2款规定，电子数据是案件发生过程中形成的，以数字化形式存储、处理、传输的，能够证明案件事实的数据。电子数据包括但不限于下列信息、电子文件：（1）网页、博客、微博客、朋友圈、贴吧、网盘等网络平台发布的信息；（2）手机短信、电子邮件、即时通信、通讯群组等网络应用服务的通信信息；（3）用户注册信息、身份认证信息、电子交易记录、通信记录、登录日志等信息；（4）文档、图片、音视频、数字证书、计算机程序等电子文件。对于上述“案件发生过程中”不应做过于狭义的理解，只要与案件事实相关的，均可以视为“案件发生过程中”形成的电子数据。

《刑事诉讼法解释》第93条把电子数据列举为电子邮件、电子数据交换、网上聊天记录、博客、微博、手机短信、电子签名、域名等项内容。视听资料、电子数据有利于迅速、及时地收集其他证据，并且能够立体、直观地再现案件情况，也有利于方便、有效地核实其他证据。

【高能提醒】

作为视听资料的录音、录像，一般产生于诉讼开始之前，犯罪实施过程之中。如果是在刑事诉讼启动之后，公安司法机关为了收集、固定和保全证据而制作的录音、录像等，不是视听资料。

2. 对视听资料的审查。

《刑事诉讼法解释》第94条规定，视听资料、电子数据具有下列情形之一的，不得作为定案的根据：

（一）经审查无法确定真伪的；

（二）制作、取得的时间、地点、方式等有疑问，不能提供必要证明或者作出合理解释的。

九、行政证据向刑事证据的转化

1. 行政机关在行政执法和查办案件过程中收集的物证、书证、视听资料、电子数据、鉴定意见、勘验、检查笔录等证据材料，在刑事诉讼中可以作为证据使用。（《刑事诉讼法》第52条第2款）（《公安部规定》第60条、《高检规则》第64条）

2. 检察院办理自侦案件，对于有关机关在行政执法和查办案件过程中收集的涉案人员供述或者相关人员的证言、陈述，应当重新收集；确有证据证实涉案人员或者相

关人员因路途遥远、死亡、失踪或者丧失作证能力，无法重新收集，但供述、证言或者陈述的来源、收集程序合法，并有其他证据相印证，经检察院审查符合法定要求的，可以作为证据使用。

归纳总结

1. 证据种类。

证据种类	掌握要点
物证、书证	1. 物证：物质属性、外部特征或痕迹等来证明案件。 2. 书证：以文字、符号、图画等形式所表达的思想内容来证明案件真实情况。 【考点】物证与书证的区分。
证人证言	证人就其所感知的案件情况向公安司法机关所作的陈述。 【注意】证人当庭作出的证言与其庭前证言矛盾，证人能够作出合理解释，并有相关证据印证的，应当采信其庭审证言；不能作出合理解释，而其庭前证言有相关证据印证的，可以采信其庭前证言。（采信印证的部分）
被害人陈述	刑事被害人就其受害情况和其他与案件有关的情况向公安司法机关所作的陈述。
犯罪嫌疑人、被告人供述和辩解	1. 口供包括供述与辩解。 2. 口供证明力：重证据，重调查研究，不轻信口供；只有口供不能定罪。 3. 共犯口供的证明力。 4. 翻供的采信规则：被告人庭审中翻供，但不能合理说明翻供原因或者其辩解与全案证据矛盾，而其庭前供述与其他证据相互印证的，可以采信其庭前供述。 被告人庭前供述和辩解存在反复，但庭审中供认，且与其他证据相互印证的，可以采信其庭审供述；被告人庭前供述和辩解存在反复，庭审中不供认，且无其他证据与庭前供述印证的，不得采信其庭前供述。
鉴定意见	1. 特殊的鉴定意见：精神病鉴定（不记入办案期限）；保外就医的医疗证明。 2. 要注意肯定性意见和倾向性意见区别。 3. 鉴定意见应当告知：犯罪嫌疑人和被害人。
勘验、检查、辨认、侦查实验等笔录	1. 勘验对象：现场、物品、尸体。 2. 检查对象：人身（活体）。 3. 侦查实验：模拟当时的情况，看类似的情形能否重复发生。
视听资料、电子数据	1. 视听资料：以录音、录像所储存的信息证明案件的材料。 电子数据：以电子形式存在的，用作证明案件情况的一切材料及其派生物。 【新增司法解释】电子数据包括但不限于下列信息、电子文件： （1）网页、博客、微博客、朋友圈、贴吧、网盘等网络平台发布的信息； （2）手机短信、电子邮件、即时通信、通讯群组等网络应用服务的通信信息； （3）用户注册信息、身份认证信息、电子交易记录、通信记录、登录日志等信息； （4）文档、图片、音视频、数字证书、计算机程序等电子文件。 以数字化形式记载的证人证言、被害人陈述以及犯罪嫌疑人、被告人供述和辩解等证据，不属于电子数据。 2. 与其他以录音录像为载体的其他证据的区别：形成的时间。

2. 各类证据的审查判断。

物证、书证	强制排除	1. 原物的照片、录像或者复制品，不能反映原物的外形和特征的。 2. 书证有更改或者更改迹象不能作出合理解释，或者书证的副本、复制件不能反映原件及其内容的，不得作为定案的根据。 3. 在勘验、检查、搜查过程中提取、扣押的物证、书证，未附笔录或者清单，不能证明物证、书证来源的。 4. 对物证、书证的来源、收集程序有疑问，不能作出合理解释的。
	可补正	……………………………………………………………
证人证言	强制排除	1. 处于明显醉酒、中毒或者麻醉等状态，不能正常感知或者正确表达的证人所提供的证言。 2. 证人的猜测性、评论性、推断性的证言，不得作为证据使用，但根据一般生活经验判断符合事实的除外。 3. 询问证人没有个别进行的。 4. 书面证言没有经证人核对确认的。 5. 询问聋、哑人，应当提供通晓聋、哑手势的人员而未提供的。 6. 询问不通晓当地通用语言、文字的证人，应当提供翻译人员而未提供的。
	可补正	……………………………………………………
供述	强制排除	1. 讯问笔录没有经被告人核对确认的。 2. 讯问聋、哑人，应当提供通晓聋、哑手势的人员而未提供的。 3. 讯问不通晓当地通用语言、文字的被告人，应当提供翻译人员而未提供的。
	可补正	……………………………………………………
鉴定意见	强制排除	1. 鉴定机构不具备法定资质，或者鉴定事项超出该鉴定机构业务范围、技术条件的。 2. 鉴定人不具备法定资质，不具有相关专业技术或者职称，或者违反回避规定的。 3. 送检材料、样本来源不明，或者因污染不具备鉴定条件的。 4. 鉴定对象与送检材料、样本不一致的。 5. 鉴定程序违反规定的。 6. 鉴定过程和方法不符合相关专业的规范要求的。 7. 鉴定文书缺少签名、盖章的。 8. 鉴定意见与案件待证事实没有关联的。 9. 违反有关规定的其他情形。 **【注意】**经法院通知，鉴定人拒不出庭作证的，其鉴定意见不得作为定案根据。
辨认笔录	强制排除	1. 辨认不是在侦查人员主持下进行的。 2. 辨认前使辨认人见到辨认对象的。 3. 辨认活动没有个别进行的。 4. 辨认对象没有混杂在具有类似特征的其他对象中，或者供辨认对象数量不符合规定的。 5. 辨认中给辨认人明显暗示或者明显有指认嫌疑的。 6. 违反有关规定、不能确定辨认笔录真实性的其他情形。
	可补正	……………………………………………………
侦查实验笔录	强制排除	侦查实验的条件与事件发生时的条件有明显差异，或者存在影响实验结论科学性的其他情形的。
视听资料、电子数据	强制排除	1. 经审查无法确定真伪的。 2. 制作、取得的时间、地点、方式等有疑问，不能提供必要证明或者作出合理解释的。

甲涉嫌利用木马程序盗取Q币并转卖他人，公安机关搜查其住处时，发现一个U盘内存储了用于盗取账号密码的木马程序。关于该U盘的处理，下列哪些选项是正确的？（2017-2-69，多）①

A. 应扣押U盘并制作笔录

B. 检查U盘内的电子数据时，应将U盘拆分过程进行录像

C. 公安机关移送审查起诉时，对U盘内提取的木马程序，应附有该木马程序如何盗取账号密码的说明

D. 如U盘未予封存，且不能补正或作出合理解释的，U盘内提取的木马程序不得作为定案的根据

第三节　刑事证据的理论分类

一、原始证据与传来证据

1. 划分标准。

以证据的来源作为划分标准，凡是直接来源于案件事实，未经过复制、转述的证据，是原始证据。反之，凡不是直接来源于案件事实，而是间接地来源于案件事实，经过复制或者转述原始证据而派生出来的证据，是传来证据。

通常情况下，原始证据的证明价值大于传来证据。因此，在查清案件事实的过程中，办案人员应当尽可能收集原始证据，对属于传来证据的材料，应当查明来源出处，并向亲自感知案件事实的人员了解情况，或取得物证、书证的原件。虽然原始证据具有较大的证明力，但传来证据在司法实践中也起到不可忽视的作用：可以根据传来证据发现原始证据，帮助审查原始证据是否真实，强化原始证据的证明作用；当原始证据灭失或无法获得时，只要传来证据查证属实，也可用以作为定案的根据。

2. 运用原则。

运用传来证据时，除遵守一般的证明规律以外，还应该遵守以下相应的特殊规则：

（1）来源不明的材料不能作为证据使用；

（2）只有在原始证据不能取得或者确有困难时，才能用传来证据代替；

（3）应采用距离原始证据最近的传来证据，即被转述、复制次数最少的原始证据；

（4）如果案件只有传来证据，没有任何原始证据，不得认定有罪。

二、有罪证据与无罪证据

1. 划分标准。

以证据是否能证明犯罪事实的存在或者犯罪行为系犯罪嫌疑人、被告人所为作为划分标准，可以将证据分为有罪证据和无罪证据。凡是能够证明犯罪事实存在和犯罪行为系犯罪嫌疑人、被告人所为的证据，是有罪证据；否则，即是无罪证据。

根据上述分类，凡在认定有罪的前提下，用以证明犯罪嫌疑人、被告人具有从轻、

① 答案：A、B、C、D。

减轻、免除处罚或者从重、加重情节的证据，都属于有罪证据。无罪证据则只有两种：一是证明犯罪事实并未发生的证据，例如证明被害人系自杀或意外死亡，而非他杀的证据；二是证明犯罪行为并非该犯罪嫌疑人、被告人所为的证据，例如证明犯罪嫌疑人、被告人在案发时没有作案时间、不在现场的证人证言。

2. 运用原则。

《刑事诉讼法》第50条明确规定：审判人员、检察人员、侦查人员必须依照法定程序，收集能够证实犯罪嫌疑人、被告人有罪或者无罪、犯罪情节轻重的各种证据。在运用有罪证据和无罪证据时，除遵循运用证据的共同规则外，还应当特别注意以下几点：

（1）既要注意收集有罪证据，也要注意收集无罪证据，要防止片面性；

（2）在对被告人作出有罪的确定性认定时，要做到有罪证据确实、充分，排除无罪的可能性，如果案内有无罪证据尚未排除，不能得出有罪的结论。

三、言词证据与实物证据

以证据的表现形式为划分标准，可以将证据分为言词证据和实物证据。凡是表现为人的陈述，即以言词作为表现形式的证据，是言词证据；凡是表现为物品、痕迹和以其内容具有证据价值的书面文件，即以实物作为表现形式的证据，是实物证据。

在法定证据中，证人证言、被害人陈述、犯罪嫌疑人、被告人供述和辩解都是言词证据。辨认笔录和侦查实验笔录，一般认为也属于言词证据。

【高能提醒】

鉴定意见也是言词证据，原因在于，鉴定意见的实质是鉴定人就鉴定的专门问题发表的个人意见，而且在法庭审理时要求鉴定人对鉴定意见作出口头说明，并当庭回答当事人和辩护人等的发问。

物证、书证、勘验、检查笔录属于实物证据。勘验、检查笔录是办案人员在勘验、检查中对所见客观情况的客观记载，而不是办案人员的陈述，因此也属于实物证据对于视听资料、电子数据，一般认为属于实物证据。

四、直接证据与间接证据

1. 划分标准。

根据证据与案件主要事实的证明关系的不同，可以将证据划分为直接证据与间接证据。

【高能提醒】

所谓刑事案件的主要事实，是指犯罪行为是否系犯罪嫌疑人、被告人所实施；所谓证明关系的不同，是指某一证据是否可以单独、直接地证明案件的主要事实。

直接证据是能够单独、直接证明案件主要事实的证据。就是说，某一项证据的内容，无需经过推理过程，即可以直观地说明犯罪行为是不是犯罪嫌疑人、被告人所实施。虽然直接证据能够单独地、直接地证明案件主要事实，但在直接证据的运用中应当坚持孤证不能定案的原则。因为如果仅有一个直接证据，而无其他证据，其本身的真实性就得不到其他证据的印证。此外，由于直接证据往往是言词证据。因此，在收集、审查和运用直接证据时应注意严格依照法定程序进行，严禁采用刑讯逼供和以威胁、引诱、欺骗等非法方法收集直接证据。

间接证据不能单独、直接证明刑事案件主要事实，需要与其他证据相结合才能证明的证据。间接证据必须与案内的其他证据结合起来，形成一个证据体系，才能共同证明案件的主要事实。

2. 运用原则。

《刑事诉讼法解释》第105条对在没有直接证据证明犯罪行为系被告人实施的情况下，如何运用间接证据认定被告人有罪作了规定。该规定要求应当同时符合以下几个条件：

（1）证据已经查证属实；

（2）证据之间相互印证，不存在无法排除的矛盾和无法解释的疑问；

（3）全案证据已经形成完整的证明体系；

（4）根据证据认定案件事实足以排除合理怀疑，结论具有唯一性；

（5）运用证据进行的推理符合逻辑和经验。此外，根据间接证据定案的，判处死刑应当特别慎重。

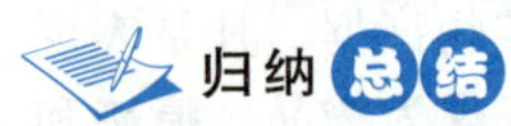

刑事证据的分类，是指对证据进行理论研究中，按照证据本身的不同特点，从不同角度在理论上将证据划分为不同的类别。

划分依据	具体分类
按照证据的来源	原始证据：凡来自原始出处，即直接来源于案件事实的证据材料，即通常所讲的一手证据。 传来证据：通过转手、摘抄、复制、转述而来的证据，即通常所讲的二手证据、三手证据。
与证明被告人有罪的关系	有罪证据：可以肯定嫌疑人、被告人实施犯罪行为以及可以证明犯罪行为轻重情节的证据。 无罪证据：能否定犯罪事实存在，或能够证明嫌疑人、被告人未实施犯罪行为的证据。
证据的表现形式	言词证据：以人的言词为表现形式的证据。包括证人证言、被害人陈述、犯罪嫌疑人、被告人的供述和辩解、鉴定意见。 实物证据：以各种实物、痕迹、图形、符号等载体和客观上存在的自然状况为表现形式的证据。包括物证、书证、视听资料、电子数据以及勘验、检查、辨认和侦查实验等笔录。
与证明对象的关系	直接证据（肯定和否定）：仅凭一个证据就能反映案件主要事实的。 间接证据：仅凭一个证据不能反映案件主要事实，它必须结合其他证据才能反映案件主要事实的。 **【注意】**运用间接证据定案的规则：1. 据以定案的间接证据已经查证属实；2. 据以定案的间接证据之间相互印证，不存在无法排除的矛盾和无法解释的疑问；3. 据以定案的间接证据已经形成完整的证明体系；4. 依据间接证据认定的案件事实，结论是唯一的，足以排除一切合理怀疑；5. 运用间接证据进行的推理符合逻辑和经验判断。根据间接证据定案的，判处死刑应当特别慎重。（《办理死刑案件证据规定》第33条）

1. 甲涉嫌盗窃室友乙存放在储物柜中的笔记本电脑一台并转卖他人，但甲辩称该电脑系其本人所有，只是暂存于乙处。下列哪一选项既属于原始证据，又属于直接证据？（2015-2-25，单）①

A. 侦查人员在乙储物柜的把手上提取的甲的一枚指纹

① 答案：C。

B. 侦查人员在室友丙手机中直接提取的视频，内容为丙偶然拍下的甲打开储物柜取走电脑的过程

C. 室友丁的证言，内容是曾看到甲将一台相同的笔记本电脑交给乙保管

D. 甲转卖电脑时出具的现金收条

2. 甲驾车将昏迷的乙送往医院，并垫付了医疗费用。随后赶来的乙的家属报警称甲驾车撞倒乙。急救中，乙曾短暂清醒并告诉医生自己系被车辆撞倒。医生将此话告知警察，并称从甲送乙入院时的神态看，甲应该就是肇事者。关于本案证据，下列哪些选项是正确的？（2016-2-67，多）①

A. 甲垫付医疗费的行为与交通肇事不具有关联性

B. 乙告知医生“自己系被车辆撞倒”属于直接证据

C. 医生基于之前乙的陈述，告知警察乙系被车辆撞倒，属于传来证据

D. 医生认为甲是肇事者的证词属于符合一般生活经验的推断性证言，可作为定案依据

第四节　证据规则

刑事证据规则，是指在刑事证据制度中，控辩双方收集和出示证据，法庭采纳、运用证据认定案件事实必须遵循的重要准则。在我国，立法虽然没有对刑事证据规则作出明确规定，但刑事诉讼法及司法解释的相关规定实际上已经对一些刑事证据规则有所涉及。这些规定有的较为笼统，只是体现了某一刑事证据规则的精神，有的则作了较为细化的规定。以下结合我国刑事诉讼法及相关司法解释的已有规定，介绍一系列刑事证据规则。

一、非法证据排除规则

非法证据排除规则，是指违反法定程序，以非法方法获取的证据，原则上不具有证据能力，不能为法庭采纳。其既包括非法言词证据的排除，也包括非法实物证据的排除。

（一）非法证据排除的范围

1. 言词证据的排除。

采用刑讯逼供等非法手段取得的犯罪嫌疑人、被告人供述和采用暴力、威胁等非法手段取得的证人证言、被害人陈述，属于非法言词证据。经依法确认的非法言词证据，应当予以排除，不能作为定案的根据。通过以下手段获得的言词证据属于非法言词证据：

（1）使用肉刑或者变相肉刑，或采用其他使被告人肉体或精神上遭受剧烈疼痛或者痛苦的方法，迫使被告人违背意愿供述的，应当认定为《刑事诉讼法》第54条规定的“刑讯逼供等非法方法”。其他非法方法是指违法程度和对犯罪嫌疑人的强迫程度与刑讯逼供或者暴力、威胁相当而迫使其违背意愿供述的方法。

（2）采用刑讯逼供或冻、饿、晒、烤、疲劳审讯等非法方法收集的被告人供述，应当排除。

① 答案：A、C。

【高能提醒】

最高人民法院、最高人民检察院、公安部、国家安全部、司法部2017年6月27日发布《关于办理刑事案件严格排除非法证据若干问题的规定》（以下简称为《规定》），当中对言词证据排除范围的扩大以及重复性供述排除规则的确立。

1. 言词证据排除范围的扩大。

（1）采取殴打、违法使用戒具等暴力方法或者变相肉刑的恶劣手段，使犯罪嫌疑人、被告人遭受难以忍受的痛苦而违背意愿作出的供述，应当予以排除。（《规定》第2条）

（2）采用以暴力或者严重损害本人及其近亲属合法权益等进行威胁的方法，使犯罪嫌疑人、被告人遭受难以忍受的痛苦而违背意愿作出的供述，应当予以排除。（《规定》第3条）

（3）采用非法拘禁等非法限制人身自由的方法收集的犯罪嫌疑人、被告人供述，应当予以排除。（《规定》第4条）

（4）采用暴力、威胁以及非法限制人身自由等非法方法收集的证人证言、被害人陈述，应当予以排除。（《规定》第6条）

2. 确立重复性供述排除规则。

采用刑讯逼供方法使犯罪嫌疑人、被告人作出供述，之后犯罪嫌疑人、被告人受该刑讯逼供行为影响而作出的与该供述相同的重复性供述，应当一并排除（《规定》第5条）。即犯罪嫌疑人、被告人被刑讯逼供的“余威”所慑，违背意愿作出的供述应当与受到刑讯逼供时所作的供述一并排除。同时，《规定》明确了排除重复性供述的两种例外情形：

（1）侦查期间，根据控告、举报或者自己发现等，侦查机关确认或者不能排除以非法方法收集证据而更换侦查人员，其他侦查人员再次讯问时告知诉讼权利和认罪的法律后果，犯罪嫌疑人自愿供述的。主要考虑是：侦查机关更换侦查人员重新进行讯问并告知诉讼权利和认罪的法律后果，是对刑讯逼供的一种预防和纠正，如果对重新讯问取得的重复性供述也予以排除，势必会影响侦查机关自我纠错，主动排除非法证据的积极性。并且，认罪认罚是犯罪嫌疑人的一项权利，如果对其自愿作出的重复性供述予以排除，则显然对其不利。因此，侦查机关主动更换侦查人员应当作为排除重复性供述的例外情形。

（2）审查逮捕、审查起诉和审判期间，检察人员、审判人员讯问时告知诉讼权利和认罪的法律后果，犯罪嫌疑人、被告人自愿供述的。主要考虑是：检察机关与侦查机关之间有监督制约的关系，审判机关是中立的裁判者，随着诉讼阶段的变更，检察人员、审判人员的讯问通常能够阻断侦查阶段刑讯逼供的影响。

2. 实物证据。

物证、书证的取得明显违反法律规定，可能严重影响公正审判的，应当予以补正或者作出合理解释，否则，该物证、书证不能作为定案的根据。

可能严重影响司法公正是指收集物证、书证不符合法定程序的行为明显违法或者情节严重可能对司法机关办理案件的公正性造成严重损害。补正是指对取证程序上的非实质性瑕疵进行补救合理解释是指对取证程序的瑕疵作出符合常理及逻辑的解释。

（二）非法证据排除的阶段

在侦查、审查起诉、审判时发现有应当排除的证据的，应当依法予以排除，不得作为起诉意见、起诉决定和判决的依据。

（三）非法证据的排除程序

1. 侦查阶段中的非法证据排除。

最高人民法院、最高人民检察院、公安部、国家安全部、司法部2017年6月27日发布《关于办理刑事案件严格排除非法证据若干问题的规定》中，增加了侦查阶段的非法证据排除程序。（《规定》第14条、第15条）

（1）申请主体及程序。

犯罪嫌疑人及其辩护人在侦查期间可以向人民检察院申请排除非法证据。对犯罪嫌疑人及其辩护人提供相关线索或者材料的，人民检察院应当调查核实。调查结论应当书面告知犯罪嫌疑人及其辩护人。对确有以非法方法收集证据情形的，人民检察院应当向侦查机关提出纠正意见。

侦查机关对审查认定的非法证据，应当予以排除，不得作为提请批准逮捕、移送审查起诉的根据。

（2）重大案件非法取证的防范。

根据《关于办理刑事案件严格排除非法证据若干问题的规定》第14条第3款，对重大案件，人民检察院驻看守所检察人员应当在侦查终结前询问犯罪嫌疑人，核查是否存在刑讯逼供、非法取证情形，并同步录音录像。经核查，确有刑讯逼供、非法取证情形的，侦查机关应当及时排除非法证据，不得作为提请批准逮捕、移送审查起诉的根据。

（3）取证合法性核查制度。

对于侦查终结的案件，侦查机关应当全面审查证明证据收集合法性的证据材料，依法排除非法证据。排除非法证据后，证据不足的，不得移送审查起诉。

侦查机关发现办案人员非法取证的，应当依法作出处理，并可另行指派侦查人员重新调查取证。

2. 法庭阶段非法证据排除程序的启动。

根据《刑事诉讼法》第56条规定，程序的启动有两种方式：

（1）依职权启动：法庭审理过程中，审判人员认为可能存在本法第五十四条规定的以非法方法收集证据情形的，应当对证据收集的合法性进行法庭调查。

（2）依申请启动：当事人及其辩护人、诉讼代理人有权申请人民法院对以非法方法收集的证据依法予以排除。申请排除以非法方法收集的证据的，应当提供相关线索或者材料。

3. 法庭的审查。

（1）庭前会议：根据《刑事诉讼法解释》第99条规定，开庭审理前，当事人及其辩护人、诉讼代理人申请排除非法证据，人民法院经审查，对证据收集的合法性有疑问的，应当依照《刑事诉讼法》第一百八十二条第二款的规定召开庭前会议，就非法证据排除等问题了解情况，听取意见。检察院可以通过出示有关证据材料等方式，对证据收集的合法性加以说明。

【高能提醒】

《关于办理刑事案件严格排除非法证据若干问题的规定》强化了庭前会议的作用。

被告人及其辩护人在开庭审理前申请排除非法证据，按照法律规定提供相关线索或者材料的，人民法院应当召开庭前会议。人民检察院可以决定撤回相关证据，撤回的证据，没有新的理由，不得在庭审中出示。被告人及其辩护人可以撤回排除非法证据的申请。撤回申请后，没有新的线索或者材料，不得再次对有关证据提出排除申请。(《规定》25 条)

(2) 庭审中的审查：根据《刑事诉讼法解释》第 100 条规定，法庭审理过程中，当事人及其辩护人、诉讼代理人申请排除非法证据的，法庭应当进行审查。经审查，对证据收集的合法性有疑问的，应当进行调查；没有疑问的，应当当庭说明情况和理由，继续法庭审理。当事人及其辩护人、诉讼代理人以相同理由再次申请排除非法证据的，法庭不再进行审查。

对证据收集合法性的调查，根据具体情况，可以在当事人及其辩护人、诉讼代理人提出排除非法证据的申请后进行，也可以在法庭调查结束前一并进行。

法庭审理过程中，当事人及其辩护人、诉讼代理人申请排除非法证据，人民法院经审查，不符合本解释第九十七条规定的，应当在法庭调查结束前一并进行审查，并决定是否进行证据收集合法性的调查。

4. 证明责任。

(1) 初步责任。根据《刑事诉讼法解释》第 96 条规定，当事人及其辩护人、诉讼代理人申请人民法院排除以非法方法收集的证据的，应当提供涉嫌非法取证的人员、时间、地点、方式、内容等相关线索或者材料。

【高能提醒】

这种证明标准只需要达到“存在合理怀疑”的程度就可以了，即被告人需要提供证明非法行为存在的讯息。启动这一程序的初步责任应由被告人及其辩护人承担，以避免不负责任地随意启动对证据合法性的“审理”程序的情况。

(2) 举证责任。《刑事诉讼法》第 57 条规定：在对证据收集的合法性进行法庭调查的过程中，人民检察院应当对证据收集的合法性加以证明。检察院的证明需要达到确实充分的标准。

5. 证明方法。

根据《刑事诉讼法》第 57 条规定，检察院可以提请法院通知有关侦查人员或者其他人员出庭说明情况；法院可以通知有关侦查人员或者其他人员出庭说明情况。有关侦查人员或者其他人员也可以要求出庭说明情况。经人民法院通知，有关人员应当出庭。

6. 法庭的处理。

根据《刑事诉讼法》第 58 条规定，对于经过法庭审理，确认或者不能排除存在本法第 54 条规定的以非法方法收集证据情形的，对有关证据应当予以排除。

【高能提醒】

《关于办理刑事案件严格排除非法证据若干问题的规定》明确了排除非法证据后案件的实体处理。

排除非法证据并不意味着案件一定要宣告无罪，案件最终如何处理还要取决于其他证据是否确实、充分。因此，排除非法证据后，案件的处理分为三种情形：一是排除非法证据后，案件事实清楚，证据确实、充分，依据法律认定被告人有罪的，应当作出有罪判决；二是排除非法证据后，证据不足，不能认定被告人有罪的，应当作出证据不足，指控的犯罪不能成立的无罪判决；三是排除非法证据后，案件部分事实清楚，证据确实、充分的，依法认定该部分事实。

7. 二审中的非法证据排除。

《刑事诉讼法解释》第103条规定：具有下列情形之一的，第二审人民法院应当对证据收集的合法性进行审查，并根据刑事诉讼法和本解释的有关规定作出处理：

（1）第一审人民法院对当事人及其辩护人、诉讼代理人排除非法证据的申请没有审查，且以该证据作为定案根据的；

（2）人民检察院或者被告人、自诉人及其法定代理人不服第一审人民法院作出的有关证据收集合法性的调查结论，提出抗诉、上诉的；

（3）当事人及其辩护人、诉讼代理人在第一审结束后才发现相关线索或者材料，申请人民法院排除非法证据的。

8. 侦查监督。

根据《高检规则》第379条规定，检察院公诉部门在审查中发现侦查人员以非法方法收集嫌疑人供述、被害人陈述、证人证言等证据材料的，应当依法排除非法证据并提出纠正意见，同时可以要求侦查机关另行指派侦查人员重新调查取证，必要时也可以自行调查取证。

关于非法证据的排除，下列哪些说法是正确的？（2012-2-67，多）①

A. 非法证据排除的程序，可以根据当事人等申请而启动，也可以由法庭依职权启动

B. 申请排除以非法方法收集的证据的，应当提供相关线索或者材料

C. 检察院应当对证据收集的合法性加以证明

D. 只有确认存在《刑事诉讼法》第54条规定的以非法方法收集证据情形时，才可以对有关证据予以排除

【新法速递】

除上述非法证据排除范围的扩大、重复性供述排除规则的确立以及侦查阶段非法证据排除程序的增加等，《关于办理刑事案件严格排除非法证据若干问题的规定》（以下简称为《规定》），还带来了以下新变化：

1. 明确了讯问地点不符合法律要求的处理。犯罪嫌疑人被送交看守所羁押后，讯

① 答案：A、B、C。

问应当在看守所讯问室进行。因客观原因侦查机关在看守所讯问室以外的场所进行讯问的，应当给出合理解释。

2. 将讯问“录音或者录像”改为“录音录像”，逐步实行对所有案件的讯问过程全程同步录音录像。考虑到将讯问录音录像逐步推广适用于全部刑事案件需要一定的时间过渡，《规定》按照现行刑事诉讼法的规定进行了重申。违反录音录像要求的，是否排除取决于检察院能否证明非法行为的不存在。

3. 增加了法律援助值班律师的规定。法律援助值班律师可以为犯罪嫌疑人、被告人提供法律帮助，并赋予其对刑讯逼供、非法取证情形代理申诉、控告的权利。辩方有权申请调取公安机关、国家安全机关、人民检察院收集但未提交的讯问录音录像、体检记录等证据材料，人民法院、人民检察院经审查认为犯罪嫌疑人、被告人及其辩护人申请调取的证据材料与证明证据收集的合法性有联系的，应当予以调取。

1. 排除的范围。

排除的范围

<table>
<tr><td>言词证据</td><td>采用刑讯逼供等非法方法收集的犯罪嫌疑人、被告人供述和采用暴力、威胁等非法方法收集的证人证言、被害人陈述，应当予以排除。(《刑事诉讼法》第54条第1款)
使用肉刑或者变相肉刑，或采用其他使被告人肉体或精神上遭受剧烈疼痛或者痛苦的方法，迫使被告人违背意愿供述的，应当认定为刑事诉讼法第54条规定的“刑讯逼供等非法方法”。其他非法方法是指违法程度和对犯罪嫌疑人的强迫程度与刑讯逼供或者暴力、威胁相当而迫使其违背意愿供述的方法。(《刑事诉讼法解释》第95条、《高检规则》第65条)
采用刑讯逼供或者冻、饿、晒、烤、疲劳审讯等非法方法收集的被告人供述，应当排除。除情况紧急必须现场讯问以外，在规定的办案场所外讯问取得的供述，未依法对讯问进行全程录音录像取得的供述，以及不能排除以非法方法取得的供述，应当排除。(《关于建立健全防范刑事冤假错案工作机制的意见》第8条)
【新法速递】最高人民法院、最高人民检察院、公安部、国家安全部、司法部2017年6月27日发布《关于办理刑事案件严格排除非法证据若干问题的规定》：
1. 采取殴打、违法使用戒具等暴力方法或者变相肉刑的恶劣手段，使犯罪嫌疑人、被告人遭受难以忍受的痛苦而违背意愿作出的供述，应当予以排除（第2条）
2. 采用以暴力或者严重损害本人及其近亲属合法权益等进行威胁的方法，使犯罪嫌疑人、被告人遭受难以忍受的痛苦而违背意愿作出的供述，应当予以排除。(第3条)
3. 采用非法拘禁等非法限制人身自由的方法收集的犯罪嫌疑人、被告人供述，应当予以排除。
4. 采用刑讯逼供方法使犯罪嫌疑人、被告人作出供述，之后犯罪嫌疑人、被告人受该刑讯逼供行为影响而作出的与该供述相同的重复性供述，应当一并排除，但下列情形除外：①侦查期间，根据控告、举报或者自己发现等，侦查机关确认或者不能排除以非法方法收集证据而更换侦查人员，其他侦查人员再次讯问时告知诉讼权利和认罪的法律后果，犯罪嫌疑人自愿供述的；②审查逮捕、审查起诉和审判期间，检察人员、审判人员讯问时告知诉讼权利和认罪的法律后果，犯罪嫌疑人、被告人自愿供述的。
5. 采用暴力、威胁以及非法限制人身自由等非法方法收集的证人证言、被害人陈述，应当予以排除。</td></tr>
<tr><td>实物证据</td><td>收集物证、书证。1. 不符合法定程序；2. 可能严重影响司法公正的，应当予以补正或者作出合理解释；3. 不能补正或者作出合理解释的，对该证据应当予以排除。</td></tr>
</table>

2. 不同阶段的排除程序。

在侦查、审查起诉、审判时发现有应当排除的证据的，应当依法予以排除，不得作为起诉意见、起诉决定和判决的依据。

（1）侦查阶段的排除程序。

【新法速递】

最高人民法院、最高人民检察院、公安部、国家安全部、司法部2017年6月27日发布《关于办理刑事案件严格排除非法证据若干问题的规定》中，还增加了侦查阶段的非法证据排除程序。

1. 犯罪嫌疑人及其辩护人在侦查期间可以向人民检察院申请排除非法证据。对犯罪嫌疑人及其辩护人提供相关线索或者材料的，人民检察院应当调查核实。调查结论应当书面告知犯罪嫌疑人及其辩护人。对确有以非法方法收集证据情形的，人民检察院应当向侦查机关提出纠正意见。（第14条）

侦查机关对审查认定的非法证据，应当予以排除，不得作为提请批准逮捕、移送审查起诉的根据。

对重大案件，人民检察院驻看守所检察人员应当在侦查终结前询问犯罪嫌疑人，核查是否存在刑讯逼供、非法取证情形，并同步录音录像。经核查，确有刑讯逼供、非法取证情形的，侦查机关应当及时排除非法证据，不得作为提请批准逮捕、移送审查起诉的根据。

2. 对侦查终结的案件，侦查机关应当全面审查证明证据收集合法性的证据材料，依法排除非法证据。排除非法证据后，证据不足的，不得移送审查起诉。

侦查机关发现办案人员非法取证的，应当依法作出处理，并可另行指派侦查人员重新调查取证。（第15条）

（2）检察院阶段的排除程序。

启动	依申请	当事人及其辩护人、诉讼代理人报案、控告、举报侦查人员采用刑讯逼供等非法方法收集证据并提供涉嫌非法取证的人员、时间、地点、方式和内容等材料或者线索的，人民检察院应当受理并进行审查，对于根据现有材料无法证明证据收集合法性的，应当报经检察长批准，及时进行调查核实。
	依职权	在侦查、审查起诉和审判阶段，人民检察院发现侦查人员以非法方法收集证据的，应当报经检察长批准，及时进行调查核实。 上一级检察院接到对侦查人员采用刑讯逼供等非法方法收集证据的报案、控告、举报的，可以直接进行调查核实，也可以交由下级检察院调查核实。交由下级检察院调查核实的，下级检察院应当及时将调查结果报告上一级检察院。
调查核实	调查核实主体	侦查阶段由侦查监督部门负责；在审查起诉、审判阶段由公诉部门负责。必要时，渎职侵权检察部门可以派员参加。
	调查核实的方式	讯问犯罪嫌疑人；询问办案人员；询问在场人员及证人；听取辩护律师意见；调取讯问笔录、讯问录音、录像；调取、查询犯罪嫌疑人出入看守所的身体检查记录及相关材料；进行伤情、病情检查或者鉴定；其他调查核实方式。
最后处理	1. 存在非法取证情形的，不得作为报请逮捕、批准或者决定逮捕、移送审查起诉以及提起公诉的依据。 2. 对于确有以非法方法收集证据情形，尚未构成犯罪的，应当依法向被调查人所在机关提出纠正意见。对于需要补正或者作出合理解释的，应当提出明确要求。经审查，认为非法取证行为构成犯罪需要追究刑事责任的，应当依法移送立案侦查。	

（3）法院阶段的排除程序。

<table>
<tr><td rowspan="6">启动</td><td rowspan="6">依申请</td><td>有权申请的主体</td><td colspan="2">当事人及其辩护人、诉讼代理人有权申请人民法院对以非法方法收集的证据依法予以排除。</td></tr>
<tr><td>申请的初步责任</td><td colspan="2">申请排除以非法方法收集的证据的，应当提供相关线索或者材料（指涉嫌非法取证的人员、时间、地点、方式、内容等）。</td></tr>
<tr><td>申请时间</td><td colspan="2">应当在开庭审理前提出，但在庭审期间才发现相关线索或者材料的除外。（《刑事诉讼法解释》第97条）</td></tr>
<tr><td rowspan="2">申请的审查</td><td>开庭审理前提出申请</td><td>法院经审查，对证据收集的合法性有疑问的，应当召开庭前会议，就非法证据排除等问题了解情况，听取意见。检察院可以通过出示有关证据材料等方式，对证据收集的合法性加以说明。</td></tr>
<tr><td>法庭审理过程中提出申请</td><td>法庭应当进行审查。经审查，对证据收集的合法性有疑问的，应当进行调查；没有疑问的，应当当庭说明情况和理由，继续法庭审理。当事人及其辩护人、诉讼代理人以相同理由再次申请排除非法证据的，法庭不再进行审查。</td></tr>
<tr><td colspan="3">法庭审理过程中，审判人员认为可能存在本法第54条规定的以非法方法收集证据情形的，应当对证据收集的合法性进行法庭调查。</td></tr>
<tr><td rowspan="3">对证据合法性的调查</td><td>调查时间</td><td colspan="3">对证据收集合法性的调查，根据具体情况，可以在提出申请后进行，也可以在法庭调查结束前一并进行。
法庭审理过程中，当事人及其辩护人、诉讼代理人申请排除非法证据，法院经审查，不符合《刑事诉讼法解释》第97条规定的，应当在法庭调查结束前一并进行审查，并决定是否进行证据收集合法性的调查。</td></tr>
<tr><td rowspan="2">调查的证明</td><td>举证责任</td><td colspan="2">检察院应当对证据收集的合法性加以证明。
【注意】辩方不承担举证责任。</td></tr>
<tr><td>证明方法</td><td colspan="2">法庭决定对证据收集的合法性进行调查的，可以由公诉人通过出示、宣读讯问笔录或者其他证据，有针对性地播放讯问过程的录音录像，提请法庭通知有关侦查人员或者其他人员出庭说明情况等方式，证明证据收集的合法性。</td></tr>
<tr><td>最后处理</td><td colspan="4">经审理，确认或者不能排除存在《刑事诉讼法》第54条规定的以非法方法收集证据情形的，对有关证据应当予以排除。（证明标准）
法院对证据收集的合法性进行调查后，应当将调查结论告知公诉人、当事人和辩护人、诉讼代理人。</td></tr>
<tr><td colspan="5">二审程序的非法证据排除</td></tr>
<tr><td colspan="5">具有下列情形之一的，第二审人民法院应当对证据收集的合法性进行审查，并根据刑事诉讼法和本解释的有关规定作出处理（《刑事诉讼法解释》第103条）：
1. 一审人民法院对当事人及其辩护人、诉讼代理人排除非法证据的申请没有审查，且以该证据作为定案根据的。
2. 检察院或者被告人、自诉人及其法定代理人不服一审法院作出的有关证据收集合法性的调查结论，提出抗诉、上诉的。
3. 当事人及其辩护人、诉讼代理人在一审结束后才发现相关线索或者材料，申请法院排除非法证据的。</td></tr>
</table>

二、自白任意规则

自白任意规则，又称非任意自白排除规则，是指在刑事诉讼中，只有基于被追诉人自由意志而作出的自白（即承认有罪的供述），才具有可采性；违背当事人意愿或违反法定程序而强制作出的供述不是自白，而是逼供，不具有可采性，必须予以排除。

《刑事诉讼法》第50条规定，严禁刑讯逼供和以威胁、引诱、欺骗以及其他非法方法收集证据，不得强迫任何人证实自己有罪。《刑事诉讼法解释》第95~103条、《高检规则》第65~75条和《公安部规定》第67~68条都分别规定了非法言词证据的排除规则。《排除非法证据规定》也明确规定了排除非法取得的审判前供述及其具体程序。从法律规定来看，我国已基本确立了自白任意规则。

三、传闻证据规则

1. 概念和形式。

（1）概念。传闻证据规则，也称传闻证据排除规则，即法律排除传闻证据作为认定犯罪事实的根据的规则。根据这一规则，如无法定理由，任何人在庭审期间以外的陈述，不得作为认定被告人有罪的证据。

（2）形式。传闻证据主要包括两种形式：一是书面传闻证据，即亲身感受了案件事实的证人在庭审期日之外所作的书面证人证言，及警察、检察人员所作的（证人）询问笔录；二是言词传闻证据，即证人并非就自己亲身感知的事实作证，而是向法庭转述他从别人那里听到的情况。

2. 排除之理由。

首先，传闻证据很有可能失真；其次，传闻证据无法当庭进行对质询问，真实性难以得到证实，将妨碍当事人权利的行使；最后，传闻证据并非是在法官面前作出的陈述，有违直接言词原则。

下列哪一选项属于传闻证据？（2015-2-26，单）①

A. 甲作为专家辅助人在法庭上就一起伤害案的鉴定意见提出的意见

B. 乙了解案件情况但因重病无法出庭，法官自行前往调查核实的证人证言

C. 丙作为技术人员“就证明讯问过程合法性的同步录音录像是否经过剪辑”在法庭上所作的说明

D. 丁曾路过发生杀人案的院子，其开庭审理时所作的“当时看到一个人从那里走出来，好像喝了许多酒”的证言

四、意见证据规则

1. 概念。

意见证据规则，是指证人只能陈述自己亲身感受和经历的事实，不得陈述对该事实的意见或者结论。《刑事诉讼法解释》第75条第2款作了相关规定，即证人的猜测性、评论性、推断性的证言，不得作为证据使用，但根据一般生活经验判断符合事实的除外。

2. 理论根据。

首先，普通证人欠缺发表意见所具备的专门性知识或基本技能与经验；其次，普通证人的意见证据对案件事实的认定并没有价值；再次，证人发表意见实质上侵犯了

① 答案：B。

事实审理者的职权；最后，证人发表意见有可能对案件事实的认定产生误导。

五、补强证据规则

补强证据规则	1. 含义：指为了防止误认事实或者发生其他危险性，而在运用某些证明力显然薄弱的证据（主证据）认定案情时，必须有其他证据（补强证据）补强其证明力，才能被法庭采信为定案依据。 2. 口供补强规则：只有被告人供述，没有其他证据的，不能认定被告人有罪和处以刑罚。没有被告人供述，证据确实充分的，可以认定犯罪嫌疑人、被告人有罪和处以刑罚。 3. 一般证据的补强规则：下列证据应当慎重使用，有其他证据印证的，可以采信：（1）生理上、精神上有缺陷，对案件事实的认知和表达存在一定困难，但尚未丧失正确认知、表达能力的被害人、证人和被告人所作的陈述、证言和供述；（2）与被告人有亲属关系或者其他密切关系的证人所作的有利被告人的证言，或者与被告人有利害冲突的证人所作的不利被告人的证言。（《刑事诉讼法解释》第109条）

1. 概念。

补强证据规则是指为了防止误认事实或者发生其他危险性，而在运用某些证明力显然薄弱的证据（主证据）认定案情时，必须有其他证据（补强证据）补强其证明力，才能被法庭采信为定案依据。

所谓"补强证据"，是指用以增强另一证据证明力的证据。一开始收集到的对证实案情有重要意义的证据，称为主证据，而用以印证该证据真实性的其他证据，就称之为补强证据。补强证据必须满足以下条件：

（1）补强证据必须具有证据能力。

（2）补强证据本身必须具有担保补强对象真实的能力。设立补强证据的重要目的就在于确保特定证据的真实性，从而降低误认风险，如果补强证据没有证明价值，就不可能支持特定证据的证明力。当然，补强证据的作用仅仅在于担保特定补强对象的真实性，而非对整个待证事实或案件事实具有补强作用。

（3）补强证据必须具有独立的来源。补强证据与补强对象之间不能重叠，而必须独立于补强对象，具有独立的来源，否则就无法担保补强对象的真实性。例如，被告人在审前程序中所作的供述就不能作为其当庭供述的补强证据。

2. 口供补强规则。

只有被告人供述，没有其他证据的，不能认定被告人有罪和处以刑罚。没有被告人供述，证据确实充分的，可以认定犯罪嫌疑人、被告人有罪和处以刑罚。

3. 一般证据的补强规则。

根据《刑事诉讼法解释》第109条，下列证据应当慎重使用，有其他证据印证的，可以采信：

（1）生理上、精神上有缺陷，对案件事实的认知和表达存在一定困难，但尚未丧失正确认知、表达能力的被害人、证人和被告人所作的陈述、证言和供述；

（2）与被告人有亲属关系或者其他密切关系的证人所作的有利被告人的证言，或者与被告人有利害冲突的证人所作的不利被告人的证言。

下列哪一选项所列举的证据属于补强证据？（2014-2-28，单）①

① 答案：D。

A. 证明讯问过程合法的同步录像材料

B. 证明获取被告人口供过程合法，经侦查人员签名并加盖公章的书面说明材料

C. 根据被告人供述提取到的隐蔽性极强、并能与被告人供述和其他证据相印证的物证

D. 对与被告人有利害冲突的证人所作的不利被告人的证言的真实性进行佐证的书证

六、最佳证据规则

1. 最佳证据规则，又称原始证据规则，是指以文字、符号、图形等方式记载的内容来证明案情时，其原件才是最佳证据。该规则要求书证的提供者应尽量提供原件，如果提供副本、抄本、影印本等非原始材料，则必须提供充足理由加以说明，否则，该书证不具有可采性。

2. 最佳证据规则的着眼点是书证的真实性、可靠性。书证的原件，真实、可靠程度显然要高于抄件和复制件。由于在抄写或复制的过程中很可能遗漏了重要内容或是故意弄虚作假，因而抄件或复制件存在虚假的可能性。

【高能提醒】

《最高人民法院关于执行〈中华人民共和国刑事诉讼法〉若干问题的解释》第53条第1、2款规定：收集、调取的书证应当是原件。只有在取得原件确有困难时，才可以是副本或者复制件。收集、调取的物证应当是原物。只有在原物不便搬运、不易保存或者依法应当返还被害人时，才可以拍摄足以反映原物外形或者内容的照片、录像。《办理死刑案件证据规定》第8条对此也作了类似规定。这些规定都体现了最佳证据规则的精神。

七、关联性规则

关联性规则，是指只有与案件事实有关的材料，才能作为证据使用。关联性是证据被采纳的首要条件。没有关联性的证据不具有可采性，但具有关联性的证据未必都具有可采性，仍有可能出于利益考虑，或者由于某种特殊规则，而不具有可采性。

按照关联性规则，侦控、审判人员在调查收集证据时，应当限于与本案有关的证据材料，在审查判断证据时，应当注意排除与本案无关的证据材料。一般而言，下列几种证据不具关联性，不得作为认定案件事实的依据：

1. 品格证据。一个人的品格或者品格特征的证据，在证明这个人于特定环境下实施了与此品格相一致的行为问题上不具有关联性。

2. 类似行为。被告人在其他场合的某一行为与他在当前场合的类似行为通常没有关联性。

3. 特定的诉讼行为。如曾作有罪答辩，后来又撤回等，不得作为不利于被告人的证据采纳。

4. 特定的事实行为。如关于事件发生后某人实施补救措施的事实等，一般情况下不得作为行为人对该事实负有责任的证据加以采用。

5. 被害人过去的行为。如在性犯罪案件中，有关受害人过去性行为方面的名声或评价的证据，一律不予采纳。

第五节　刑事诉讼证明

一、刑事诉讼证明的概念和特征

1. 概念。

刑事诉讼证明是指国家公诉机关和诉讼当事人在法庭审理中依照法律规定的程序和要求向审判机关提出证据，运用证据阐明系争事实，并论证诉讼主张成立的活动。

2. 特征。

（1）刑事证明的主体：国家公诉机关和诉讼当事人。

注意：

公安机关和人民法院不是证明主体。

（2）刑事证明的客体：诉讼中需要运用证据加以证明的事项。

（3）存在阶段：严格意义上的刑事证明只存在于审判阶段。

注意：

侦查人员、检察人员在审前阶段对证据的收集审查活动属于“查明”而非“证明”。

（4）刑事证明受证明责任的影响或支配。

（5）刑事证明作为一种具体的诉讼行为，直接受各类诉讼法律的规范和调整。

二、刑事诉讼证明对象

证明对象是指证明主体运用一定的证明方法所要证明的一切法律要件事实。

（一）需要运用证据证明的案件事实

根据《刑事诉讼法解释》第64条第1款，应当运用证据证明的案件事实包括：

（一）被告人、被害人的身份；

（二）被指控的犯罪是否存在；

（三）被指控的犯罪是否为被告人所实施；

（四）被告人有无刑事责任能力，有无罪过，实施犯罪的动机、目的；

（五）实施犯罪的时间、地点、手段、后果以及案件起因等；

（六）被告人在共同犯罪中的地位、作用；

（七）被告人有无从重、从轻、减轻、免除处罚情节；

（八）有关附带民事诉讼、涉案财物处理的事实；

（九）有关管辖、回避、延期审理等的程序事实；

（十）与定罪量刑有关的其他事实。

概括起来，刑事诉讼证明对象包括实体法方面的事实和程序法方面的事实两大类：

1. 实体法方面的事实。

（1）有关犯罪构成要件方面的事实；

（2）作为从重、从轻、减轻、免除刑事处罚理由的事实；

（3）犯罪嫌疑人、被告人的个人情况和犯罪后的表现等事实。

2. 程序法方面的事实。

（1）关于回避的事实；

（2）影响采取某种强制措施的事实；

（3）关于耽误期限是否有不能抗拒的原因等事实；

（4）违反法定程序的事实等等。

（二）免证事实

根据《高检规则》第437条的规定，在法庭审理中，下列事实不必提出证据进行证明：

（一）为一般人共同知晓的常识性事实。

（二）人民法院生效裁判所确认的并且未依审判监督程序重新审理的事实。

（三）法律、法规的内容以及适用等属于审判人员履行职务所应当知晓的事实。

（四）在法庭审理中不存在异议的程序事实。

（五）法律规定的推定事实。

（六）自然规律或者定律。

【高能提醒】

参考国外对于免证事实的研究，免证事实通常包括司法认知、推定和自认这三种。其中，司法认知是指法官在审理案件的过程中，对于应当适用的法律或某种待认定的事实存在与否或其真实性，无须凭借任何证据，不待当事人举证即可予以认知，作为判决的依据。推定则是指依据某一事实的存在而作出的与之相关的另一事实存在或不存在的假定。自认是指当事人一方承认对方当事人所主张的不利于自己的事实为真实明确表明其真实性的陈述。

归纳总结

证明对象	表　现
需要证明的事项	1. 实体法事实：犯罪构成事实；量刑事实（法定与酌定量刑情节）。
	2. 程序法事实：管辖、回避、采取强制措施、期间的耽误、延期审理、违反法定程序的事实、收集证据程序的合法性等；有争议的程序事实。
免证事项	1. 为一般人共同知晓的常识性事实。 2. 人民法院生效裁判所确认的并且未依审判监督程序重新审理的事实。 3. 法律、法规的内容以及适用等属于审判人员履行职务所应当知晓的事实。 4. 在法庭审理中不存在异议的程序事实。 5. 法律规定的推定事实。 6. 自然规律或者定律。

下列哪些选项属于刑事诉讼中的证明对象？（2016-2-69，多）①

A. 行贿案中，被告人知晓其谋取的系不正当利益的事实

B. 盗窃案中，被告人的亲友代为退赃的事实

C. 强奸案中，用于鉴定的体液检材是否被污染的事实

D. 侵占案中，自诉人申请期间恢复而提出的其突遭车祸的事实，且被告人和法官均无异议

① 答案：A、B。

三、刑事诉讼证明责任

（一）概念

证明责任是诉讼法和证据法中的一项基本制度，是指人民检察院或某些当事人应当承担的收集或提供证据证明应予认定的案件事实或有利于自己的主张的责任，否则，将承担其主张不能成立的后果。证明责任所要解决的问题是：其一，应当由谁提供证据加以证明；其二，如果案件事实真伪不明，应当由谁来承担败诉或不利的诉讼后果。

（二）证明责任的特点

1. 证明责任总是与一定的诉讼主张相联系。

在刑事诉讼中，检察机关向法院提出的诉讼主张，该起诉主张具有拘束法院审判的法律效力。

2. 证明责任是提供证据责任和说服责任的统一。

提供证据责任，就是指当事人就其主张的事实或反驳的事实提供证据加以证明；说服责任，即负有证明责任的当事人应当承担运用证据对案件事实进行说明、论证，使法官形成对案件事实确信的责任。证明责任由行为责任和结果责任组合而成，仅仅提出证据并不等于履行了证明责任，还必须尽力去说服裁判者相信所主张的事实存在或不存在。

3. 证明责任总是和一定的不利的诉讼后果相联系的。

如果承担证明责任一方不能提出足够说服法官确认自己主张的证据，则需要承担败诉或者其他不利的后果。在刑事诉讼中，如果控诉方不能提供确实充分的证据或诉讼结束时案件仍处于事实真伪不明的状态，指控的罪名便不能成立，被告人将被宣告无罪，这实质上是指控的失败，从诉讼意义上讲，这一结果就是刑事控告方的“不利后果”。

（三）证明责任的分配

根据《刑事诉讼法》第49条，公诉案件中被告人有罪的举证责任由人民检察院承担，自诉案件中被告人有罪的举证责任由自诉人承担。

1. 人民检察院负有证明公诉案件犯罪嫌疑人、被告人有罪的责任。

检察机关决定提起公诉的案件，必须达到犯罪嫌疑人的犯罪事实已经查清，证据确实、充分，依法应当追究刑事责任的标准。

2. 自诉案件的自诉人应当对其控诉承担证明责任。

在自诉案件中，自诉人处于原告的地位，独立地承担控诉职能，对自己提出的控诉主张依法应当承担证明责任。

3. 在例外情况下，犯罪嫌疑人、被告人应当承担提出证据的责任。

在少数持有型的特定案件中，被告人也负有提出证据的责任。如巨额财产来源不明罪；非法持有枪支、弹药罪；非法携带枪支、弹药、管制刀具、危险物品危及公共安全罪；持有假币罪；非法待有国家绝密、机密文件、资料、物品罪；非法携带武器、管制刀具、爆炸物参加集会、游行、示威罪、非法持有毒品罪；非法持有毒品原植物种子、幼苗罪。

【高能提醒】

巨额财产来源不明罪中，证明国家工作人员的财产或者支出明显超过合法收入并差额巨大这一事实存在的责任，仍然由公诉机关承担。

4. 人民法院并不承担证明责任。

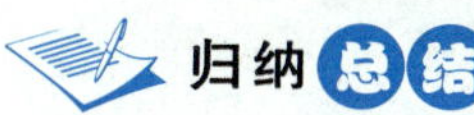

证明责任包括行为意义上的证明责任+结果意义上的证明责任。		
控方承担证明责任	公诉案件	证明犯罪嫌疑人、被告人有罪的责任由检察院承担。
	自诉案件	自诉人应对其控诉承担证明责任。
辩方一般不承担，但有例外情形	被告人一般不承担证明责任，既不证明自己有罪，也不证明自己无罪。 【例外情形】巨额财产来源不明案件；非法持有国家绝密、机密文件、资料、物品罪。	
【注意】 法院不承担证明责任，但可以调查核实证据（《刑事诉讼法》第191条）。		

1. 关于《刑事诉讼法》规定的证明责任分担，下列哪一选项是正确的？(2016-2-30，单)①

A. 公诉案件中检察院负有证明被告人有罪的责任，证明被告人无罪的责任由被告方承担

B. 自诉案件的证明责任分配依据“谁主张，谁举证”的法则确定

C. 巨额财产来源不明案中，被告人承担说服责任

D. 非法持有枪支案中，被告人负有提出证据的责任

2. 关于我国刑事诉讼的证明主体，下列哪些选项是正确的？(2017-2-70，多)②

A. 故意毁坏财物案中的附带民事诉讼原告人是证明主体

B. 侵占案中提起反诉的被告人是证明主体

C. 妨害公务案中就执行职务时目击的犯罪情况出庭作证的警察是证明主体

D. 证明主体都是刑事诉讼主体

四、刑事诉讼证明标准

刑事诉讼中的证明标准，是指法律规定的检察机关和当事人运用证据证明案件事实要求达到的程度。我国刑事诉讼证明标准是：证据确实、充分。

（一）定罪的证明标准

《刑事诉讼法》第53条规定，对一切案件的判处都要重证据，重调查研究，不轻信口供。只有被告人供述，没有其他证据的，不能认定被告人有罪和处以刑罚；没有被告人供述，证据确实、充分的，可以认定被告人有罪和处以刑罚。

证据确实、充分，应当符合以下条件：

1. 定罪量刑的事实都有证据证明；
2. 据以定案的证据均经法定程序查证属实；
3. 综合全案证据，对所认定事实已排除合理怀疑。

《刑事诉讼法解释》第64条第2款规定，认定被告人有罪和对被告人从重处罚，应当适用证据确实、充分的证明标准。

① 答案：D。

② 答案：A、B、D。

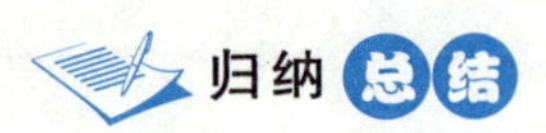

我国刑事诉讼中各阶段的证明标准

诉讼阶段	证明标准
立案	有犯罪事实发生需要追究刑事责任。(《刑事诉讼法》第110条)
逮捕	有证据证明有犯罪事实。(《刑事诉讼法》第79条)
侦查终结 审查起诉	犯罪事实清楚，证据确实充分。(《刑事诉讼法》第160条、第172条、第195条第1项)
定罪	犯罪事实清楚，证据确实、充分。其中，证据确实、充分，应当符合以下条件：①定罪量刑的事实都有证据证明；②据以定案的证据均经法定程序查证属实；③综合全案证据，对所认定事实已排除合理怀疑。(《刑事诉讼法》第53条)

(二) 疑罪从无案件的处理

所谓疑罪，是指虽有相当的证据说明犯罪嫌疑人、被告人有犯罪嫌疑，但全案证据又未达到确实、充分的要求，不能确定无疑地作出犯罪嫌疑人、被告人犯罪的结论。《刑事诉讼法》第12条确立了未经人民法院依法判决，对任何人都不得确定有罪的原则。这是无罪推定原则精神的体现。具体体现在以下方面：

1. 人民检察院在审查起诉阶段，经过两次补充侦查，仍然认为证据不足，不符合起诉条件的，应当作出不起诉决定；

2. 人民法院在一审阶段，合议庭对证据不足，不能认定被告有罪的，应当作出证据不足，指控的犯罪不能成立的无罪判决。

【高能提醒】

根据最高人民法院《关于建立健全防范刑事冤假错案工作机制的意见》第6条规定：

1. 定罪证据不足，应当坚持疑罪从无原则，依法宣告被告人无罪，不得降格作出“留有余地”的判决。

2. 定罪证据确实、充分，但影响量刑的证据存疑的，应当在量刑时作出有利于被告人的处理。

3. 死刑案件，认定对被告人适用死刑的事实证据不足的，不得判处死刑。

体现	审查起诉	证据不足不起诉。
	一审	证据不足的无罪判决。

【注意】1. 在二审程序中，如果发现原判决事实不清楚或者证据不足的，可以查清事实后改判；也可以裁定撤销原判，发回原审法院重新审判。
2. 死缓复核程序中，如果认为原判事实不清、证据不足的，处理方式与二审程序一样。
3. 死刑复核程序中，如果认为原判事实不清、证据不足的，应当裁定不予核准，并撤销原判，发回重新审判。

(三) 死刑案件的特殊证明标准

《刑事诉讼法》第195条规定，对被告人作出有罪判决，必须做到“案件事实清楚，证据确实、充分”。但是，对什么是“证据确实、充分”，在实践中很难把握。为此，《办理死刑案件证据规定》第 5 条对“证据确实、充分”予以细化：

1. 定罪量刑的事实都有证据证明；

2. 每一个定案的证据均已经过法定程序查证属实；

3. 证据与证据之间、证据与案件事实之间不存在矛盾或者矛盾得以合理排除，强调必须排除其他可能性；

4. 共同犯罪案件中被告人的地位、作用均已查清；

5. 根据证据推断案件事实的过程符合逻辑和经验规则，由证据得出的结论唯一。

专题八 强制措施

核心重点

刑事强制措施的特征；取保候审、监视居住、逮捕的适用条件；对几种特殊犯罪嫌疑人逮捕的审批程序；逮捕的批准和决定程序；羁押的必要性审查。

考点精要

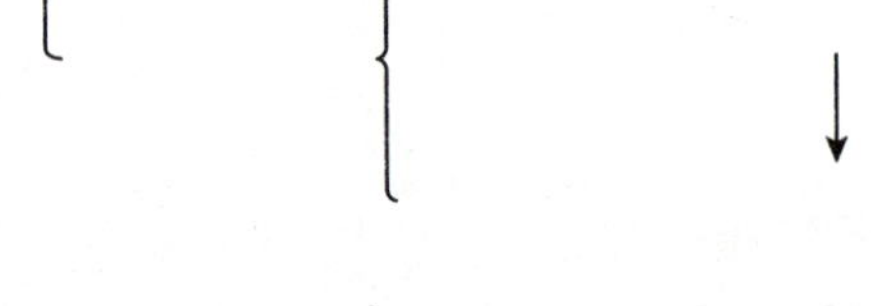

第一节 强制措施的概述

刑事强制措施是指公、检、法为了保证刑事诉讼的顺利进行，依法对犯罪嫌疑人、被告人的人身自由进行限制或者剥夺的各种强制性方法。

第二节 强制措施的种类

主体的特定性	拘传、取保候审、监视居住	公安机关、人民检察院、人民法院皆可采用。
	拘留	公安机关和人民检察院可采用，公安机关执行。
	逮捕	人民检察院和人民法院有权批准或决定适用，公安机关只有提请逮捕批准权和执行权。
适用对象的唯一性	犯罪嫌疑人、被告人。	
目的具有预防性	无惩罚性，是预防性措施，为保障诉讼的顺利进行。	
适用上具有法定性	必须依照刑事诉讼法规定的程序进行。	
时间上具有临时性	是一种临时性措施，时间短；根据案件的进展情况可变更或者解除。	
剥夺的权利具有人身性	剥夺犯罪嫌疑人、被告人的人身权利，不包括对物的处分。	

一、拘传

1. 拘传的概念。

拘传是指公、检、法对未羁押的犯罪嫌疑人、被告人，依法强制其到案接受讯问的一种强制措施。

2. 拘传的适用主体。

有权决定拘传的机关为公安机关、检察机关和人民法院。其他行使侦查权的机关也可行使，如国家安全机关、军队保卫部门

3. 拘传的适用对象。

拘传的对象是未被羁押的犯罪嫌疑人、被告人，对于已经被拘留、逮捕的犯罪嫌疑人，可以直接进行讯问，不需要经过拘传程序。

4. 拘传的程序。

（1）批准程序公安机关和检察机关拘传犯罪嫌疑人，由县级以上公安机关负责人或检察长批准。

【高能提醒】

派出所所长无权批准；法院拘传被告人，由人民法院院长批准。

（2）执行程序。

公安机关、检察机关拘传时，应当出示拘传证；法院拘传被告人时，应当出示拘传票。

①执行人员不得少于2人。对于抗拒拘传的，可以使用戒具，以强制到案。

②拘传应在被拘传人所在的市、县内进行。

（3）讯问。

①执行拘传后，应当立即进行讯问。

②一次拘传的时间不得超过12小时，案件特别重大、复杂需要采取拘留、逮捕措施的，拘传持续的时间不得超过24小时。不得以连续拘传的形式变相拘传犯罪嫌疑人、被告人。

③两次拘传间隔的时间一般不少于12小时。期间，应保持其饮食和必要休息时间。

5. 概念辨析。

拘传与传唤的区别

区别	拘传	传唤
对象	1. 仅适用于未被羁押的犯罪嫌疑人、被告人； 2. 必须出示《拘传证》或《拘传票》，只能以书面进行。	1. 传唤适用于所有当事人； 2. 多数情况下需要出示《传唤通知书》； 3. 在现场，经出示工作证件，可以口头传唤，但应当在讯问笔录中注明。
强制力	具有强制性，是强制措施，可以使用戒具。	不具有强制性，不是强制措施，需自动到案。

【高能提醒】

传唤不是拘传的必经程序，公、检、法根据案件的具体情况，可以不经传唤，直接拘传犯罪嫌疑人、被告人。

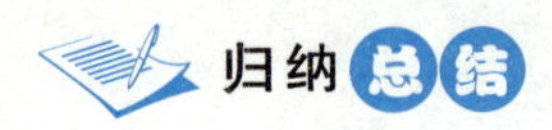

拘　传

主体	人民法院、人民检察院和公安机关都可以决定和执行。	
对象	未被羁押的犯罪嫌疑人、被告人。	
程序	批准	县级以上公安机关负责人、检察院检察长、法院院长批准，签发《拘传证》。
	执行	1. 必须履行相关手续：公、检出示拘传证，法出示拘传票。 2. 执行人员不少于2人；抗拒的可以使用戒具，强制到案。 3. 应在被拘传人所在的市、县内进行。
	讯问	1. 拘传后，立即讯问。 2. 一次拘传持续的时间不得超过12小时；案情特别重大、复杂需要拘留、逮捕的不得超过24小时。不得以连续传唤、拘传的形式变相拘禁犯罪嫌疑人。 3. 两次拘传间隔的时间一般不得少于12小时。拘传犯罪嫌疑人，应当保证犯罪嫌疑人的饮食和必要的休息时间。（《高检规则》80条）

二、取保候审

（一）取保候审的概念

取保候审是指在刑事诉讼过程中，公、检、法责令犯罪嫌疑人、被告人提出保证人或者交纳保证金，保证犯罪嫌疑人、被告人不逃避或妨碍侦查、起诉和审判，并随传随到的一种强制措施。

（二）取保候审的适用对象

根据《刑事诉讼法》第65条规定，人民法院、人民检察院和公安机关对有下列情形之一的犯罪嫌疑人、被告人，可以取保候审：

1. 可能判处管制、拘役或者独立适用附加刑的；
2. 可能判处有期徒刑以上刑罚，采取取保候审不致发生社会危险性的；
3. 患有严重疾病、生活不能自理，怀孕或者正在哺乳自己婴儿的妇女，采取取保候审不致发生社会危险性的；
4. 羁押期限届满，案件尚未办结，需要采取取保候审的。

【高能提醒】

《高检规则》第84条规定，人民检察院对于严重危害社会治安的犯罪嫌疑人，以及其他犯罪性质恶劣、情节严重的犯罪嫌疑人不得取保候审。《公安部规定》第78条规定，对累犯，犯罪集团的主犯，以自伤、自残办法逃避侦查的犯罪嫌疑人，严重暴力犯罪以及其他严重犯罪的犯罪嫌疑人不得取保候审，但犯罪嫌疑人具有本规定第七十七条第一款第三项、第四项规定情形的除外。

（三）取保候审的方式

取保候审的方式有两种：一为保证人保证；二为保证金保证。对于同一犯罪嫌疑人、被告人决定取保候审的，不能同时适用保证人保证和保证金保证。

1. 保证人保证。

（1）只能适用保证人保证的情形。

对下列被告人决定取保候审的，可以责令其提出1至2名保证人：

①无力交纳保证金的；

②未成年或者已满 75 周岁的；

③不宜收取保证金的其他被告人。

（2）保证人的条件。

①与本案无牵连；

②有能力履行保证义务；

③享有政治权利，人身自由没有被限制；

④有固定的住处和收入。

（3）保证人的义务。

①监督被保证人遵守《刑事诉讼法》第 69 条规定的义务；

②发现被保证人可能违反《刑事诉讼法》第 69 规定的，应当及时向执行机关报告。

（4）保证人的责任。

①行政责任：对保证人处 1000 元——2 万元的罚款；

②刑事责任：保证人协助被告人逃匿，或者保证人明知逃匿地点但拒绝向公安司法机关提供的，对保证人应当依法追究刑事责任。

【高能提醒】

《六机关规定》第 14 条规定，对取保候审保证人是否履行了保证义务，由公安机关认定，对保证人的罚款决定，也由公安机关作出。

《公安部规定》第 100 条规定，决定对保证人罚款的，应当报经县级以上公安机关负责人批准，制作对保证人罚款决定书，在三日以内向保证人宣布，告知其如果对罚款决定不服，可以在五日以内向作出决定的公安机关申请复议。公安机关应当在收到复议申请后七日以内作出决定。保证人对复议决定不服的，可以在收到复议决定书后五日以内向上一级公安机关申请复核一次。上一级公安机关应当在收到复核申请后七日以内作出决定。对上级公安机关撤销或者变更罚款决定的，下级公安机关应当执行。

2. 保证金保证。

（1）保证金的数额。

保证金的起点数额为人民币 1000 元；对于未成年犯罪嫌疑人可以责令交纳 500 元以上的保证金。

（2）保证金的确定因素。

取保候审的决定机关应当综合考虑保证诉讼活动正常进行的需要，被取保候审人的社会危险性，案件的性质、情节，可能判处刑罚的轻重，被取保候审人的经济状况等情况，确定保证金的数额。（《刑事诉讼法》第 70 条）

（3）保证金的收取、管理、退还。

保证金由县级以上执行机关统一收取和管理。提供保证金的人应当将保证金存入执行机关指定银行的专门账户。未违反规定的，在取保候审结束时，凭解除取保候审的通知或者有关法律文书到银行领取退还的保证金。

（4）保证金的没收。

取保候审期间涉嫌重新犯罪被公安司法机关立案侦查的，执行机关应当暂扣其保证金，待人民法院判决生效后，决定是否没收。对故意重新犯罪的，应当没收保证金；对过失重新犯罪或者不构成犯罪的，应当退还保证金。

没收保证金和对保证人罚款1000元以上2万元以下，属于刑事司法行为，不能提起行政诉讼，但可以向作出的公安机关申请复议，对于复议决定不服的，可以向上一级机关申请复核。

（四）取保候审的程序

1. 申请或决定。

（1）公、检、法机关根据案件的具体情况，可以直接主动地依职权决定取保候审；

（2）被羁押的犯罪嫌疑人、被告人及其法定代理人、近亲属、辩护人有权申请取保候审。

2. 执行机关。

取保候审由公安机关执行。

【高能提醒】

国家安全机关决定取保候审的，以及人民检察院、人民法院在办理国家安全机关移送的犯罪案件时决定取保候审的，由国家安全机关执行。

3. 适用期限。

最长不得超过12个月。

【高能提醒】

1. 被取保候审人违反《刑事诉讼法》第69条规定，被依法没收保证金后，人民检察院或者人民法院仍决定对其取保候审的，取保候审的期限应当连续计算。

2. 公安机关已经对犯罪嫌疑人采取取保候审的，案件移交到人民检察院后，以及人民检察院、公安机关已对犯罪嫌疑人取保候审，案件起诉到人民法院后，办案机关对于符合取保候审条件的，应当依法对被告人重新办理取保候审；取保候审的期限重新计算。

4. 被取保候审人的义务。

（1）法定义务。

《刑事诉讼法》第69条规定，被取保候审的犯罪嫌疑人、被告人应当遵守以下规定：

①未经执行机关批准不得离开所居住的市、县；

【高能提醒】

此处的执行机关是公安机关。根据《六机关规定》第13条的规定，被取保候审、监视居住的犯罪嫌疑人、被告人无正当理由不得离开所居住的市、县或者执行监视居住的处所，有正当理由需要离开所居住的市、县或者执行监视居住的处所，应当经执行机关批准。如果取保候审、监视居住是由人民检察院、人民法院决定的，执行机关在批准犯罪嫌疑人、被告人离开所居住的市、县或者执行监视居住的处所前，应当征得决定机关同意。

②住址、工作单位和联系方式发生变动的，在24小时以内向执行机关报告；

③在传讯的时候及时到案；

④不得以任何形式干扰证人作证；

⑤不得毁灭、伪造证据或者串供。

（2）酌定义务。

人民法院、人民检察院和公安机关根据案件和被取保候审人的具体情况，责令被取保候审的犯罪嫌疑人、被告人在取保候审期间所必须履行的义务。办案机关应当根据其涉嫌犯罪的性质，危害后果、社会影响，犯罪嫌疑人、被害人的具体情况等，有针对性地确定被取保候审人的一项或多项酌定义务。

①不得进入特定场所；

②不得与特定的人员会见或通信；

③不得从事特定的活动；

④将护照等出入境证件、驾驶证交执行机关保存。

5. 取保候审措施的解除。

犯罪嫌疑人、被告人，法定代理人、近亲属、辩护人认为取保候审超期，要求解除取保候审的，决定机关应当在 7 日内审查决定。

（五）违反取保候审义务的处理

1. 违规。

被取保候审的犯罪嫌疑人、被告人违反上述义务，已交纳保证金的，没收部分或者全部保证金，并且区别情形，责令犯罪嫌疑人、被告人具结悔过，重新交纳保证金、提出保证人，或者监视居住、予以逮捕。对违反取保候审规定，需要予以逮捕的，可以对犯罪嫌疑人、被告人先行拘留。

2. 涉及新罪。

执行机关应当暂扣其交纳的保证金，待人民法院判决生效后，决定是否没收保证金。对故意重新犯罪的，应当没收保证金；对过失重新犯罪或者不构成犯罪的，应当退还保证金。

归纳总结

<table>
<tr><td>主体</td><td colspan="3">公、检、法决定，由公安机关执行。</td></tr>
<tr><td>对象</td><td colspan="3">无需逮捕的犯罪嫌疑人、被告人。</td></tr>
<tr><td>适用情形</td><td colspan="3">1. 可能判处管制、拘役或者独立适用附加刑的；2. 可能判处有期徒刑以上刑罚，采取取保候审不致发生社会危险性；3. 严重疾病、生活不能自理，怀孕或者正在哺乳自己婴儿的，不致发生社会危险性的；4. 羁押期限届满，案件尚未办结，需要采取取保候审的。</td></tr>
<tr><td>取保方式</td><td colspan="2">保证人保证</td><td>保证金保证</td></tr>
<tr><td rowspan="4">取保程序</td><td>申请</td><td colspan="2">犯罪嫌疑人、被告人；法定代理人；近亲属；辩护人</td></tr>
<tr><td>期限</td><td colspan="2">12 个月（三个机关可以分别计算 12 个月）</td></tr>
<tr><td>被取保人的义务</td><td>法定义务（5 点）</td><td>酌定义务（4 点）</td></tr>
<tr><td>解除</td><td colspan="2">取保候审期限届满或者发现不应追究犯罪嫌疑人、被告人刑事责任的，应当及时解除取保候审。</td></tr>
<tr><td>违反取保的后果</td><td colspan="2">违规</td><td>涉及新罪</td></tr>
</table>

三、监视居住

（一）监视居住的概念

监视居住是指公、检、法在刑事诉讼过程中，对于符合逮捕条件但具有法定情形的犯罪嫌疑人、被告人，责令在一定期限内不得离开住所或者指定的居所，并对其活动予以监视和控制的一种强制措施。

<table>
<tr><td rowspan="2">适用情形</td><td>替代逮捕</td><td colspan="2">公检法对符合逮捕条件，有下列情形之一的犯罪嫌疑人、被告人，可以监视居住：1. 患有严重疾病、生活不能自理的；2. 怀孕或者正在哺乳自己婴儿的妇女；3. 系生活不能自理的人的唯一扶养人；4. 因为案件的特殊情况或者办理案件的需要，采取监视居住措施更为适宜的；5. 羁押期限届满，案件尚未办结，需要采取监视居住措施的。</td></tr>
<tr><td>替代取保</td><td colspan="2">符合取保候审条件，但不能提出保证人，也不交纳保证金的，可以监视居住。</td></tr>
<tr><td>被监视居住人的义务</td><td colspan="3">1. 未经执行机关批准不得离开执行监视居住的处所；2. 未经执行机关批准不得会见他人或者通信；（家庭成员、辩护律师除外）3. 在传讯的时候及时到案；4. 不得以任何形式干扰证人作证；5. 不得毁灭、伪造证据或者串供；6. 将护照等出入境证件、身份证件、驾驶证件交执行机关保存。</td></tr>
<tr><td>违反后果</td><td colspan="3">违反上述规定，情节严重的，可以予以逮捕；需要予以逮捕的，可对犯罪嫌疑人、被告人先行拘留。</td></tr>
<tr><td rowspan="10">适用程序</td><td>期限</td><td colspan="2">6 个月，公检法分别计算，各有 6 个月。</td></tr>
<tr><td rowspan="3">执行处所</td><td>住处</td><td>在犯罪嫌疑人、被告人的住处执行。</td></tr>
<tr><td rowspan="2">指定居所</td><td>无固定住处的，可以在指定的居所执行。</td></tr>
<tr><td>对于涉嫌危害国家安全犯罪、恐怖活动犯罪、特别重大贿赂犯罪，在住处执行可能有碍侦查的，经上一级检察院或者公安机关批准，也可以在指定居所执行。</td></tr>
<tr><td>监视方式</td><td colspan="2">执行机关可以采取电子监控、不定期检查等监视方法对其遵守监视居住规定的情况进行监督；在侦查期间，可以对被监视居住的犯罪嫌疑人的通信进行监控。</td></tr>
<tr><td>通知</td><td colspan="2">除无法通知的，应当在执行监视居住后 24 小时以内，将监视居住的原因和处所通知被监视居住人的家属。</td></tr>
<tr><td>继续监视居住</td><td colspan="2">决定继续取保候审、监视居住的，应当重新办理手续，期限重新计算；继续使用保证金保证的，不再收取保证金。法院不得对被告人重复采取取保候审、监视居住措施。</td></tr>
<tr><td>必要性审查</td><td colspan="2">对于特别重大贿赂犯罪案件决定指定居所监视居住的，检察院侦查部门应当自决定指定居所监视居住之日起每 2 个月对指定居所监视居住的必要性进行审查。</td></tr>
<tr><td>监督</td><td colspan="2">检察院对指定居所监视居住的决定和执行是否合法实行监督。</td></tr>
<tr><td colspan="3"></td></tr>
<tr><td>折抵刑期</td><td colspan="3">1. 被判处管制的，监视居住一日折抵刑期一日；
2. 被判处拘役、有期徒刑的，监视居住二日折抵刑期一日。</td></tr>
</table>

（二）适用情形

1. 替代逮捕。

刑事诉讼法将监视居住定位为逮捕的替代措施，只有犯罪嫌疑人、被告人既符合逮捕条件又具有特殊情形时才适用监视居住，这些情形包括：

（1）患有严重疾病、生活不能自理的；

（2）怀孕或者正在哺乳自己婴儿的妇女；

（3）系生活不能自理的人的唯一扶养人；

（4）因为案件的特殊情况或者办理案件的需要，采取监视居住措施更为适宜的；

（5）羁押期限届满，案件尚未办结，需要采取监视居住措施的。

2. 替代取保候审。

对于符合取保候审条件，但犯罪嫌疑人、被告人不能提出保证人，也不交纳保证金的，也可以监视居住。

（三）被监视居住人的义务及违反后果

根据《刑事诉讼法》第75条规定，被监视居住的犯罪嫌疑人、被告人应当遵守以下规定：

1. 未经执行机关批准不得离开执行监视居住的处所；

【高能提醒】

被监视居住人有正当理由要求离开住处或者指定的居所以及要求会见他人或者通信的，应当经负责执行的派出所或者办案部门负责人批准。人民法院、人民检察院决定监视居住的，负责执行的派出所在在作出决定前，应当征得决定机关同意。

2. 未经执行机关批准不得会见他人或者通信；

3. 在传讯的时候及时到案；

4. 不得以任何形式干扰证人作证；

5. 将护照等出入境证件、身份证件、驾驶证件交执行机关保存。

被监视居住的犯罪嫌疑人、被告人有违反上诉义务情形，情节严重的，可以予以逮捕；需要予以逮捕的，可以对犯罪嫌疑人、被告人先行拘留。

（四）被监视居住的种类

住处监视居住	是指在犯罪嫌疑人、被告人的住处执行的监视居住。	
指定居所监视居住	定义	是指在由公检法指定的居所执行的监视居住。
	适用情形	犯罪嫌疑人、被告人无固定住所的。
		对于涉嫌危害国家安全犯罪、恐怖活动犯罪、特别重大贿赂犯罪，在住处执行可能有碍侦查的，经上一级人民检察院或公安机关批准，也可以在指定居所执行。

【高能提醒】

根据《公安部规定》第107条的规定，有下列情形之一的，属于本条规定的“有碍侦查”：

1. 可能毁灭、伪造证据，干扰证人作证或者串供的；2. 可能引起犯罪嫌疑人自残、自杀或者逃跑的；3. 可能引起同案犯逃避、妨碍侦查的；4. 犯罪嫌疑人、被告人在住处执行监视居住有人身危险的；5. 犯罪嫌疑人、被告人的家属或者所在单位人员与犯罪有牵连的。

指定居所监视居住的，不得要求被监视居住人支付费用。

（五）被监视居住的适用情形

1. 决定机关。

人民法院、人民检察院和公安机关、国家安全机关都有监视居住的决定权。

2. 执行机关。

公安机关、国家安全机关是监视居住的执行机关。

3. 监视方式。

执行机关对被监视居住的犯罪嫌疑人、被告人，可以采取电子监控、不定期检查等监视方法对其遵守监视居住规定的情况进行监督；在侦查期间，可以对被监视居住的犯罪嫌疑人的通信进行监控。

4. 监视期限。

最长不得超过6个月，在此期限不得中断对案件的侦查、起诉和审判。

【高能提醒】

区别于取保候审：最长不得超过12个月。

5. 监视居住通知。

指定居所监视居住的，除无法通知外，应在执行监视居住后24小时内，通知被监视居住人的家属，通知的内容包括指定居所监视居住的原因和地点。

【高能提醒】

有下列情形之一的，属于"无法通知"：（1）不讲真实姓名、住址、身份不明的；（2）没有家属的；（3）提供的家属联系方式无法取得联系的；（4）因自然灾害等不可抗力导致无法通知的。无法通知的情形消失以后，应当立即通知被监视居住人的家属。

6. 继续监视居住。

公安机关已对犯罪嫌疑人采取监视居住的，案件移交到人民检察院以后，以及人民检察院、公安机关已对犯罪嫌疑人监视居住，案件起诉到人民法院后，办案机关对于符合监视居住条件的，应当依法对被告人重新办理监视居住手续。监视居住的期限重新计算。

7. 必要性审查与监督。

对于特别重大贿赂犯罪案件决定指定居所监视居住的，检察院侦查部门应当自决定指定居所监视居住之日起每2个月对指定居所监视居住的必要性进行审查。没有必要继续指定居所监视居住或者案件已经办结的，应当解除指定居所监视居住或者变更强制措施。解除指定居所监视居住或者变更强制措施的，无须上一级人民检察院决定，但下级人民检察院应当报送上一级人民检察院备案。

检察院对指定居所监视居住的决定和执行是否合法实行监督。

8. 刑期折抵。

指定居所监视居住的期限应当折抵刑期。被判处管制的，监视居住1日折抵刑期1日；被判处拘役、有期徒刑的，监视居住2日折抵刑期1日。

四、拘留

（一）刑事拘留的概念

刑事诉讼中的拘留，是指公安机关、人民检察院等侦查机关对直接受理的案件，在侦查过程中，遇有紧急情况下，依法临时剥夺某些现行犯或者重大嫌疑分子的人身自由的一种强制措施。其具有以下三方面特点：1. 有权决定拘留的机关一般是公安机关；2. 拘留是在紧急情况下采取的一种处置办法；3. 拘留是一种临时措施。

区别	刑事拘留	司法拘留
法律性质	保障刑事诉讼顺利进行的强制措施，本身不具有惩罚性，是一种审判前的羁押。	是对妨碍民事诉讼行为人采取，具有惩罚的性质。
适用机关	公安机关、人民检察院决定，由公安机关执行。	人民法院决定，由人民法院的司法警察执行。
适用对象	现行犯或重大嫌疑分子。	妨害民事、行政诉讼行为的人，包括民事、行政诉讼参与人以及案外人。
羁押期限	刑事拘留一般不超过 10 日，案情重大、复杂的不超过 14 日，对流窜作案、多次作案、结伙作案的重大嫌疑分子的拘留期限，不超过 37 日。	最长为 15 日。
法律后果	先行拘留 1 日的可以折抵刑期 1 日。	与判决结果没有关系，可以提前释放。

（二）概念辨析

区别	刑事拘留	行政拘留
法律性质	刑事拘留是刑事诉讼中的保障性措施，是一种诉讼行为，本身不具有惩罚性。	对违反《治安管理处罚法》的人采取的，具有惩罚性质。
适用对象	现行犯或重大嫌疑分子。	是治安管理的一种处罚方式，实质上是一种行政制裁，具有惩罚性。
适用目的	保证刑事诉讼顺利进行。	惩罚和教育一般违法行为者。
羁押期限	同上表。	15 日以下，合并执行的，最长不得超过 20 日。
适用机关	公安机关、人民检察院决定，由公安机关执行。	只有公安机关可以适用。

（三）刑事拘留的适用情形

1. 公安机关决定刑事拘留的情形。

公安机关对于现行犯或者重大嫌疑分子，如果有下列情形之一的，可以先行拘留：

（1）正在预备犯罪、实行犯罪或者在犯罪后即时被发觉的。

（2）被害人或者在场亲眼看见的人指认他犯罪的。

（3）在身边或者住处发现有犯罪证据的。

（4）犯罪后企图自杀、逃跑或者在逃的。

（5）有毁灭、伪造证据或者串供可能的。

（6）不讲真实姓名、住址，身份不明的。指其本人拒不说明其姓名、住址、职业等基本情况的。

（7）有流窜作案、多次作案、结伙作案重大嫌疑的。

【高能提醒】

流窜作案，是指跨市、县范围连续作案或者在居住地作案后逃跑到外市、县继续作案；多次作案，是指 3 次以上作案；结伙作案，是指 2 人以上共同作案。

2. 检察机关决定刑事拘留的情形。

人民检察院在直接受理的案件的侦查过程中，可以在以下两种情形下决定拘留：

（1）犯罪后企图自杀、逃跑或者在逃的；

（2）有毁灭、伪造证据或者串供可能的。

1996年11月，某市发生一起故意杀人案。2017年3月，当地公安机关根据案发时现场物证中提取的DNA抓获犯罪嫌疑人陆某。2017年7月，最高检察院对陆某涉嫌故意杀人案核准追诉。在最高检察院核准前，关于本案处理，下列哪一选项是正确的？(2017-2-23，单)①

A. 不得侦查本案　　B. 可对陆某先行拘留

C. 不得对陆某批准逮捕　　D. 可对陆某提起公诉

（四）刑事拘留的程序

1. 拘留的决定机关。

只有人民检察院和公安机关有刑事拘留的决定权。人民法院没有刑事拘留的决定权，但人民法院可以决定采取司法拘留。

2. 拘留的执行机关。

（1）拘留的执行权属于公安机关和国家安全机关（办理危害国家安全的案件）。

（2）人民检察院决定拘留的案件，应当由办案人员提出意见，经办案部门负责人审核后，由检察长决定。决定拘留的案件，人民检察院应当将有关法律文书和案由、犯罪嫌疑人基本情况的材料送交同级公安机关，由公安机关负责执行。

3. 拘留的具体程序。

（1）公安机关执行拘留时，必须出示拘留证。紧急情况下，符合《公安部规定》第120条的，应当将犯罪嫌疑人带至公安机关后立即审查，办理法律程序。

（2）拘留证由县级以上公安机关的负责人签发；人民检察院不签发拘留证。

（3）拘留后，应立即将被拘留人送看守所羁押，至迟不得超过24小时。

【高能提醒】

根据《公安部规定》第122条规定，异地执行拘留的，应当在到达管辖地后24小时以内将犯罪嫌疑人送看守所羁押。

（4）除无法通知或涉嫌危害国家安全犯罪、恐怖活动犯罪通知可能有碍侦查的情形外，人民检察院和公安机关应当在拘留后24小时以内，通知被拘留人的家属。

【高能提醒】

1. 根据《公安部规定》第123条规定，有下列情形之一的，属于“有碍侦查”：

（1）可能毁灭、伪造证据，干扰证人作证或者串供的；

（2）可能引起同案犯逃避、妨碍侦查的；

（3）犯罪嫌疑人的家属与犯罪有牵连的。

有碍侦查的情形消失以后，应当立即通知被拘留人的家属。

2. 属于“无法通知”的具体情形：

（1）犯罪嫌疑人、被告人不讲真实姓名、住址、身份不明的；

（2）没有家属的；

（3）提供的家属联系方式无法取得联系的；

（4）因自然灾害等不可抗力导致无法通知的。

① 答案：B。

（5）公安机关或者人民检察院对于各自立案侦查的案件中被拘留的人，应当在拘留后的24小时以内进行讯问。在发现不应当拘留的时候，必须立即释放，并发给释放证明。

4. 拘留人大代表的特殊规定。

担任县级以上人民代表大会代表的犯罪嫌疑人因现行犯被拘留的，人民检察院应当立即向该代表所属的人民代表大会主席团或者常务委员会报告；因为其他情形需要拘留的，人民检察院应当报请该代表所属的人民代表大会主席团或者常务委员会许可。

5. 拘留的期限。

（1）公安机关立案侦查的案件。

对于公安机关依法决定和执行的刑事拘留，拘留的期限是公安机关提请人民检察院批准逮捕期限和人民检察院审查批准逮捕期限的总和。

①一般案件，应当在拘留后的3日以内提请人民检察院审查批捕。在特殊情况下，可以延长1~4日。人民检察院应当自接到公安机关提请批准逮捕书后的7日以内，作出批准逮捕或者不批准逮捕的决定。在这种情况下，拘留后的最长羁押期限是14日。

②对于流窜作案、多次作案、结伙作案的重大嫌疑分子，提请审查批捕的时间可以延长至30日。人民检察院应当自接到公安机关提请批准逮捕书后的7日以内，作出批准逮捕或者不批准逮捕的决定。在这种情况下，拘留后的最长羁押期限是37日。

（2）人民检察院直接受理的案件。

人民检察院对直接受理的案件中被拘留的人，认为需要逮捕的，应当在14日以内作出决定。在特殊情况下，决定逮捕的时间可以延长1~3日。在这种情况下，拘留后的最长羁押期限是17日。对不需要逮捕的，应当立即释放；对于需要继续侦查，并且符合取保候审、监视居住条件的，依法取保候审或者监视居住。

归纳总结

主体	检察院和公安机关决定，由公安机关执行。（没有法院的事）	
对象	现行犯或者重大嫌疑分子。	
适用对象	公安决定情形	1. 正在预备犯罪、实行犯罪或者在犯罪后即时被发觉的；2. 被害人或者在场亲眼看见的人指认他犯罪的；3. 在身边或者住处发现有犯罪证据的；4. 犯罪后企图自杀、逃跑或者在逃的；5. 有毁灭、伪造证据或者串供可能的；6. 不讲真实姓名、住址，身份不明的；7. 有流窜作案、多次作案、结伙作案重大嫌疑的。
	检察院决定情形	1. 犯罪后企图自杀、逃跑或者在逃的；2. 有毁灭、伪造证据或者串供可能的。
拘留程序	决定权	公安机关、检察院。法院没有刑事拘留的决定权，只有司法拘留权。
	执行权	公安机关（国家安全机关）。
	24小时以内送看守所羁押	1. 公安机关拘留人时，须出示拘留证。 2. 拘留后，应当立即将被拘留人送看守所羁押，至迟不得超过24小时。
	24小时内通知	应当在拘留后24小时以内，通知被拘留人的家属。
	24小时内讯问	公安机关、检察机关对被拘留的人，应当在拘留后的24小时以内进行讯问。
	拘留人大代表	县级以上人大代表：1. 现行犯——先行拘留，报告所属的人大常委会或者主席团；2. 重大嫌疑分子——经批准后才能拘留；3. 乡镇一级的：报告即可。
	异地拘留	应当通知被拘留人所在地的公安机关。被拘留人所在地的公安机关应当在人员、车辆、查找拘留人等方面予以配合。

拘留期限	公安机关	1. 一般：3+7=10；2. 特殊 3+4+7=14；3.（流、结、多）30+7=37。
	检察院	1. 一般：14；2. 特殊 14+3=17。

五、逮捕

（一）逮捕的概念

逮捕是指公、检、法为了防止犯罪嫌疑人或者被告人实施妨碍刑事诉讼的行为，逃避侦查、起诉、审判或者发生社会危险性，而依法暂时剥夺其人身自由的一种强制措施。逮捕是刑事强制措施中最严厉的一种。

（二）逮捕的适用条件

逮捕的适用情形分为一般逮捕、径行逮捕和转化逮捕。

1. 一般逮捕的适用条件。（《刑事诉讼法》第 79 条第 1 款）

（1）有证据证明有犯罪事实。

①根据《高检规则》第 139 条第 2 款规定，有证据证明有犯罪事实是指同时具备下列情形：

a. 有证据证明发生了犯罪事实；

b. 有证据证明该犯罪事实是犯罪嫌疑人实施的；

c. 证明犯罪嫌疑人实施犯罪行为的证据已经查证属实的。犯罪事实既可以是单一犯罪行为的事实，也可以是数个犯罪行为中任何一个犯罪行为的事实。

②根据《高检规则》第 142 条规定，对实施多个犯罪行为或者共同犯罪案件的犯罪嫌疑人，具有下列情形之一的，即符合上述“有证据证明有犯罪事实”这一条件：

a. 有证据证明犯有数罪中的一罪的；

b. 有证据证明实施多次犯罪中的一次犯罪的；

c. 共同犯罪中，已有证据证明有犯罪事实的犯罪嫌疑人。

（2）可能判处徒刑以上刑罚。初步判定犯罪嫌疑人、被告人可能被判处有期徒刑以上的刑罚，而不是可能被判处管制、拘役、独立适用附加刑等轻刑或者可能被免除刑罚的，才符合逮捕条件。

（3）采取取保候审尚不足以防止发生社会危险性的。其中，社会危险性包括以下五项的一个或多个：

①可能实施新的犯罪的，即犯罪嫌疑人多次作案、连续作案、流窜作案，其主观恶性、犯罪习性表明其可能实施新的犯罪，以及有一定证据证明犯罪嫌疑人已经开始策划、预备实施犯罪的；

②有危害国家安全、公共安全或者社会秩序的现实危险的，即有一定证据或者有迹象表明犯罪嫌疑人在案发前或者案发后正在积极策划、组织或者预备实施危害国家安全、公共安全或者社会秩序的重大违法犯罪行为的；

③可能毁灭、伪造证据，干扰证人作证或者串供的，即有一定证据证明或者有迹象表明犯罪嫌疑人在归案前或者归案后已经着手实施或者企图实施毁灭、伪造证据，干扰证人作证或者串供行为的；

④可能对被害人、举报人、控告人实施打击报复的，有一定证据证明或者有迹象表明犯罪嫌疑人可能对被害人、举报人、控告人实施打击报复的；

⑤企图自杀或者逃跑的，即犯罪嫌疑人归案前或者归案后曾经自杀，或者有一定

证据证明或者有迹象表明犯罪嫌疑人试图自杀或者逃跑的。

【高能提醒】

上述三个条件相互联系、缺一不可。犯罪嫌疑人、被告人只有同时具备这三个条件，才应该对其逮捕。

2. 径行逮捕的适用条件。(《刑事诉讼法》第79条第2款)

符合下列三种情形应当径行逮捕：

(1) 对有证据证明有犯罪事实，可能判处10年有期徒刑以上刑罚的。

(2) 有证据证明有犯罪事实，可能判处徒刑以上刑罚，曾经故意犯罪的。

(3) 有证据证明有犯罪事实，可能判处徒刑以上刑罚，身份不明的。

这三种情形或者涉嫌犯罪较为严重的，或者因为之前的故意犯罪记录或身份不明而表明其有较大的社会危险性，符合上述三种情况的，应当逮捕。

3. 转化逮捕的适用条件。(《刑事诉讼法》第79条第3款)

对于被取保候审、监视居住的可能判处徒刑以下刑罚的犯罪嫌疑人、被告人，违反取保候审、监视居住规定，严重影响诉讼活动正常进行的，可以予以逮捕。

《高检规则》第100条规定，犯罪嫌疑人有下列违反取保候审规定的行为，人民检察院应当对犯罪嫌疑人予以逮捕：(一) 故意实施新的犯罪的；(二) 企图自杀、逃跑，逃避侦查、审查起诉的；(三) 实施毁灭、伪造证据，串供或者干扰证人作证，足以影响侦查、审查起诉工作正常进行的；(四) 对被害人、证人、举报人、控告人及其他人员实施打击报复的。犯罪嫌疑人有下列违反取保候审规定的行为，人民检察院可以对犯罪嫌疑人予以逮捕：(一) 未经批准，擅自离开所居住的市、县，造成严重后果，或者两次未经批准，擅自离开所居住的市、县的；(二) 经传讯不到案，造成严重后果，或者经两次传讯不到案的；(三) 住址、工作单位和联系方式发生变动，未在二十四小时以内向公安机关报告，造成严重后果的；(四) 违反规定进入特定场所、与特定人员会见或者通信、从事特定活动，严重妨碍诉讼程序正常进行的。需要对上述犯罪嫌疑人予以逮捕的，可以先行拘留；已交纳保证金的，同时书面通知公安机关没收保证金。

《高检规则》第121条规定，犯罪嫌疑人有下列违反监视居住规定的行为，人民检察院应当对犯罪嫌疑人予以逮捕：(一) 故意实施新的犯罪行为的；(二) 企图自杀、逃跑，逃避侦查、审查起诉的；(三) 实施毁灭、伪造证据或者串供、干扰证人作证行为，足以影响侦查、审查起诉工作正常进行的；(四) 对被害人、证人、举报人、控告人及其他人员实施打击报复的。犯罪嫌疑人有下列违反监视居住规定的行为，人民检察院可以对犯罪嫌疑人予以逮捕：(一) 未经批准，擅自离开执行监视居住的处所，造成严重后果，或者两次未经批准，擅自离开执行监视居住的处所的；(二) 未经批准，擅自会见他人或者通信，造成严重后果，或者两次未经批准，擅自会见他人或者通信的；(三) 经传讯不到案，造成严重后果，或者经两次传讯不到案的。需要对上述犯罪嫌疑人予以逮捕的，可以先行拘留。

(三) 不予逮捕的适用条件

1. 应当不予逮捕。(《高检规则》第143条)

对具有下列情形之一的犯罪嫌疑人，人民检察院应当作出不批准逮捕的决定或者不予逮捕：(1) 不符合上述应当或可以逮捕条件的；(2) 具有《刑事诉讼法》第15

条规定的情形之一的。

2. 可以不予逮捕。(《高检规则》第 144 条)

犯罪嫌疑人涉嫌的罪行较轻，且没有其他重大犯罪嫌疑，具有以下情形之一的，可以作出不批准逮捕的决定或者不予逮捕：(1) 属于预备犯、中止犯，或者防卫过当、避险过当的；(2) 主观恶性较小的初犯。共同犯罪中的从犯、胁从犯，犯罪后自首、有立功表现或者积极退赃、赔偿损失、确有悔罪表现的；(3) 过失犯罪的犯罪嫌疑人，犯罪后有悔罪表现，有效控制损失或者积极赔偿损失的；(4) 犯罪嫌疑人与被害人双方根据刑事诉讼法的有关规定达成和解协议，经审查，认为和解系自愿、合法且已经履行或者提供担保的；(5) 犯罪嫌疑人系已满 14 周岁未满 18 周岁的未成年人或者在校学生，本人有悔罪表现，其家庭、学校或者所在社区、居民委员会、村民委员会具备监护、帮教条件的；(6) 年满 75 周岁以上的老年人。

 归纳 

逮捕的条件

逮捕主体	任何公民，非经人民检察院批准或者决定，或人民法院决定，并由公安机关执行，不受逮捕。		
	检察院	省级以下（不含省级）人民检察院直接受理立案侦查的案件，需要逮捕犯罪嫌疑人的，应当报请上一级人民检察院审查决定。	
	人民法院	1. 法院直接受理的自诉案件。2. 检察院提起公诉的案件，人民法院在审判阶段发现需要逮捕被告人的。3. 法院决定逮捕的，由法院院长签发决定逮捕通知书，通知公安机关执行。	
逮捕适用情形	一般逮捕	证据因素	有证据证明有犯罪事实。
		刑罚因素	可能判处有期徒刑以上刑罚。
		危险因素	采取取保候审不足以防止社会危险性的发生。
	径行逮捕	1. 对有证据证明有犯罪事实，可能判处 10 年有期徒刑以上刑罚；2. 有证据证明有犯罪事实，可能判处徒刑以上刑罚，曾经故意犯罪；3. 有证据证明有犯罪事实，可能判处徒刑以上刑罚，不讲真实姓名、住址，身份不明的。	
	转化逮捕	对于被取保候审、监视居住的可能判处徒刑以下刑罚的犯罪嫌疑人、被告人，违反取保候审、监视居住规定，严重影响诉讼活动正常进行的，可以予以逮捕。	
不予逮捕	应当	人民检察院应当作出不批准逮捕的决定或者不予逮捕：1. 不符合上述应当或可以逮捕条件的；2. 具有《刑事诉讼法》第 15 条规定的情形之一的。	
	可以	犯罪嫌疑人涉嫌的罪行较轻，且没有其他重大犯罪嫌疑。	

（四）决定与执行主体

1. 批准和决定机关：人民检察院。

(1) 批准逮捕——针对公安机关或其他侦查机关报捕的案件作出的；

(2) 决定逮捕——针对自行侦查的案件作出的。

【高能提醒】

1. 省级以下检察院自侦案件的逮捕决定应当报请上一级人民检察院审查决定。

2. 最高检、省级检察院自侦案件的逮捕决定由本院侦查监督部门办理。

2. 决定机关：人民法院。

(1) 公诉案件在侦查和审查起诉阶段，没有逮捕被告人，而到法院审判阶段，法院认为确有逮捕必要的。

（2）自诉案件中，需要逮捕被告人的。

（3）诉讼参与人严重违反法庭秩序，构成犯罪的。

3. 执行机关：公安机关（专属）。

（五）逮捕的程序

1. 人民检察院对公安机关提请逮捕的批准程序。

（1）审批手续。

公安机关要求逮捕犯罪嫌疑人的时候，应当经县级以上公安机关负责人批准，制作提请批准逮捕书，连同案卷材料、证据，一并移送同级人民检察院审查批准。检察机关在接到公安机关的报捕材料后，由侦查监督部门指定办案人员进行审查。办案人员在查阅案卷材料，讯问犯罪嫌疑人、询问证人等诉讼参与人和听取辩护律师意见的基础上，提出批准或者不批准逮捕的意见，经部门负责人审核后，报请检察长批准或者决定；重大案件应当经检察委员会讨论决定。

（2）审批期限。

对公安机关提请批准逮捕的犯罪嫌疑人已被拘留的，人民检察院应当在7日内作出是否批准逮捕的决定；未被拘留的，应当在接到提请批准逮捕书后的15日以内作出是否批准逮捕的决定，重大、复杂的案件不得超过20日。

犯罪嫌疑人不讲真实姓名、住址，身份不明的，应当对其身份进行调查。经县级以上公安机关负责人批准，拘留期限自查清其身份之日起计算，但不得停止对其犯罪行为的侦查取证。对符合逮捕条件的犯罪嫌疑人，也可以按期自报的姓名提请批准逮捕。

（3）审批后的决定。

检察院经审查应当分别作出以下决定：

①对于符合逮捕条件的，作出批准逮捕的决定，制作批准逮捕决定书；对于人民检察院批准逮捕的决定，公安机关应当立即执行，并且将执行回执及时送达批准逮捕的人民检察院。

②对于不符合逮捕条件的，作出不批准逮捕的决定，制作不批准逮捕决定书，说明不批准逮捕的理由，需要补充侦查的，应当同时通知公安机关。

【高能提醒】

检察院办理审查逮捕案件，发现应当逮捕而公安机关未提请批准逮捕的犯罪嫌疑人的，应当建议公安机关提请批准逮捕。如果公安机关仍不提请批准逮捕或者不提请批准逮捕的理由不能成立的，人民检察院也可以直接作出逮捕决定，送达公安机关执行。

（4）审查批捕中讯问犯罪嫌疑人。（《刑事诉讼法》第86条+《高检规则》第305条）

人民检察院审查批准逮捕，有下列情形之一的，应当讯问犯罪嫌疑人：

①对是否符合逮捕条件有疑问的；

②犯罪嫌疑人要求向检察人员当面陈述的；

③侦查活动可能有重大违法行为的；即办案严重违反法律规定的程序，或者存在刑讯逼供等严重侵犯犯罪嫌疑人人身权利和其他诉讼权利等情形。

④案情重大疑难复杂的；

⑤犯罪嫌疑人系未成年人的；

⑥犯罪嫌疑人是盲、聋、哑人或者是尚未完全丧失辨认或者控制自己行为能力的精神病人的。

检察机关审查批准逮捕，下列哪些情形存在时应当讯问犯罪嫌疑人？（2013-2-67，多）①

A. 犯罪嫌疑人的供述前后反复且与其他证据矛盾

B. 犯罪嫌疑人要求向检察机关当面陈述

C. 侦查机关拘留犯罪嫌疑人36小时以后将其送交看守所羁押

D. 犯罪嫌疑人是聋哑人

（5）审查批捕中听取律师的意见。

人民检察院审查批准逮捕，可以听取辩护律师的意见。如果辩护律师提出表达意见的要求的，人民检察院办案人员应当听取辩护律师的意见。对于犯罪嫌疑人、被告人是未成年人的，应当听取辩护律师的意见。

如果辩护律师提出不构成犯罪、无社会危险性、不适宜羁押、侦查活动有违法犯罪情形等书面意见的，办案人员应当审查，并在审查逮捕意见书中说明是否采纳的情况和理由。

（6）公安机关对于不批准逮捕的救济。

公安机关对人民检察院不批准逮捕的决定，认为有错误的时候，可以要求复议，但是必须将被拘留的人立即释放。如果意见不被接受，可以向上一级人民检察院提请复核。上级人民检察院复核后作出是否变更的决定，通知下级人民检察院和公安机关执行。必要时，上级人民检察院也可以直接作出批准逮捕的决定，通知下级人民检察院送达公安机关执行。

2. 人民检察院决定逮捕的程序。

人民检察院自己立案侦查的案件，不同的部门分别负责侦查与逮捕，以加强人民检察院的内部制约。人民检察院对于自己立案侦查需要采取逮捕措施的，根据直接受理案件人民检察院的级别不同，分两种情况：

（1）省级以上人民检察院立案侦查的案件的决定逮捕。

最高人民检察院、省级人民检察院办理直接受理立案侦查的案件，需要逮捕犯罪嫌疑人的，由侦查部门填写逮捕犯罪嫌疑人意见书，连同案卷材料和证据、讯问犯罪嫌疑人录音、录像一并移送本院侦查监督部门审查。已被拘留的，侦查部门应当在拘留后7日以内将案件移送本院侦查监督部门审查。

对本院侦查部门移送审查逮捕的案件，犯罪嫌疑人已被拘留的，应当在侦查监督部门收到逮捕犯罪嫌疑人意见书后的7日以内，由检察长或者检察委员会决定是否逮捕，特殊情况下，决定逮捕的时间可以延长1~3日；犯罪嫌疑人未被拘留的，应当在侦查监督部门收到逮捕犯罪嫌疑人意见书后的15日以内由检察长或者检察委员会决定是否逮捕，重大、复杂的案件，不得超过20日。

① 答案：A、B、C、D。

（2）省级以下（不含省级）人民检察院立案侦查的案件的决定逮捕。

省级以下（不含省级）人民检察院直接受理立案侦查的案件，需要逮捕犯罪嫌疑人的，应当报请上一级人民检察院审查决定。下级人民检察院侦查部门制作报请逮捕书，报本院检察长或者检察委员会审批后，连同案卷材料、讯问犯罪嫌疑人录音、录像一并报上一级人民检察院审查，报请逮捕时应当说明犯罪嫌疑人的社会危险性并附相关证据材料。

犯罪嫌疑人已被拘留的，下级人民检察院侦查部门应当在拘留后7日以内报上一级人民检察院审查逮捕。上一级人民检察院应当在收到报请逮捕书后，应当在7日以内由检察长或检察委员会作出是否逮捕的决定，特殊情况下，决定逮捕的时间可以延长1~3日。犯罪嫌疑人未被拘留的，上一级人民检察院应当在收到报请逮捕书后15日以内作出是否逮捕决定，重大、复杂的案件，不得超过20日。报送案卷材料、送达法律文书的路途时间计算在上一级人民检察院审查逮捕期限以内。

【高能提醒】

人民检察院对直接立案侦查的案件决定逮捕，同样要遵守上述审查公安机关提请批捕程序中有关讯问犯罪嫌疑人、听取辩护律师意见和排除非法证据的要求。而且，在省级以下人民检察院立案侦查的案件的决定逮捕程序中，考虑到上下级检察院之间的关系以及上下级检察院所在地可能路途较为遥远等原因，讯问犯罪嫌疑人可以当面讯问，也可以通过视频讯问，不能当面或视频讯问的，上一级人民检察院可以拟定讯问提纲，委托下级人民检察院侦查监督部门进行讯问。

3. 人民法院决定逮捕的程序。

（1）对于直接受理的自诉案件，认为需要逮捕被告人时，由办案人员提交法院院长决定，对于重大、疑难、复杂案件的被告人的逮捕，提交审判委员会讨论决定。

（2）对于检察机关提起公诉时未予逮捕的被告人，人民法院认为符合逮捕条件应予逮捕的，也可以决定逮捕。

4. 逮捕的执行通知程序。

（1）由公安机关2人以上执行。

（2）逮捕后，应当立即将被羁押人送看守所羁押。

（3）除无法通知的以外，应当在逮捕后的24小时以内，通知被逮捕人的家属。

【高能提醒】

逮捕VS指定居所监视居住VS拘留的通知程序

指定居所监视居住	除无法通知外，应当在执行监视居住后24小时以内，通知其家属。
拘留	除无法通知或涉嫌危害国家安全犯罪、恐怖活动犯罪通知可能有碍侦查的情形外，应当在拘留后24小时以内，通知其家属。
逮捕	除无法通知的外，应当在逮捕后24小时以内，通知其家属。

（4）逮捕后，应当在24小时以内进行讯问；如果发现不应当逮捕的，应当立即释放并发给释放证明。

（5）异地逮捕的，公安机关应当通知被逮捕人所在地的公安机关，被逮捕人所在地的公安机关应当协助执行。

5. 逮捕的变更程序。

(1) 可以变更。(《刑事诉讼法解释》第133条)

被逮捕的被告人具有下列情形之一的，人民法院可以变更强制措施：

①患有严重疾病、生活不能自理的。

②怀孕或者正在哺乳自己婴儿的。

③系生活不能自理的人的唯一扶养人。

(2) 应当变更。(《刑事诉讼法解释》第134条)

被逮捕的被告人具有下列情形之一的，人民法院应当变更强制措施或者予以释放：

①第一审人民法院判处管制、宣告缓刑、单独适用附加刑，判决尚未发生法律效力的；

②被告人被羁押的时间已到第一审人民法院对其判处的刑期期限的；

③案件不能在法律规定的期限内审结的。

【高能提醒】

根据《高检规则》第337条规定，下级人民检察院在发现不应当逮捕的时候，应当立即释放犯罪嫌疑人或者变更强制措施，并向上一级人民检察院报告。

归纳总结

逮捕的程序

逮捕程序	决定期限	已拘留的	7日内作出是否批捕的决定，特殊情况可以延长1-3天。
		未拘留的	15日内作出决定；对重大、复杂的案件不得超过20天。
	批捕程序	1. 检察院对于公安机关提请批准逮捕，应当根据情况分别作出批准逮捕或者不批准逮捕的决定。 2. 对于批准逮捕的决定，公安机关应当立即执行，并且将执行情况及时通知人民检察院。 3. 对于不批准逮捕的，检察院应当说明理由，需要补充侦查的，应当同时通知公安机关。	
	批捕中应当讯问	检察院审查批准逮捕，有下列情形之一的，应当讯问犯罪嫌疑人：1. 对是否符合逮捕条件有疑问；2. 犯罪嫌疑人要求向检察人员当面陈述的；3. 侦查活动可能有重大违法行为的，即办案严重违反法律规定的程序，或者存在刑讯逼供等严重侵犯犯罪嫌疑人人身权利和其他诉讼权利等情形；4. 案情重大疑难复杂的；5. 犯罪嫌疑人系未成年人的；6. 犯罪嫌疑人是盲、聋、哑人或者是尚未完全丧失辨认或者控制自己行为能力的精神病人。	
	听取意见	人民检察院审查批准逮捕，可以询问证人等诉讼参与人，听取辩护律师的意见；辩护律师提出要求的，应当听取辩护律师的意见。	
	公安机关救济	公安机关认为不批捕有错误，可以向原检察机关复议。如果意见不被接受，可以向上一级人民检察院提请复核。必须将被拘留的人立即释放。	
	执行通知	1. 公安机关2人以上去执行； 2. 立即送到看守所羁押，除无法通知的以外，应当在逮捕后24小时以内，通知被逮捕人的家属，应当将逮捕的原因和羁押的处所； 3. 到异地逮捕的，公安机关应当通知被逮捕人所在地的公安机关，被逮捕人所在地的公安机关应当协助执行。	
逮捕变更	应当变更	1. 患有严重疾病、生活不能自理的；2. 怀孕或者正在哺乳自己婴儿的；3. 系生活不能自理的人的唯一扶养人。	
	可以变更	1. 一审法院判处管制、宣告缓刑、单独适用附加刑，判决尚未发生法律效力的；2. 被告人被羁押的时间已到一审法院对其判处的刑期期限的；3. 案件不能在法律规定的期限内审结的。	

(六) 特殊犯罪嫌疑人逮捕的审批程序

1. 人大代表的逮捕。

（1）担任本级人大代表——应当报请本级人民代表大会主席团或者常务委员会许可。

（2）担任上级人大代表——应当层报该代表所属的人民代表大会同级的人民检察院报请许可。

（3）担任下级人大代表——可以直接报请该代表所属的人民代表大会主席团或者常务委员会许可，也可以委托该代表所属的人民代表大会同级的人民检察院报请许可。

（4）担任乡、民族乡、镇的人大代表——由县级人民检察院报告乡、民族乡、镇的人民代表大会。

（5）担任办案单位所在省、市、县（区）外其他地区人大代表——应当委托该代表所属的人民代表大会同级的人民检察院报请许可。

（6）担任两级以上人大代表——应当分别委托该代表所属的人民代表大会同级的人民检察院报请许可。

2. 外国人（包括无国籍人）的逮捕。

（1）涉嫌政治外交的逮捕。外国人、无国籍人涉嫌危害国家安全犯罪的案件或者涉及国与国之间政治、外交关系的案件以及在适用法律上确有疑难的案件，由承担案件的基层人民检察院或分、州、市人民检察院审查并提出意见，层报最高人民检察院审查。最高人民检察院经审查认为需要逮捕的，征求外交部的意见，作出批准逮捕的批复；经审查认为不需要逮捕的，作出不批准逮捕的批复。承办案件的人民检察院根据批复，依法作出批准或不批准的决定。层报过程中，上级人民检察院经审查认为不需要逮捕的，应当作出不批准逮捕批复，报送的人民检察院根据批复依法作出不批准逮捕的决定。承办案件的人民检察院经审查认为不需要逮捕的，可以直接依法作出不批准逮捕的决定。

（2）涉嫌其他犯罪案件。决定批准逮捕的人民检察院应当在作出批准逮捕决定后48小时以内报上一级人民检察院备案，同时向同级人民政府外事部门通报。

归纳总结

特殊犯罪嫌疑人逮捕的审批程序

<table>
<tr><td rowspan="6">人大代表</td><td>本级</td><td>报请本级人大主席团或者常委会许可。</td></tr>
<tr><td>乡镇级</td><td>由县级检察院报告乡、民族乡、镇人大。</td></tr>
<tr><td>上级</td><td>层报该代表所属的人大同级的检察院报请许可。</td></tr>
<tr><td>下级</td><td>可以直接报请该代表所属的人大主席团或者常委会许可，也可以委托该代表所属的人大同级的检察院报请许可。</td></tr>
<tr><td>两级以上</td><td>分别依照以上规定报请许可。</td></tr>
<tr><td>外地</td><td>应当委托该代表所属的人大同级的检察院报请许可；担任两级以上人大代表的，应当分别委托该代表所属的人大同级的检察院报请许可。</td></tr>
<tr><td>外国人</td><td colspan="2">1. 危害国家安全犯罪、涉及国与国之间政治、外交关系以及在适用法律上确有疑难的案件，分别有基层或分、州、市人民检察院审查并提出意见，由检察院层报最高检，最高检认为需要逮捕的，须征求外交部的意见；认为不需逮捕的，直接作出不批捕的批复。下级检察院认为不需要逮捕的，可以直接依法作出不批准逮捕的决定，无需上报。
2. 层报过程中，上级人民检察院经审查认为不需要逮捕的，应当作出不批准逮捕的批复，报送的人民检察院根据批复依法作出不批准逮捕的决定。
3. 涉嫌其他犯罪案件的，决定批准逮捕的检察院应当在作出批准逮捕决定后48小时以内报上一级检察院备案，同时向同级人民政府外事部门通报。上一级检察院对备案材料经审查发现错误的，应当依法及时纠正。</td></tr>
</table>

第三节　羁押的必要性审查

根据《刑事诉讼法》第93条规定，逮捕犯罪嫌疑人、被告人后，人民检察院应当对羁押的必要性进行审查。对于不需要羁押的，应当建议予以释放或变更强制措施。有关机关应当在10日以内将处理情况通知人民检察院。为进一步加强和规范羁押必要性审查的工作，最高人民检察院颁布了《人民检察院办理羁押必要性审查案件规定（试行）》，具体如下：

对象	第2条：羁押必要性审查，对被逮捕的犯罪嫌疑人、被告人有无继续羁押的必要性进行审查，对不需要继续羁押的，建议办案机关予以释放或者变更强制措施的监督活动。
审查主体和时间	1. 羁押必要性审查案件由办案机关对应的同级人民检察院刑事执行检察部门统一办理，侦查监督、公诉、侦查、案件管理、检察技术等部门予以配合。2. 刑事执行检察部门对本院批准逮捕和同级人民法院决定逮捕的犯罪嫌疑人、被告人，应当依职权对羁押必要性进行初审。
依据职权启动	1. 羁押必要性审查的申请由办案机关对应的同级人民检察院刑事执行检察部门统一受理。2. 办案机关对应的同级人民检察院控告检察、案件管理等部门收到羁押必要性审查申请后，应当在一个工作日以内移送本院刑事执行检察部门。3. 其他人民检察院收到羁押必要性审查申请的，应当告知申请人向办案机关对应的同级人民检察院提出申请，或者在两个工作日以内将申请材料移送办案机关对应的同级人民检察院，并告知申请人。
依据申请启动	犯罪嫌疑人、被告人及其法定代理人、近亲属、辩护人申请进行羁押必要性审查的，应当说明不需要继续羁押的理由。有相关证明材料的，应当一并提供。
公开审查为原则	人民检察院可以对羁押必要性审查案件进行公开审查。但是，涉及国家秘密、商业秘密、个人隐私的案件除外。公开审查可以邀请与案件没有利害关系的人大代表、政协委员、人民监督员、特约检察员参加。
审查内容	人民检察院应当根据犯罪嫌疑人、被告人涉嫌犯罪事实、主观恶性、悔罪表现、身体状况、案件进展情况、可能判处的刑罚和有无再危害社会的危险等因素，综合评估有无必要继续羁押犯罪嫌疑人、被告人。
审查方式	1. 刑事执行检察部门收到申请材料后，应当进行初审，并在三个工作日以内提出是否立案审查的意见。 2. 经初审，对于犯罪嫌疑人、被告人可能具有本规定第十七条、第十八条情形之一的，检察官应当制作立案报告书，经检察长或者分管副检察长批准后予以立案。对于无理由或者理由明显不成立的申请，或者经人民检察院审查后未提供新的证明材料或者没有新的理由而再次申请的，由检察官决定不予立案，并书面告知申请人。 3. 评估犯罪嫌疑人、被告人有无继续羁押必要性可以采取量化方式，设置加分项目、减分项目、否决项目等具体标准。犯罪嫌疑人、被告人的得分情况可以作为综合评估的参考。 4. 人民检察院进行羁押必要性审查，可以采取以下方式：（1）审查犯罪嫌疑人、被告人不需要继续羁押的理由和证明材料；（2）听取犯罪嫌疑人、被告人及其法定代理人、辩护人的意见；（3）听取被害人及其法定代理人、诉讼代理人的意见，了解是否达成和解协议；（4）听取现阶段办案机关的意见；（5）听取侦查监督部门或者公诉部门的意见；（6）调查核实犯罪嫌疑人、被告人的身体状况。
应当建议审查的内容	经羁押必要性审查，发现犯罪嫌疑人、被告人具有下列情形之一的，应当向办案机关提出释放或者变更强制措施的建议：1. 案件证据发生重大变化，没有证据证明有犯罪事实或者犯罪行为系犯罪嫌疑人、被告人所为的；2. 案件事实或者情节发生变化，犯罪嫌疑人、被告人可能被判处拘役、管制、独立适用附加刑、免予刑事处罚或者判决无罪的；3. 继续羁押犯罪嫌疑人、被告人，羁押期限将超过依法可能判处的刑期的；4. 案件事实基本查清，证据已经收集固定，符合取保候审或者监视居住条件。

可以建议审查的内容	第18条：经羁押必要性审查，发现犯罪嫌疑人、被告人具有下列情形之一，且具有悔罪表现，不予羁押不致发生社会危险性的，可以向办案机关提出释放或者变更强制措施的建议：1. 预备犯或者中止犯；2. 共同犯罪中的从犯或者胁从犯；3. 过失犯罪；4. 防卫过当或者避险过当；5. 主观恶性较小的初犯；6. 系未成年人或者年满七十五周岁的人；7. 与被害方依法自愿达成和解协议，且已经履行或者提供担保；8. 患有严重疾病、生活不能自理；9. 系怀孕或者正在哺乳自己婴儿的妇女；10. 系生活不能自理的人的唯一扶养人；11. 可能被判处一年以下有期徒刑或者宣告缓刑的；12. 其他不需要继续羁押犯罪嫌疑人、被告人的情形。
审查期限	办理羁押必要性审查案件，应当在立案后十个工作日以内决定是否提出释放或者变更强制措施的建议。案件复杂的，可以延长五个工作日。
审查结果	1. 有继续羁押必要的，由检察官决定结案，并通知办案机关。 2. 没有必要继续羁押的情况：（1）经审查认为无继续羁押必要的，检察官应当报经检察长或者分管副检察长批准，以本院名义向办案机关发出释放或者变更强制措施建议书，并要求办案机关在10日以内回复处理情况。释放或者变更强制措施建议书应当说明不需要继续羁押犯罪嫌疑人、被告人的理由和法律依据。（2）人民检察院应当跟踪办案机关对释放或者变更强制措施建议的处理情况。办案机关未在10日以内回复处理情况的，可以报经检察长或者分管副检察长批准，以本院名义向其发出纠正违法通知书，要求其及时回复。
结案通知	1. 对于依申请立案审查的案件，人民检察院办结后，应当将提出建议和办案机关处理情况，或者有继续羁押必要的审查意见和理由及时书面告知申请人。 2. 刑事执行检察部门应当通过检察机关统一业务应用系统等途径将审查情况、提出建议和办案机关处理情况及时通知本院侦查监督、公诉、侦查等部门。

专题九 附带民事诉讼

核心重点

附带民事诉讼的赔偿范围；附带民事诉讼中的当事人；附带民事诉讼的审理程序。

考点精要

- 附带民事诉讼
  - 附带民事诉讼概述
    - 附带民事诉讼的概念
    - 附带民事诉讼的特点
  - 附带民事诉讼的成立条件
  - 附带民事诉讼的当事人
  - 附带民事诉讼的提起
  - 附带民事诉讼的审理程序

第一节 附带民事诉讼概述

1. 附带民事诉讼的概念。

附带民事诉讼，是指公安、司法机关在解决被告人刑事责任的同时，附带解决由遭受物质损失的被害人或者人民检察院提起的，由于犯罪嫌疑人、被告人的犯罪行为所引起的物质损失的赔偿而进行的诉讼，其本质是民事诉讼。

2. 附带民事诉讼的特点。

（1）附带民事诉讼性质是特殊的民事诉讼；

（2）附带民事诉讼依附于刑事诉讼；

（3）附带民事诉讼的法律依据既包括民事实体法与程序法，也包括刑事实体法与程序法。

第二节 附带民事诉讼的成立条件

1. 附带民事诉讼成立的前提是刑事诉讼已经成立。

附带民事诉讼是由刑事诉讼所追究的涉嫌犯罪的行为引起的，是在追究被告人刑事责任的同时，附带解决其应承担的民事赔偿责任问题。因此，附带民事诉讼必须以刑事诉讼的成立为前提，如果刑事诉讼不能成立，附带民事诉讼也不能成立，但可以另行提起独立的民事诉讼。

根据《刑事诉讼法解释》第160条第2款规定，人民法院准许人民检察院撤回起诉的公诉案件，对已经提起的附带民事诉讼，可以进行调解；不宜调解或者经调解不能达成协议的，应当裁定驳回起诉，并告知附带民事诉讼原告人可以另行提起民事诉讼。

2. 被害人遭受的必须是物质损失。

附带民事诉讼的赔偿范围仅限于因被告人的犯罪行为造成的物质损失。

根据《刑事诉讼法解释》第155条的规定，犯罪行为造成被害人人身损害的，应当赔偿医疗费、护理费、交通费等为治疗和康复支付的合理费用，以及因误工减少的收入。造成被害人残疾的，还应当赔偿残疾生活辅助具费等费用；造成被害人死亡的，还应当赔偿丧葬费等费用。

驾驶机动车致人伤亡或者造成公私财产重大损失，构成犯罪的，依照《中华人民共和国道路交通安全法》第七十六条的规定确定赔偿责任。

附带民事诉讼当事人就民事赔偿问题达成调解、和解协议的，赔偿范围、数额不受第二款、第三款规定的限制。

根据《刑事诉讼法解释》第138条的规定，附带民事诉讼的受理或赔偿范围仅限于被害人因人身权利受到犯罪侵犯或者财物被犯罪分子毁坏而遭受物质损失。因受到犯罪侵犯，提起附带民事诉讼要求赔偿精神损失的，人民法院不予受理；单独提起民事诉讼要求赔偿精神损失的，人民法院亦不受理。

【高能提醒】

1. 被告人非法占有、处置被害人财产的，应当依法予以追缴或者责令退赔。被害人提起附带民事诉讼的，人民法院不予受理。追缴、退赔的情况，可以作为量刑情节考虑。

2. 国家机关工作人员在行使职权时，侵犯他人人身、财产权利构成犯罪，被害人或者其法定代理人、近亲属提起附带民事诉讼的，人民法院不予受理，但应当告知其可以依法申请国家赔偿。

3. 对于被害人因犯罪行为遭受的精神损失而提起的附带民事诉讼，法院不予受理。被害人另行提起精神损害赔偿民事诉讼的，人民法院也不予受理。

4. 将来可能会产生的损失不属于赔偿范围。

3. 被害人的物质损失是因被告人的犯罪行为引起的。

（1）实际损失。如犯罪分子作案时破坏的门窗、车辆、物品，被害人的医疗费、营养费等，这种损失又称积极损失。

（2）必然遭受的损失。因伤残减少的劳动收入、今后继续医疗的费用、被毁坏的丰收在望的庄稼等，这种损失又称消极损失。

附带民事诉讼提起的条件		
	提起时间	1. 在刑事案件立案后及时提起。 2. 一审未提起附带民诉，在二审期间提起的，二审法院可以依法进行调解；调解不成的，告知另行提起民事诉讼。
	以刑事诉讼为前提	1. 如果刑事部分作出撤销案件、不起诉的处理，附带民事诉讼不能继续进行，而应当另行提起民事诉讼。 2. 人民法院认定公诉案件被告人的行为不构成犯罪的，对已经提起的附带民事诉讼，经调解不能达成协议的，应当一并作出刑事附带民事判决。

附带民事诉讼提起的条件	以刑事诉讼为前提	3. 检察院撤回起诉的公诉案件，对已经提起的附带民事诉讼，可以进行调解；不宜调解或者经调解不能达成协议的，应当裁定驳回起诉，并告知附带民事诉讼原告人可以另行提起民事诉讼。
	限于物质损失	1. 被害人的损失是由被告人的“犯罪行为”造成。 2. 因人身权利受到犯罪侵犯而遭受物质损失或者财物被犯罪分子毁害而遭受物质损失的。 3. 一般刑事附带民事案件赔偿项目总结： (1) 人身伤害赔：医疗费、护理费、交通费等为治疗和康复支付的合理费用，以及因误工减少的收入； (2) 造成被害人残疾的赔：医疗费、护理费、交通费等为治疗和康复支付的合理费用，以及因误工减少的收入、残疾生活辅助具费等费用； (3) 造成被害人死亡的赔：医疗费、护理费、交通费等为治疗和康复支付的合理费用，以及因误工减少的收入、赔偿丧葬费等费用； (4) 附带民事诉讼当事人就民事赔偿问题达成调解、和解协议的，赔偿范围、数额不受限制。 **【提示】**《最高人民法院关于交通肇事刑事案件附带民事赔偿范围问题的答复》规定：根据刑事诉讼法第九十九条、第一百零一条和《最高人民法院关于适用〈中华人民共和国刑事诉讼法〉的解释》第一百五十五条的规定，交通肇事刑事案件的附带民事诉讼当事人未能就民事赔偿问题达成调解、和解协议的，无论附带民事诉讼被告人是否投保机动车第三者强制责任保险，均可将死亡赔偿金、残疾赔偿金纳入判决赔偿的范围。

第三节 附带民事诉讼当事人

1. 有权提起附带民诉的主体。

(1) 遭受犯罪行为直接侵害的被害人本人，包括公民、企事业单位、机关、团体等组织。

(2) 已经死亡的被害人的近亲属。近亲属是指夫、妻、父、母、子、女、同胞兄弟姐妹。

(3) 无行为能力或者限制行为能力被害人的法定代理人。根据《刑事诉讼法》第106条的规定，法定代理人是指被代理人的父母、养父母、监护人和负有保护责任的机关、团体的代表。

(4) 如果是国家财产、集体财产遭受损失的，人民检察院在提起公诉的时候，可以提起附带民事诉讼。

【高能提醒】

人民检察院提起附带民事诉讼的，应当列为附带民事诉讼原告人。当国家财产、集体财产遭受损失，而被害单位没有提起附带民事诉讼时，人民检察院作为国家利益的维护者，有责任提起附带民事诉讼。

2. 附带民事诉讼中依法负有赔偿责任的主体。

(1) 刑事被告人以及未被追究刑事责任的其他共同侵害人。

(2) 刑事被告人的监护人。

(3) 死刑罪犯的遗产继承人。

(4) 共同犯罪案件中，案件审结前死亡的被告人的遗产继承人。

(5) 对被害人的物质损失依法应当承担赔偿责任的其他单位和个人。

3. 共同侵害人的处理。

（1）被害人或者其法定代理人、近亲属仅对部分共同侵害人提起附带民事诉讼的，人民法院应当告知其可以对其他共同侵害人，包括没有被追究刑事责任的共同侵害人，一并提起附带民事诉讼，但共同犯罪案件中同案犯在逃的除外。

（2）共同犯罪案件，同案犯在逃的，不应列为附带民事诉讼被告人。逃跑的同案犯到案后，被害人或者其法定代理人、近亲属可以对其提起附带民事诉讼，但已经从其他共同犯罪人处获得足额赔偿的除外。

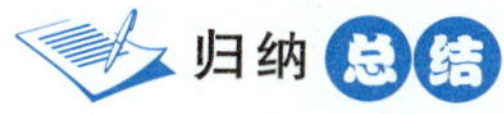
归纳总结

<table>
<tr><td rowspan="2">附带民事诉讼当事人</td><td>附带民事诉讼原告人</td><td>1. 因犯罪行为遭受物质损失的公民、企业、事业单位、机关、团体；
2. 当被害人是未成年人或精神病患者等无行为能力人或者限制行为能力人时，他们的法定代理人可以代为提起附带民事诉讼；
3. 当被害人死亡时，其近亲属可以提起附带民事诉讼；
4. 国家财产、集体财产遭受损失，被害单位没有提起附带民诉时，检察院可以提起。——检察院提起附带民事诉讼的，应当判令被告人直接向遭受损失的单位作出赔偿；遭受损失的单位已经终止，应当判令其向继受人作出赔偿；没有权利义务继受人的，应当判令其向人民检察院交付赔偿款，由检察院上缴国库。</td></tr>
<tr><td>附带民事诉讼被告人</td><td>1. 刑事被告人的监护人；
2. 死刑罪犯的遗产继承人；
3. 共同犯罪案件中，案件审结前死亡的被告人的遗产继承人；
4. 对被害人的物质损失依法应当承担民事赔偿责任的其他单位和个人；
5. 刑事案件的被告人及未被追究刑事责任的其他共同侵害人；
6. 不应当列为附带民事诉讼被告人：
（1）附带民事诉讼被告人的亲友自愿代为赔偿的，应当准许。
（2）共同犯罪案件，同案犯在逃的，不应当列为附带民事诉讼被告人。逃跑的同案犯到案后，对其提起附带民事诉讼，但已经从其他共同犯罪人处获得足额赔偿的除外。</td></tr>
</table>

第四节　附带民事诉讼的提起

1. 提起期间。

（1）附带民事诉讼应当在刑事案件立案后及时提起。

【高能提醒】

根据《刑事诉讼法解释》第 161 条的最新规定，第一审期间未提起附带民事诉讼，在第二审期间提起的，第二审人民法院可以依法进行调解；调解不成的，告知当事人可以在刑事判决、裁定生效后另行提起民事诉讼。根据该解释第 164 条的规定，被害人或者其法定代理人、近亲属在刑事诉讼过程中未提起附带民事诉讼，另行提起民事诉讼的，人民法院可以进行调解，或者根据物质损失情况作出判决。

（2）在刑事诉讼的侦查、审查起诉期间，有权提起附带民事诉讼的人可以提出赔偿要求，但在刑事案件起诉后，必须向人民法院依法提起附带民事诉讼的，人民法院才按照附带民事诉讼案件受理。

（3）侦查、审查起诉期间，有权提起附带民事诉讼的人提出赔偿要求，经公安机关、人民检察院调解，当事人双方已经达成协议并全部履行，被害人或者其法定代理人、近亲属又提起附带民事诉讼的，人民法院不予受理，但有证据证明调解违反自愿、合法原则的除外。

2. 提起方式。

提起附带民事诉讼应当提交附带民事起诉状，公民书写诉状确有困难的，可以口头起诉。

3. 提起条件。

(1) 起诉人符合法定条件。

(2) 有明确的被告人。

(3) 有请求赔偿的具体要求和事实、理由。

(4) 属于人民法院受理附带民事诉讼的范围。

归纳总结

附带民事诉讼的提起	提起的期间	1. 从立案到一审判决宣告之前。 【提示】第一审期间未提起附带民事诉讼，在第二审期间提起的，第二审人民法院可以依法进行调解；调解不成的，告知当事人可以在刑事判决、裁定生效后另行提起民事诉讼。 2. 侦查、审查起诉期间，有权提起附带民事诉讼的人提出赔偿要求，经公安机关、人民检察院调解，当事人双方已经达成协议并全部履行，被害人或者其法定代理人、近亲属又提起附带民事诉讼的，人民法院不予受理，但有证据证明调解违反自愿、合法原则的除外。
	提起方式	1. 公民（口头或者书面）书写诉状确有困难的，可以口头起诉。 2. 检察院或单位（书面）。
	提起条件	1. 起诉人符合法定条件。 2. 有明确的被告人。 3. 有请求赔偿的具体要求和事实、理由。 4. 属于人民法院受理附带民事诉讼的范围。

第五节　附带民事诉讼审理程序

一、受理

人民法院应当在7日内决定是否立案。符合条件的，应当受理；不符合的，裁定不予受理。

【高能提醒】

法院受理后，应当在5日内将附带民事起诉状副本送达附带民事诉讼被告人及其法定代理人，或者将口头起诉的内容及时通知附带民事诉讼被告人及其法定代理人，并制作笔录。

二、证明责任分配

附带民事诉讼当事人对自己提出的主张，有责任提供证据。

三、财产保全

（一）概念

附带民事诉讼的财产保全是指在刑事诉讼过程中，在可能因被告人或其他人的行为导致将来发生法律效力的附带民事诉讼判决不能或难以得到执行时，司法机关对被告人的财产采取一定的保全措施，从而保证附带民事判决能够得到执行。

（二）种类

附带民事诉讼的财产保全包括两种情形：

1. 诉中财产保全。

（1）启动方式：人民法院对可能因被告人的行为或者其他原因，使附带民事判决难以执行的案件，根据附带民事诉讼原告人的申请，可以裁定采取保全措施，查封、扣押或者冻结被告人的财产；附带民事诉讼原告人未提出申请的，必要时，人民法院也可以采取保全措施。

（2）担保要求：人民法院采取诉中财产保全措施，可以责令申请人提供担保，申请人不提供担保的，裁定驳回申请。

（3）行动时间：人民法院接受申请后，对情况紧急的，必须在 48 小时内作出裁定；裁定采取保全措施的，应当立即开始执行。

2. 诉前财产保全。

（1）启动方式：有权提起附带民事诉讼的人因情况紧急，不立即申请保全将会使其合法权益受到难以弥补的损害的，可以在提起附带民事诉讼前，向被保全财产所在地、被申请人居住地或者对案件有管辖权的人民法院申请采取保全措施。

（2）担保要求：对于诉前财产保全，申请人应当提供担保，不提供担保的，裁定驳回申请。

（3）行动时间：人民法院接受申请后，必须在 48 小时内作出裁定；裁定采取保全措施的，应当立即开始执行。

（4）解除保全：申请人在人民法院受理刑事案件后 15 日内未提起附带民事诉讼的，人民法院应当解除保全措施。

（三）保全的方法

人民法院可以采取的保全措施包括查封、扣押与冻结三种。查封是指在附带民事诉讼被告人的款物上粘贴人民法院的封条，不准任何人擅自处分、移动。扣押是指将附带民事诉讼被告人的款物运到一定的场所保管，不允许他人对该财产使用和处分，扣押的财产一般是便于移动的款物。冻结主要针对的是存款、汇款、证券等由金融机构、证券公司或其他托管机构管理的财产，是指人民法院通知上述财产管理机构不准任何人提取、转移附带民事诉讼被告人的财产。

（四）保全的对象

财产保全的对象限于被告人的财产，非被告人的财产不得进行保全。人民法院保全财产后，应当立即通知被保全财产的人。财产已被查封、冻结的，不得重复查封、冻结。被申请人提供担保的，人民法院应当裁定解除保全。申请有错误的，申请人应当赔偿被申请人因保全所遭受的损失。

四、附带民事诉讼的调解

1. 可以根据自愿、合法的原则进行调解。

2. 经调解达成协议的，应当制作调解书。调解书经双方当事人签收后，即具有法律效力。

3. 调解达成协议并即时履行完毕的，可以不制作调解书，但应当制作笔录，经双方当事人、审判人员、书记员签名或者盖章后即发生法律效力。

4. 调解未达成协议或者调解书签收前当事人反悔的，附带民事诉讼应当同刑事诉讼一并判决。

五、审判组织

附带民事诉讼应当同刑事案件一并审判，只有为了防止刑事案件审判的过分迟延，才可以在刑事案件审判后，由同一审判组织继续审理附带民事诉讼。应当按照“先刑后民”的原则处理刑事部分与附带民事部分之间的关系。具体来说，要注意以下几个方面：

1. 只能先审理刑事部分，后审理附带民事部分。而不能先审理附带民事部分，后审理刑事部分。

2. 必须由审理刑事案件的同一审判组织继续审理附带民事部分，不得另行组成合议庭。如果同一审判组织的成员确实不能继续参加审判的，可以更换审判组织成员。

3. 附带民事诉讼部分的判决对案件事实的认定不得同刑事判决相抵触。

4. 附带民事诉讼部分的延期审理，一般不影响刑事判决的生效。

六、当事人缺席的后果

1. 附带民事诉讼原告人经传唤，无正当理由拒不到庭，或者未经法庭许可中途退庭的，应当按撤诉处理。

2. 刑事被告人以外的附带民事诉讼被告人经传唤，无正当理由拒不到庭，或者未经法庭许可中途退庭的，附带民事部分可以缺席判决。

七、处理结果

1. 人民法院认定公诉案件被告人的行为不构成犯罪，对已经提起的附带民事诉讼，经调解不能达成协议的，应当一并作出刑事附带民事判决。

2. 审理刑事附带民事诉讼案件，人民法院应当结合被告人赔偿被害人物质损失的情况认定其悔罪表现，并在量刑时予以考虑。

<table>
<tr><td>受理</td><td colspan="3">人民法院应当在7日内决定是否立案。</td></tr>
<tr><td>证明责任分配</td><td colspan="3">附带民事诉讼当事人对自己提出的主张，有责任提供证据。</td></tr>
<tr><td rowspan="3">财产保全的种类</td><td rowspan="3">诉前保全</td><td>启动方式</td><td>在提起附带民事诉讼前，可以向被保全财产所在地、被申请人居住地或者对案件有管辖权的人民法院申请采取保全措施。</td></tr>
<tr><td>担保要求</td><td>对于诉前财产保全，申请人应当提供担保，不提供担保的，裁定驳回申请。</td></tr>
<tr><td>起诉要求</td><td>申请人在人民法院受理刑事案件后15日内未提起附带民事诉讼的，人民法院应当解除保全措施。</td></tr>
</table>

<table>
<tr><td rowspan="9">财产保全的种类</td><td rowspan="3">诉中保全</td><td rowspan="2">启动方式</td><td>依申请</td><td>依申请根据附带民诉原告人或者检察院申请，可以裁定采取保全措施。</td></tr>
<tr><td>依职权</td><td>未提出申请的，必要时，人民法院也可以采取保全措施。</td></tr>
<tr><td>担保要求</td><td colspan="2">担保要求可以责令申请人提供担保，申请人不提供担保的，裁定驳回申请。</td></tr>
<tr><td colspan="4">【提示】人民法院采取保全措施，适用民事诉讼法有关规定。</td></tr>
<tr><td rowspan="2">审理</td><td>调解</td><td colspan="2">1. 可以根据自愿、合法的原则进行调解。
2. 调解达成协议的，应当制作调解书。调解书经双方当事人签收后，即具有法律效力。调解达成协议并即时履行完毕的，可以不制作调解书，但应当制作笔录，经双方当事人、审判人员、书记员签名或者盖章后即发生法律效力。
3. 调解未达成协议或者调解书签收前当事人反悔的，附带民事诉讼应当同刑事诉讼一并判决。</td></tr>
<tr><td>审理原则与组织</td><td colspan="2">附带民事诉讼应当同刑事案件一并审判，只有为了防止刑事案件审判的过分迟延，才可以在刑事案件审判后，由同一审判组织继续审理附带民事诉讼。</td></tr>
<tr><td rowspan="2">处理</td><td>当事人缺席的后果</td><td colspan="2">1. 附带民事诉讼原告人经传唤，无正当理由拒不到庭，或者未经法庭许可中途退庭的，应当按撤诉处理。
2. 刑事被告人以外的附带民事诉讼被告人经传唤，无正当理由拒不到庭，或者未经法庭许可中途退庭的，附带民事部分可以缺席判决。</td></tr>
<tr><td>最后处理</td><td colspan="2">1. 应当结合被告人赔偿被害人物质损失的情况认定其悔罪表现，并在量刑时予以考虑。追缴、退赔的情况，可以作为量刑情节考虑。
2. 法院认定公诉案件被告人的行为不构成犯罪，对已经提起的附带民事诉讼，经调解不能达成协议的，应当一并作出刑事附带民事判决。</td></tr>
<tr><td>诉讼费</td><td colspan="3">附带民事诉讼不收诉讼费。</td></tr>
</table>

期间、送达

核心重点

重点期间的具体日期；期间重新计算；期间不计入；送达（留置送达和直接送达）。

考点精要

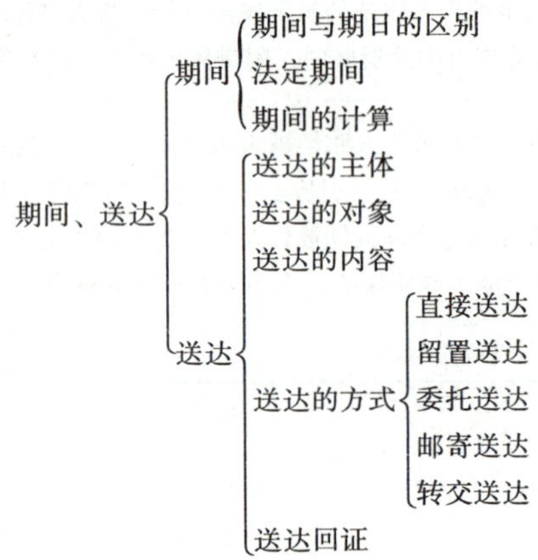

第一节　期间

一、期间与期日的区别

1. 时间跨度的不同。

期日是一个特定的时间单位，如某日、某时；期间是指一定时间内的时间，即由一个期日起至另一个期日止的一段时间。

2. 参与形式的不同。

期日是公安司法机关和诉讼参与人共同进行某项刑事诉讼活动的时间；期间是指公安司法机关和诉讼参与人各自单独进行某项诉讼活动的时间。

3. 指定主体的不同。

期日由公安司法机关指定，遇到重大理由时，可以另行指定期日；期间原则上由法律规定，不得任意变更。

4. 终止时间确定的不同。

期日只规定开始的时间，不规定终止的时间；期间在具体案件中一旦确定开始时间，终止的时间也随之确定。

5. 开始后的要求不同。

期日开始后，必须立即实施或者开始某项诉讼活动；期间开始后不要求立即实施，只要是在期间届满之前实施都有效的。

二、法定期间

法定期间，指由法律作出明确规定的诉讼期间。基于某种法律事实的发生而开始的法定期间内的任何时候都可以实施诉讼行为，同时，也只有在此期间内所进行的诉讼活动才是有效的。

1. 强制措施期间。

（1）传唤、拘传最长不得超过 12 小时。案情重大复杂的，需要采取拘留、逮捕措施的，传唤、拘传持续的时间不得超过 24 小时。

（2）取保候审最长不得超过 12 个月，监视居住最长不得超过 6 个月。

（3）拘留后 24 小时以内进行讯问，24 小时以内通知其家属。

（4）公安机关对被拘留的人拘留期限最长 14 天，对于流窜作案、多次作案、结伙作案的重大嫌疑分子可达 37 天。

（5）人民检察院对直接受理的案件中被拘留的人，认为需要逮捕的，应当在 14 日以内作出决定；在特殊情况下，决定逮捕的时间可以延长 1~3 日。

2. 侦查羁押期间。

（1）一般不得超过 2 个月。

（2）案情复杂、期限届满不能终结的案件，可经上一级检察院批准延长 1 个月。

（3）对于交通十分不便的边远地区的重大复杂案件，重大的犯罪集团案件，流窜作案的重大、复杂案件以及犯罪涉及面广、取证困难的重大复杂案件，在上述的 3 个月侦查羁押期限内不能办结的，经省、自治区、直辖市人民检察院批准或者决定，可以延长 2 个月。

（4）对于犯罪嫌疑人可能判处 10 年有期徒刑以上刑罚，在上述的 5 个月内仍不能侦查终结的，省、自治区、直辖市人民检察院批准或决定，可以再延长 2 个月。

（5）因为特殊原因，在较长时间内不宜交付审判的特别重大复杂的案件，由最高人民检察院报请全国人民代表大会常务委员会批准延期审理。

3. 解除扣押、冻结期间。

对扣押、冻结的财物，经查明确实与案件无关的，应当在 3 日以内解除扣押、冻结，退还原主或者原邮电机关。

4. 审查起诉期间。

一般应当在 1 个月以内作出决定，重大、复杂的案件，可以延长半个月；对于补充侦查的案件，应当在 1 个月以内补充侦查完毕。补充侦查以 2 次为限。

5. 一审程序期间。

（1）庭前告知期间：开庭 10 日以前将起诉书副本送达被告人；开庭 3 日以前将开庭的时间、地点通知人民检察院；开庭 3 日以前将传票、通知书送达诉讼参与人；公开审判的案件，在开庭 3 日以前先期公布案由、被告人姓名、开庭时间和地点。

（2）补充侦查期间：检察人员在庭审中发现提起公诉的案件需要补充侦查并提出建议的，人民检察院应当在 1 个月以内补充侦查完毕。

（3）公诉案件审理期间：受理后 2 个月内宣判，至迟不得超过 3 个月。特殊案件可以再延长3个月。因特殊情况还需要延长的，报请最高人民法院批准。

(4) 自诉案件审理期间：

①适用普通程序审理被告人被羁押的，同公诉案件的审理期间。

②适用普通程序审理被告人未被羁押的自诉案件，应当在立案后6个月内宣判。

(5) 简易程序审理期间：适用简易程序审理案件，人民法院应当在受理后20日以内审结。对可能判处的有期徒刑超过3年的，可以延长至一个半月。

(6) 判决宣告期间：人民法院当庭宣告判决的，应当在5日以内将判决书送达当事人和提起公诉的人民检察院；定期宣告判决的，应当在宣告后立即将判决书送达当事人和提起公诉的人民检察院。

6. 上诉、抗诉期限。

被告人不服判决的上诉、抗诉的期限为10日；不服裁定的上诉、抗诉的期限为5日。被害人及其法定代理人不服地方各级人民法院一审判决，有权自收到判决书后5日内请求人民检察院提出抗诉。

7. 二审程序期间。

应当在2个月以内审结，特殊案件可以再延长2个月，因特殊情况还需要延长的，报请最高人民法院批准。

8. 再审程序期间。

人民法院按照审判监督程序重新审判的案件，应当在作出提审、再审决定之日起3个月以内审结，需要延长期限的，不得超过6个月。

归纳总结

	情形	期限	批准主体
公安侦查羁押期限	一般	2个月	无需批准
	案情复杂、期限届满不能终结	延长1个月	上一级人民检察院
	“交流广集”且重大复杂	延长2个月	省、自治区、直辖市人民检察院批准或者决定
	可能判处10年有期徒刑以上	延长2个月	省、自治区、直辖市人民检察院批准或者决定
	特殊原因	无期限	最高人民检察院报全国大会常务委员会批准延期审理
检察院直接立案侦查	1. 没有采取强制措施措施，应当在立案后2年以内侦查终结。 2. 采取强制措施的，侦查部门应当在1年侦查终结。		
延长羁押期限的审批规定	1. 公安机关，应当在羁押期限届满7日前提出，检察院应当在羁押期限届满前作出决定。 2. 公安侦查期间，发现犯罪嫌疑人另有重要罪行的，重新计算侦查羁押期限的，不需要经人民检察院批准，但应当报人民检察院备案。		
《公安部规定》对羁押的新规定	1.《公安部规定》第150条规定，看守所收押犯罪嫌疑人、被告人和罪犯，应当进行健康和体表检查，并予以记录。 2.《公安部规定》第151条第1款规定，看守所收押犯罪嫌疑人、被告人和罪犯，应当对其人身和携带的物品进行安全检查。发现违禁物品、犯罪证据和可疑物品，应当制作笔录，由被羁押人签名、捺指印后，送办案机关处理。		
审查起诉	一般	1个月，重大、复杂的案件，可以延长半个月。	
	对于补充侦查的案件	应当在1个月以内补充侦查完毕。补充侦查以2次为限。	

一审期间	公诉案件审理期间	【2+1+3+X】：人民法院审理公诉案件，应当在受理后2个月以内宣判，至迟不得超过3个月。对于可能判处死刑的案件或者附带民事诉讼的案件，以及有本法第156条规定情形之一的，经上一级人民法院批准，可以延长三个月；因特殊情况还需要延长的，报请最高人民法院批准。
自诉	被羁押	同公诉案件的审理期间。
	未被羁押	应当在立案后6个月内宣判，并不延长。
简易程序	简易程序，应当在受理后20日以内审结；可能判处的有期徒刑超过三年的，可以延长至一个半月。	
判决宣告期间	当庭	应5日以内将判决书送达当事人和提起公诉的人民检察院和辩护人。
	定期	应宣告后立即将判决书送达当事人和提起公诉的人民检察院和辩护人。
上诉、抗诉期限	判决上诉	不服判决的上诉、抗诉的期限为10日。
	裁定上诉	不服裁定的上诉、抗诉的期限为5日。
	申请抗诉	被害人及法定代理人不服地方各级法院一审，自收到判决书后5日内请求检察院提起抗诉。
二审	【2+2+X】：二审人民法院受理上诉、抗诉案件，应当在2个月以内审结。对于可能判处死刑的案件或者附带民事诉讼的案件，以及有本法第156条规定情形之一的，经省、自治区、直辖市高级人民法院批准或者决定，可以延长二个月；因特殊情况还需要延长的，报请最高人民法院批准。最高人民法院受理上诉、抗诉案件的审理期限，由最高人民法院决定。	
再审	3个月内审结，需要延长的，不得超过6个月。	
扣押冻结期	对经查明确实与案件无关的，应当在3日以内解除扣押、冻结，退还原主或者原邮电机关。	
特别提示	1. 侦查羁押期限不包括拘留羁押期限。2. 死刑复核无期限。	

三、期间的计算

（一）期间的一般计算

1. 计算单位。

期间的计算单位有时、日、月三个。

【高能提醒】

期间没有年。

2. 计算方法。

（1）以时为计算单位的期间，从期间开始的下一时起算，期间开始的时不计算在期间以内。

（2）以日为计算单位的期间，从期间开始的次日起算，期间开始的日不计算在期间以内。它的届满以法定期间日数的最后一日完了为止。

（3）以月为计算单位的期间，自本月某日至下月某日为1个月，如本月1日收案至下一个月1日、本月最后一日至下一个月最后一日为1个月的审理期限；半月一律按15日计算期限。

3. 特别规定。

（1）期间的最后一日为节假日的，以节假日后的第1日为期间届满日期。如果节假日不是期间的最后一日，而是在期间的开始或中间则均应计算在期间以内。

【高能提醒】

对于犯罪嫌疑人、被告人或者罪犯在押期间，应当至期间届满之日为止，不得因节假日而延长在押期限至节假日后的第 1 日。

（2）上诉状或者其他文件在期满前已经交邮的，不算过期。

（3）犯罪嫌疑人不讲真实姓名、住址，身份不明的，侦查羁押期限自查清其身份之日起计算，但是不得停止对其犯罪行为的侦查取证。

（二）期间的特殊计算

1. 期间的恢复。

期间的恢复，是指当事人由于不能抗拒的原因或者有其他正当理由而耽误期限的，在障碍消除后 5 日以内，可以申请继续进行应当在期满以前完成的诉讼活动的一种补救措施。

期间的恢复必须具备以下条件：

（1）当事人提出恢复期间的申请；

（2）期间的耽误是由于不能抗拒的原因或有其他正当理由；

（3）当事人的申请应当在障碍消除后的 5 日以内提出；

（4）期间恢复的申请经人民法院裁定批准。

2. 期间的重新计算。

（1）在侦查期间，发现犯罪嫌疑人另有重要罪行的，重新计算侦查羁押期限。

【高能提醒】

由公安机关决定，不再经人民检察院批准，但须报人民检察院备案，人民检察院可以进行监督。

（2）犯罪嫌疑人不讲真实姓名、住址，身份不明的，侦查羁押期限自查清其身份之日起计算，但是不得停止对其犯罪行为的侦查取证。

【高能提醒】

对于犯罪事实清楚，证据确实、充分的，也可以按其自报的姓名移送人民检察院审查起诉。

（3）补充侦查完毕后移送人民检察院或者人民法院的，重新计算审查起诉或者审理期限。

（4）改变管辖的公诉案件，从改变后的办案机关收到案件之日起计算办案期限。

（5）二审发回原审重新审判的案件，原审法院从收到发回案件之日起，重新计算审理期限。

（6）由简易程序转为普通程序的，自案件决定转为普通程序次日起重新计算。

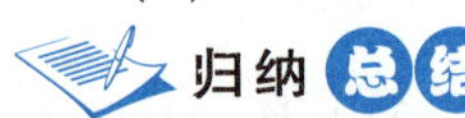

期间的一般计算	1. 期间是以时、日、月来计算。开始的时、日不计算在内。 2. 月一般指本月某日到下月某日，但是如果下月没有这一天，则以下月的最后一个日为一个月。下月同日不存在的，自本月某日至下月最后一日为一个月。 3. 期间的最后一日为节假日的，以节假日后的第一日为期满日期，但在押期间不得因节假日而延长。 4. 法定期间不包括路途上的时间。

期间的特殊计算	期间的恢复	当事人由于不能抗拒的原因或者有其他正当理由而耽误期限的，在障碍消除后5日以内，可以申请继续进行应当在期满以前完成的诉讼活动。前款申请是否准许，由人民法院裁定。
	期间的重新计算	1. 在侦查期间，发现另有重要罪行的，自发现之日起依法重新计算侦查羁押期限。（须报检察院备案） 【提示】“另有重要罪行”是指与逮捕时的罪行不同种的重大犯罪以及同种犯罪并将影响罪名认定、量刑档次的重大犯罪。 2. 补充侦查完毕移送检察院后，检察院重新计算审查起诉期限。 3. 补充侦查完毕移送法院后，法院重新计算审理期限。 4. 改变管辖的案件，从改变后的法院收到案件之日起计算审理期限。 5. 二审发回原审法院重新审判的案件，原审法院从收到发回的案件之日起，重新计算审理期限。 6. 简易程序转为普通程序审理的案件，审理期限应当从决定转为普通程序之日起计算。
	期间的不计入	1. 犯罪嫌疑人不讲真实姓名、住址，身份不明的期间。（侦查羁押期限自查清其身份之日起计算，但是不得停止对其犯罪行为的侦查取证。） 2. 中止审理的期间。 3. 精神病鉴定期间不计入办案期限。 【提示】其他鉴定应计入办案期限。 4. 二审法院应当在决定开庭审理后及时通知检察院查阅案卷。检察院应当在1个月以内查阅完毕。检察院查阅案卷的时间不计入审理期限。

第二节　送达

1. 概念。

刑事诉讼中的送达，是指人民法院、人民检察院和公安机关依照法定程序和方式，将诉讼文件送交诉讼参与人、有关机关和单位的诉讼活动。其实质是司法机关的告知行为。

2. 送达的方式。

送达的方式和程序是法定的，有关机关没有按照法定程序送达的，属于程序违法。

（1）直接送达。

又称交付送达，即公安、司法机关指派专人将诉讼文书直接送交收件人的行为。收件人本人亲自签收以及本人不在时，由其成年家属或者单位负责人代为签收，都属于直接送达。

（2）留置送达。

在收件人本人或者代收人拒绝签收向其送达的诉讼文书时，公安、司法机关的送达人依法将文件留在收件人住处的送达方式。

【高能提醒】

收件人或代收人拒绝接受是留置送达的必要条件。收件人或者代收人拒绝签收的，送达人可以邀请见证人到场，说明情况，在送达回证上注明拒收的事由和日期，由送达人、见证人签名或者盖章，将诉讼文书留在收件人、代收人的住处或者单位；也可以把诉讼文书留在受送达人的住处，并采用拍照、录像等方式记录送达过程，即视为送达。

（3）委托送达。

公安、司法机关直接送达诉讼文书有困难的，委托收件人所在地的公安、司法机关代为交给收件人的送达方式。

（4）邮寄送达。

公安、司法机关在直接送达有困难的情况下，通过邮局将诉讼文书、送达回证用挂号邮寄给收件人的送达方式。

（5）转交送达。

公安、司法机关将诉讼文书交收件人所在机关、单位代收后再转给收件人的送达方式。这种送达方式通常适用于军人、被劳动教养或者正在服刑的人。

【高能提醒】

1. 刑事诉讼法没有公告送达。

2. 送达回证是公安司法机关依法送达诉讼文件的证明文件，是计算期间的根据。

3. 收件人在送达回证上签收的日期可能与挂号回执上注明的日期不一致，公安司法机关应在送达回证上作出说明，并以挂号回执上注明的日期为送达日期。

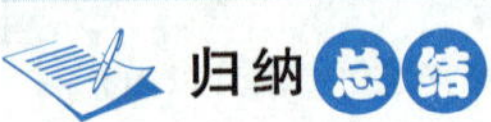

类型		内容
直接送达		1. 直接送达：指公安司法机关派员将诉讼文件直接交给收件人。而不是通过中介人或中间环节。 2. 如果收件人本人不在，由他的成年家属或所在单位的负责收件人代收，代收人也应当在送达回证上记明收到日期，并且签名或者盖章。签收的日期为送达的日期。
留置送达		1. 本人或者代收人拒绝接受诉讼文件或者拒绝签名、盖章时，送达人员将诉讼文件放置在收件人或代收人的住处。 2. 收件人本人或者代收人拒绝接收或者拒绝签名、盖章的时候，送达人员邀请他的邻居或者其他见证人到场，说明情况，在送达回证上记明拒收的事由和日期，即视为送达。 3. 诉讼文件的留置送达与交给收件人或代收人具有同样的法律效力。 4. 收件人或者代收件人拒绝签收的，也可以把诉讼文书留在受达人的住处，并采用拍照、录像等方式记录送达过程，即视为送达。
委托送达		1. 指承办案件的公安司法机关委托收件人所在地的公安司法机关代为送达的一种方式。 2. 委托送达的前提是，收件人所在地与送达主体的所在地不一致，直接送达有困难。
邮寄送达		1. 通过邮局以挂号信的方式将需送达文书邮寄给受送达人。挂号回执上注明日期为送达的日期。 2. 人民法院向域外居住的当事人送达文书的，受送达人所在国法律允许的，可以邮寄送达。自邮寄之日起满 3 个月，送达回证未退回，但根据各种情况以认定已经送达的，视为送达。
转交送达	军人	通过所在部队团级以上单位的政治部门转交。
	服刑人员	通过所在监狱或者其他执行机关转交。
	强制性教育	收件人正在被采取强制性教育措施的，应当通过强制性教育机构转交。

【高能提醒】

1. 刑事诉讼法没有公告送达。

2. 送达回证是公安司法机关依法送达诉讼文件的证明文件，是计算期间的根据。

3. 收件人在送达回证上签收的日期可能与挂号回执上注明的日期不一致，公安司法机关应在送达回证上作出说明，并以挂号回执上注明的日期为送达日期。

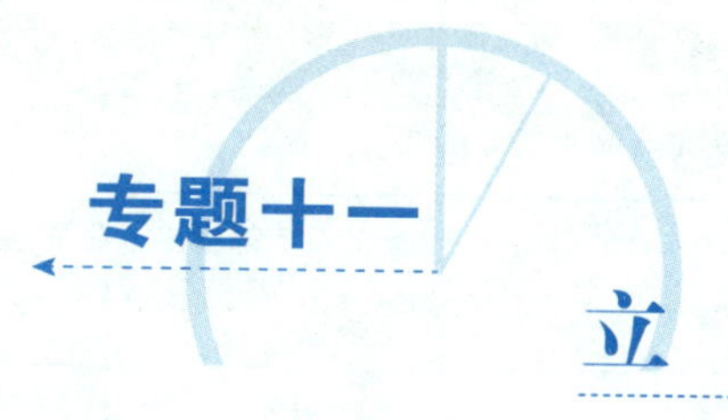

专题十一 立 案

核◆心◆重◆点◆

报案、举报与控告的区别；立案的条件；对立案材料的初查；立案监督程序。

考点精要

立案{立案的概念；立案材料的来源；立案的条件；立案的程序；立案的监督}

一、立案的概念

是指公、检发现犯罪事实或者犯罪嫌疑人，或者公、检、法对于报案、控告、举报、自首等材料，依照各自的管辖范围进行审查，并决定是否作为刑事案件进行侦查和提交审判的诉讼活动。

二、立案材料的来源

1. 公安机关、人民检察院直接发现的犯罪事实或获得线索。

【高能提醒】

不包括人民法院，因其遵守不告不理原则。

2. 报案。

是指单位和个人以及被害人发现有犯罪事实发生，但尚不知犯罪嫌疑人为何人时，向公安机关、人民检察院、人民法院告发的行为。

3. 举报。

是指单位和个人对其发现的犯罪事实或者犯罪嫌疑人向公安机关、人民检察院和人民法院进行告发、揭露的行为。

4. 控告。

指被害人（包括自诉人和被害单位）就其人身权利、财产权利遭受不法侵害的事实及犯罪嫌疑人的有关情况，向公安司法机关揭露和告发，要求依法追究其刑事责任的诉讼行为。

5. 犯罪人自首、自诉人的起诉。

是指犯罪人作案以后自动投案，如实供述自己罪行，并接受公安司法机关的审查和裁判的行为。犯罪人的自首也是立案的材料来源之一。

【高能提醒】

报案 VS 举报 VS 控告

	相同	都指出了犯罪事实	
差异	报案	举报	控告
主体	被害人或第三人	第三人	被害人
能否指出犯罪人	不能	能	能

三、立案的条件

（一）公诉

1. 有犯罪事实。

仅是指发现有某种危害社会而又触犯刑律的犯罪行为发生。至于整个犯罪的过程、犯罪的具体情节、犯罪人是谁等，并不要求在立案时就全部弄清楚。这些问题应当通过立案后的侦查或审理活动来解决。

2. 需要追求刑事责任。

查明有无《刑事诉讼法》第15条规定的不予追究刑事责任的情形，如果没有该条规定的情形，就可以立案。

【高能提醒】

《刑事诉讼法》第15条规定，有下列情形之一的，不追究刑事责任，已经追究的，应当撤销案件，或者不起诉，或者终止审理，或者宣告无罪：（一）情节显著轻微、危害不大，不认为是犯罪的；（二）犯罪已过追诉时效期限的；（三）经特赦令免除刑罚的；（四）依照刑法告诉才处理的犯罪，没有告诉或者撤回告诉的；（五）犯罪嫌疑人、被告人死亡的；（六）其他法律规定免予追究刑事责任的。

（二）自诉

自诉案件的立案，因法院立案后不经侦查和审查起诉程序，直接进行审判程序，所以其条件比公安、检察院的立案条件要严格，除遵守公诉案件的两个条件外，还应具备下列条件：

1. 属于刑事自诉案件的范围。
2. 属于该人民法院管辖。
3. 刑事案件的被害人及符合法定条件其他人的告诉。如果被害人死亡、丧失行为能力或因受强制、恐吓等无法告诉，或者是限制行为能力人及因年老、患病、盲、聋、哑等不能亲自告诉，其法定代理人、近亲属告诉或者代为告诉的，人民法院应当依法受理。
4. 有明确的被告人、具体的诉讼请求和能证明被告人犯罪事实的证据。

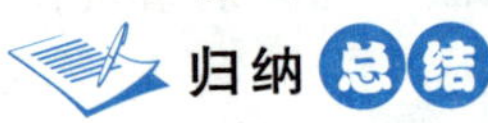
归纳总结

立案条件	公诉	1. 有犯罪事实；2. 需要追究刑事责任。
	自诉	1. 属于刑事自诉案件的范围；2. 属于该人民法院管辖；3. 刑事案件的被害人告诉的；4. 有明确的被告人、具体的诉讼请求和能证明被告人犯罪事实的证据。

环卫工人马某在垃圾桶内发现一名刚出生的婴儿后向公安机关报案，公安机关紧急将婴儿送医院成功抢救后未予立案。关于本案的立案程序，下列哪一选项是正确的？(2017-2-30，单)①

A. 确定遗弃婴儿的原因后才能立案

B. 马某对公安机关不予立案的决定可申请复议

C. 了解婴儿被谁遗弃的知情人可向检察院控告

D. 检察院可向公安机关发出要求说明不立案理由通知书

四、立案的程序

（一）立案材料的接受

1. 公安机关、人民检察院或者人民法院对于报案、控告、举报，都应当接受。

2. 对于不属于自己管辖的，应当移送主管机关处理，并且通知报案人、控告人、举报人；对于不属于自己管辖而又必须采取紧急措施的，应当先采取紧急措施，然后移送主管机关。

3. 报案、控告和举报可以用书面或口头形式提出。接受口头报案、控告和举报的工作人员，应当写成笔录，经宣读无误后，由报案人、控告人、举报人签名或者盖章。

4. 接受控告、举报的工作人员应当向控告人、举报人说明诬告应负的法律责任。

【高能提醒】

错告和诬告二者区别：错告没有捏造事实、陷害他人的故意，而是由于个人认识片面或错误造成的控告、举报与事实不符，甚至错误；而诬告则是故意捏造事实，伪造证据，目的在于陷害他人。

5. 公安司法机关应当为报案人、控告人、举报人保密，并保障他们及其近亲属的安全。

（二）立案材料的初查（《高检规则》第173条+《公安部规定》第171条）

1. 初查过程中，可以采取讯问、查询、勘验、检查、鉴定、调取证据材料等不限制初查对象人身、财产权利的措施。不得对初查对象采取强制措施，不得查封、扣押、冻结初查对象的财产，不等采取技术侦查措施。

2. 初查过程中，公安机关可以依照有关法律和规定采取讯问、勘验、鉴定和调取证据材料等不限制被调查对象人身、财产权利的措施。

（三）对立案材料的处理

1. 公、检、法进行审查后的处理方式为立案或不立案。

2. 无论是立案还是不立案，都应是书面决定。

3. 不立案的决定应当告知控告人。

归纳总结

材料接受	1. 对材料都应当接受。 2. 对于不属于自己管辖的，应当移送主管机关处理。 3. 必须采取紧急措施的，应当先采取紧急措施，然后移送主管机关。

① 答案：D。

初查	在初查过程中，可以采取询问、查询、勘验、检查、鉴定、调取证据材料等不限制初查对象人身、财产权利的措施。不得对初查对象采取强制措施，不得查封、扣押、冻结初查对象的财产，不得采取技术侦查措施。
立案材料的审查	1. 有没有犯罪事实发生；2. 需不需要追究刑事责任。
对立案材料的处理	立案或不立案。（书面决定，告知控告人）

五、立案的监督

（一）概念

是指有监督权的机关和公民依法对立案活动进行监视、督促或者审核的诉讼活动。

（二）控告人的监督

1. 对公安机关不立案不服的——申请复议。

（1）控告人对不予立案决定不服的，可以在收到不予立案通知书后7日以内向作出决定的公安机关申请复议；

（2）控告人对不予立案的复议决定不服的，可以在收到复议决定书后7日以内向上一级公安机关申请复核。上一级公安机关应当在收到复核申请后7日以内作出决定。对上级公安机关撤销不予立案决定的，下级机关应当执行。

2. 对检察机关不立案不服的——申请复议。

控告人对人民检察院不立案的决定不服时，可以在收到不立案通知书后10日以内申请复议。

（三）人民检察院的监督

1. 线索来源。

（1）通过人民检察院的各种业务活动发现公安机关有应当立案而不立案的情况。

（2）通过被害人的申诉获得。

2. 线索来源的处理。

人民检察院对于公安机关应当立案侦查而不立案侦查的线索进行审查后，应当根据不同情况分别作出处理：

（1）没有犯罪事实发生，或者犯罪情节显著轻微不需要追究刑事责任，或者具有其他依法不追究刑事责任情形的，及时答复投诉人或者行政执法机关。

（2）不属于被投诉的公安机关管辖的，应当将有管辖权的机关告知投诉人或者行政执法机关，并建议向该机关控告或者移送。

（3）公安机关尚未作出不予立案决定的，移送公安机关处理。

（4）有犯罪事实需要追究刑事责任，属于被投诉的公安机关管辖，且公安机关已作出不立案决定的，经检察长批准，应当要求公安机关书面说明不立案理由。

3. 具体的监督程序。

（1）要求说明理由。人民检察院侦查监督部门经过调查、核实有关证据材料，认为需要公安机关说明不立案理由的，经检察长批准，应当要求公安机关书面说明不立案的理由。

（2）要求公安机关书面说明不立案理由，应告知公安机关在收到要求说明不立案理由通知书或要求说明立案理由通知书后7日以内，书面说明不立案或立案的情况、依据、理由，连同证据材料回复人民检察院。

（3）通知公安机关立案或撤销案件。公安机关说明不立案或者立案的理由后，人民检察院侦查监督部门应当进行审查，认为公安机关不立案或者立案理由不能成立的，经检察长或者检察委员会讨论决定，应当通知公安机关立案或者撤销案件。

（4）移送决定与公安机关的义务。人民检察院通知公安机关立案或者撤销案件，应当制作通知立案书或者通知撤销案件书，说明依据和理由，连同证据材料送达公安机关，并且告知公安机关应当在收到通知立案书后15日以内立案，对通知撤销案件书没有异议的应当立即撤销案件，并将立案决定书或者撤销案件决定书及时送达人民检察院。

（5）跟踪监督。公安机关在收到通知立案书或者通知撤销案件书后超过15日不予立案或者既不提出复议、复核，也不撤销案件的，人民检察院应当发出纠正违法通知书予以纠正。公安机关仍不纠正的，报上一级人民检察院协商同级公安机关处理。公安机关立案后3个月内未侦查终结的，可以向公安机关发出立案监督案件催办函，要求公安机关及时向人民检察院反馈侦查工作进展情况。

4. 对应立而不立的监督。

当事人认为公安机关不应当立案而立案，向检察院提出的，检察院应当受理和审查。检察院经审查，有证据证明公安机关可能存在违法动用刑事手段插手民事、经济纠纷，或者办案人员利用立案事实报复陷害、敲诈勒索以及谋取其他非法利益等违法立案情形，且已采取刑事拘留等强制措施或者搜查、扣押、冻结等强制性侦查措施，尚未提请批准逮捕或者移送审查起诉的，经检察长批准，应当要求公安机关书面说明立案理由。

5. 监督的救济。

（1）对于公安机关认为人民检察院撤销案件通知有错误要求同级人民检察院复议的，人民检察院应当重新审查，在收到要求复议意见书和案卷材料后7日以内作出是否变更的决定，并通知公安机关。

（2）对于公安机关不接受人民检察院复议决定提请上一级人民检察院复核的，上级人民检察院应当在收到提请复核意见书和案卷材料后15日以内作出是否变更的决定，通知下级人民检察院和公安机关执行。

（3）上级人民检察院复核认为撤销案件通知有错误的，下级人民检察院应当立即纠正；上级人民检察院复核认为撤销案件通知正确的，下级公安机关应当立即撤销案件，并将撤销案件决定书复印件及时送达同级人民检察院。

卢某坠楼身亡，公安机关排除他杀，不予立案。但卢某的父母坚称他杀可能性大，应当立案，请求检察院监督。检察院的下列哪一做法是正确的？（2013-2-34，单）①

A. 要求公安机关说明不立案理由

B. 拒绝受理并向卢某的父母解释不立案原因

C. 认为符合立案条件的，可以立案并交由公安机关侦查

D. 认为公安机关不立案理由不能成立的，应当建议公安机关立案

① 答案：A。

<table>
<tr><td rowspan="3">被害人</td><td colspan="2">申请复议、复核（限于控告人）</td><td>1. 控告人对不予立案不服的，可在收到不予立案通知书后7日以内向原决定机关申请复议。公安机关应当在收到复议申请后7日以内作出决定，并书面通知控告人。2. 控告人对不予立案的复议决定不服的，可以在收到复议决定书后7日以内向上一级公安机关申请复核；上一级公安机关应当在收到复核申请后7日以内作出决定。</td></tr>
<tr><td colspan="2">向检察院提出</td><td>被害人认为公安对应当立案侦查的案件不立案侦查，还可向人民检察院提出。人民检察院应当要求公安机关说明不立案的理由。</td></tr>
<tr><td colspan="2">提起自诉</td><td>被害人还可以向法院提起自诉（公诉转自诉）。</td></tr>
<tr><td rowspan="8">检察院</td><td rowspan="5">应立而不立的监督</td><td>线索</td><td>1. 依职权发现。2. 依被害人申请。</td></tr>
<tr><td rowspan="4">线索处理</td><td>无犯罪事实或不需追究刑事责任的，及时答复投诉人或者行政执法机关。</td></tr>
<tr><td>不属于被投诉的公安机关管辖的，应当将有管辖权的机关告知投诉人或者行政执法机关，并建议向该机关控告或者移送。</td></tr>
<tr><td>公安机关尚未作出不予立案决定的，移送公安机关处理。</td></tr>
<tr><td>有犯罪事实需要追究刑事责任，属于被投诉的公安机关管辖，且公安机关已作出不立案决定的，经检察长批准，应当要求公安机关书面说明不立案理由。</td></tr>
<tr><td>不立而立</td><td colspan="2">当事人认为公安机关不应当立案而立案，向检察院提出的，检察院应当受理和审查。</td></tr>
<tr><td>救济</td><td colspan="2">1.5日以内要求向同级检察院复议。2. 不接受复议决定的，5日以内提请上一级检察院复核。上级检察院应当在收到提请复核意见书和案卷材料后15日以内作出是否变更的决定，并通知下级检察院和公安机关执行。</td></tr>
<tr><td>自侦的监督</td><td colspan="2">人民检察院侦查监督部门或者公诉部门发现本院侦查部门对应当立案侦查的案件不报请立案侦查或者对不应当立案侦查的案件进行立案侦查的，应当建议侦查部门报请立案侦查或者撤销案件；建议不被采纳的，应当报请检察长决定。</td></tr>
</table>

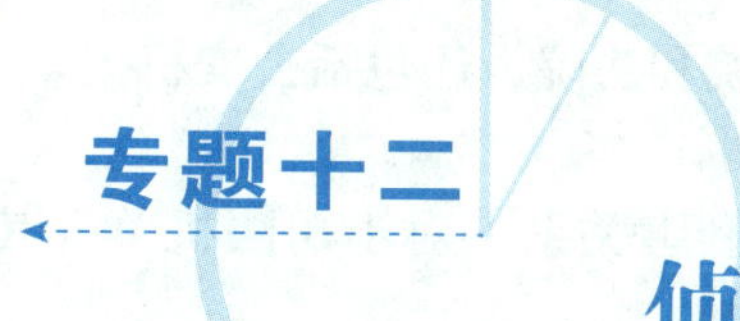

专题十二 侦　查

核心重点

讯问与询问程序的区别；检查与搜查的区别；扣押物证与书证；鉴定程序要求；侦查羁押期限的计算与延长；补充侦查。

考点精要

侦查：
- 侦查概述
- 侦查行为
- 侦查终结
- 补充侦查

第一节　侦查概述

一、侦查的概念

是指公、检在办理案件的过程中，依照法律进行的专门调查工作和有关的强制性措施。

二、侦查的司法控制

（一）原因

1. 侦查行为的实施大多涉及公民权益，对其进行合理制约十分重要。

2. 侦查是为了查清案件事实真相，为最终将犯罪嫌疑人交付法院审判做好准备工作。因此侦查权的运行应主动适应司法的要求，司法权也应介入侦查程序中，对侦查行为进行适当约束。

（二）方式

1. 事前审查——针对侦查手段滥用的情形：实施事前审查，在侦查机关作出影响公民基本权利的侦查行为之前，应由裁判主体也就是法官来进行司法审查，由其作出决定。需要接受事前审查的侦查行为主要包括逮捕、羁押、搜查这些较为严厉的措施，有的学者将其称之为强行性侦查措施。

2. 事后审查——针对违法的行为和缺乏制裁的情形：公民对于侦查机关在侦查过程中对其合法权益的侵害，可以寻求司法途径进行救济，也就是采取提起行政诉讼的方式进行。

三、侦查的救济

1. 申诉、控告的提出主体。

四种：当事人、辩护人、诉讼代理人以及利害关系人。

2. 申诉、控告的受理主体。

只能是司法机关：不仅包括检察院和法院，还包括公安机关。

3. 申诉、控告的范围。

当事人和辩护人、诉讼代理人、利害关系人对于司法机关及其工作人员有下列行为之一的，有权向该机关申诉或者控告：

（1）采取强制措施法定期限届满，不予以释放、解除或者变更的。

（2）应当退还取保候审保证金不退还的。

（3）对与案件无关的财物采取查封、扣押、冻结措施的。

（4）应当解除查封、扣押、冻结不解除的。

（5）贪污、挪用、私分、调换、违反规定使用查封、扣押、冻结的财物的。

4. 对申诉、控告的处理。

对于当事人、辩护人、诉讼代理人以及利害关系人的申诉、控告，受理机关应当及时处理。对于处理不服的，当事人、辩护人、诉讼代理人以及利害关系人还可以向同级人民检察院申诉；对于人民检察院直接受理的案件，可以向上一级人民检察院申诉。人民检察院对于当事人、辩护人、诉讼代理人以及利害关系人的申诉应当及时进行审查，情况属实的，要通知有关机关予以纠正。

第二节　侦查行为

一、讯问犯罪嫌疑人

1. 讯问主体。

人民检察院或公安机关的侦查人员进行，且讯问时，侦查人员不得少于 2 人。

2. 讯问地点。

（1）犯罪嫌疑人被送交看守所羁押以后，侦查人员对其进行讯问，应当在看守所内进行。

（2）对于不需要逮捕、拘留的犯罪嫌疑人，可以传唤到犯罪嫌疑人所在市、县内的指定地点或他的住处，但是应当出示公公安机关或人民检察院的证明文件。

（3）对在现场发现的犯罪嫌疑人，经出示工作证件，可以口头传唤，但应当在讯问笔录中注明。

3. 讯问时间。

（1）传唤、拘传持续的时间不得超过 12 小时；案情特别重大、复杂，需要采取拘留、逮捕措施的，传唤、拘传持续的时间不得超过 24 小时。两次传唤、拘传间隔的时间一般不得少于 12 小时。

（2）不得以连续传唤、拘传的形式变相拘禁犯罪嫌疑人。传唤、拘传犯罪嫌疑人，应当保证犯罪嫌疑人必要的饮食、休息时间。

（3）对于已经拘留或逮捕的犯罪嫌疑人，应当在拘留或逮捕后 24 小时内讯问，在发现不应当拘留或逮捕的时候，必须立即释放。

4. 讯问的方法和步骤。

（1）侦查人员在讯问犯罪嫌疑人的时候，应当首先讯问犯罪嫌疑人是否有犯罪行为，让他陈述有罪的情节或者无罪的辩解，然后向他提出问题。

（2）犯罪嫌疑人对侦查人员的提问，应当如实回答。但是对与本案无关的问题，有拒绝回答的权利。同时应当告知犯罪嫌疑人如实供述自己罪行可以从宽处理的法律规定。

（3）对同案犯罪嫌疑人进行讯问，应当个别进行。

（4）讯问犯罪嫌疑人必须制作笔录。讯问笔录应当交犯罪嫌疑人核对，对于没有阅读能力的，应当向他宣读。如果记载有遗漏或者差错，犯罪嫌疑人可以提出补充或者改正。犯罪嫌疑人承认笔录没有错误后，应当签名或者盖章。侦查人员也应当在笔录上签名。

（5）禁止用刑讯逼供和以威胁、引诱、欺骗等手段逼取口供。

5. 讯问的录音录像。

（1）可以。

侦查人员在讯问犯罪嫌疑人的时候，可以对讯问过程进行录音或者录像。

（2）应当。

①对于可能判处无期徒刑、死刑的案件或者其他重大犯罪案件，应当对讯问过程进行录音或者录像。

【高能提醒】

1.“可能判处无期徒刑、死刑的案件”，是指应当适用的法定刑或者量刑档次包含无期徒刑、死刑的案件。2.“其他重大犯罪案件”，是指致人重伤、死亡的严重危害公共安全犯罪、严重侵犯公民人身权利犯罪，以及黑社会性质组织犯罪、严重毒品犯罪等重大故意犯罪案件。

②人民检察院立案侦查职务犯罪案件，在每次讯问犯罪嫌疑人时，应当对讯问过程实行全程录音、录像，并在笔录中注明。

③录音或录像应当全程进行，保持完整性。

6. 对特殊犯罪嫌疑人的讯问。

（1）聋哑人或不通晓当地通用语言文字的人：讯问聋、哑或不通晓当地通用语言文字的犯罪嫌疑人，应当有通晓聋、哑手势或当地通用语言文字且与本案无利害关系的人员人参加，并且将这种情况记入笔录。

（2）未成年人：在讯问时，应当通知其法定代理人或者合适的成年人到场。无法通知、法定代理人不能到场或是共犯的，也可以通知未成年犯罪嫌疑人的其他成年亲属，所在学校、单位、居住地基层组织或者未成年人保护组织的代表到场，并将有关情况记录在案。

（3）女性未成年人：应当有女工作人员到场。

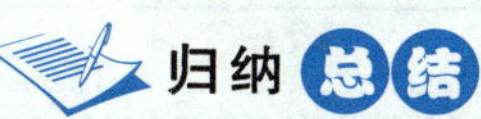

主体	侦查人员，不得少于 2 人。
地点	1. 不需羁押的：传唤到犯罪嫌疑人所在市、县内的指定地点或到他的住处。2. 已被羁押的：应在看守所内。
时间	1. 持续的时间：不得超过 12 小时；2. 案情特别重大、复杂，需要采取拘留、逮捕措施的：不得超过 24 小时；3. 两次传唤间隔时间：不得少于 12 小时。

程序	1. 应当先问是否有犯罪，承认则让其陈述，否认则让其辩解。然后根据其陈述向其提问题；2. 犯罪嫌疑人应当如实回答，但是对与本案无关的问题，有权拒绝回答；3. 讯问时，应当告知其如实供述自己罪行可以从宽处理；4. 可以对讯问过程进行录音或者录像；5. 对于同案犯罪嫌疑人的讯问，应当分别进行。
讯问特殊对象	1. 未成年人：应当通知他的法定代理人或者合适的成年人在场；2. 女性未成年人：应当有女性工作人员在场；3. 聋哑人：应当有通晓聋哑手势的人参加；4. 不通晓当地语言文字的犯罪嫌疑人：应当配备翻译人员。
禁止	严禁刑讯逼供。

二、询问证人、被害人

1. 询问主体。

侦查人员。

2. 询问地点。

（1）现场；（2）证人所在单位；（3）证人的住处；（4）证人提出的地点；（5）必要时，可以通知证人到人民检察院或者公安机关提供证言。

【高能提醒】

在现场询问证人，应当出示工作证件，到证人所在单位、住处或者证人提出的地点询问证人，应当出示人民检察院或者公安机关的证明文件。

3. 询问方法。

（1）询问证人应当个别进行。这样做有利于避免证人之间互相影响，保证证言的真实性。（2）为了保证证人如实提供证据，询问证人时，应当告知他应当如实地提供证据、证言和有意作伪证或者隐匿罪证要负的法律责任。（3）询问证人时，应当先让证人连续地详细叙述他所了解的案件情况，以利于证人能够完整地、全面地回忆起事实情节。（4）对证人的叙述，应当制作笔录，交证人核对或对他宣读。

4. 对特殊对象的询问。

（1）聋哑人或不通晓当地通用语言文字的人、女性未成年人同讯问犯罪嫌疑人的规定。

（2）询问未成年证人时，应当通知未成年证人的法定代理人到场。

【高能提醒】

询问被害人的，适用询问证人的程序。

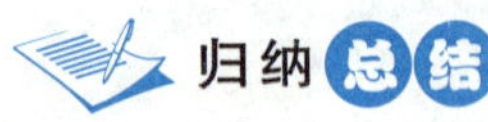

归纳总结

主体	侦查人员，不得少于2人。
地点	1. 侦查人员询问证人，可以在现场进行，也可以到证人所在单位、住处或者证人提出的地点进行，在必要的时候，可以通知证人到人民检察院或者公安机关提供证言；2. 在现场询问证人，应当出示工作证件，到证人所在单位、住处或者证人提出的地点询问证人，应当出示人民检察院或者公安机关的证明文件。
方法	侦查人员询问证人，应当分别进行。
询问特殊对象	1. 未成年人：应当通知他的法定代理人。 2. 聋哑人：应当有通晓聋哑手势的人参加。
禁止	严禁暴力、威胁的方法取证。

在一起聚众斗殴案件发生时，证人甲、乙、丙、丁四人在现场目睹事实经过，侦查人员对上述四名证人进行询问。关于询问证人的程序和方式，下列哪一选项是错误的？（2013-2-30，单）①

A. 在现场立即询问证人甲

B. 传唤证人乙到公安机关提供证言

C. 到证人丙租住的房屋询问证人丙

D. 到证人丁提出的其工作单位附近的快餐厅询问证人丁

三、勘验、检查

勘验、检查，是侦查人员对于与犯罪有关的场所、物品、尸体、人身进行勘查和检验的一种侦查行为。勘验和检查的性质是相同的，但勘验的对象是现场、物品和尸体，而检查的对象是活人的身体。

1. 现场勘验。

（1）任何单位和个人，都有义务保护犯罪现场，并且立即通知公安机关派员勘验。

（2）侦查人员进行现场勘验时，必须持有公安机关或人民检察院的证明文件。

（3）现场勘验在必要时可以指派或聘请具有专门知识的人在侦查人员的主持下进行勘验。应邀请两名与案件无关的见证人在场。

（4）现场勘验的情况应制成笔录，侦查人员、参加勘验的其他人员和见证人都应当在笔录上签名或盖章。对于重大案件、特别重大案件的现场，应当录像。

2. 物证检验。

在侦查活动中收集到的物品或者痕迹进行检查、验证，以确定该物证与案件事实之间的关系的一种侦查活动。

3. 尸体检验。

由侦查机关指派或聘请的法医或医师对非正常死亡的尸体进行尸表检验或者尸体解剖的一种侦查活动。对于死因不明的尸体，为了确定死因，经县级以上公安机关负责人批准，可以解剖尸体或者开棺检验，并通知死者家属到场。

4. 人身检查。

是指为了确定被害人、犯罪嫌疑人的某些特征、伤害情况或者生理状态，依法对其身体进行检验、查看，提取指纹信息，采取血液、尿液等生物样本的侦查行为。

对被害人身体检查，应征求本人的同意，不得强制进行。对犯罪嫌疑人进行人身检查，如果有必要，可以强制进行。

为了确定被害人、犯罪嫌疑人的某些特征、伤害情况或者生理状态，可以对人身进行检查，可以提取指纹信息，采集血液、尿液等生物样本。若其拒绝检查、提取、采集的，侦查人员认为必要的时候，经办案部门负责人批准，可以强制检查、提取、采集。

① 答案：B。

【高能提醒】

检查妇女的身体，应当由女工作人员或者医师进行。

5. 侦查实验。

是指侦查人员为了确定与案件有关的某一事实在某种情况下能否发生或者是怎样发生的，而按当时的情况和条件进行试验的一种侦查活动。

（1）为查明案情，必要时，经公安机关负责人批准，可以进行侦查实验，禁止一切足以造成危险、侮辱人格或者有伤风化的行为。

（2）在必要的时候可以聘请有关人员参加，也可以要求犯罪嫌疑人、被害人、证人参加。

（3）侦查实验的情况应当写成笔录，记录侦查实验的条件、经过和结果，由参加实验的人签名或者盖章。必要时可以对侦查实验录音、录像。

【高能提醒】

侦查实验只能作为补强证据使用，不能单独作为定案的根据。

6. 复验、复查。

（1）人民检察院审查案件时，对公安机关的勘验、检查，认为需要复验、复查时，可以要求公安机关复验、复查，并且可以派检察人员参加。

（2）复验、复查可以退回公安机关进行，也可以由人民检察院自己进行。对于退回公安机关的，人民检察院也可以派员参加。

归纳总结

主体	由侦查人员负责，必要时，可以指派或者聘请具有专门知识的人，在侦查人员的主持下进行勘验、检查。	
对象	1. 勘验的对象：场所、物品、尸体。2. 检查的对象：活人的身体（包括犯罪嫌疑人、被害人）。	
程序	1. 侦查人员执行勘验、检查，必须持有人民检察院或者公安机关的证明文件。2. 需要 2 名见证人。应当邀请 2 名与案件无关的见证人在场。勘验、检查笔录，由参加勘验、检查的人和见证人签名或者盖章。	
种类	现场勘验	详见考点精义。
	物证检验	详见考点精义。
	人身检查	1. 对犯罪嫌疑人可以强制检查，对被害人不能强制检查。2. 由医师或者女性工作人员检查妇女的身体。
	尸体解剖	对于死因不明的尸体，经县级以上公安机关负责人批准，可以解剖尸体或开棺检验，并通知死者家属（无需同意）到场。
	侦查实验	必要时，经公安机关负责人或检察长批准可以进行侦查实验。禁止一切足以造成危险、侮辱人格或者有伤风化的行为。
复验复查	检察院审查案件时，对公安的勘验、检查，认为需要复验、复查时，可以要求公安机关复验、复查，并且可以派检察人员参加。也可以自行复验、复查，商请公安机关派员参加，必要时也可以聘请专门技术人员参加。	

四、搜查

1. 主体。

搜查必须由侦查人员进行。进行搜查的人员不得少于 2 人。搜查妇女的身体，应当由女工作人员进行。

2. 对象。

（1）即可是犯罪嫌疑人，也可是其他可能隐藏罪犯或者犯罪证据的人。

（2）可对人身进行，也可对被搜查人的住所、物品和其他有关场所进行。

3. 具体程序。

（1）进行搜查时，必须向被搜查人出示搜查证。公安机关的搜查证：县级以上公安机关负责人签发；人民检察院的搜查证：检察长签发。

（2）在执行逮捕、拘留的时候，遇有紧急情况，不另用搜查证也可以进行搜查。其中“紧急情况”是指：①可能随身携带凶器的；②可能隐藏爆炸、剧毒等危险物品的；③可能隐匿、毁弃、转移犯罪证据的；④可能隐匿其他犯罪嫌疑人；⑤其他突然发生的紧急情况。

（3）搜查时，应当有被搜查人或者他的家属、邻居或者其他见证人在场。

（4）搜查的情况应当写成笔录，由侦查人员和被搜查人或者他的家属、邻居或者其他见证人签名或者盖章。如果被搜查人或者他的家属在逃或拒绝签名、盖章，应当在笔录上注明。

（5）任何单位和个人，有义务按照人民检察院和公安机关的要求，交出可以证明犯罪嫌疑人有罪或者无罪的物证、书证、视听资料等证据。

五、查封、扣押物证、书证

1. 查封、扣押、查询、冻结的对象。

（1）在侦查活动中发现的可用以证明犯罪嫌疑人有罪或者无罪的各种物品和文件，应当查封、扣押；与案件无关的物品、文件，不得扣押。

（2）土地、房屋等不动产，或者船舶、航空器以及其他不宜移动的大型机器、设备等特定动产的，应当经县级以上公安机关负责人批准并制作查封决定书。

（3）公、检根据侦查犯罪的需要，可以依照规定查询、冻结犯罪嫌疑人的存款、汇款、债券、股票、基金份额等财产，有关单位和个人应当配合。犯罪嫌疑人的存款、汇款、债券、股份、基金份额等财产已经被冻结的，不得重复冻结。

【高能提醒】

公、检不能扣划存款、汇款、债券、股份、基金份额等财产。

（4）侦查人员认为需要扣押犯罪嫌疑人的邮件、电报、电子邮件时，经公安机关或人民检察院批准，即可通知邮电机关或者网络服务单位将有关的邮件、电报、电子邮件检交扣押。

2. 查封、扣押、查询、冻结的处理程序。

（1）对于查封、扣押的财物、文件，应当会同在场见证人和被查封、扣押财物、文件持有人查点清楚，当场开列清单一式两份，由侦查人员、见证人和持有人签名或者盖章，一份交给持有人，另一份附卷备查。

（2）对于扣押的物品、文件，要妥善保管或者封存，不得使用或者损毁。

（3）对于扣押的物品、文件、邮件、电报或者冻结的存款、汇款，经查明确实与案件无关的，应当在3日以内解除扣押、冻结，退还原主或者原邮电机关。

（4）对于被扣押、冻结的债券、股份、基金份额等财产，在扣押、冻结期间权利人申请出售，经扣押、冻结机关审查，不损害国家利益、被害人利益，不损害诉讼正常进行的，以及扣押、冻结的汇票、本票、支票的有效期限即将届满的，可以在判决生效前依法出售或者变现，所得价款由扣押、冻结机关保管，并及时告知当事人及其近亲属。

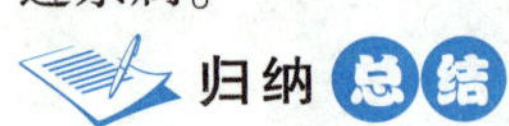

查封、扣押物证、书证	主体	只能由侦查人员进行（2人以上）。
	对象	1. 范围限于与查明案件有关的各种物品、文件的证据和违禁品，危险品；2. 无论是否与本案有关，都可以先行扣押，然后交有关部门处理；3. 公、检、法院对查封、扣押、冻结的犯罪嫌疑人、被告人的财物及其孳息，应当妥善保管，以供核查，并制作清单，随案移送。不得挪用或者自行处理。对被害人的合法财产，应当及时返还。对违禁品或者不宜长期保存的物品，应当依照国家有关规定处理。
	方法	1. 无需扣押证，但是需要制作物品清单；2. 应当需要见证人在场；3. 发现与本案无关的物证、书证，办案机关必须在3天之内通知解除；4. 只有查询、冻结；5. 需要扣押嫌疑人的邮件、电报，经县级以上公安机关或者人民检察院批准。

六、鉴定

是指公、检为了查明案情，指派或者聘请具有专门知识的人对案件中的某些专门性问题进行鉴别和判断的一种侦查活动。

1. 鉴定选定通过指派和聘请两种方式进行，具体如下：

（1）指派，由公、检，指派其内部的刑事技术鉴定部门具有鉴定资格的专业人员进行鉴定。

（2）聘请，由公、检聘请其他部门的专业人员进行鉴定。

2. 办案机关提供必要鉴定条件，及时向鉴定人送交有关检材和对比样本等原始材料，介绍与鉴定有关的情况，并且明确提出要求鉴定解决的问题。不得暗示或者强迫鉴定人作出某种鉴定意见。

3. 鉴定人进行鉴定后，应当写出鉴定意见，并且签名。

4. 侦查机关应当将用作证据的鉴定意见告知犯罪嫌疑人、被害人。犯罪嫌疑人、被害人有权提出申请补充鉴定或者重新鉴定。

5. 对犯罪嫌疑人、被告人在押的案件，除对犯罪嫌疑人的精神病鉴定时间不计入办案期限外，其他鉴定时间都应当计入办案期限。

七、辨认

侦查人员为了查明案情，在必要时让被害人、证人以及犯罪嫌疑人对与犯罪有关的物品、文件、场所或者犯罪嫌疑人进行辨认的一种侦查行为。

1. 辨认的决定与主持。

（1）公安机关、人民检察院在各自管辖案件的侦查过程中，需要辨认犯罪嫌疑人的，应当分别经办案部门负责人或者检察长批准。

（2）侦查人员主持。主持辨认的侦查人员不得少于2人。

2. 辨认规则。

（1）混杂辨认规则。

①公安机关侦查的案件。辨认犯罪嫌疑人时，被辨认的人数不得少于7人；辨认

照片时，被辨认的照片不得少于10个；辨认物品时，混杂的同类物品不得少于5件。对场所、尸体等特定对象进行辨认，或者辨认人能够准确描述物品独有特征的，陪衬物不受数量的限制。

②人民检察院自侦案件。辨认犯罪嫌疑人、被害人时，被辨认的人数为5—10人，照片为5—10张；辨认物品时，同类物品不得少于5件，照片不得少于5张。

（2）单独辨认和见证人辨认规则。

多个辨认人对同一辨认对象进行辨认时，应当由每位辨认人单独进行辨认。见证人可在必要时在场。

（3）不得暗示规则。

在辨认前，应当向辨认人详细询问被辨认对象的具体特征，避免辨认人见到被辨认对象，并应当告知辨认人有意做虚假辨认所需负的法律责任。

（4）保密规则。

辨认人不愿公开进行的，可以在不暴露辨认人的情况下进行，并应当为其保密。

3. 制作笔录。（《高检规则》第261条）

辨认的情况，应当制作笔录，由检察人员、辨认人、见证人签字。对辨认对象应当拍照，必要时可以对辨认过程进行录音录像。

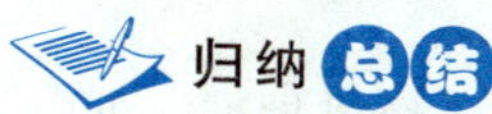

主持	主持的侦查人员不得少于2人。
主体	被害人、证人和犯罪嫌疑人。
对象	与犯罪有关的物品、文件、尸体、场所、犯罪嫌疑人。
程序	1. 个别原则：几名辨认人对同一对象进行辨认时，应当由每名辨认人单独进行； 2. 混杂原则（对象应有相似性）： 公安机关：7人；10张照片；物5件；（不少于） 检察机关：5-10人/照片；物5件/照片（不少于）； 3. 保密原则：对犯罪嫌疑人的辨认，辨认人不愿公开进行时，可以在不暴露辨认人的情况下进行，并应当为其保守秘密； 4. 防止预断：辨认前禁止见到被辨认人或者被辨认物原则； 5. 现场监督：必要时，可以有见证人在场。必要时可以对辨认过程进行录音、录像； 6. 公安机关进行辨认要经负责侦查的部门负责人审查决定；检察院对犯罪嫌疑人进行辨认，应当经检察长批准。

八、技术侦查措施

1. 决定和执行机关。

公安机关（国家安全机关）、检察院享有技术侦查的决定权；由设区的市一级以上公安机关（包括国家安全机关）负责技术侦查的部门实施，可实施记录监控、行踪监控、通信监控、场所监控等措施。

2. 案件范围。

（1）公安机关。

公安机关在立案后，对于危害国家安全犯罪、恐怖活动犯罪、黑社会性质的组织犯罪、重大毒品犯罪或者其他严重危害社会的犯罪案件，根据侦查犯罪的需要，经过严格的批准手续，可以采取技术侦查措施。

【高能提醒】

“其他严重危害社会的犯罪案件”一般指，故意杀人、故意伤害致人重伤或死亡、抢劫、强奸、绑架、放火、爆炸，投放危险物质等严重暴力犯罪案件；集团性、系列性、跨区域性重大犯罪案件；利用电信、计算机网络、寄递渠道等实施的重大犯罪案件，以及针对计算机网络事实的重大犯罪案件；其他严重危害社会的犯罪案件，依法可能判处7年以上有期徒刑的。

（2）检察院。

人民检察院在立案后，对于涉案数额在10万元以上、采取其他方法难以收集证据的重大贪污、贿赂犯罪案件以及利用职权实施的严重侵犯公民人身权利的重大犯罪案件，经过严格的批准手续，可以采取技术侦查措施，交有关机关执行。

《刑事诉讼法》第148条规定的贪污、贿赂犯罪包括刑法分则第八章规定的贪污罪、受贿罪、单位受贿罪、行贿罪、对单位行贿罪、介绍贿赂罪、单位行贿罪、利用影响力受贿罪。《刑事诉讼法》第148条规定的利用职权实施的严重侵犯公民人身权利的重大犯罪案件包括有重大社会影响的、造成严重后果的或者情节特别严重的非法拘禁、非法搜查、刑讯逼供、暴力取证、虐待被监管人、报复陷害等案件。

（3）公安机关、检察院。

追捕被通缉或者批准、决定逮捕的在逃的犯罪嫌疑人、被告人，经过批准，可以采取追捕所必需的技术侦查措施。

3. 种类与期限。

（1）根据侦查犯罪的需要，确定采取技术侦查措施的种类和适用对象。

（2）批准决定自签发之日起3个月以内有效。对于不需要继续的，应当及时解除；对于复杂、疑难案件，经过批准，有效期可以延长，每次不得超过3个月。

【高能提醒】

没有延长的期限限制。

4. 执行程序。

（1）采取技术侦查措施，必须严格按照批准的措施种类、适用对象和期限执行。

【高能提醒】

在有限期限内，需要变更技术侦查措施或者适用对象的，应当按照规定重新办理批准手续。

（2）侦查人员对采取技术侦查措施过程中知悉的国家秘密、商业秘密和个人隐私，应当保密；对采取技术侦查措施获取的与案件无关的材料，必须及时销毁。采取技术侦查措施获取的材料，只能用于对犯罪的侦查、起诉和审判，不得用于其他用途。

（3）公安机关依法采取技术侦查措施，有关单位和个人应当配合，并对有关情况予以保密。

5. 秘密侦查。

为查明案情，必要时，经县级以上公安机关负责人决定，可让特定人员隐匿其身份实施侦查。但不得诱使他人犯罪，不得采用可能危害公共安全或者发生重大人身危险的方法。

6. 控制下交付。

是指侦查机关发现了犯罪，可不当场抓获，而通过充分监控，让其在监控下继续实施，当犯罪行为又触及到其他有关犯罪嫌疑人时，再将去抓获的侦查方式。其适用于涉及给付毒品等违禁品或者财物的犯罪活动，公安机关根据侦查犯罪的需要，可以依照规定实施控制下交付。

7. 证据的运用程序。

（1）采取侦查措施收集的材料在刑事诉讼中可以作为证据使用。批准采取技术侦查措施的法律文书应当附卷，辩护律师可以依法查阅、摘抄、复制，在审判过程中可以向法庭出示。

（2）如果使用该证据可能危及特定人员的人身安全，或者可能产生其他严重后果的，应当采取不暴露特定人员侦查身份等保护措施，必要的时候由审判人员在庭外对证据进行核实。

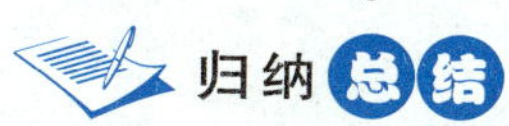
归纳总结

主体	1. 决定主体——公安机关、检察院。2. 执行机关——公安机关（国安机关）。
案件范围	1. 公安机关——立案后，对于危害国家安全犯罪、恐怖活动犯罪、黑社会性质的组织犯罪、重大毒品犯罪或者其他严重危害社会的犯罪案件，根据侦查犯罪的需要，经过严格的批准程序，可以采取技术侦查措施。 2. 检察院——立案后，对于涉案数额在 10 万元以上、采取其他方法难以收集证据的重大贪污、贿赂犯罪以及利用职权实施的严重侵犯公民人身权利的重大犯罪，根据侦查犯罪的需要，经过严格的批准程序，可交有关机关执行技术侦查措施。 3. 公安机关、检察院——追捕被通缉或者批准、决定逮捕的在逃的被追诉人。
种类与期限	1. 根据侦查犯罪的需要，确定采取技术侦查措施的种类和适用对象。 2. 批准决定自签发之日起 3 个月以内有效。对于不需要继续的，应当及时解除；对于复杂、疑难案件，经过批准，有效期可以延长，每次不得超过 3 个月。
秘密侦查	为了查明案情，在必要的时候，经县级以上公安机关负责人决定，可由有关人员隐匿身份实施侦查。但不得诱使他人犯罪，不得采用可能危害公共安全或者发生重大人身危险的方法。
控制下交付	对涉及给付毒品等违禁品或财物的犯罪活动，公安根据侦查需要，可依规定实施控制下交付。
证据使用	1. 采取侦查措施收集的材料在刑事诉讼中可以作为证据使用。如果使用该证据可能危及有关人员的人身安全，或者可能产生其他严重后果的，应当采取不暴露有关人员身份、技术方法等保护措施，必要的时候，可以建议不在法庭上质证，由审判人员在庭外对证据进行核实。 2. 使用该证据可能危及有关人员的人身安全，或可能产生其他严重后果的，由法院依职权庭外调查核实的外，未经法庭调查程序查证属实，不得作为定案的根据。

九、通缉

通缉，是公安机关通令缉拿应当逮捕而在逃的犯罪嫌疑人的一种侦查行为。

1. 发布主体。

只有公安机关有权发布通缉令。人民检察院需要追捕在逃的犯罪嫌疑人时，经检察长批准，可作出通缉的决定，由公安机关发布通缉令。

2. 通缉令的发布范围。

各级公安机关在自己管辖的地区以内，可以直接发布通缉令；如超出自己管辖的地区，应当报请有权决定的上级机关发布。需在全国范围内或跨协作区缉拿重要重要逃犯的，由省、自治区、直辖市公安厅、局报请公安部，由公安部发布通缉令。

3. 通缉对象。

只能是依法应当逮捕而在逃的犯罪嫌疑人，也包括已被捕而在羁押期间逃跑的犯罪嫌疑人。

第三节　侦查终结

侦查机关对于自己立案侦查的案件，经过一系列的侦查活动，根据已经查明的事实、证据，依照法律规定，足以对案件作出起诉、不起诉或者撤销案件的结论，决定不再进行侦查，并对犯罪嫌疑人作出处理的一种诉讼活动。

一、侦查终结的条件和处理

（一）侦查终结的条件

1. 案件事实清楚；

2. 证据确实、充分；

3. 法律手续完备。

（二）侦查终结后的处理

1. 公安机关侦查终结后的处理。

（1）移送起诉。应当做到犯罪事实清楚，证据确实充分，并写出起诉意见书，连同案卷材料、证据一并移送同级人民检察院审查决定；将相关情况告知犯罪嫌疑人及辩护律师

（2）撤销案件。对不应当追究刑事责任的，应撤销案件；犯罪嫌疑人已被逮捕的，应立即释放，发放释放证明，并通知原批准的人民检察院。

2. 人民检察院侦查终结后的处理。

（1）提起公诉。认为犯罪嫌疑人的犯罪事实清楚，证据确实、充分，犯罪性质和罪名认定正确，法律手续完备，依法应当追究刑事责任的，移送同级审查起诉部审查起诉。

（2）不起诉。对于犯罪情节轻微，依法不需要判处刑罚或者免除刑罚的案件，侦查人员应当写出侦查终结报告，并且制作不起诉意见书。

（3）撤销案件。发现具有下列情形之一的，侦查部门应当制作拟撤销案件意见书，报请检察长或者检察委员会决定撤销案件：①具有《刑事诉讼法》第15条规定的情形之一的；②没有犯罪事实，或者依照刑法规定不负刑事责任和不认为是犯罪的；③有犯罪事实，但不是犯罪嫌疑人所为的。

【高能提醒】

对于共同犯罪的案件，如有符合本条规定情形的犯罪嫌疑人，应当撤销对该犯罪嫌疑人的立案。

3. 侦查中的辩护意见。

在案件侦查终结前，辩护律师提出要求的，侦查机关应当听取辩护律师的意见，并记录在案。辩护律师提出书面意见的，应当附卷。

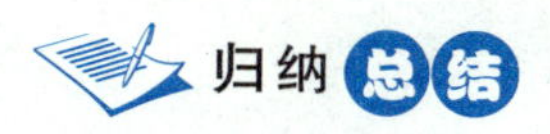

侦查终结的条件	相应的处理
认为犯罪嫌疑人有罪，符合犯罪事实清楚，证据确实充分条件	移送起诉
发现犯罪嫌疑人无罪或符合《刑事诉讼法》第15条的规定	撤销案件

二、侦查羁押期限

1. 羁押期限的起算。

从犯罪嫌疑人被逮捕之日开始。

2. 一般羁押期限。

对犯罪嫌疑人逮捕后的侦查羁押期限不得超过2个月，一般情况下，侦查机关应当在法律规定的侦查羁押期间内侦查终结案件。

3. 特殊羁押期限。

（1）案情复杂、期限届满不能终结的案件，可以经上一级人民检察院批准延长1个月。

（2）因为特殊原因，在较长时间内不宜交付审判的特别重大复杂的案件，由最高人民检察院报请全国人大常委会批准延期审理。

（3）下列案件在《刑事诉讼法》第154条规定的期限内仍不能侦查终结的，经省、自治区、直辖市人民检察院批准或者决定，可以延长2个月：①交通十分不便的边远地区的重大复杂案件；②重大的犯罪集团案件；③流窜作案的重大复杂案件；④犯罪涉及面广，取证困难的重大犯罪案件。

（4）对犯罪嫌疑人可能判处10年有期徒刑以上刑罚，依照《刑事诉讼法》第156条规定延长期限届满，仍不能侦查终结的，经省、自治区、直辖市人民检察院批准或者决定，可以再延长2个月。

4. 羁押期限的重新计算。

另有重要罪行的	发现犯罪嫌疑人另有重要罪行的，自发现之日起依照《刑事诉讼法》第154条的规定重新计算侦查羁押期限。 【高能提醒】1. 重新计算侦查羁押期限由公安机关决定，报人民检察院备案。2. “另有重要罪行”，是指与逮捕时的罪行不同种的重大犯罪以及同种犯罪并将影响罪名认定、量刑档次的重大犯罪。
不讲真实姓名、住址、身份不明	应当对其身份进行调查，侦查羁押期限自查清其身份之日起计算，但不得停止对犯罪行为的侦查取证。对于犯罪事实清楚，证据确实充分的，也可以按其自报的姓名移送人民检察院审查起诉。
鉴定期间的计算	对被羁押的犯罪嫌疑人作精神病鉴定的时间，不计入侦查羁押期限。其他鉴定期间都应当计入办案期间。

第四节 补充侦查

是指公安机关或者人民检察院依照法定程序，在原有侦查工作的基础上进行补充收集证据的一种侦查活动。补充侦查并不是每个案件都必须进行的活动，它只适用于事实不清、证据不足或者遗漏罪行、遗漏同案犯罪嫌疑人的案件。

一、审查批捕阶段（《刑事诉讼法》第88条）

人民检察院对于公安机关提请批准逮捕的案件进行审查后，应当根据情况分别作出批准逮捕或者不批准逮捕的决定。

1. 对于批准逮捕的决定，公安机关应当立即执行，并且将执行情况通知人民检察院。

2. 对于不批准逮捕的，人民检察院应当说明理由，需要补充侦查的，应当同时通知公安机关。

二、审查起诉阶段

1. 补充侦查的形式。

（1）可以退回公安机关或者自侦部门补充侦查；

（2）也可以自行侦查，必要时可以要求公安机关提供协助。

2. 补充侦查的期限和次数。

（1）公安机关应当在1个月以内补充侦查完毕，补充侦查以2次为限。人民检察院重新计算审查起诉期限。

（2）人民检察院在审查起诉中决定自行侦查的，应当在审查起诉期限内侦查完毕。

（3）对于在审查起诉期间改变管辖的案件，改变后的人民检察院可以通过原受理案件的人民检察院退回原侦查的公安机关补充侦查，也可以自行侦查。改变管辖前后退回补充侦查的次数总共不得超过2次。

三、补充侦查后的处理

1. 人民检察院对于经过一次退回补充侦查的案件，认为证据不足，不符合起诉条件，且没有退回补充侦查必要的，可以作出不起诉决定。

2. 人民检察院对已经退回侦查机关二次补充侦查的案件，在审查起诉中又发现新的犯罪事实的，应当移送侦查机关立案侦查；对已经查清的犯罪事实，应当依法提起公诉。

3. 经过二次补充侦查的案件，仍然证据不足，不符合起诉条件的，人民检察院应当作出不起诉决定。

四、法庭审理阶段的补充侦查

（一）补充侦查的形式

1. 法庭宣布延期审理后，人民检察院应当在补充侦查的期限内提请人民法院恢复庭审或撤回起诉，人民检察院应当在补充侦查的期限内提请人民法院恢复法庭审理或撤回起诉。公诉人在法庭审理过程中建议延期审理的次数不得超过两次，每次不得超过一个月。

2. 公诉人在庭审过程中发现案件需要补充侦查而提出延期审理建议的，合议庭应当同意。

3. 审判期间，合议庭发现被告人可能有自首、坦白、立功等法定量刑情节，而人民检察院移送的案卷中没有相关证据材料的，应当通知人民检察院移送。审判期间，被告人提出新的立功线索的，人民法院可以建议人民检察院补充侦查。

（二）补充侦查的处理

1. 人民检察院补充侦查的案件，补充侦查完毕移送人民法院后，人民法院重新计算审理期限。

2. 补充侦查期限届满后，经法庭通知，人民检察院未将案件移送人民法院，且未说明原因的，人民法院可以决定按人民检察院撤诉处理。

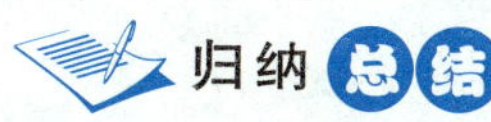

<table>
<tr><td>审查批捕阶段</td><td colspan="3">检察院对于公安机关提请批准逮捕的案件进行审查后，应当根据情况分别作出批准逮捕或者不批准逮捕的决定。对于不批准逮捕的，检察院应当说明理由，需要补充侦查的，应当同时通知公安机关。</td></tr>
<tr><td rowspan="6">审查起诉阶段</td><td rowspan="4">退回补充侦查</td><td>补侦主体</td><td>公安机关、检察机关自侦部门。</td></tr>
<tr><td>期限次数</td><td>每次一个月，以两次为限。</td></tr>
<tr><td>补侦后果</td><td>1. 经过1次补充侦查，可以不起诉，也可以继续补充侦查。
2. 经过第2次充侦查，仍然证据不足的，应当不起诉。</td></tr>
<tr><td>期限计算</td><td>补充侦查完毕，审查起诉的期限需要重新计算。</td></tr>
<tr><td rowspan="2">自行侦查</td><td>主体</td><td>检察院审查起诉部门。</td></tr>
<tr><td>期限</td><td>应当在审查起诉期限内补充侦查完毕。</td></tr>
<tr><td rowspan="4">审判阶段</td><td>补侦主体</td><td colspan="2">只能由检察院补侦，不能退回公安机关补侦，必要时可以由公安机关协助。</td></tr>
<tr><td>期限次数</td><td colspan="2">每次1个月，2次为限。</td></tr>
<tr><td>补侦后果</td><td colspan="2">在补充侦查延期审理后，检察机关不申请恢复庭审的，法院决定按撤诉处理。</td></tr>
<tr><td>期限计算</td><td colspan="2">出现补充侦查的，审判期限应当重新计算。</td></tr>
</table>

专题十三 起诉

核◆心◆重◆点◆

审查起诉的步骤、方法、期限以及审查后的处理方式；提起公诉的条件；三类不起诉的区别、不起诉的决定和救济程序；提起自诉的条件。

考点精要

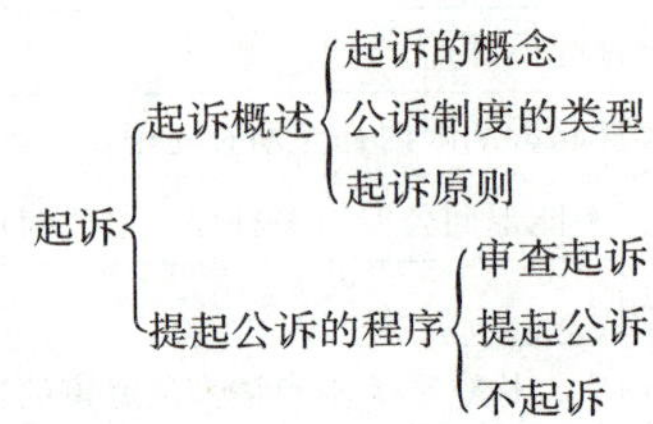

第一节 起诉概述

1. 起诉的概念。

我国刑事起诉分为两种，一为自诉，二为公诉。

自诉是指刑事被害人及其法定代理人、近亲属等，以个人名义向法院起诉，要求保护被害人的合法权益，追究被告人刑事责任的诉讼活动。

公诉是指依法享有刑事起诉权的国家专门机关代表国家向法院提起诉讼，要求法院通过审判确定被告人犯有被指控的罪行并给予相应的刑事制裁的诉讼活动。

2. 公诉制度的类型。

公诉制度主要有两种类型，一是公诉独占主义，二是刑事公诉兼自诉制度。

刑事公诉独占主义，是指刑事案件的起诉权被国家垄断，排除被害人的自诉。

刑事公诉兼自诉制度，是指较为严重案件的起诉权由检察机关代表行使，少数轻微的刑事案件允许公民自诉。

我国：公诉为主，自诉为辅。

3. 起诉原则。

我国存有两种不同原则，一是起诉法定主义或起诉合法主义；二是起诉便宜主义或起诉合理主义。

起诉法定主义或起诉合法主义，是指只要被告人行为符合法定起诉条件，公诉机关不享有自由裁量的权利，必须起诉，不论具体情节。

起诉便宜主义或起诉合理主义，是指被告人行为在具备起诉条件时，是否起诉，由检察官根据被告人及其行为具体情况及刑事政策等因素自由裁量。

我国：以起诉法定主义为主，兼采用起诉便宜主义。

第二节　提起公诉的程序

一、审查起诉

是指人民检察院在提起公诉阶段，为了确定经侦查终结的刑事案件是否应当提起公诉，而对侦查机关确认的犯罪事实和证据、犯罪性质和罪名进行审查核实，并作出处理决定的一项诉讼活动。一律由人民检察院审查决定需要提起公诉的案件。

（一）审查期限

1. 正常计算。

人民检察院对公安机关移送起诉的案件，应在1个月内做出决定，重大、复杂的案件可以延长半个月。

2. 重新计算。

（1）补充侦查的案件——补充侦查完毕移送人民检察院后，重新计算审查起诉期限。

（2）改变管辖的案件——从改变后的人民检察院收到案件之日起，重新计算。

（二）审查内容

《高检规则》第363条对审查起诉时需要查明的证据作出了明确规定，主要涉及犯罪嫌疑人的基本情况、犯罪事实、证据、罪责认定、附带民事诉讼、强制措施和侦查手段等12项内容。

（三）审查程序

1. 受理机关。各级人民检察院提起公诉与人民法院审判管辖相适应。

2. 审阅案卷材料。办案人员应当全面审阅案卷材料，必要时制作案卷笔录。

3. 讯问与听取意见。①应当讯问犯罪嫌疑人，听取辩护人、被害人及其诉讼代理人的意见，并记录在案。此为必经程序。②听取辩护人、被害人及其诉讼代理人的意见。辩护人、被害人及其诉讼代理人提出书面意见的，人民检察院应当附卷。

4. 审核证据。检察院可以要求公安机关提供法庭审判所必需的证据材料；认为可能存在《刑事诉讼法》第54条规定的以非法方法收集证据情形的，可以要求其对证据收集的合法性作出书面说明或者提供相关证据材料。公诉部门在审查中发现侦查人员以非法方法收集犯罪嫌疑人供述、被害人陈述、证人证言等证据材料的，应当依法排除非法证据并提出纠正意见，同时可以要求侦查机关另行指派侦查人员重新调取证据，必要时，人民检察院也可以自行调取证据。

5. 补充侦查。人民检察院认为犯罪事实不清、证据不足或遗漏罪行、同案犯罪嫌疑人等情形需要补充侦查的，可以通过下列两种方式补充侦查，一是人民检察院退回公安机关补充侦查；二是人民检察院自行侦查，必要时可要求公安机关提供必要帮助。

6. 作出起诉或者不起诉的决定。

（四）审查起诉阶段的特殊情形

1. 材料问题。审查后，认为案卷材料不齐备，应当及时要求移送案件的单位补送；装订不合规的，应当要求重新装订后移送。

2. 无管辖权。各级人民检察院提起公诉，应当与人民法院审判管辖相适应。公诉部门收到移送审查起诉的案件后，经审查认为不属于本院管辖的，应当在五日以内经由案件管理部门移送有管辖权的人民检察院，同时通知移送审查起诉的公安机关。一人犯数罪、共同犯罪和其他需要并案审理的案件，只要其中一人或者一罪属于上级人民检察院管辖的，全案由上级人民检察院审查起诉。

3. 鉴定问题。

人民检察院认为需要对案件中某些专门性问题进行鉴定而侦查机关没有鉴定的，应当要求侦查机关进行鉴定；必要时也可以由人民检察院进行鉴定或者由人民检察院送交有鉴定资格的人进行。

在审查起诉中，发现犯罪嫌疑人可能患有精神病的，人民检察院应当依照《高检规则》的有关规定对犯罪嫌疑人进行鉴定。

犯罪嫌疑人的辩护人或者近亲属以犯罪嫌疑人可能患有精神病而申请对犯罪嫌疑人进行鉴定的，人民检察院也可以依照《高检规则》的有关规定对犯罪嫌疑人进行鉴定，鉴定费用由申请方承担。

4. 复验、复查。人民检察院审查案件的时候，对公安机关的勘验、检查，认为需要复验、复查的，应当要求公安机关复验、复查，人民检察院可以派员参加；也可以自行复验、复查，商请公安机关派员参加，必要时也可以聘请专门技术人员参加。

5. 遗漏同案犯的处理。人民检察院在办理公安机关移送起诉的案件中，发现遗漏罪行或者依法应当移送审查起诉同案犯罪嫌疑人的，应当要求公安机关补充移送审查起诉；对于犯罪事实清楚，证据确实、充分的，人民检察院也可以直接提起公诉。

6. 嫌疑人在逃。对于移送审查起诉的案件，如果犯罪嫌疑人在逃的，应当要求公安机关采取措施保证犯罪嫌疑人到案后再移送审查起诉。共同犯罪案件中部分犯罪嫌疑人在逃的，对在案的犯罪嫌疑人的审查起诉应当依法进行。

7. 无犯罪事实或犯罪非犯罪嫌疑人所为（《高检规则》第401条+第402条）

（1）发现没有犯罪事实或者符合《刑事诉讼法》第15条规定情形之一的，经检察长或检察委员会决定，应当作出不起诉决定。对于犯罪事实并非犯罪嫌疑人所为，需要重新侦查的，应当在作出不起诉决定后书面说明理由，将案卷材料退回公安机关并建议公安机关重新侦查。

（2）公诉部门对于本院侦查部门移送审查起诉的案件，发现犯罪嫌疑人没有犯罪事实或者犯罪事实是别人所为的，应当退回本院侦查部门，建议作出撤销案件的处理。

8. 发现新罪。人民检察院对已经退回公安机关二次补充侦查的案件，在审查起诉中又发现新的犯罪事实，应当移送公安机关立案侦查；对已经查清的犯罪事实，应当依法提起公诉。

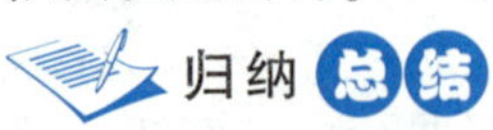

<table>
<tr><td>审查主体</td><td colspan="2">人民检察院。</td></tr>
<tr><td>管辖</td><td colspan="2">各级人民检察院提起公诉，应当与人民法院审判管辖相适应。</td></tr>
<tr><td rowspan="2">审查期限</td><td>正常计算</td><td>一个月；重大、复杂的案件延长半个月。</td></tr>
<tr><td>重新计算</td><td>补充侦查和改变管辖。</td></tr>
<tr><td>听取意见</td><td colspan="2">人民检察院审查案件，应当讯问犯罪嫌疑人，听取辩护人、被害人及其诉讼代理人的意见，并记录在案。辩护人、被害人及其诉讼代理人提出书面意见的，应当附卷。</td></tr>
</table>

审核证据	1. 检察院审查案件，可以要求公安机关提供法庭审判所必需的证据材料；认为可能存在《刑事诉讼法》第 54 条规定的以非法方法收集证据情形的，可以要求其对证据收集的合法性作出书面说明或者提供相关证据材料；2. 检察院接到报案、控告、举报或者发现侦查人员以非法方法收集证据的，应当进行调查核实；3. 应当依法排除非法证据并提出纠正意见，同时可以要求侦查机关另行指派侦查人员重新调查取证，必要时检察院也可以自行调查取证；4. 检察院根据需要可以派员参加公安机关对于重大案件的讨论和其他侦查活动。	
特殊情形的处理	材料不齐	及时要求移送案件的单位补送相关材料。
	无管辖权	连同案卷材料移送有管辖权的检察院，同时通知公安机关。
	同案犯在逃	要求公安采取措施保证在逃犯到案后另案移送，在案的照常进行。
	同案犯潜逃	对潜逃嫌疑人可以中止审查；对其他嫌疑人的审查起诉应当继续。
	遗漏同案犯	应当建议公安补充移送；事实清楚，证据充分，也可以直接公诉。
	发现新犯罪	二次补充侦查的案件，在审查起诉中又发现新的犯罪事实的——应当移送公安机关立案侦查；对已经查清的犯罪事实，应当依法提起公诉。
	无犯罪事实	法定不起诉。
审查后处理	1. 提起公诉；2. 不起诉。	

二、提起公诉

1. 实质要件。

（1）犯罪事实已经查清。这里的“犯罪事实”，是指影响定罪量刑的犯罪事实，包括：①确定犯罪嫌疑人实施的行为是犯罪，而不是一般违法行为的事实；②确定犯罪嫌疑人是否负刑事责任或者免除刑事责任的事实，如犯罪嫌疑人的主观状态（包括故意、过失、动机和目的），犯罪嫌疑人的年龄、精神状态等；③确定对犯罪嫌疑人应当从轻、减轻或者从重处罚的事实。查清上述各项事实就符合犯罪嫌疑人的犯罪事实已经查清的条件。

（2）证据确实、充分。证据确实，是对证据质的要求，是指用以证明犯罪事实的每一证据必须是客观真实存在的事实，同时又与犯罪事实有内在的联系，能够证明案件的事实真相；证据充分，是对证据量的要求，只要一定数量的证据足够证明犯罪事实，就达到了证据充分性的要求。

（3）依法应当追究刑事责任。

【高能提醒】

三个条件必须同时具备，缺一不可。

2. 形式要件。

（1）制作起诉书。人民检察院提起公诉的案件，应当向人民法院移送起诉书，并将案卷材料、证据移送人民法院。

（2）按照审判管辖要求提起公诉。人民检察院决定起诉的时候，应当依法按照审判管辖的规定，向同级人民法院提出，不允许越级起诉。

（3）将案卷材料、证据移送人民法院。人民检察院、人民法院提起公诉时，应当将案卷材料和全部证据移送人民法院，包括犯罪嫌疑人、被告人翻供的材料，证人改变证言的材料，以及对犯罪嫌疑人、被告人有利的其他证据材料。

三、不起诉

是指人民检察院对公安机关侦查终结移送起诉的案件或者对自行侦查终结的案件，经过审查后，认为犯罪嫌疑人没有犯罪事实，具有依法不追究刑事责任的情形，或者犯罪嫌疑人犯罪情节轻微依法不需要判处刑罚或免除刑罚，或者经补充侦查尚未达到起诉条件，而作出的不将案件移送人民法院进行审判的决定。

（一）不起诉的种类

1. 法定不起诉。（绝对不起诉/应当不起诉）

是指犯罪嫌疑人没有犯罪事实，或者具有《刑事诉讼法》第15条规定的不追究刑事责任情形之一的，人民检察院应当作出不起诉决定。这里的“应当不起诉”，是指人民检察院只能依法作出不起诉决定，没有自由裁量的余地。包括以下情形：

（1）犯罪嫌疑人实施的行为情节显著轻微，危害不大，不认为是犯罪的。

（2）犯罪嫌疑人的犯罪已过追诉时效期限的。

（3）犯罪嫌疑人的犯罪经特赦令免除刑罚的。

（4）依照刑法告诉才处理的犯罪，没有告诉或者撤回告诉的。

（5）犯罪嫌疑人、被告人死亡的。

（6）犯罪嫌疑人没有犯罪事实。

【高能提醒】

法定不起诉的决定主体是检察长或者检察委员会。

2. 酌定不起诉。（相对不起诉）

（1）酌定不起诉的概念。

是指人民检察院对于犯罪情节轻微，依照刑法规定不需要判处刑罚或者免除刑罚的，可以作出不起诉决定。其必须同时具备以下两个条件：①犯罪嫌疑人实施的行为触犯了刑律，符合犯罪构成的要件，已经构成犯罪。②犯罪行为情节轻微，依照刑法规定不需要判处刑罚或者免除刑罚。

【高能提醒】

1. 对是否作出酌定不起诉，人民检察院有一定的裁量权。

2. 酌定不起诉的决定主体是检察长或者检察委员会。

（2）酌定不起诉的常见情形。

《刑法》第37条规定，对于犯罪情节轻微不需要判处刑罚的，可以免予刑事处罚，但是可以根据案件的不同情况，予以训诫或责令具结悔过、赔礼道歉、赔偿损失，或者由主管部门予以行政处罚或者行政处分。这是刑法规定的不需要判处刑罚的情形，主要指：①犯罪嫌疑人在中华人民共和国领域外犯罪，依照我国刑法规定应当负刑事责任，但在外国已经受过刑事处罚的。②犯罪嫌疑人又聋又哑，或者是盲人犯罪的。③犯罪嫌疑人因防卫过当或紧急避险超过必要限度，并造成不应有危害而犯罪的。④为犯罪准备工具，制造条件的。⑤在犯罪过程中自动中止或自动有效地防止犯罪结果发生的。⑥在共同犯罪中，起次要或辅助作用。⑦被胁迫、被诱骗参加犯罪。⑧犯罪嫌疑人自首或者在自首后有立功表现的。

3. 证据不足不起诉。(存疑不起诉)

(1) 证据不足不起诉的概念。

是指检察机关对于经补充侦查，仍认为证据不足，不符合起诉条件的案件，可以做出不起诉决定。其具体内容如下：

人民检察院对于经过一次退回补充侦查的案件，认为证据不足，不符合起诉条件，且没有退回补充侦查必要的，可以作出不起诉决定。人民检察院对于二次退回补充侦查的案件，仍认为证据不足，不符合起诉条件的，经检察长或者检察委员会决定，应当作出不起诉决定。

(2) 证据不足的具体情形。

具有下列情形之一，不能确定犯罪嫌疑人构成犯罪和需要追究刑事责任的，属于证据不足，不符合起诉条件：

①犯罪构成要件事实缺乏必要的证据予以证明的。②据以定罪的证据存在疑问，无法查证属实的。③据以定罪的证据之间、证据与案件事实之间的矛盾不能合理排除的。④根据证据得出的结论具有其他可能性，不能排除合理怀疑的。⑤根据证据认定案件事实不符合逻辑和经验法则，得出的结论明显不符合常理的。

【高能提醒】

1. 因证据不足决定不起诉的，在发现新证据，符合起诉条件时，可以提起公诉，人民法院应该受理。2. 存疑不起诉的决定主体是检察长或者检察委员会。

甲乙丙尼丁四人涉嫌多次结伙盗窃，公安机关侦查终结移送审查起诉后，甲突然死亡。检察院审查发现后，甲和乙共同盗窃1次，数额未达到刑事立案标准；乙和丙共同盗窃1次，数额达到刑事立案标准；甲乙丙三人共同盗窃1次，数额巨大，但经两次退回公安机关补充侦查后仍证据不足；乙对其参与的2起盗窃有自首情节。关于本案，下列哪一选项是正确的？(2015-2-33，单)①

A. 对甲可作出酌定不起诉决定　　B. 对乙可作出法定不起诉决定

C. 对丙应作出证据不足不起诉决定　　D. 对丁应作出证据不足不起诉决定

4. 附条件不起诉。(暂缓不起诉)

附条件不起诉是指检察机关在审查起诉时，对于未成年人涉嫌《刑法》分则第四章、第五章、第六章规定的犯罪，可能判处1年有期徒刑以下刑罚，符合起诉条件，但有悔罪表现的，人民检察院可以作出附条件不起诉的决定。

归纳总结

种类	法定不起诉	《刑事诉讼法》第15条+无犯罪事实。
	酌定不起诉	1. 嫌疑人行为已经构成犯罪；2. 犯罪情节轻微，依刑法不需判处刑罚或免除刑罚。

① 答案：D。

	证据不足不起诉	1. 经过1次补充侦查后，证据不足，可以不起诉，也可退回补侦。 2. 经过2次补充侦查后，仍然证据不足，不符合起诉条件，应当不起诉。
	附条件不起诉	对未成年人涉嫌《刑法》分则第四、五、六章规定的犯罪，可能判处1年有期徒刑以下刑罚，符合起诉条件，但有悔罪表现的，人民检察院可以作出附条件不起诉的决定。

（二）不起诉的程序

1. 检察院自侦案件不起诉的批准程序。

省级以下人民检察院办理直接受理立案侦查的案件，拟作不起诉决定的，应当报请上一级人民检察院批准。

2. 不起诉决定书的宣布。

不起诉的决定书应当公开宣布，不起诉决定书自公开宣布之日起生效。

3. 不起诉决定书的送达。

检察院应当将不起诉决定书分别送达以下机关和个人：

（1）被不起诉人及其辩护人以及被不起诉人的所在单位。在押的，应当立即释放；被采取其他强制措施的，应当通知执行机关解除。

（2）对于公安机关移送起诉的案件，应当将不起诉决定书送达公安机关。

（3）有被害人的案件，应当送达被害人或者其近亲属及其诉讼代理人。

4. 解除查封、扣押、冻结。

人民检察院决定不起诉的案件，需要对侦查中查封、扣押、冻结的财物解除查封、扣押、冻结的，应当书面通知作出查封、扣押、冻结决定的机关或者执行查封、扣押、冻结决定的机关解除查封、扣押、冻结。

5. 移送有关主管机关处理。

对被不起诉人需要给予行政处罚、行政处分的，人民检察院应当提出检察意见，连同不起诉决定书一并移送有关主管机关处理，并要求有关主管机关及时通报处理情况。

（三）对不起诉的救济

1. 公安机关的制约。

（1）如果公安机关认为人民检察院的不起诉决定有错误，可以要求复议。

（2）如果意见不被接受，可以向上一级人民检察院提请复核。

2. 被害人的救济。

（1）对于有被害人的案件，如果被害人对不起诉决定不服，可以自收到不起诉决定书后7日内直接向作出不起诉决定的上一级人民检察院申诉，请求提起公诉。

（2）对于上一级人民检察院维持不起诉决定的，被害人可以向人民法院起诉。

（3）被害人也可以不经申诉，直接向人民法院起诉。

【高能提醒】

附条件不起诉的被害人只能向上一级检察院申诉，不能直接向人民法院起诉。

如果被不起诉人对酌定不起诉（仅此一种不起诉）不服，可以自收到不起诉决定书后7日内向作出不起诉决定的人民检察院申诉，人民检察院应当作出复查决定，通知被不起诉人，同时抄送公安机关。

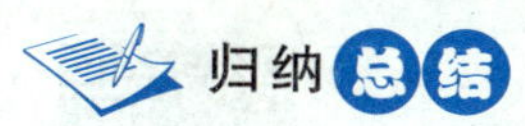

程序	不起诉的宣告	必须是书面的，应当公开宣布，一经宣布即生效。
	不起诉书的送达	1. 被不起诉人及其辩护人以及被不起诉人的所在单位。
		2. 对于公安机关移送起诉的案件，应当送达公安机关。
		3. 应当送达被害人或者其近亲属及其诉讼代理人。
	对被不起诉人和涉案财物的处理	1. 被不起诉人在押的，应当立即释放。 2. 需要对侦查中扣押、冻结的财物解除查封、扣押、冻结的，应当书面通知解除。
	自侦案件不起诉的程序	省级以下检察院办理直接受理立案侦查的案件，拟作不起诉决定的，应当报请上一级检察院批准。
救济	1. 公安机关——向原决定机关复议，向上一级复核（针对公安机关移送起诉的案件）。 2. 被害人——可以向上一级检察院申诉，对申诉不服的可以提起自诉。也可不经申诉直接自诉。 3. 被不起诉人——对酌定不起诉向原机关申诉（收到决定书后7日以内）。	

专题十四 刑事审判程序

核心重点

审判公开原则；集中审理原则；两审终审制；人民陪审员制度。

考点精要

刑事审判程序
- 刑事审判的概念和特征
- 刑事审判的模式
- 刑事审判的原则
- 审级制度
- 审判组织
- 人民陪审员制度

第一节　刑事审判的概念和特征

1. 刑事审判的概念。

是指人民法院在控辩双方和其他诉讼参与人的参加下，依照法定的程序对提交审判的刑事案件进行审理并作出裁判的活动。

2. 刑事审判的特征。

（1）启动的被动性。人民法院审判案件奉行“不告不理”的原则，即没有起诉，就没有审判。

（2）独立性。人民法院依法独立行使审判权，法官也有独立性，在评议时独立、平等地发表意见。

（3）中立性。法院在审判中相对于控辩双方保持中立的诉讼地位。

（4）职权性。刑事案件一经起诉到法院，即产生诉讼系属的法律效力，法院有义务、有权力进行审判并作出裁判。

（5）程序性。审判活动应当严格遵循法定程序，否则，可能使审判活动无效并需重新进行。

（6）亲历性。案件的审判者必须自始至终参与审理，审查所有证据，对案件作出判决以充分听取控辩双方的意见。

（7）公开性。除为保护特定的社会利益依法不公开审理，都应当公开审理，将审判活动置于公众和社会的监督之下。

（8）公正性。

（9）终局性。法院的生效判决对案件的解决具有最终决定意义。判决一旦生效，诉讼的任何一方原则上不能要求法院再次审判该案件，其他任何机关也不得对该案重新处理，有关各方有履行判决或不妨害裁判执行的义务。

3. 刑事审判程序。

是指人民法院审判刑事案件的步骤和方式、方法的总和。刑事诉讼法中规定了以下几种基本程序：

（1）第一审程序。是指人民法院根据审判管辖的规定，对人民检察院提起公诉和自诉人自诉的案件进行初次审判的程序。

（2）第二审程序。是指人民法院对上诉、抗诉案件进行审判的程序。

（3）特殊案件的死刑复核程序。包括死刑复核程序以及人民法院根据《刑法》第63条第2款的规定在法定刑以下判处刑罚的案件的复核程序。

（4）审判监督程序。对已经发生法律效力的判决、裁定，在发现确有错误时，进行重新审判的程序。

【高能提醒】

根据审判监督程序进行审判的案件，若原是第一审案件，依照第一审程序进行审判；若原是第二审案件，或经过提审的案件则依照第二审程序进行审判。

第二节　刑事审判的模式

是指控诉、辩护、审判三方在刑事审判程序中的诉讼地位和相互关系，以及与之相适应的审判程序组合方式。现代刑事审判模式大体上分为当事人主义（英美法系国家）和职权主义（大陆法系国家）两种。两种审判模式各具优点，长期以来，相互之间取长补短。同时，出现了兼采当事人主义和职权主义审判模式优点的混合式审判模式。

1. 当事人主义审判模式。（英美法系）

当事人主义审判模式，又称对抗制审判模式、抗辩式审判模式，是指法官（陪审团）居于中立且被动的裁判者地位，法庭审判的进行由控方的举证和辩方的反驳共同推动和控制的一种审判模式。当事人主义审判模式有三个基本特征：

（1）法官消极中立。

（2）控辩双方积极主动和平等对抗。

（3）控辩双方共同控制法庭审理的进程。

2. 职权主义审判模式。（大陆法系）

职权主义审判模式，又称审问式审判模式，是指法官在审判程序中居于主导和控制地位，而限制控辩双方积极性的审判模式。职权主义审判模式具有三个基本特征：

（1）法官居于中心地位，主导法庭审理的进行。

（2）控辩双方的积极性受到抑制，处于消极被动的地位。

（3）法官掌握程序控制权。

3. 混合模式。（日本、意大利）

是指分别吸收当事人主义与职权主义审判模式的长处，使前两者融合的一种审判模式。

4. 我国刑事审判模式。

（1）1979年审判模式特点。

我国1979年《刑事诉讼法》体现出了超职权主义的特点，其具有以下四个特点：

①庭前审查为实体性审查。负责案件审判的法官不仅阅卷，还要预先讯问被告人。

②法官完全主导和控制法庭审判程序，审判程序以法官积极主动的证据调查为中心。

③被告人诉讼地位弱化，辩护权受到抑制。

④控审不分，法官协助检察官行使控诉职能。

（2）1996年审判模式特点。

1996年修正的《刑事诉讼法》对审判模式进行了重大改革，主要是吸收了英美法系当事人主义的对抗性因素，并保留了职权主义的某些特征。其主要体现在以下几个方面：

①庭前审查由实体性审查改为程序性审查。开庭前公诉机关不再移送全部案卷材料，而只移送主要证据的复印件以及证据目录、证人名单。

②强化了控方的举证责任和辩方的辩护职能，弱化了法官的事实调查功能。

③扩大了辩护方的权利范围，强化了庭审的对抗性。

（3）2012年审判模式特点。

2012年《刑事诉讼法》的再次修改，沿着控辩式庭审方式改革的方向取得了新的进展。如完善了回避制度，规定辩护人有权申请回避及复议；改革辩护制度，完善了法律援助制度，扩大了强制辩护的适用范围，强化了辩护律师的会见权、阅卷权、申请调取证据权及保守职业秘密权等执业权利；修改证据制度，《刑事诉讼法》第49条规定了公诉案件中被告人有罪的举证责任由人民检察院承担的规则，建立了非法证据排除规则，完善了证人保护制度，建立了证人作证补偿制度；完善审判程序，《刑事诉讼法》第188条建立了强制证人出庭作证制度，此外，辩护人有权申请法庭通知有专门知识的人出庭就鉴定人作出的鉴定意见提出意见，辩护人可以就定罪、量刑问题进行辩论，等等。上述新规定都有助于控辩式庭审方式改革的深化。

 归纳 

职权主义	是指法官在审判程序中居于主导和控制地位，而限制控辩双方积极性的审判模式：1. 法官居于中心地位，主导法庭审理的进行。2. 控辩双方的积极性受到抑制，处于消极被动的地位。3. 法官掌握程序控制权。
当事人主义	是指法官居于中立且被动的裁判者地位，法庭审判的进行由控方的举证和辩方的反驳共同推动和控制的一种审判模式：1. 法官消极中立。2. 控辩双方积极主动和平等对抗。3. 控辩双方共同控制法庭审理的进程。
混合模式	是指融合当事人主义审判模式和职权主义审判模式长处的一种审判模式。

第三节　刑事审判的原则

一、审判原则

1. 概念。

是指人民法院审理案件和宣告判决都公开进行，允许公民到法庭旁听，允许新闻采访和报道，即把法庭审判的全部过程，除休庭评议案件外，都公之于众。

2. 例外。

绝对不公开	有关国家秘密的案件（须是案件本身涉及国家秘密）。
	有关个人隐私的案件（主要是案件情节涉及男女两性关系）。
	审判时被告人不满18周岁的案件。
相对不公开	涉及商业秘密的案件，当事人申请不公开审理的，可以不公开审理。

【高能提醒】

任何案件，合议庭的评议是不能公开的；宣判是要公开的。

3. 要求。

（1）公开审理的要求。

①要求凡是公开审判的案件，应当在开庭3日以前先期公布案由、被告人姓名、开庭时间和地点。②建立一套与公开审判原则相配套的，便于群众旁听、记者采访的具体的工作制度，如旁听证发放制度、安全检查以及法庭安全保卫制度等，为群众旁听、记者采访提供切实的便利条件。

（2）不公开审理的要求。

①不公开审理的案件，应当在开庭审判时，说明不公开审理的理由。②不公开审理的案件，任何人不得旁听，但法律另有规定的除外。③不公开审理的案件，宣判仍需公开进行。④对未成年人刑事案件宣判应当公开进行，但不得采取召开大会等形式。

二、直接言辞原则

1. 概念。

指法官必须在法庭上亲自听取被告人、证人及其他诉讼参与人的陈述，案件事实和证据必须以口头方式向法庭提出，调查证据以口头辩论、质证、辨认方式进行。

2. 要求。

（1）直接原则又分为直接审理原则和直接采证原则。直接审理原则是指法官在审理案件时，公诉人、当事人及其他诉讼参与人除法律有特殊规定外，必须在场，否则审判活动无效；直接采证原则是指刑事审判程序中证据的调查与采取，应由法官亲自进行，只有经直接调查并经衡量、评判后采信的证据，才能作为判决依据。

（2）言词原则是指法庭审理应以口头陈述方式进行，即要求被告人、被害人以口头方式陈述，证人、鉴定人以口头方式作证，控诉机关与被告人及其辩护人以口头方式进行辩论。除非法律另有规定，未经口头调查的证据，不得作为定案依据采纳。

三、辩论原则

1. 概念。

是指在庭审中，控辩双方应以口头的方式进行辩论，法院裁判的作出应以充分的辩论为必经程序。

2. 要求。

（1）辩论的主体。指控辩双方和其他当事人。

（2）辩论的内容。主要包括证据问题、事实问题、程序问题和法律问题。

（3）辩论的阶段。既体现在法庭审理中的专门辩论阶段，也体现在法庭调查阶段对证据的审查和对事实的认定。

(4) 辩论的方式。应先是口头，再通过反诘进行交叉辩论，使双方观点形成实质性交锋。

四、集中审理原则

1. 概念。

集中审理原则，又称不中断审理原则，是指法院开庭审理案件，应在不更换审判人员的条件下连续进行，不得中断审理的诉讼原则。

2. 要求。

(1) 每起案件自始至终应由同一法庭进行审判，在案件审理已经开始尚未结束以前不允许法庭再审理任何其他案件。

(2) 法庭成员不得更换。法庭成员（包括法官和陪审员）必须始终在场参加审理。对于法庭成员因故不能继续参加审理的，应由始终在场的候补法官、候补陪审员替换之。如果没有足够的法官、陪审员可以替换，则应重新审判。这也是直接原则的要求。因为参与裁判制作的法官、陪审员必须参与案件的全部审理活动，接触所有的证据，全面听取法庭辩论，否则无以对案件形成全面的认知并作出公正的裁判。

(3) 集中证据调查与法庭辩论。证据调查必须在法庭成员与控辩双方以及有关诉讼参与人均在场的情况下进行，证据调查与辩论应在法庭内集中完成。

(4) 庭审不中断并迅速作出裁判。法庭审理应不中断地进行，法庭因故延期审理较长时间者，应重新进行以前的庭审。庭审结束后，应迅速做出裁判予以宣告。

归纳总结

原则	项目	内容
审判公开原则	概念	人民法院审判案件，除法律另有规定的以外，一律公开进行。
	要求	1. 公开审判的案件，在开庭3日以前先期公布案由、被告人姓名、开庭时间和地点；2. 对于不公开审理的案件，应当当庭宣布不公开审理的理由。
直接言词原则	概念	指法官须在法庭上亲自听取当事人、证人及其他诉讼参与人的口头陈述，案件事实和证据必须由控辩双方当庭口头提出并以口头辩论和质证的方式进行调查。它包括直接原则与言词原则。
	要求	1. 及时通知有关人员出庭；2. 开庭审理中，合议庭成员必须始终在庭，参加庭审的全过程；3. 所有证据都必须当庭出示与质证，证人不出庭只能是例外；4. 保证控辩双方有充分的陈述和辩论的机会和时间。
辩论原则		控辩双方及其他当事人以口头的方式对证据、事实和法律问题进行辩论；法院裁判的作出应以充分的辩论为必经程序。
集中审理原则	概念	又称不中断审理原则，指法院开庭审理案件，应在不更换审判人员的条件下连续进行，不得中断审理的诉讼原则。
	要求	1. 每起案件自始自终应由同一法庭进行审判；2. 法庭成员不可更换；3. 集中证据调查与法庭辩论；4. 庭审不中断并迅速作出裁判。

第四节　审级制度

1. 概念。

审级制度，是指法律规定案件起诉后最多经过几级法院审判必须终结的诉讼制度。

2. 两审终审制。

（1）概念。

我国的审级制度是两审终审制，是指一个案件至多经过两级人民法院审判即宣告终结的制度。

（2）内容。

地方各级人民法院按照第一审程序对案件审理后所作的判决、裁定，尚不能立即发生法律效力，只有在法定上诉期限内，有上诉权的人没有上诉，同级人民检察院也没有抗诉，第一审法院所作出的判决、裁定才发生法律效力。在法定期限内，如果有上诉权的人提出上诉，或者同级人民检察院提出了抗诉，上一级人民法院应依照第二审程序对该案件进行审判。上一级人民法院审理第二审案件作出的判决、裁定，是终审的判决、裁定，除死刑案件和法定刑以下判处刑罚案件外，立即发生法律效力。

3. 例外。

（1）最高人民法院审理的第一审案件为一审终审，其判决、裁定一经作出，立即发生法律效力，不存在提起二审程序的问题。

（2）判处死刑的案件，必须依法经过死刑复核程序核准后，才能发生法律效力，交付执行。

（3）地方各级人民法院根据《刑法》第 63 条第 2 款规定在法定刑以下判处刑罚的案件，必须经最高人民法院的核准，其判决、裁定才能发生法律效力并交付执行。

第五节　审判组织

一、独任制

独任制是指由审判员一人独任审判的制度。

1. 独任制除了基层人民法院，其他三级人民法院不能适用。

2. 独任审判只能由一名审判员担任，不能是人民陪审员。

3. 除了适用简易程序外，普通程序和其他审判程序均不能适用。

二、合议制

1. 概念。

是由审判人员或者由审判人员和人民陪审员组成审判集体，对具体案件进行审判的制度。合议制是人民法院审判案件的基本组织形式。除基层人民法院适用简易程序审判案件可以采用独任制外，人民法院审判刑事案件均须采取合议庭的组织形式。

2. 组成规则。

（1）合议庭的成员人数应当是单数。

（2）合议庭由审判员、助理审判员或者人民陪审员随机组成。各级人民法院审判第一审案件，均可吸收人民陪审员作为合议庭成员参与审判，人民陪审员在人民法院执行职务期间，同审判员有同等的权利义务。

（3）合议庭的审判长由符合审判长任职条件的法官担任；院长或者庭长参加审判案件的时候，自己担任审判长。人民陪审员不得担任审判长。

【高能提醒】

助理审判员由本院院长提出，经审判委员会通过，可以临时代行审判员职务，并可以担任审判长。

（4）合议庭成员稳定。组成人员确定后，除因回避或者其他特殊情况，不能继续参加案件审理的之外，不得在案件审理过程中更换。更换合议庭成员，应当报请院长或者庭长决定。

3. 组成方式。

（1）一审：①基层人民法院和中级人民法院审判第一审案件，应当由审判员 3 人或者人民陪审员共 3 人组成合议庭进行。②高级人民法院和最高人民法院审判第一审案件，应当由审判员 3 人—7 人和人民陪审员 3 人—7 人组成合议庭进行。

（2）二审：人民法院审理上诉和抗诉案件，由审判员 3 人—5 人组成合议庭进行。

（3）死刑复核：最高人民法院复核死刑案件、高级人民法院复核死刑缓期执行的案件，应当由审判员 3 人组成合议庭进行。

（4）重审、再审：应当另行组成合议庭进行审理。

（5）减刑、假释：应当组成合议庭。

（6）特定案件违法没收程序：由犯罪地或犯罪嫌疑人、被告人居住地的中级人民法院组成合议庭。

（7）强制医疗程序：应当组成合议庭。

4. 活动规则。

（1）合议庭成员地位与权责平等原则。

（2）审判长最后发表评议意见原则。

（3）少数服从多数原则。合议庭成员在评议案件时，应当独立表达意见并说明理由。意见有分歧的，应当按多数意见作出决定，但少数意见应当记入笔录。评议笔录由合议庭的组成人员在审阅确认无误后签名。评议情况应当保密。

（4）开庭审理并且评议后作出判决原则。

【高能提醒】

依法不开庭审理的案件，合议庭全体成员均应当书面阅卷，必要时提交书面阅卷意见。

（5）不得缺席原则。合议庭全体成员参与评议。合议庭成员未参加庭审、中途退庭或者从事与庭审无关的活动，当事人提出异议的，应当纠正。合议庭仍不纠正的，当事人可以要求休庭，并将有关情况记入庭审笔录。合议庭成员均应当参加案件评议。评议时，合议庭成员应当针对案件的证据采信、事实认定、法律适用、裁判结果以及诉讼程序等问题充分发表意见。合议庭成员评议时发表意见不受追究

（6）免责原则。合议庭审理案件有下列情形之一的，合议庭成员不承担责任：①因对法律理解和认识上的偏差而导致案件被改判或者发回重审的；②因对案件事实和证据认识上的偏差而导致案件被改判或者发回重审的；③因新的证据而导致案件被改判或者发回重审的；④因法律修订或者政策调整而导致案件被改判或者发回重审的；⑤因裁判所依据的其他法律文书被撤销或变更而导致案件被改判或者发回重审的；⑥其他依法履行审判职责不应当承担责任的情形。

三、审判委员会

审判委员会是人民法院内部设立的对审判工作实行集体领导的组织。

1. 提交的案件范围。

应当——拟判处死刑的案件；人民检察院抗诉的案件。

可以——对合议庭成员意见有重大分歧的案件、新类型案件、社会影响重大的案件以及其他疑难、复杂、重大的案件，合议庭认为难以作出决定的。

【高能提醒】

1. 独任审判的案件，开庭审理后，独任审判员认为有必要的，也可以提请院长决定提交审判委员会讨论决定。2. 人民陪审员可以要求合议庭将案件提请院长决定是否提交审判委员会讨论决定。

2. 效力。

审判委员会的决定，合议庭应当执行，合议庭有不同意见，可以建议院长提交审判委员会复议。

3. 复议。

对提请院长决定提交审判委员会讨论决定的案件，院长认为不必要的，可以建议合议庭复议一次。

归纳总结

独任庭	基层法院适用简易程序进行第一审的刑事案件，可以由 1 名审判员独任审判。		
合议庭	合议庭组成	一审	基层、中级法院：3 人（审判员；审判员+人民陪审员）。 高级、最高法院：3、5、7 人（审判员；审判员+人民陪审员）。
		二审	3、5 人，只能由审判员组成。
		死刑复核	3 人，只能由审判员组成。（包括死刑复核和死缓复核）
		重审再审	应当另行组成合议庭，分别按照一审、二审程序组成。
		减刑假释	减刑、假释、强制医疗、没收程序的审理应组成合议庭。
	审理规则		1. 依法不开庭审理的案件，合议庭全体成员均应当阅卷。2. 合议庭成员未参加庭审、中途退庭或者从事与该庭审无关的活动，当事人提出异议的，应当纠正。合议庭仍不纠正的，当事人可以要求休庭。3. 合议庭组成人员存在违法审判行为的，应追究相应责任。
审判委员会	前提		只有当合议庭难以作出决定时，才提请院长决定提交审委会讨论。
	范围		应当由审委会讨论决定的案件：1. 拟判处死刑的。2. 检察院抗诉的。
			可以由审委员讨论决定的案件：1. 合议庭成员意见有重大分歧的。2. 新类型案件。3. 社会影响重大的。4. 其他疑难、复杂、重大案件。
	效力		审判委员会的决定，合议庭应当执行，合议庭有不同意见，可建议院长提交审委会复议。
	复议		对提请院长决定提交审委会讨论决定的案件，院长认为不必要的，可建议合议庭复议一次。

第六节　人民陪审员制度

一、适用范围

人民法院审判下列第一审案件，由人民陪审员和法官组成合议庭进行，适用简易程序审理的案件和法律另有规定的案件除外：

1. 社会影响较大的刑事、民事、行政案件。具体是指：（1）涉及群体利益的；（2）涉及公共利益的；（3）人民群众广泛关注的；（4）其他社会影响较大的。

2. 刑事案件被告人、民事案件原告或被告、行政案件原告申请由人民陪审员参加合议庭审判的案件。

【高能提醒】

何为“申请”：1. 人民法院征得上述规定的当事人同意由人民陪审员和法官共同组成合议庭审判案件的，视为申请。2. 第一审人民法院决定适用普通程序审理案件后应当明确告知上述当事人，在收到通知5日内有权申请由人民陪审员参加合议庭审判案件。人民法院接到当事人在规定期限内提交的申请后，经审查符合本规定的，应当组成有人民陪审员参加的合议庭进行审判。

二、担任条件

1. 积极条件。

（1）拥护中华人民共和国宪法。

（2）年满23周岁。

（3）品行良好、公道正派。

（4）身体健康。

（5）担任人民陪审员，一般应当具有大专以上文化程度。

2. 消极条件。

（1）人民代表大会常务委员会的组成人员，人民法院、人民检察院、公安机关、国家安全机关、司法行政机关的工作人员和执业律师等人员，不得担任人民陪审员。

（2）下列人员不得担任人民陪审员：①因犯罪受过刑事处罚的；②被开除公职的。

三、产生和任期

1. 人民陪审员的任期为5年。名额由基层人民法院根据审判案件的需要，提请同级人民代表大会常务委员会确定。

2. 符合担任人民陪审员条件的公民，可由其所在单位或者户籍所在地的基层组织向基层人民法院推荐，或者本人提出申请，由基层人民法院会同同级人民政府司法行政机关进行审查，并由基层人民法院院长提出人民陪审员人选，提请同级人民代表大会常务委员会任命。

四、人数比例

人民陪审员和法官组成合议庭审判案件时，合议庭中人民陪审员所占比例应当不少于1/3。

五、人民陪审员的职责

1. 人民陪审员参加合议庭评议案件时，有权对事实认定、法律适用独立发表意见，并独立行使表决权。人民陪审员评议案件时应当围绕事实认定、法律适用充分发表意见并说明理由。

2. 合议庭评议案件时，实行少数服从多数的原则。人民陪审员同合议庭其他组成人员意见分歧的，应当将其意见写入笔录，必要时，人民陪审员可以要求合议庭将案件提请院长决定是否提交审判委员会讨论决定。人民陪审员的回避，参照有关法官回避的法律规定。

3. 人民陪审员应当认真阅读评议笔录，确认无误后；发现评议笔录与评议内容不一致的，应当要求更正后签名。人民陪审员应当审核裁判文书文稿并签名。

六、人民陪审员的抽选程序

1. 抽选规则。基层人民法院审判案件依法应当由人民陪审员参加合议庭审判的，应当在人民陪审员名单中随机抽取确定。中级人民法院、高级人民法院审判案件依法应当由人民陪审员参加合议庭审判的，在其所在城市的基层人民法院的人民陪审员名单中随机抽取确定。

2. 抽取的时间。人民法院应当在开庭 7 日前采取电脑生成等方式，从人民陪审员名单中随机抽取确定人民陪审员。

3. 专业陪审员的抽取。特殊案件需要具有特定专业知识的人民陪审员参加审判的，人民法院可以在具有相应专业知识的人民陪审员范围内随机抽取。

4. 重新确定人选。人民陪审员确有正当理由不能参加审判活动，或者当事人申请其回避的理由经审查成立的，人民法院应当及时重新确定其他人选。

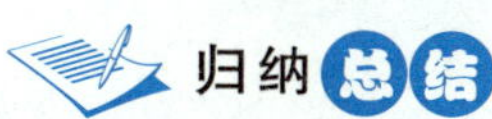

适用范围	适用审级	一审。
	案件范围	1. 社会影响较大的案件； 2. 刑事被告人、民事案件原告或者被告、行政案件原告申请由人民陪审员参加的。
担任条件	积极条件	1. 拥护中华人民共和国宪法；2. 年满 23 周岁；3. 品行良好、公道正派；4. 身体健康；5. 一般应当具有大学专科以上文化。
	消极条件	1. 人民代表大会常务委员会的组成人员，人民法院、人民检察院、公安机关、国家安全机关、司法行政机关的工作人员和执业律师等人员，不得担任人民陪审员；2. 因犯罪受过刑事处罚的；3. 被开除公职的。
产生、任期		1. 由基层法院根据需要，提请同级人大常委会确定；2. 应当在本级法院的人民陪审员名单中随机抽取确定。中级法院、高级法院需要的，在其所在城市的基层法院的人民陪审员名单中随机抽取确定；3. 合议庭中陪审员人数不少于 1/3；4. 人民陪审员的任期为五年。
权利义务	权利	1. 对事实认定、法律适用独立行使表决权；2. 合议庭评议案件时，实行少数服从多数的原则；3. 人民陪审员因参加审判而支出的费用，由人民法院给予补助。
	义务	1. 人民陪审员的回避，参照有关法官回避的法律规定执行； 2. 应当遵守法官履行职责的规定，保守审判秘密、注重司法礼仪、维护司法形象。

专题十五 第一审程序

核◆心◆重◆点◆

庭前审查程序以及审查后的处理程序；庭前会议；法庭调查；法庭辩论；被告人最后陈述；评议和宣判；人民法院审理后的裁判种类；对违反法庭秩序的人的处理；审判障碍；自诉案件第一审程序的受理和审理特点；量刑程序；简易程序的适用范围、审理特点；判决、裁定和决定的适用和异同。

考点精要

- 第一审程序
  - 公诉案件的第一审程序
    - 公诉案件的庭前审查
    - 开庭前的准备
    - 法庭审判
    - 法庭辩论
    - 法庭调查
    - 被告人最后陈述
    - 评议与宣判
    - 一审审限
    - 量刑程序
  - 单位犯罪案件的审理程序
  - 法庭秩序
  - 审判障碍
  - 判决、裁定和决定
  - 自诉案件的第一审程序
  - 简易程序

第一节　公诉案件的第一审程序

一、公诉案件庭前审查

（一）概念

公诉案件庭前审查，是指人民法院对人民检察院提起公诉的案件进行庭前审查，以决定是否开庭审判的活动。

（二）审查方法和内容

审查的方法应为书面审查，即通过审阅起诉书等，并围绕以下内容逐项予以审查：

1. 是否属于本院管辖；

2. 起诉书是否写明被告人的身份，是否受过或者正在接受刑事处罚，被采取强制措施的种类、羁押地点、犯罪的时间、地点、手段、后果以及其他可能影响定罪量刑的情节；

3. 是否移送证明指控犯罪事实的证据材料，包括采取技术侦查措施的批准决定和所收集的证据材料；

4. 是否查封、扣押、冻结被告人的违法所得或者其他涉案财物，并附证明相关财物依法应当追缴的证据材料；

5. 是否列明被害人的姓名、住址、联系方式；是否附有证人、鉴定人名单；是否申请法庭通知证人、鉴定人、有专门知识的人出庭，并列明有关人员的姓名、性别、年龄、职业、住址、联系方式；是否附有需要保护的被害人、证人、鉴定人名单；

6. 当事人已委托辩护人、诉讼代理人，或者已接受法律援助的，是否列明辩护人、诉讼代理人的姓名、住址、联系方式；

7. 是否提起附带民事诉讼，提起附带民事诉讼的，是否列明附带民事诉讼当事人的姓名、住址、联系方式，是否附有相关证据材料；

8. 侦查、审查起诉程序的各种法律手续和诉讼文书是否齐全；

9. 有无《刑事诉讼法》第15条第2—6项规定的不追究刑事责任的情形。

【高能提醒】

公诉案件的庭前审查是一种程序性审查，并不是对案件进行审理，它不解决对被告人的定罪量刑问题。

（三）审查后的处理结果

1. 人民法院对于提起公诉的案件进行审查后，对于起诉书中有明确的指控犯罪事实并附有案卷材料、证据的，应当决定开庭审判，不得以上诉材料不足为由而不开庭审理。

2. 属于告诉才处理的案件，应当退回人民检察院，并告知被害人有权提起自诉。

3. 不属于本院管辖或者被告人不在案的，应当退回人民检察院。

4. 裁定准许撤诉的案件，没有新的事实、证据，重新起诉的，应当退回人民检察院。

5. 需要补充材料的，应当通知人民检察院在3日内补送。但是，法院不得以材料不充足为由而不开庭审判。

6. 因证据不足宣告被告人无罪后，人民检察院根据新的事实、证据重新起诉的，应当依法受理。

7. 被告人真实身份不明，但符合起诉条件的，应当依法受理。

8. 符合《刑事诉讼法》第15条第2—6项规定情形的，应当裁定终止审理或者退回人民检察院。

（四）审理期限

人民法院对于按照普通程序审理的公诉案件，决定是否受理的，应当在7日内审查完毕。人民法院对提起公诉的案件进行审查的期限，计入人民法院的审理期限。

归纳总结

审查	1. 有明确的指控犯罪事实并且附有案卷材料、证据的，应当决定开庭审判。 2. 缺少材料的，通知检察院3日补充材料，庭前审查的期限计入人民法院的审理期限。

特殊情况的处理	告诉才处理的案件	如庭前审查阶段发现应当退回人民检察院，并告知被害人有权提起自诉。
	不属于本院管辖或者被告人不在案的	应退回检察院。
	需要补充材料的	应当通知人民检察院在3日内补送。
	有新证，再起诉	人民法院应当依法受理，对案前做出的裁决，不予撤销。
	无新证，再起诉	应当退回人民检察院。
	《刑事诉讼法》第15条2-6款	应当裁定终止审理或者退回人民检察院。
	被告人真实身份不明，但符合起诉条件的	应当依法受理。

二、开庭审判前的准备

（一）基本准备工作

1. 确定审判长及合议庭组成人员。人民法院的书记员不属于合议庭成员。

2. 将人民检察院的起诉书副本至迟在开庭10日以前送达被告人及其辩护人。

3. 通知当事人、法定代理人、辩护人、诉讼代理人在开庭5日前提供证人、鉴定人名单，以及拟当庭出示的证据；申请证人、鉴定人、有专门知识的人出庭的，应当列明有关人员的姓名、性别、年龄、职业、住址、联系方式。

4. 开庭3日前将传唤当事人的传票和通知辩护人、诉讼代理人、法定代理人、证人、鉴定人等出庭的通知书送达；通知有关人员出庭，也可以采取电话、短信、传真、电子邮件等能够确认对方收悉的方式。

5. 开庭3日前将开庭的时间、地点通知人民检察院。

6. 公开审理的案件，在开庭3日前公布案由、被告人姓名、开庭时间和地点。

上述工作情况应当记录在案，由审判人员和书记员签名。

（二）庭前会议

1. 概念。

在开庭以前，审判人员可以召集公诉人、当事人和辩护人、诉讼代理人，对回避、出庭证人名单、非法证据排除等与审判相关的程序性争议问题，集中听取意见，以确定庭审重点，保证庭审集中，提高审判效率。

2. 适用情形。（《刑事诉讼法解释》第183条）

（1）当事人及其辩护人、诉讼代理人申请排除非法证据的。

（2）证据材料较多、案情重大复杂的。

（3）社会影响重大的。

（4）需要召开庭前会议的其他情形。

【高能提醒】

召开庭前会议，根据案件情况，可以通知被告人参加。

3. 主要内容。（《刑事诉讼法解释》第184条）。

召开庭前会议，审判人员可以就下列问题向控辩双方了解情况，听取意见：

（1）是否对案件管辖有异议。（2）是否申请有关人员回避。（3）是否申请调取侦查、审查起诉期间公安机关、人民检察院收集但未随案移送的证明被告人无罪或者罪轻的证据材料。（4）是否提供新的证据。（5）是否对出庭证人、鉴定人、有专门知识的人的名单有异议。(6) 是否申请排除非法证据。(7) 是否申请不公开审理。(8) 与审判相关的其他问题。

4. 效力。

(1) 审判人员可以询问控辩双方对证据材料有无异议，对有异议的证据，应当在庭审时重点调查；无异议的，庭审时举证、质证可以简化。

(2) 被害人或者其法定代理人、近亲属提起附带民事诉讼的，可以调解。

【高能提醒】

庭前会议情况应当制作笔录。

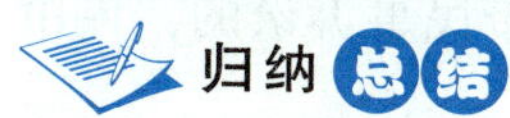

归纳总结

庭前会议程序	1. 审判人员可以召开庭前会议情形：(1) 申请排除非法证据的；(2) 证据材料较多、案情重大复杂的；(3) 社会影响重大的。 2. 审判人员可以就下列问题了解情况，听取意见：(1) 管辖异议；(2) 回避；(3) 对收集但未随案移送的证明被告人无罪或者罪轻的证据材料；(4) 是否提供新的证据；(5) 是否对出庭证人、鉴定人、有专门知识的人的名单有异议；(6) 是否申请排除非法证据；(7) 是否申请不公开审理。
效力	1. 审判人员可以询问控辩双方对证据材料有无异议，对有异议的证据，应当在庭审时重点调查；无异议的，庭审时举证、质证可以简化、2. 被害人或者其法定代理人、近亲属提起附带民事诉讼的，可以调解。
开庭 3 日前	1 开庭的时间、地点在开庭 3 日以前通知人民检察院。 2. 传票和通知书，至迟在开庭 3 日以前送达。 3. 公开审判，先期公布案由、被告人姓名、开庭时间和地点。
开庭 5 日前	通知当事人、法定代理人、辩护人、诉讼代理人当庭出示的证据。
开庭 10 日前	将人民检察院的起诉书副本至迟在开庭 10 日以前送达被告人及其辩护人。

三、法庭审判

(一) 宣布开庭

【高能提醒】

应当注意掌握审判长和书记员之间的分工。

1. 书记员的工作。

(1) 受审判长委托，查明公诉人、当事人、证人及其他诉讼参与人是否到庭。

(2) 宣读法庭规则。

(3) 请公诉人及相关诉讼参与人入庭。

(4) 请审判长、审判员（人民陪审员）入庭。

(5) 审判人员就座后，向审判长报告开庭前的准备工作就绪。

2. 审判长的工作。

(1) 开庭的时候，审判长查明当事人是否到庭，并宣布案由。

【高能提醒】

被害人、诉讼代理人经传唤或通知未到庭，不影响开庭审理的，人民法院可以开庭审理。辩护人经通知未到庭，被告人同意的，人民法院可以开庭审理，但被告人属于应当提供法律援助情形的除外。

（2）宣布合议庭的组成人员、书记员、公诉人、辩护人、诉讼代理人、鉴定人和翻译人员的名单。

（3）审判长应当告知当事人、法定代理人在法庭审理过程中依法享有下列诉讼权利：①申请回避的权利。②可以提出证据，申请通知新的证人到庭、调取新的证据，申请重新鉴定或者勘验、检查。③被告人可以自行辩护。④被告人应当在法庭辩论终结后作最后陈述。

（二）法庭调查

1. 公诉人宣读起诉书。

审判长宣布法庭调查开始后，先由公诉人宣读起诉书，有附带民事诉讼的，再由附带民事诉讼原告人或者其诉讼代理人宣读附带民事诉状。

2. 被告人、被害人陈述。

公诉人宣读起诉书后，在审判长主持下，被告人、被害人可以就起诉书指控的犯罪事实分别进行陈述。

【高能提醒】

我国没有缺席审判。

3. 讯问、发问被告人、被害人。

（1）公诉人讯问被告人。在审判长的主持下，公诉人可以就起诉书中所指控的犯罪事实讯问被告人。但应当避免可能影响陈述客观真实的诱导性讯问以及其他不当的讯问。同时，讯问同案审理的被告人，应当分别进行。必要时，可以传唤同案被告人等到庭对质。

（2）被害人、附带民事诉讼的原告人和辩护人、诉讼代理人，经审判长许可，可以向被告人发问。

【高能提醒】

被害人及其诉讼代理人与附带民事诉讼的原告人及法定代理人发问内容不同。前者经审判长准许，可以就公诉人讯问的情况进行补充性发问。而后者经审判长准许，就附带民事诉讼部分的事实向被告人发问。被告人的辩护人及法定代理人或者诉讼代理人可以在控诉一方就某一具体问题讯问完毕后向被告人发问。通过发问，揭示有利于被告人的事实和情节，以达到辩护的目的。

（3）控辩双方经审判长准许，可以向被害人、附带民事诉讼原告人发问。起诉书指控的被告人的犯罪事实为两起以上的，一般应当就每一起犯罪事实分别进行讯问与发问。审判长对于控辩双方讯问、发问的内容与本案无关或者讯问、发问的方式不当的，应当制止。对于控辩双方认为对方讯问或发问的方式不当并提出异议的，审判长应当判明情况予以支持或者驳回。

（4）审判人员在认为有必要时，可以向被告人、被害人及附带民事诉讼原告人、被告人讯问或者发问。

4. 询问证人、鉴定人。

（1）证人。

①证人出庭作证的条件。公诉人、当事人或者辩护人、诉讼代理人对证人证言有异议，且该证人证言对案件定罪量刑有重大影响，人民法院认为证人有必要出庭作证

的，证人应当出庭作证。人民警察就其执行职务时目击的犯罪情况作为证人出庭作证，适用《刑事诉讼法》第187条规定。

②可以不出庭作证的情形。a. 在庭审期间身患严重疾病或者行动极为不便的。b. 居所远离开庭地点且交通极为不便的。c. 身处国外短期无法回国的。d. 有其他客观原因，确实无法出庭的。具有前述情形的，可以通过视频等方式作证。

③不出庭作证的后果。证人没有正当理由不按人民法院通知出庭作证的，人民法院可以强制其到庭，但是被告人的配偶、父母、子女除外。强制证人出庭的，应当由院长签发强制证人出庭令。

证人没有正当理由逃避出庭或者出庭后拒绝作证，予以训诫，情节严重的，经院长批准，处以10日以下的拘留。被处罚人对拘留决定不服的，可以向上一级人民法院申请复议。复议期间不停止执行。

④补助。证人出庭所支出的交通、住宿、就餐等费用，人民法院应当给予补助。

（2）鉴定人。

①鉴定人出庭的条件。公诉人、当事人或者辩护人、诉讼代理人对鉴定意见有异议，人民法院认为鉴定人有必要出庭的，鉴定人应当出庭作证。

②不出庭的后果。鉴定人拒不出庭作证的，鉴定意见不得作为定案的根据。鉴定人由于不能抗拒的原因或者有其他正当理由无法出庭的，人民法院可以根据案件审理情况决定延期审理。

（3）询问证人、鉴定人的规则。

①发问顺序。向证人、鉴定人发问，应当先由提请通知的一方进行；发问完毕后，经审判长准许，对方也可以发问。

②发问规则。a. 发问的内容应当与本案事实有关。b. 不得以诱导方式发问。c. 不得威胁证人。d. 不得损害证人的人格尊严。

③能否旁听。向证人发问应当分别进行，证人经控辩双方发问或者审判人员询问后，审判长应当告知其退庭，证人不得旁听对本案的审理。

（4）证人、鉴定人的保护。

①审判危害国家安全、恐怖活动犯罪、黑社会性质的组织犯罪、毒品犯罪等案件，证人、鉴定人、被害人因出庭作证，本人或其近亲属的人身安全面临危险的，人民法院应当采取不公开其真实姓名、住址和工作单位等个人信息，或不暴露其外貌、真实声音等保护措施。

②审判期间，证人、鉴定人、被害人提出保护请求的，人民法院应当立即审查；认为确有必要的，应当及时决定采取相应保护措施。

（5）专家辅助人。（有专门知识的人）

①公诉人、当事人及其辩护人、诉讼代理人申请法庭通知有专门知识的人出庭，就鉴定意见提出意见的，应当说明理由。法庭认为有必要的，应当通知有专门知识的人出庭。

②申请有专门知识的人出庭，不得超过2人。有多种类鉴定意见的，可以相应增加人数。

③有专门知识的人出庭，适用鉴定人出庭的有关规定。

④有专门知识的人不得旁听对案件的审理。

5. 出示物证、宣读鉴定意见和有关笔录。

（1）公诉人、辩护人应当向法庭出示物证，让当事人辨认，对未到庭的证人的证言笔录、鉴定人的鉴定意见、勘验笔录和其他作为证据的文书，应当当庭宣读。审判人员应当听取公诉人、当事人和辩护人、诉讼代理人的意见。

（2）举证方当庭出示证据后，由对方辨认并发表意见。控辩双方可以互相质问、辩论。

（3）当庭出示的证据，尚未移送人民法院的，应当在质证后移交法庭。

6. 法庭调查核实证据。

（1）法庭对证据有疑问的，可以告知公诉人、当事人及其法定代理人、辩护人、诉讼代理人补充证据或者作出说明；必要时，可以宣布休庭，对证据进行调查核实。

（2）对公诉人、当事人及其法定代理人、辩护人、诉讼代理人补充的和法庭庭外调查核实取得的证据，应当经过当庭质证才能作为定案的根据。但是，经庭外征求意见，控辩双方没有异议的除外。有关情况，应当记录在案。

（3）人民法院调查核实证据，可以进行勘验、检查、查封、扣押、鉴定和查询、冻结。

7. 调取新的证据。

（1）公诉人申请出示开庭前未移送人民法院的证据，辩护方提出异议的，审判长应当要求公诉人说明理由；理由成立并确有出示必要的，应当准许。辩护方提出需要对新的证据作辩护准备的，法庭可以宣布休庭，并确定准备辩护的时间。辩护方申请出示开庭前未提交的证据，参照适用前两款的规定。

（2）法庭审理过程中，当事人和辩护人、诉讼代理人有权申请通知新的证人到庭，调取新的物证，申请重新鉴定或者勘验。提出申请的，法庭认为有必要的，应当同意，并宣布延期审理；不同意的，应当说明理由并继续审理。

8. 补充侦查。

审判期间，合议庭发现被告人可能有自首、坦白、立功等法定量刑情节，而人民检察院移送的案卷中没有相关证据材料的，应当通知人民检察院移送。审判期间，被告人提出新的立功线索的，人民法院可以建议人民检察院补充侦查。

9. 发现新事实。

（1）人民法院发现。

审判期间，人民法院发现新的事实，可能影响定罪的，可以建议人民检察院补充或者变更起诉；人民检察院不同意或者在 7 日内未回复意见的，人民法院应当就起诉指控的犯罪事实，依法作出判决、裁定。

（2）人民检察院发现。

①在人民法院宣告判决前，人民检察院发现被告人的真实身份或者犯罪事实与起诉书中叙述的身份或指控的犯罪事实不符的，或者事实、证据没有变化，但罪名、适用法律与起诉书不一致，可以变更起诉；发现遗漏的犯罪嫌疑人或罪行可以一并起诉、审理的，可以追加、补充起诉。

②人民检察院发现下列情形，可以撤回起诉：a. 不存在犯罪事实的。b. 犯罪事实并非被告人所为。c. 情节显著轻微，危害不大，不认为是犯罪的。d. 证据不足或证据发现变化，不符合起诉条件的。e. 被告人未达到刑事责任年龄，不负刑事责任的。f. 法律、司法解释发生变化导致不应当追究被告人刑事责任的。g. 其他不应当追求刑

事责任的。

③对于撤回起诉的案件，人民检察院应当在撤回起诉后30日内作出不起诉决定。需要重新侦查的，应当在作出不起诉决定后将案卷材料退回公安机关，建议公安机关重新侦查并书面说明理由。

法院审理郑某涉嫌滥用职权犯罪案件，在宣告判决前，检察院发现郑某和张某接受秦某巨款，涉嫌贿赂犯罪。对于新发现犯罪嫌疑人和遗漏罪行的处理，下列哪些做法是正确的？（2013-2-66，多）①

A. 法院可以主动将张某、秦某追加为被告人一并审理

B. 检察院可以补充起诉郑某、张某和秦某的贿赂犯罪

C. 检察院可以将张某、秦某追加为被告人，要求法院一并审理

D. 检察院应当撤回起诉，将三名犯罪嫌疑人以两个罪名重新起诉

（三）法庭辩论

1. 内容。

合议庭认为案件事实已调查清楚，审判长应宣布进入法庭调查环节，开始定罪、量刑有关的事实、证据和适用法律等问题进行法庭辩论。

2. 顺序。

（1）公诉人发言。公诉人的首轮发言被称作发表公诉词。

【高能提醒】

公诉人在法庭审判过程中有两次“首先发言”。第一次，在法庭调查阶段，即公诉人在法庭上宣读起诉书；第二次，在法庭辩论阶段，即发表公诉词。

（2）被害人及其诉讼代理人发言。

（3）被告人自行辩护。

（4）辩护人辩护。

（5）控辩双方进行辩论。

对附带民事诉讼部分的辩论应当在刑事诉讼部分的辩论结束后进行，具体顺序为先由附带民事诉讼原告人及其诉讼代理人发言，后由被告人及其诉讼代理人答辩。

人民检察院可以提出量刑建议。量刑建议一般应当具有一定的幅度。

【高能提醒】

法庭辩论中，合议庭发现与定罪、量刑有关的新事实，认为有必要进行调查时，审判长可以宣布暂停辩论，恢复法庭调查。事实查清后继续法庭辩论。

（四）被告人最后陈述

1. 审判长宣布法庭辩论终结后，合议庭应当保证被告人充分行使最后陈述的权利。这是被告人享有的一项不可剥夺的权利，无论是普通程序还是简易程序。

2. 禁止性行为。

（1）被告人在最后陈述中多次重复自己意见的，审判长可以制止。

① 答案：B、C。

（2）被告人陈述内容蔑视法庭、公诉人，损害他人及社会公共利益，或者与本案无关的，应当制止。

（3）在公开审理的案件中，被告人最后陈述的内容涉及国家秘密、个人隐私或者商业秘密的，应当制止。

3. 被告人在最后陈述中提出新的事实、证据，合议庭认为可能影响正确裁判的，应当恢复法庭调查；被告人提出新的辩解理由，合议庭认为可能影响正确裁判的，应当恢复法庭辩论。

（五）评议与宣判

1. 评议。

在被告人最后陈述后，审判长宣布休庭，合议庭进行评议。评议一律秘密进行。

合议庭评议应当根据已经查明的事实、证据和有关法律规定，对下列情形，分别作出裁判：

（1）起诉指控的事实清楚，证据确实、充分，依据法律认定指控被告人的罪名成立的，应当作出有罪判决。

（2）起诉指控的事实清楚，证据确实、充分，指控的罪名与审理认定的罪名不一致的，应当按照审理认定的罪名作出有罪判决。

【高能提醒】

人民法院应当在判决前听取控辩双方的意见，保障被告人、辩护人充分行使辩护权。必要时，可以重新开庭，组织控辩双方围绕被告人的行为构成何罪进行辩论。

（3）案件事实清楚，证据确实、充分，依据法律认定被告人无罪的，应当判决宣告被告人无罪。

（4）证据不足，不能认定被告人有罪的，应当以证据不足、指控的犯罪不能成立，判决宣告被告人无罪。

【高能提醒】

如果有新事实和证据重新起诉的，人民法院应当在判决中写明被告人曾被人民检察院提起公诉，因证据不足，指控的犯罪不能成立，被人民法院依法判决宣告无罪的情况；前案作出的无罪判决不予撤销。

（5）案件部分事实清楚，证据确实、充分的，应当作出有罪或者无罪的判决；对事实不清、证据不足部分，不予认定。

（6）被告人因不满十六周岁，不予刑事处罚的，应当判决宣告被告人不负刑事责任。

（7）被告人是精神病人，在不能辨认或者不能控制自己行为时造成危害结果，不予刑事处罚的，应当判决宣告被告人不负刑事责任。

（8）犯罪已过追诉时效期限且不是必须追诉，或者经特赦令免除刑罚的，应当裁定终止审理。

（9）被告人死亡的，应当裁定终止审理；根据已查明的案件事实和认定的证据，能够确认无罪的，应当判决宣告被告人无罪。

2. 宣判。

（1）宣告判决，一律公开进行。

（2）宣判形式：

①当庭宣判，应当在5日以内将判决书送达人民检察院、当事人、法定代理人、辩护人、诉讼代理人，并可以送达被告人的近亲属。

②定期宣判，应当在宣告后立即将判决书送达当事人和提起公诉的人民检察院。

（3）宣判时，公诉人、辩护人、被害人、自诉人或者附带民事诉讼的原告人未到庭的，不影响宣判的进行。

（4）在宣告判决前，人民检察院要求撤回起诉的，人民法院应当审查人民检察院撤回起诉的理由，并作出是否准许的裁定。

（六）其他

1. 合议庭成员应当在评议笔录上签名，并在法律文书上署名。

2. 审判长和书记员应当在审判笔录上签字。法庭笔录应当在庭审后交给当事人、法定代理人、辩护人、诉讼代理人阅读或向其宣读。法庭笔录中的出庭证人、鉴定人、有专门知识的人的证言、意见部分，应当在庭审后分别交由有关人员阅读或向其宣读。前述人员认为记录有遗漏或差错的，可以请求补正或改正；确认无误后，应当签字；拒绝签字的，应记录在案；要求改变庭审陈述的，不予准许。

四、一审审限

1. 人民法院审理公诉案件，应当在受理后2个月以内宣判。至迟不得超过3个月。

2. 对于可能判处死刑的案件或者附带民事诉讼的案件，以及交通十分不便的边远地区的重大复杂案件，重大的犯罪集团案件，流窜作案的重大复杂案件，犯罪涉及面广、取证困难的重大复杂案件，在上诉期限内不能审结的，经上一级人民法院批准，可以延长3个月；因特殊情况还需要延长的，报请最高人民法院批准。

【高能提醒】

人民法院改变管辖的案件，从改变后的人民法院收到案件之日起计算审理期限。人民检察院补充侦查的案件，补充侦查完毕移送人民法院后，人民法院重新计算审理期限。

五、量刑程序

2010年试行《关于规范量刑程序若干问题的意见》，其主要内容包括如下：

1. 量刑证据与量刑活动。

（1）人民法院审理刑事案件，应当保障量刑活动的相对独立性。

（2）侦查机关、人民检察院应当依照法定程序，收集能够证实犯罪嫌疑人、被告人犯罪情节轻重以及其他与量刑有关的各种证据。人民检察院提起公诉的案件，对于量刑证据材料的移送，依照有关规定进行。

2. 量刑建议。

（1）对于公诉案件，人民检察院可以提出量刑建议。量刑建议一般应当具有一定的幅度。

（2）人民检察院提出量刑建议，一般应当制作量刑建议书，与起诉书一并移送人民法院；根据案件的具体情况，人民检察院也可以在公诉意见书中提出量刑建议。量刑建议书的主要内容包括被告人所犯罪行的法定刑、量刑情节、人民检察院建议人民法院对被告人处以刑罚的种类、幅度、可以适用的刑罚执行方式以及提出量刑建议的依据和理由等。人民检察院以量刑建议书方式提出量刑建议的，人民法院在送达起诉书副本时，将量刑建议书一并送达被告人。

（3）当事人和辩护人、诉讼代理人可以提出量刑意见，并说明理由。

3. 法律援助。

对于公诉案件，特别是被告人不认罪或者对量刑建议有争议的案件，被告人因经济困难或者其他原因没有委托辩护人的，人民法院可以通过法律援助机构指派律师为其提供辩护。

4. 量刑的具体程序。

（1）简易程序。

适用简易程序审理的案件，在确定被告人对起诉书指控的犯罪事实和罪名没有异议，自愿认罪且知悉认罪的法律后果后，法庭审理可以直接围绕量刑问题进行。

（2）普通程序。

适用普通程序审理的案件，在确认被告人了解起诉书指控的犯罪事实和罪名，自愿认罪且知悉认罪的法律后果后，法庭审理主要围绕量刑和其他有争议的问题进行。

（3）法庭调查和法庭辩论。

对于被告人不认罪或者辩护人做无罪辩护的案件，在法庭调查阶段，应当查明有关的量刑事实。在法庭辩论阶段，审判人员引导控辩双方先辩论定罪问题。在定罪辩论结束后，审判人员告知控辩双方可以围绕量刑问题进行辩论，发表量刑建议或意见，并说明理由和依据。

在法庭调查过程中，人民法院应当查明对被告人适用特定法定刑幅度以及其他从重、从轻、减轻或免除处罚的法定或者酌定量刑情节。

人民法院、人民检察院、侦查机关或者辩护人委托有关方面制作涉及未成年人的社会调查报告的，调查报告应当在法庭上宣读，并接受质证。

（4）调查核实证据。

在法庭审理过程中，审判人员对量刑证据有疑问的，可以宣布休庭，对证据进行调查核实，必要时也可以要求人民检察院补充调查核实。人民检察院应当补充调查核实有关证据，必要时可以要求侦查机关提供协助。

当事人和辩护人、诉讼代理人申请人民法院调取在侦查、审查起诉中收集的量刑证据材料，人民法院认为确有必要的，应当依法调取。人民法院认为不需要调取有关量刑证据材料的，应当说明理由。

（5）量刑辩论的顺序。

①公诉人、自诉人及其诉讼代理人发表量刑建议或意见；

②被害人（或者附带民事诉讼原告人）及其诉讼代理人发表量刑意见；

③被告人及其辩护人进行答辩并发表量刑意见。

在法庭辩论过程中，出现新的量刑事实，需要进一步调查的，应当恢复法庭调查，待事实查清后继续法庭辩论。

（6）量刑说理。

人民法院的刑事裁判文书中应当说明量刑理由。量刑理由主要包括：

①已经查明的量刑事实及其对量刑的作用；

②是否采纳公诉人、当事人和辩护人、诉讼代理人发表的量刑建议、意见的理由；

③人民法院量刑的理由和法律依据。

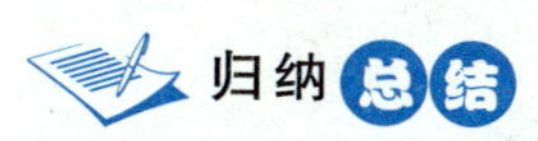

归纳总结

<table>
<tr><td>宣布开庭</td><td colspan="3">1. 由审判长查明公诉人、当事人和其他诉讼参与人是否到庭。
2. 审判长应当告知当事人、法定代理人依法享有的诉讼权利。（回避、辩护、代理、最后陈述等）</td></tr>
<tr><td rowspan="9">法庭调查</td><td colspan="3">公诉人宣读起诉书。有附民的，再由附民的原告人或者其诉讼代理人宣读附带民事诉状。</td></tr>
<tr><td colspan="3">被告人、被害人分别陈述。</td></tr>
<tr><td colspan="3">讯问被告人、发问被告人、被害人或附带民事诉讼原告人、被告人。</td></tr>
<tr><td colspan="3">询问证人、鉴定人。</td></tr>
<tr><td colspan="3">出示物证、宣读鉴定意见和有关笔录。</td></tr>
<tr><td colspan="3">调取新证据。</td></tr>
<tr><td colspan="3">法庭调查核实证据。</td></tr>
<tr><td colspan="3">补充侦查。</td></tr>
<tr><td colspan="3">发现新事实。</td></tr>
<tr><td>法庭辩论</td><td colspan="3">1. 公诉人发表公诉词。2. 被害人及其诉讼代理人发言。3. 被告人自行辩护。4. 辩护人辩护。5. 控辩双方进行辩论。</td></tr>
<tr><td>被告人最后陈述</td><td colspan="3">1. 不可剥夺，不可替代、不可省略。2. 被告人在最后陈述中多次重复自己的意见的，审判长可以制止。3. 陈述内容蔑视法庭、公诉人，损害他人及社会公共利益，或者与本案无关的，应当制止。4. 在公开审理的案件中，被告人最后陈述的内容涉及国家秘密、个人隐私或者商业秘密的，应当制止。5. 被告人在最后陈述中提出新的事实、证据，合议庭认为可能影响正确裁判的，应当恢复法庭调查；被告人提出新的辩解理由，合议庭认为可能影响正确裁判的，应当恢复法庭辩论。</td></tr>
<tr><td rowspan="8">评议与宣判</td><td rowspan="6">判决类型</td><td rowspan="2">有罪判决</td><td>事实清楚，证据确实、充分，依照法律认定被告人的罪名成立。</td></tr>
<tr><td>事实清楚，证据确实、充分，指控的罪名与法院审理认定罪名不一致，应当按照审理认定的罪名作出有罪判决。</td></tr>
<tr><td rowspan="2">无罪判决</td><td>事实清楚，证据确实、充分，依法认定被告人无罪的。</td></tr>
<tr><td>证据不足，不能认定被告人有罪的。</td></tr>
<tr><td rowspan="2">不负刑事责任</td><td>被告人因不满 16 周岁，不予刑事处罚的。</td></tr>
<tr><td>被告人是精神病人，在不能辨认或者不能控制自己行为的时候造成危害结果，不予刑事处罚的。</td></tr>
<tr><td rowspan="2">宣判</td><td>当庭宣判</td><td>在 5 日内送达判决书。</td></tr>
<tr><td>定期宣判</td><td>立即送达判决书。</td></tr>
<tr><td rowspan="4">一审中特殊问题的处理</td><td colspan="2">法院发现新事实</td><td>审判期间，人民法院发现新的事实，可能影响定罪的，可以建议人民检察院补充或者变更起诉；人民检察院不同意或者在 7 日内未回复意见的，人民法院应当就起诉指控的犯罪事实，依法作出判决、裁定。</td></tr>
<tr><td colspan="2">检察院追加起诉</td><td>检察院发现漏人或者漏罪行可以一并起诉和审理的，可以追加、补充起诉。</td></tr>
<tr><td colspan="2">检察院变更起诉</td><td>检察院发现被告人的身份不符或者事实不符的，罪名、适用法律与起诉书认定不一致的，变更起诉。</td></tr>
<tr><td colspan="2">撤诉问题</td><td>1. 宣告判决前，检察院要求撤诉的，须经法院审查。发现无罪的，准许撤诉；如果有罪，不允许撤诉。2. 自诉人要撤诉的，须经法院审查。经审查确实是自愿的，可以准许。</td></tr>
<tr><td>一审审限【2+1+3+X】</td><td colspan="3">1. 应当在受理后 2 个月以内宣判。2. 至迟不得超过 3 个月。3. 对于可能判处死刑的案件或者附带民事诉讼的案件，以及有《刑事诉讼法》第 156 条规定情形之一的，经上一级人民法院批准，可以延长 3 个月。4. 因特殊情况还需要延长的，报请最高人民法院批准。</td></tr>
</table>

第二节　单位犯罪案件的审理程序

1. 单位犯罪的庭前审查。

人民法院受理单位犯罪案件，除依照有关规定进行审查外，还应当审查起诉书是否列明被告单位的名称、住所地、联系方式，法定代表人、主要负责人以及代表被告单位出庭的诉讼代表人的姓名、职务、联系方式。需要人民检察院补充材料的，应当通知人民检察院在3日内补送。

2. 诉讼代表人遴选。

被告单位的诉讼代表人，应当是法定代表人或者主要负责人；法定代表人或者主要负责人被指控为单位犯罪直接负责的主管人员或者因客观原因无法出庭的，应当由被告单位委托其他负责人或者职工作为诉讼代表人。但是，有关人员被指控为单位犯罪的其他直接责任人员或者知道案件情况、负有作证义务的除外。

3. 诉讼代表人的出庭。

开庭审理单位犯罪案件，应当通知被告单位的诉讼代表人出庭；没有诉讼代表人参与诉讼的，应当要求人民检察院确定。被告单位的诉讼代表人不出庭的，应当按照下列情形分别处理：

（1）诉讼代表人系被告单位的法定代表人或者主要负责人，无正当理由拒不出庭的，可以拘传其到庭；因客观原因无法出庭，或者下落不明的，应当要求人民检察院另行确定诉讼代表人。

（2）诉讼代表人系被告单位的其他人员的，应要求人民检察院另行确定诉讼代表人出庭。

4. 补充诉讼。

对应当认定为单位犯罪的案件，检察院只作为自然人犯罪起诉的，法院应当建议检察院对犯罪单位补充起诉。检察院仍以自然人犯罪起诉的，法院应当依法审理，按照单位犯罪中的直接负责的主管人员或者其他直接责任人员追究刑事责任，并援引刑法分则关于追究单位犯罪中直接负责的主管人员和其他直接责任人员刑事责任的条款。

5. 违法所得的处理。

法院追缴或查封、扣押、冻结相关财务的。分为以下两类：

（1）被告单位的违法所得及其孳息，尚未被依法追缴或者查封、扣押、冻结的，人民法院应当决定追缴或者查封、扣押、冻结。

（2）为保证判决的执行，人民法院可以先行查封、扣押、冻结被告单位的财产，或者由被告单位提出担保。

6. 被告单位变更后的处理。

（1）审判期间，被告单位被撤销、注销、吊销营业执照或者宣告破产的，对单位犯罪直接负责的主管人员和其他直接责任人员应当继续审理。

（2）审判期间，被告单位合并、分立的，应当将原单位列为被告单位，并注明合并、分立情况。对被告单位所判处的罚金以其在新单位的财产及收益为限。

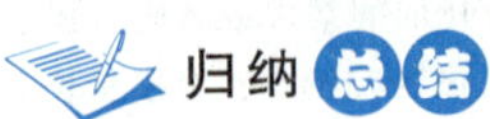

管辖	由犯罪地法院管辖。若由被告单位住所地的法院管辖更为适宜的，可由上述法院管辖。

庭前审查	需要检察院补充材料的，应当通知检察院在 3 日内补送。
诉讼代表人出庭	开庭审理单位犯罪案件，应当通知被告单位的诉讼代表人出庭；没有诉讼代表人参与诉讼的，应当要求人民检察院确定。不出庭的，应当按照下列情形分别处理：1. 诉讼代表人系被告单位的法定代表人或者主要负责人，无正当理由拒不出庭的，可以拘传其到庭；因客观原因无法出庭，或者下落不明的，应当要求人民检察院另行确定诉讼代表人；2. 诉讼代表人系被告单位的其他人员的，应当要求人民检察院另行确定诉讼代表人出庭。
补充起诉	对应认定为单位犯罪的，检察院只作自然人犯罪起诉，法院应建议其对犯罪单位补充起诉。
违法所得的处理	1. 被告单位的违法所得及其孳息，尚未被依法追缴或者查封、扣押、冻结的，人民法院应当决定追缴或者查封、扣押、冻结；2. 为保证判决的执行，法院可先行查封、扣押、冻结被告单位财产，或由被告单位提出担保。
被告单位变更后的处理	1. 审判期间，被告单位被撤销、注销、吊销营业执照或者宣告破产的，对单位犯罪直接负责的主管人员和其他直接责任人员应继续审理；2. 审判期间，被告单位合并、分立的，应将原单位列为被告，并注明合并、分立情况。对其所判处的罚金以其在新单位的财产及收益为限。

第三节 法庭秩序

1. 对违反法庭秩序的处理。

违反法庭秩序的情形	处理方式
情节较轻的	应当当庭警告制止并进行训诫。
不听警告制止	可以指令法警强行带出法庭。
情节严重的	经报请院长批准后，可以处以 1000 元以下的罚款或者 15 日以下的拘留。
未经许可录音、录像、摄影或者通过邮件、博客、微信等方式传播庭审情况的	可以暂扣存储介质或者相关设备。
担任辩护人、诉讼代理人的律师严重扰乱法庭秩序，被强行带出法庭或被处以罚款、拘留的	人民法院应当通报司法行政机关，并可以建议依法给予相应处罚。
严重扰乱法庭秩序，构成犯罪的	应当依法追究刑事责任。

【高能提醒】

适用对象不限于诉讼参与人。

2. 对罚款、拘留的救济。

（1）诉讼参与人、旁听人员对人民法院罚款、拘留的决定不服，可以向上一级人民法院申请复议。复议申请可以直接向上一级人民法院提出，也可以通过作出罚款、拘留决定的人民法院向上一级人民法院申请复议。

（2）通过作出罚款、拘留决定的人民法院向上一级人民法院申请复议的，该人民法院应当自收到复议申请之日起 3 日内将申请人的复议申请、罚款或者拘留决定书和有关事实、证据材料一并报上一级人民法院复议。

（3）复议期间，不停止决定的执行。

第四节　审判障碍

一、延期审理

1. 概念。

是指在法庭审判过程中，遇有足以影响审判进行的情形时，法庭决定延期审理，待影响审判进行的原因消失后，再行开庭审理。

2. 法定情形。

在法庭审判中，遇到下列情形之一的，影响审判进行的，可以延期审理：

（1）需要通知新的证人到庭，调取新的物证，重新鉴定或者勘验的。

（2）检察人员发现提起公诉的案件需要补充侦查，提出建议的。

（3）由于申请回避而不能进行审判的。

3. 审限的计算。

延期审理的开庭日期，可以当庭确定，也可以另行确定。当庭确定的，应公开宣布下次开庭的时间。当庭不能确定的，可以另行确定并通知公诉人、当事人和其他诉讼参与人。

（1）检察人员建议补充侦查，补充侦查完毕移送给人民法院的，重新计算一审期限。

（2）因通知新的证人到庭、调取新的证据，申请重新鉴定或勘验而延期审理的案件，符合《刑事诉讼法》第202条第1款规定的，可以报请上级人民法院批准延长审理期限。

【高能提醒】

延期审理用决定的方式。

二、中止审理

1. 概念。

中止审理是指人民法院在审判案件过程中，因发生某种情况影响了审判的正常进行，而决定暂停审理，待其消失后，再行开庭审理。

2. 法定情形。

在审判过程中，有下列情形之一，致使案件在较长时间内无法继续审理的，可以中止审理：

（1）被告人患有严重疾病，无法出庭的。

（2）被告人脱逃的。

（3）自诉人患有严重疾病，无法出庭，未委托诉讼代理人出庭的。

（4）由于不能抗拒的原因。

【高能提醒】

1. 中止审理的原因消失后，应当恢复审理。中止审理的期间不计入审理期限。2. 有多名被告人的案件，部分被告人具有中止情形的，人民法院可以对全案中止审理；根据案件情况，也可以对该部分被告人中止审理，对其他被告人继续审理。对中止审理的部分被告人，可以根据案件情况另案处理。3. 中止审理用裁定的方式。

三、终止审理

1. 概念。

终止审理是指人民法院在审判案件过程中，遇有法律规定的情形使审判不应当或者不需要继续进行时终结案件的诉讼活动。

2. 法定情形。

（1）犯罪已过追诉时效期限的。

（2）经特赦令免除刑罚的。

（3）依照《刑法》告诉才处理的犯罪，没有告诉或者撤回告诉的。

（4）被告人死亡的。

（5）其他法律规定免予追究刑事责任的。

【高能提醒】

1. 终止审理用裁定的方式。2. 违法所得没收案件审理过程中在逃的犯罪嫌疑人、被告人自动投案或被抓获的，人民法院应当终止审理。

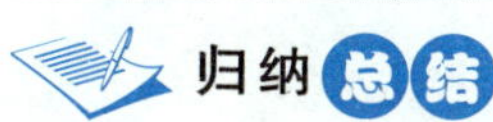

裁定终止审理	《刑事诉讼法》第 15 条第 2-6 项。
裁定中止审理	1. 被告人患有严重疾病，无法出庭的。2. 被告人脱逃的。3. 自诉人患有严重疾病，无法出庭，未委托诉讼代理人出庭的。4. 由于不能抗拒的原因。
决定延期审理	1. 需要通知新证人到庭，调取新的物证，重新鉴定或者勘验的。（时间继续算） 2. 检察院要补充侦查，提出建议的。合议庭应当同意。（审限重新计算） 3. 由于当事人申请回避而不能进行审判的。（时间继续算）

第五节　判决、裁定和决定

一、判决

1. 概念。

我国刑事案件的判决，是人民法院经过法庭审理，根据已经查明的事实、证据和有关的法律规定，就被告人是否犯罪、犯了什么罪、应否处以刑罚和处以什么刑罚的问题所作的一种结论。

2. 特点。

（1）适用情形。判决专门用来解决实体问题，即定罪量刑问题。因此，需要在刑事审判中作出是否有罪以及是否判刑的处理时一律适用判决。

（2）适用方式。判决必须以书面形式作出，不能以口头形式作出。

（3）适用主体。判决只有人民法院才能作出。

（4）种类。判决分为有罪判决、无罪判决和不负刑事责任的判决。其中，有罪判决又分为有罪处刑判决和有罪免刑判决；无罪判决又分为依据法律和现有证据认定被告人无罪的判决和证据不足、指控犯罪不能成立的无罪判决；不负刑事责任的判决适用于行为不到刑事责任年龄和没有刑事责任能力的情形。

3. 判决书的内容。

包括首部、事实部分、理由部分、结果部分和尾部。

二、裁定

1. 概念。

裁定是人民法院在审理案件或者判决执行过程中对有关诉讼程序问题和部分实体问题所作的一种处理。

2. 特点。

（1）适用情形。

（2）程序问题。如：诉讼期限的延展；中止审理；维持原判或者发回重新审判；驳回起诉；核准死刑。

（3）部分实体问题。如：减刑、假释。

3. 适用主体。

裁定只有人民法院才能作出。

4. 适用方式。

裁定可以使书面的，也可以是口头的。

三、决定

1. 概念。

决定是用于解决诉讼程序问题的一种法院裁判形式。

2. 特点。

（1）适用情形。决定只用于解决程序问题。如对回避申请决定是否同意，对当事人、辩护人提出的通知新证人到庭、调取新物证、重新鉴定或者勘验的申请，应由法庭作出是否同意的决定等。

（2）适用主体。决定可以由公检法分别作出。

（3）适用方式。决定可以是口头的，也可以是书面的。

（4）效力。决定一经作出，立即生效，不准上诉、抗诉，但有些决定可以申请复议，如对驳回申请回避的决定，当事人及其法定代理人可以申请复议一次。

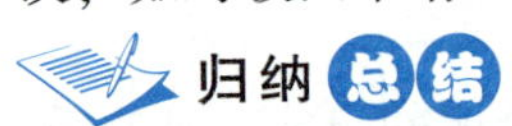

	判决	裁定	决定
适用对象	实体问题	程序问题和部分实体问题	程序问题
适用阶段	审判阶段	审判、执行阶段	整个诉讼过程
适用机关	法院	法院	公、检、法、执行机关
作出方式	书面	书面和口头	书面和口头
排他性	一案一生效判决	一案多裁定	一案多决定
法律效力	不服未生效的判决，可以上诉或抗诉。	未生效的裁定，可以上诉或抗诉。	一经作出立即生效，不得上诉或抗诉，部分决定可申请复议一次（如回避、司法拘留、罚款）
上诉期限	10日	5日	不能

第六节　自诉案件的第一审程序

一、受理条件

1. 属于法律规定的自诉案件的范围。

（1）告诉才处理的案件。

（2）被害人有证据证明的轻微刑事案件。

（3）公诉转自诉案件。

2. 受诉人民法院有管辖权的。

3. 自诉人是本案的被害人。

（1）遭受犯罪行为直接侵害的被害人有权提起自诉。

（2）被害人死亡、丧失行为能力或者因受强制威吓等原因无法告诉，或者是限制行为能力以及由于年老、患病、盲、聋、哑等原因不能亲自告诉的，被害人的法定代理人、近亲属有权向人民法院起诉。

4. 有明确的被告人、具体的诉讼请求和能证明被告人犯罪事实的证据。

（1）自诉人起诉时应明确提出控诉的对象，如果不能提出明确的被告人或者被告人下落不明的，自诉案件不能立案。

（2）自诉人起诉时还应提出具体的诉讼请求，包括指明控诉的罪名和要求人民法院追究被告人何种刑事责任。

（3）在自诉案件中，自诉人应当承担证明责任，要提出能够证明被告人犯有被指控的犯罪事实的证据，被告人不承担证明自己无罪的责任。

二、受理程序

1. 对自诉案件，人民法院应当在 15 日内审查完毕。经审查，符合受理条件的，应当决定立案，并书面通知自诉人或者代为告诉人。具有下列情形之一的，应当说服自诉人撤回起诉；自诉人不撤回起诉的，裁定不予受理：（1）不属于自诉案件范围的；（2）缺乏罪证的；（3）犯罪已过追诉时效期限的；（4）被告人死亡的；（5）被告人下落不明的；（6）除因证据不足而撤诉的以外，自诉人撤诉后，就同一事实又告诉的；（7）经人民法院调解结案后，自诉人反悔，就同一事实再行告诉的。

【高能提醒】

对已经立案，经审查缺乏罪证的自诉案件，自诉人提不出补充证据的，人民法院应当说服其撤回起诉或者裁定驳回起诉；自诉人撤回起诉或者被驳回起诉后，又提出了新的足以证明被告人有罪的证据，再次提起自诉的，人民法院应当受理。

2. 自诉人对不予受理或驳回起诉的裁定不服的，可以提出上诉。第二审人民法院查明第一审人民法院作出的不予受理裁定有错误的，应当在撤销原裁定的同时，指令第一审人民法院立案受理。查明第一审人民法院驳回起诉裁定有错误的，应当在撤销原裁定的同时，指令第一审人民法院进行审理。

三、审判程序

1. 自诉人经过两次依法传唤，无正当理由拒不到庭的，或者未经法庭许可中途退庭的，按撤诉处理。

【高能提醒】

附带民事诉讼的原告经过传唤无正当理由拒不到庭的按撤诉处理，无次数要求。

2. 被告人实施两个以上犯罪行为，分别属于公诉案件和自诉案件，人民法院可以一并审理。对自诉部分的审理，适用本章的规定。

3. 自诉案件当事人因客观原因不能取得的证据，申请人民法院调取的，应当说明理由，并提供相关线索或者材料。人民法院认为有必要的，应当及时调取。

4. 对犯罪事实清楚，有足够证据的自诉案件，应当开庭审理。

5. 在自诉案件审理过程中，被告人下落不明的，应当裁定中止审理；被告人归案后，应当恢复审理，必要时，应当对被告人依法采取强制措施。

6. 人民法院对于依法宣告无罪的自诉案件，其附带民事诉讼部分应当依法进行调解或者一并作出判决。

四、特点

1. 可以适用简易程序。符合简易程序适用条件的，可以适用。

2. 可以调解。

（1）人民法院对于告诉才处理和被害人有证据证明的轻微刑事案件。

【高能提醒】

对于公诉转自诉的案件不适用调解。

（2）调解达成协议的，应当制作刑事调解书，调解书经双方签收后，即具有法律效力；没有达成协议的，或调解书签收前当事人反悔的，应当及时作出判决。

（3）经调解后，自诉人反悔的，就同一事实再告诉的，人民法院应当说服自诉人撤回起诉；其不撤回的，裁定不予受理。

3. 可以和解与撤诉。

（1）自诉人在宣告判决前，可以同被告人自行和解或者撤回自诉。对于自诉人要求撤诉的，人民法院应当审查，确属自愿的，应当允许撤诉。经审查后，认为自诉人系被强迫、威吓等原因而被迫撤诉的，人民法院不予准许。

（2）裁定准许的，被告人被采取强制措施的，人民法院应当立即解除。

（3）部分自诉人撤回或按撤诉处理的，不影响案件的继续审理。

4. 可以提出反诉。

（1）告诉才处理和被害人有证据证明的轻微刑事案件的被告人或者其法定代理人在诉讼过程中，可以对自诉人提起反诉。

【高能提醒】

对于公诉转自诉的案件不可提出反诉。

（2）反诉必须符合下列条件：①反诉的对象必须是本案自诉人。②反诉的内容必须是与本案有关的行为。③反诉必须是告诉才处理的案件和被害人有证据证明的轻微刑事案件。④反诉应在诉讼过程中即最迟自诉案件裁判以前提出。

（3）自诉人撤诉的，不影响反诉案件的继续审理。

（4）第二审期间，自诉案件当事人提出反诉的，应当告知其另行起诉。

5. 自诉案件的不可分性。

（1）只对部分侵害人进行自诉——自诉人明知有其他共同侵害人，但只对部分侵害人提起自诉的，人民法院应当受理，并告知其放弃告诉的法律后果。判决宣告后自诉人对其他共同侵害人就同一事实提起自诉的，人民法院不再受理。

（2）只有部分被害人告诉的——人民法院应当通知其他被害人参加诉讼。被通知人接到通知后表示不参加诉讼或者不出庭的，视为放弃告诉权利。第一审宣判后，被通知人就同一事实又提起自诉的，人民法院不予受理。但当事人另行提起民事诉讼的，不受限制。

五、审理期限

自诉案件，被告人未被羁押的，应当在受理后 6 个月以内宣判。被羁押的，审理期限与公诉案件相同。

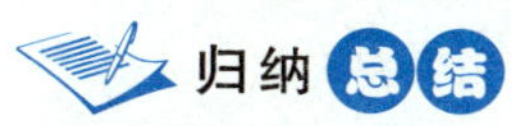

自诉案件的范围	1. 告诉才处理的案件（侮辱、诽谤案；暴力干涉婚姻自由案；虐待案；侵占案）；2. 被害人有证据证明的轻微刑事案件（公诉和自诉交叉）；3. 公诉转自诉案件。
自诉案件的受理条件	1. 自诉人是本案的被害人；2. 属于自诉案件的受案范围；3. 受诉人民法院有管辖权；4. 有明确的被告人、具体的诉讼请求和能证明被告人犯罪事实的证据。
自诉案件的审理特点	1. 可以适用简易程序；2. 可以调解，但公诉转自诉的案件不适用调解；3. 可以反诉。但公诉转自诉的案件不适用反诉；4. 可以和解。所有自诉案件都可以和解；5. 可以撤诉。三类案件都可以撤诉；6. 自诉案件的可分性：（1）被告人的可分性。（2）自诉人的可分性；7. 审理期限比较特殊：（1）适用普通程序审理的被告人未被羁押的自诉案件，应当在立案后 6 个月内宣判。（2）如果被告人被羁押的，审理期限与公诉案件的相同。

第七节　简易程序

一、概念及其特点

1. 概念。

简易程序，是指基层人民法院审理某些案件事实清楚，证据充分，被告人承认自己所犯罪行，对起诉书指控的犯罪事实没有异议的刑事案件所使用的比普通程序相对简化的审判程序。

2. 特点。

（1）只适用于第一审程序。简易程序不适用于第二审程序、死刑复核程序和审判监督程序。

（2）适用于基层人民法院。

（3）审判组织简化。适用简易程序的，对于可能判处 3 年有期徒刑以下的，可以组成合议庭进行，也可由审判员一人独任审判；对可能判处有期徒刑超过 3 年的，应当组成合议庭进行审判。适用简易程序独任审判过程中，发现对被告人可能判处的有期徒刑超过 3 年的，应当转化为合议庭审理。

（4）审理程序简化。可以不受法庭调查、法庭辩论程序规定的限制，判决宣告前应当听取被告人的最后陈述。人民检察院应当派员出席法庭。具体可做如下简化：①公诉人可以摘要宣读起诉书。②公诉人、辩护人、审判人员对被告人的讯问、发问可以简化或者省略。③对控辩双方无异议的证据，可以仅就证据的名称及所证明的事项作出说明；对控辩双方有异议，或者法庭认为有必要调查核实的证据，应当出示，并进行质证。④控辩双方对与定罪量刑有关的事实、证据没有异议的，法庭审理可以直接围绕罪名确定和量刑问题进行。

（5）一般应当当庭宣判。

（6）审理期限短。应在 20 日以内审结；对于可能判处超过有期徒刑 3 年的，可以延长至 1 个半月。

二、使用条件

1. 积极条件。

基层人民法院管辖的案件，符合下列条件的，可以适用简易程序审判：

（1）案件事实清楚、证据充分的。

（2）被告人承认自己所犯罪行，对指控的犯罪事实没有异议的。

（3）被告人对适用简易程序没有异议的。

【高能提醒】

人民检察院提起公诉时，可以建议人民检察院适用简易程序。由人民法院决定是否适用简易程序。

2. 消极条件。（《刑事诉讼法》第 209 条+《刑事诉讼法解释》第 290 条）

具有下列情形之一的，不适用简易程序：

（1）被告人是盲、聋、哑人；

（2）被告人是尚未完全丧失辨认或者控制自己行为能力的精神病人；

（3）有重大社会影响的；

（4）共同犯罪案件中部分被告人不认罪或者对适用简易程序有异议的；

（5）辩护人作无罪辩护的；

（6）被告人认罪但经审查认为可能不构成犯罪的；

（7）不宜适用简易程序审理的其他情形。

3. 简易程序的审理程序。

（1）自诉案件的启动——由人民法院决定是否适用。

（2）公诉案件的启动——①人民检察院建议适用的程序。②人民法院决定适用的程序。对于人民法院经审查认为可以适用简易程序审理的，应当征求被告人的意见。对于未成年人刑事案件，决定适用的，应当征求未成年人被告人及其法定代理人、辩护人的意见。以上人员提出异议的，不适用简易程序。

4. 简易程序向普通程序的转化。

（1）转化的法定事由。适用简易程序审理案件，在法庭审理过程中，有下列情形之一的，应当转为普通程序审理：

①被告人的行为可能不构成犯罪的；

②被告人可能不负刑事责任的；

③被告人当庭对起诉指控的犯罪事实予以否认的；

④案件事实不清、证据不足的；

⑤不应当或者不宜适用简易程序的其他情形。

（2）审理期限的计算。转为普通程序审理的案件，审理期限应当从决定转为普通程序之日起计算。

（3）转化后的程序要求。转为普通程序审理的案件，公诉人需要为出席法庭进行准备的，可以建议人民法院延期审理。

【高能提醒】

简易程序在必要时变为普通程序，但一经确定为适用普通程序审理的案件，不得转化为适用简易程序。

归纳总结

<table>
<tr><td rowspan="2">适用范围</td><td>积极范围</td><td>基层法院管辖的案件，同时符合下列条件的，人民法院可以适用简易程序审判：1. 案件事实清楚、证据充分的。2. 被告人认罪。3. 被告人对适用简易程序没有异议的。</td></tr>
<tr><td>消极范围</td><td>1. 被告人是盲、聋、哑人。2. 被告人是尚未完全丧失辨认或者控制自己行为能力的精神病人。3. 有重大社会影响的。4. 共同犯罪案件中部分被告人不认罪或者对适用简易程序有异议的。5. 辩护人作无罪辩护的。6. 被告人认罪但经审查认为可能不构成犯罪的。7. 不宜适用简易程序审理的其他情形。</td></tr>
<tr><td>审理特点</td><td colspan="2">1. 只适用于一审、基层法院。2. 审判组织特殊。3. 适用简易程序审理的公诉案件人民检察院必须派员出庭。人民检察院可以对适用简易程序的案件相对集中提起公诉，建议人民法院相对集中审理。4. 适用简易程序审理案件，被告人有辩护人的，应当通知其出庭。5. 法庭审理程序简便。6. 审理期限较短。7. 一般应当当庭宣判。对自愿认罪的被告人，酌情予以从轻处罚。</td></tr>
<tr><td>简易程序向普通程序转化</td><td colspan="2">1. 转化的法定事由：（1）被告人的行为可能不构成犯罪的；（2）被告人可能不负刑事责任的；（3）被告人当庭对起诉指控的犯罪事实予以否认的；（4）案件事实不清、证据不足的；（5）不应当或者不宜适用简易程序的其他情形。2. 审理期限的重新计算：转为普通程序审理的案件，审理期限应当从决定转为普通程序之日起计算。3. 转化后的程序要求：转为普通程序审理的案件，公诉人需要为出席法庭进行准备的，可以建议法院延期审理。</td></tr>
</table>

专题十六 第二审程序

核心重点

上诉、抗诉的主体范围；全面审查原则；上诉不加刑原则；第二审程序的审理方式和审理后的处理；二审对刑事附带民事诉讼案件和自诉案件的处理。

考点精要

第二审程序
- 第二审程序概述
- 第二审程序的提起
  - 上诉和抗诉的提起
  - 上诉和抗诉的撤回
- 第二审程序的审判
  - 审判原则
  - 审判程序
  - 审判后的处理
  - 第二审的审理期限
- 对扣押、冻结在案财物的处理
- 在法定刑以下判处刑罚的核准程序

第一节　第二审程序概述

第二审程序，又称上诉审程序，是指第一审人民法院的上一级人民法院，根据上诉人的上诉或者人民检察院的抗诉，对第一审人民法院尚未发生法律效力的判决或裁定进行审判所适用的程序。其特点如下：

1. 二审程序并非审理刑事案件的必经程序。一个案件是否经过第二审程序，关键在于上诉权人是否提起上诉或人民检察院是否提起抗诉。

2. 第二审程序并不简单等同于对同一案件进行第二次审理的程序。因为对同一个案件的第二次审理，既可能是第二审程序，也可能是第一审程序，还可能是审判监督程序，如上一级法院认为下级法院审理、裁判了应由自己作为第一审法院审理的案件，有权依法撤销判决、变更管辖，将案件管辖权收归自己，作为第一审案件重新审理。

3. 除了基层人民法院以外，其他各级人民法院都可以成为上级人民法院。

第二节　第二审程序的提起

一、上诉和抗诉的提起

（一）上诉与抗诉的主体

1. 上诉主体。

（1）独立的上诉主体。

①被告人、自诉人及其法定代理人是享有独立上诉权的主体。被告人、自诉人与人民法院的判决、裁定有着直接的利害关系，因而法律赋予他们独立的上诉权。只要他们在法定期限内提出上诉，就必然会引起第二审程序。《刑事诉讼法》第216条第3款还特别规定，对被告人的上诉权，不得以任何借口加以剥夺。此外，为了维护未成年人、无行为能力人或者限制行为能力人的合法权益，法律赋予他们的法定代理人以独立的上诉权。

②附带民事诉讼的当事人及其法定代理人对附带民事诉讼部分享有独立上诉权。根据《刑事诉讼法》第216条第2款的规定，附带民事诉讼的当事人和他们的法定代理人，可以对地方各级人民法院第一审的判决、裁定中的附带民事诉讼部分，提出上诉。但上诉的内容，只限于附带民事诉讼部分，对刑事判决、裁定部分无权提出上诉。

(2) 非独立的上诉主体。

被告人的辩护人和近亲属，经被告人同意有权提起上诉。为帮助被告人行使上诉权，法律允许被告人的辩护人和近亲属经同意可以提起上诉。应当明确的是，是否上诉的决定权始终掌握在被告人手中，只有经被告人同意，他们的辩护人和近亲属才可提起上诉，且此时的上诉主体仍然是被告人。若被告人不同意上诉，辩护人或近亲属则无权提起上诉。

关于法定代理人对法院一审判决、裁定的上诉权，下列哪一说法是错误的？(2011-2-22，单)①

A. 自诉人高某的法定代理人有独立上诉权

B. 被告人李某的法定代理人有独立上诉权

C. 被害人方某的法定代理人有独立上诉权

D. 附带民事诉讼当事人吴某的法定代理人对附带民事部分有独立上诉权

2. 抗诉主体。

(1) 抗诉主体。有权提起二审抗诉的主体仅限于地方各级人民检察院。

根据《刑事诉讼法》第217条的规定，地方各级人民检察院认为本级人民法院第一审的判决、裁定确有错误的时候，应当向上一级人民法院提出抗诉。

【高能提醒】

最高检不能对最高院的第一审判决、裁定提出二审抗诉。最高院的一审判决和裁定是终审的判决和裁定，对其既不能提出上诉，也不能按照二审程序抗诉。如若最高检认为最高院的判决和裁定确有错误，也只能等其判决和裁定生效后按照审判监督程序提出抗诉。

(2) 申请抗诉的主体。被害人及其法定代理人没有上诉权，但有申请人民检察院对一审未生效判决提起抗诉的权利。

根据《刑事诉讼法》第218条的规定，被害人及其法定代理人不服地方各级人民法院第一审的判决的，自收到判决书后5日以内，有权请求人民检察院提出抗诉。

① 答案：C。

【高能提醒】

被害人及其法定代理人只能就一审的判决请求检察院抗诉，对裁定不能请求抗诉。

(二) 上诉、抗诉的理由

1. 上诉理由。

上诉无需理由。只要上诉主体不服第一审裁判，并在法定期限内依法提起上诉，就必然能够启动第二审程序。

2. 抗诉理由。

抗诉的理由是人民检察院认为原裁判确有错误。

《刑事诉讼法》第 217 条规定，地方各级人民检察院认为本级人民法院第一审判决、裁定确有错误的时候，才能提出抗诉。

需要说明，“确有错误”的具体表现为：

(1) 认定事实不清、证据不足的；

(2) 有确实、充分证据证明有罪而判无罪，或者无罪判有罪的；

(3) 重罪轻判，轻罪重判，适用刑罚明显不当的；

(4) 认定罪名不正确，一罪判数罪、数罪判一罪，影响量刑或者造成严重的社会影响的；

(5) 免除刑事处罚或者适用缓刑、禁止令、限制减刑错误的；

(6) 人民法院在审理过程中严重违反法律规定的诉讼程序的。

(三) 上诉、抗诉的形式

1. 上诉的形式。

上诉既可以书面方式提出，亦可采取口头的形式。无论以哪一种形式提出，人民法院均应受理；但口头上诉的，人民法院应当制作笔录。

2. 抗诉的形式。

抗诉应当采用书面形式，必须制作抗诉书，不能采用口头形式。

(四) 上诉、抗诉的途径

1. 上诉途径。

上诉可以通过原审人民法院提出，也可以直接向上一级人民法院提出。

(1) 通过原审法院提出。上诉人通过第一审人民法院提出上诉的，第一审人民法院应当审查上诉是否符合法律规定。符合法律规定的，应当在上诉期满后 3 日内将上诉状连同案卷、证据移送上一级人民法院，同时将上诉状副本送交同级人民检察院和对方当事人。

(2) 通过第二审法院提出。上诉人直接向第二审人民法院提出上诉的，第二审人民法院应当在收到上诉状后 3 日内将上诉状交第一审人民法院。第一审人民法院应当审查上诉是否符合法律规定。符合规定的，应当在接到上诉状后 3 日以内将上诉状连同案卷、证据移送上一级人民法院，同时将上诉状副本送交同级人民检察院和对方当事人。

2. 抗诉途径。

人民检察院应当通过原审人民法院提交抗诉书，并且将抗诉书抄送上一级人民检察院，不能直接向第二审人民法院提出。原审人民法院应当在抗诉期满后 3 日内将抗诉书连同案卷、证据移送上一级人民法院，并将抗诉书副本送交当事人。

题

某案件经中级法院一审判决后引起社会的广泛关注。为回应社会关注和保证办案质量，在案件由高级法院作出二审判决前，基于我国法院和检察院的组织体系与上下级关系，最高法院和最高检察院可采取下列哪些措施？（2017-2-65，多）①

A. 最高法院可听取高级法院对该案的汇报并就如何审理提出意见

B. 最高法院可召开审判业务会议对该案的实体和程序问题进行讨论

C. 最高检察院可听取省检察院的汇报并对案件事实、证据进行审查

D. 最高检察院可决定检察机关在二审程序中如何发表意见

（五）上诉、抗诉的期限

对于地方各级人民法院第一审判决的上诉和抗诉期限为10日；对于裁定的上诉和抗诉的期限为5日，从接到判决书、裁定书的第2日起算。

由于附带民事部分依附于刑事诉讼，所以对附带民事判决、裁定的上诉、抗诉期限，应当按照刑事部分的上诉、抗诉期限确定。附带民事部分另行审判的，上诉期限也应当按照《刑事诉讼法》规定的期限确定。

【高能提醒】

在民事、行政诉讼中，一审判决的上诉期限为15日，一审裁定的上诉期限为10日。

（六）上诉、抗诉的效力

上诉、抗诉都能引起人民法院的二审。

但应当注意两点：1. 权利人是否提出上诉，以他们在上诉期满前最后一次意思表示为准。2. 对于人民检察院的抗诉，上级人民检察院如果认为下级人民检察院的抗诉不当，可以向同级人民法院撤回抗诉，并且通知下级人民检察院。

归纳总结

内容	上诉	抗诉
主体不同	1. 自诉人、被告人及其法定代理人； 2. 经被告人同意的辩护人、近亲属； 3. 附带民事诉讼当事人及其法定代理人。	1. 抗诉主体：提起公诉的检察机关； 2. 申请抗诉的主体：公诉案件的被害人及其法定代理人没有上诉权，但可申请检察院对一审判决提出抗诉。 【注意：裁定不能申请抗诉】
理由不同	上诉理由：无需理由。	抗诉理由：检察院认为原裁判确有错误。
形式不同	既可采用书状形式，也可采用口头形式。	必须提交抗诉书，不能采用口头形式。
途径不同	提出上诉既可通过原审法院提出，也可直接向第二审法院提出。	提出抗诉应当通过原审法院提出，不能直接向第二审法院提出。
期限相同	1. 应当在法定的上诉或抗诉期间内提出。（判决：10日；裁定：5日；从接到判决书、裁定书的第二日起计算。） 2. 对附带民事判决、裁定的上诉、抗诉期限，应当按照刑事部分的上诉、抗诉期限确定。附带民事部分另行审判的，上诉期限也应当按照刑事诉讼法规定的期限确定。	

① 答案：C、D。

内容	上诉	抗诉
效力相同	都能引起法院的二审。但需注意：1. 对于检察院的抗诉，上级检察院如果认为下级检察院的抗诉不当，可以向同级法院撤回抗诉，并通知下级检察院。2. 被告人、自诉人、附带民事诉讼当事人及其法定代理人是否提出上诉，以其在上诉期满前最后一次意思表示为准。	

二、上诉、抗诉的撤回

1. 上诉的撤回。

(1) 期限内的撤回。上诉期限内上诉人要求撤回上诉的，人民法院应当准许。

【高能提醒】

被告人、自诉人、附带民事诉讼的当事人及其法定代理人是否提出上诉，以其在上诉期满前最后一次的意思表示为准。

(2) 期满后的撤回。上诉期满后上诉人要求撤回上诉的，第二审人民法院应当进行审查：认为原判认定事实和适用法律正确，量刑适当的，应当裁定准许撤回上诉；认为原判事实不清、证据不足或者将无罪判为有罪、轻罪重判等的，应当不予准许，继续按照上诉案件审理。

【高能提醒】

被判处死刑立即执行的被告人提出上诉，在第二审开庭后宣告裁判前申请撤回上诉的，应当不予准许，继续按照上诉案件审理。

2. 抗诉的撤回。

(1) 期限内的撤回。在抗诉期限内，人民检察院撤回抗诉，第一审人民法院不再向上一级人民法院移送案件。

(2) 期满后的撤回。在抗诉期满后第二审人民法院宣告裁判前，人民检察院撤回抗诉，第二审人民法院可以裁定准许，并通知第一审人民法院和当事人。

3. 撤回上诉、抗诉后第一审裁判的生效问题。

(1) 期满前。对于在上诉、抗诉期满前撤回上诉、抗诉的案件，第一审判决、裁定在上诉、抗诉期满之日起生效。

(2) 期满后。对于在上诉、抗诉期满后要求撤回上诉、抗诉，第二审人民法院裁定准许的案件，第一审判决、裁定应当自第二审人民法院裁定书送达原上诉人或者抗诉的检察机关之日起生效。

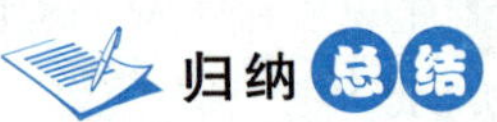

上诉的撤回	期限内的撤回	上诉人在上诉期限内要求撤回上诉的，人民法院应当准许。
	期满后的撤回	上诉期满后上诉人要求撤回上诉的，应当由第二审人民法院进行审查。 1. 应当裁定准许——认为原判认定事实和适用法律正确，量刑适当的。 2. 应当裁定不予准许，继续按照上诉案件审理——认为原判事实不清、证据不足或者将无罪判为有罪、轻罪重判等的。 **【提示】** 被判处死刑立即执行的被告人提出上诉，在第二审开庭后宣告裁判前申请撤回上诉的，应当不予准许，继续按照上诉案件审理。

抗诉的撤回	期限内的撤回	人民检察院在抗诉期限内撤回抗诉的，第一审人民法院不再向上一级人民法院移送案件。
	期满后的撤回	在抗诉期满后第二审人民法院宣告裁判前撤回抗诉的，第二审人民法院可以裁定准许，并通知第一审人民法院和当事人。
撤回上诉、抗诉后第一审裁判的生效	期满前	对于在上诉、抗诉期满前撤回上诉、抗诉的案件，第一审判决、裁定在上诉、抗诉期满之日起生效。
	期满后	对于在上诉、抗诉期满后要求撤回上诉、抗诉，第二审人民法院裁定准许的，第一审判决、裁定应当自第二审人民法院裁定书送达原上诉人或者抗诉的检察机关之日起生效。

黄某倒卖文物案于2014年5月28日一审终结。6月9日（星期一），法庭宣判黄某犯倒卖文物罪，判处有期徒刑四年并立即送达了判决书，黄某当即提起上诉，但于6月13日经法院准许撤回上诉；检察院以量刑畸轻为由于6月12日提起抗诉，上级检察院认为抗诉不当，于6月17日向同级法院撤回了抗诉。关于一审判决生效的时间，下列哪一选项是正确的？（2015-2-38，单）①

A. 6月9日　　B. 6月17日　　C. 6月19日　　D. 6月20日

第三节　第二审程序的审判

一、第二审程序的审判原则

（一）全面审查原则

1. 概念。

第二审人民法院应当就第一审判决认定的事实和适用法律进行全面审查，不受上诉或者抗诉范围的限制。共同犯罪的案件只有部分被告人上诉的，应当对全案进行审查，一并处理。这就是第二审程序的全面审查原则。

2. 具体表现。

（1）既要审查一审判决认定的事实是否正确，证据是否确实、充分，又要审查一审判决适用法律是否正确。

（2）既要审查上诉或者抗诉的部分，又要审查没有上诉或者抗诉的部分。

（3）共同犯罪案件，只有部分被告人提出上诉的，或者人民检察院只就第一审人民法院对部分被告人的判决提出抗诉的，第二审人民法院应当对全案进行审查，一并处理。

【高能提醒】

上诉的被告人死亡，其他被告人未上诉的，第二审人民法院仍应对全案进行审查。经审查，死亡的被告人不构成犯罪的，应当宣告无罪；构成犯罪的，应当终止审理。对其他同案被告人仍应作出判决、裁定。

① 答案：C。

(4) 刑事附带民事诉讼案件，只有附带民事诉讼当事人及其法定代理人上诉的，第二审人民法院应当对全案进行审查。经审查，第一审判决的刑事部分并无不当的，第二审人民法院只需就附带民事部分作出处理；第一审判决的附带民事部分事实清楚，适用法律正确的，应当以刑事附带民事裁定维持原判，驳回上诉。

(5) 既要审查实体问题，又要审查程序问题。

【高能提醒】

民事诉讼、行政诉讼中的二审审查范围：

民事诉讼二审围绕当事人的上诉请求进行审理。当事人没有提出请求的，不予审理，但一审判决违反法律禁止性规定，或者损害国家利益、社会公共利益、他人合法权益的除外。

行政诉讼二审对原审的判决、裁定以及被诉行政行为进行全面审查。

(二) 上诉不加刑原则

1. 概念。

上诉不加刑原则，是指第二审人民法院审判只有被告人一方上诉的案件，对被告人作出的新的判决不得重于原判刑罚。但人民检察院抗诉或者自诉人上诉的案件，不受此限制。

2. 具体体现。

(1) 原判认定事实清楚、证据充分，只是认定的罪名不当的，可以改变罪名，但不得加重刑罚。

【高能提醒】

罪名可以由轻改重，但刑罚不能加重。

(2) 原判对被告人实行数罪并罚的，不得加重决定执行的刑罚，也不得加重数罪中某罪的刑罚。

(3) 原判对被告人宣告缓刑的，不得撤销缓刑或者延长缓刑考验期。

(4) 原判没有宣告禁止令的，不得增加宣告；原判宣告禁止令的，不得增加内容、延长期限。

(5) 原判对被告人判处死刑缓期执行没有限制减刑的，不得限制减刑。

(6) 原判事实清楚、证据充分，但判处的刑罚畸轻，应当适用附加刑而没有适用的，不得直接加重刑罚、适用附加刑，也不得以事实不清或证据不足为由发回原审人民法院重新审理。

【高能提醒】

必须依法改判的，应当在第二审判决、裁定生效后，按照审判监督程序重新审理。

(7) 被告人或者其法定代理人、辩护人、近亲属提出上诉的案件，第二审人民法院发回重新审判后，除有新的犯罪事实，人民检察院补充起诉的以外，原审人民法院不得加重被告人的刑罚。

(8) 共同犯罪案件中，只有部分被告人提出上诉的，既不能加重提出上诉的被告人的刑罚，也不能加重其他同案被告人的刑罚。

(9) 共同犯罪案件中，人民检察院只对部分被告人的判决提出抗诉的，第二审人民法院对其他第一审被告人不得加重刑罚。

归纳总结

全面审查原则	事实、法律	既要审查一审判决认定的事实是否正确，证据是否确实、充分，又要审查一审判决适用法律有无错误。
	上诉、抗诉	既要审查上诉或者抗诉的部分，又要审查没有上诉或者抗诉的部分。
	共同犯罪	共同犯罪案件，只有部分被告人提出上诉的，或人民检察院只就第一审法院对部分被告人的判决提出抗诉的，第二审人民法院应当对全案进行审查，一并处理。 【提示】共同犯罪案件，提出上诉的被告人死亡，其他被告人未提出上诉的，第二审法院仍应对全案进行审查。经审查，死亡的被告人不构成犯罪的，应当宣告无罪；构成犯罪的，应当终止审理。对其他同案被告人仍应作出判决、裁定。
	附带民事诉讼	既要审查刑事诉讼部分，又要审查附带民事诉讼部分。
	实体、程序	既要审查实体问题，又要审查程序问题。
上诉不加刑原则	含义	第二审法院审判只有被告人一方上诉的案件，作出的新的判决，不得对被告人判处重于原判的刑罚。（控方上诉、抗诉的，不受前款规定的限制）
	具体要求	1. 原判认定事实清楚、证据充分，只是认定的罪名不当的，可以改变罪名，但不得加重刑罚。 2. 原判对被告人实行数罪并罚的，不得加重决定执行的刑罚，也不得加重数罪中某罪的刑罚。 3. 原判对被告人宣告缓刑的，不得撤销缓刑或者延长缓刑考验期。 4. 原判没有宣告禁止令的，不得增加宣告；原判宣告禁止令的，不得增加内容、延长期限。 5. 原判对被告人判处死刑缓期执行没有限制减刑的，不得限制减刑。 6. 原判事实清楚、证据充分，但判处的刑罚畸轻，应当适用附加刑而没有适用的，不得直接加重刑罚、适用附加刑，也不得以事实不清或证据不足为由发回原审人民法院重新审理。 【提示】必须依法改判的，应当在第二审判决、裁定生效后，按照审判监督程序重新审理。 7. 被告人或者其法定代理人、辩护人、近亲属提出上诉的案件，第二审人民法院发回重新审判后，除有新的犯罪事实，人民检察院补充起诉的以外，原审人民法院不得加重被告人的刑罚。 8. 共同犯罪案件中，只有部分被告人提出上诉的，既不能加重提出上诉的被告人的刑罚，也不能加重其他同案被告人的刑罚。 9. 共同犯罪案件中，人民检察院只对部分被告人的判决提出抗诉的，第二审人民法院对其他第一审被告人不得加重刑罚。

甲乙丙三人共同实施故意杀人，一审法院判处甲死刑立即执行、乙无期徒刑、丙有期徒刑10年。丙以量刑过重为由上诉，甲和乙未上诉，检察院未抗诉。关于本案的第二审程序，下列哪一选项是正确的？（2014-2-38，单）①

A. 可不开庭审理

B. 认为没有必要的，甲可不再到庭

C. 由于乙没有上诉，其不得另行委托辩护人为其辩护

D. 审理后认为原判事实不清且对丙的量刑过轻，发回一审法院重审，一审法院重审后可加重丙的刑罚

① 答案：B。

二、二审程序的审理

（一）二审的审理方式

依据《刑事诉讼法》第223条的规定，第二审人民法院对于具备法定情形的案件，应当组成合议庭，开庭审理。第二审人民法院决定不开庭审理的，应当讯问被告人，听取其他当事人、辩护人、诉讼代理人的意见。根据这一规定，第二审的审理有两种方式：一种是开庭审理的方式，一种是不开庭审理的方式。

1. 应当开庭审理的情形。

（1）被告人、自诉人及其法定代理人对第一审认定的事实、证据提出异议，可能影响定罪量刑的上诉案件；

（2）被告人被判处死刑立即执行的上诉案件；

（3）人民检察院抗诉的案件；

（4）应当开庭审理的其他案件。

【高能提醒】

被判处死刑立即执行的被告人没有上诉，同案的其他被告人上诉的案件，第二审人民法院应当开庭审理。被告人被判处死刑缓期执行的上诉案件，虽不属于前述情形，有条件的，也应当开庭审理。

2. 可以不开庭审理的情形。

对上诉、抗诉案件，第二审人民法院经审查，认为原判事实不清、证据不足，或者具有《刑事诉讼法》第227条规定的违反法定诉讼程序情形，需要发回重新审判的，可以不开庭审理。

【高能提醒】

第二审法院决定不开庭审理的，应当讯问被告人，听取其他当事人、辩护人、诉讼代理人的意见。合议庭全体成员应当阅卷，必要时应当提交书面阅卷意见。

（二）二审的审理程序

1. 开庭地点。

第二审人民法院开庭审理上诉、抗诉案件，可以到案件发生地或者原审人民法院所在地进行。

2. 检察院出庭。

人民检察院提出抗诉的案件或者第二审人民法院开庭审理的公诉案件，同级人民检察院都应当派员出席法庭。

【高能提醒】

抗诉案件，人民检察院接到开庭通知后不派员出庭，且未说明原因的，人民法院可以裁定按人民检察院撤回抗诉处理，并通知第一审人民法院和当事人。

3. 检察院阅卷。

第二审人民法院应当在决定开庭审理后及时通知人民检察院查阅案卷。人民检察院应当在1个月以内查阅完毕。人民检察院查阅案卷的时间不计入审理期限。

4. 辩护权。

在第二审程序中，被告人除自行辩护外，还可以继续委托第一审辩护人或者另行委托辩护人辩护。共同犯罪案件，只有部分被告人提出上诉或者人民检察院只就第一审人民法院对部分被告人的判决提出抗诉的，其他同案被告人也可以委托辩护人辩护。

一审判决作出后，乙以量刑过重为由提出上诉，甲未上诉，检察院未抗诉。关于本案二审程序，下列选项正确的是（2017-2-94，任）①

A. 二审法院受理案件后应通知同级检察院查阅案卷

B. 二审法院可审理并认定一审法院未予认定的1起盗窃事实

C. 二审法院审理后认为乙符合适用缓刑的条件，将乙改判为有期徒刑2年，缓刑2年

D. 二审期间，甲可另行委托辩护人为其辩护

5. 新证据处理。

第二审期间，人民检察院或者被告人及其辩护人提交新证据的，人民法院应当及时通知对方查阅、摘抄或者复制。

6. 庭审特点。

开庭审理上诉、抗诉案件，可以重点围绕对第一审判决、裁定有争议的问题或者有疑问的部分进行。根据案件情况，可以按照下列方式审理：

（1）宣读第一审判决书，可以只宣读案由、主要事实、证据名称和判决主文等；

（2）法庭调查应当重点围绕对第一审判决提出异议的事实、证据以及提交的新的证据等进行；对没有异议的事实、证据和情节，可以直接确认；

（3）对同案审理案件中未上诉的被告人，未被申请出庭或者人民法院认为没有必要到庭的，可以不再传唤到庭；

（4）被告人犯有数罪的案件，对其中事实清楚且无异议的犯罪，可以不在庭审时审理；

（5）同案审理的案件，未提出上诉，人民检察院也未对其判决提出抗诉的被告人要求出庭的，应当准许。出庭的被告人可以参加法庭调查和辩论。

7. 委托宣判。

二审法院可以委托一审法院代为宣判，并向当事人送达二审判决书、裁定书。一审法院应当在代为宣判后5日内将宣判笔录送交二审法院，并在送达完毕后及时将送达回证送交二审法院。委托宣判的，二审法院应当直接向同级检察院送达二审判决书、裁定书。

（三）特殊案件的二审程序

1. 刑事附带民事案件。

（1）民刑独立生效。刑事附带民事诉讼案件，只有附带民事诉讼当事人及其法定代理人上诉的，第一审刑事部分的判决，在上诉期满后即发生法律效力。

【高能提醒】

应当送监执行的第一审刑事被告人是第二审附民被告人的，在第二审附带民事诉讼案件审结前，可以暂缓送监执行。

① 答案：D。

（2）二审分情形处理。

情形1：第二审法院审理刑事附带民事上诉、抗诉案件，若发现刑事与附带民事部分均有错误需依法改判的，应当一并改判。

【上诉刑事附带民事且民刑尚未生效】——民刑均有错，应当一并按照二审程序改判。

情形2：第二审法院审理只针对刑事部分提出上诉或抗诉，附带民事部分已经发生法律效力的案件，若发现一审民事部分确有错误，应当对民事部分按照审判监督程序纠正。

【只上诉刑事且民事生效】——民事有错，对民事按审判监督程序进行再审，刑事按二审程序审理。

情形3：第二审法院审理只针对附带民事部分提出上诉或抗诉，刑事部分已经发生法律效力的案件，若发现一审刑事部分确有错误，应当对刑事部分按照审判监督程序进行再审，并将附带民事部分与刑事部分一并审理。

【只上诉民事且刑事生效】——刑事有错，对刑事按审监程序进行再审，并将民事部分与刑事部分一并审理。

（3）二审增加独立请求或者反诉。二审期间，第一审附带民事原告人增加独立的诉讼请求或者第一审附带民事被告人提出反诉的，第二审人民法院可以根据自愿、合法的原则进行调解；调解不成的，告知当事人另行起诉。

（4）二审增加赔偿数额。二审期间，第一审附带民事原告人仅要求增加赔偿数额，第二审人民法院可以依法进行调解，调解不成的，应当依法作出判决或裁定。

2. 自诉案件。

对第二审自诉案件，必要时可以进行调解，当事人也可以自行和解。

（1）二审的调解。自诉案件的二审中，对于调解结案的，二审法院应当制作调解书，第一审判决、裁定视为自动撤销。

（2）二审的和解。自诉案件的二审中，当事人自行和解的，二审法院应当裁定准许撤回自诉，并撤销第一审判决、裁定。

（3）二审的反诉。第二审期间，自诉案件的当事人提出反诉的，法院应当告知其另行起诉。

3. 死刑案件。

检察院办理死刑上诉、抗诉案件，应当进行下列工作：

（1）讯问原审被告人，听取原审被告人的上诉理由或者辩解；

（2）必要时听取辩护人的意见；

（3）复核主要证据，必要时询问证人；

（4）必要时补充收集证据；

（5）对鉴定意见有疑问的，可以重新鉴定或者补充鉴定；

（6）根据案情情况，可以听取被害人的意见。

【高能提醒】

在上述规定中，只有“讯问原审被告人”的表述为“应当”，所列其他工作则都为“必要时”或“可以”。

4. 共同犯罪案件。

（1）共犯二审的全面审查问题。只有部分被告人提出上诉，或者自诉人只对部分被告人的判决提出上诉，或者人民检察院只对部分被告人的判决提出抗诉的，第二审法院应当对全案进行审查，一并处理。

（2）共犯死亡的处理问题。上诉的被告人死亡，其他被告人未上诉的，第二审法院仍应对全案进行审查。经审查，死亡的被告人不构成犯罪的，应当宣告无罪；构成犯罪的，应当终止审理。对其他同案被告人仍应作出判决、裁定。

（3）共犯的上诉不加刑问题。

一并原则：共同犯罪案件，只有部分被告人提出上诉的，既不能加重提出上诉的被告人的刑罚，也不能加重其他同案被告人的刑罚。

分离原则：共同犯罪案件，人民检察院只对部分被告人的判决提出抗诉的，第二审人民法院对其他第一审被告人不得加重刑罚。

（4）共犯二审的审理程序。对同案审理案件中未上诉的被告人，未被申请出庭或者人民法院认为没有必要到庭的，可以不再传唤到庭。

同案审理的案件，未提出上诉、人民检察院也未对其判决提出抗诉的被告人要求出庭的，应当准许。出庭的被告人可以参加法庭调查和辩论。

共同犯罪案件，只有部分被告人提出上诉，或者自诉人只对部分被告人的判决提出上诉，或者人民检察院只对部分被告人的判决提出抗诉的，其他同案被告人也可以委托辩护人辩护。

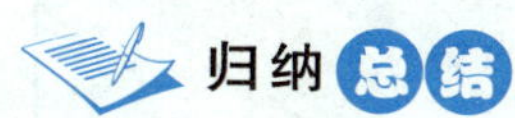

<table>
<tr><td rowspan="2">二审的审理方式</td><td>应当开庭审理的情形</td><td>1. 事实、证据有异议，可能影响定罪量刑。
2. 死刑立即执行的上诉案件。
3. 抗诉的案件。
4. 其他案件。
【提示】被判处死刑立即执行的被告人没有上诉，同案的其他被告人上诉的案件，二审法院应当开庭审理。被告人被判处死刑缓期执行的上诉案件，虽不属于前述情形，有条件的，也应当开庭审理。</td></tr>
<tr><td>可以不开庭审理的情形</td><td>二审法院经审查，认为原判事实不清、证据不足，或者有违反法定诉讼程序的情形，需要发回重新审判的，可以不开庭审理。
【提示】第二审法院决定不开庭审理的，应当讯问被告人，听取其他当事人、辩护人、诉讼代理人的意见。合议庭全体成员应当阅卷，必要时应当提交书面阅卷意见。</td></tr>
<tr><td rowspan="6">二审的审理程序</td><td>开庭地点</td><td>案件发生地或者原审人民法院所在地。（也可在二审法院）</td></tr>
<tr><td>检察院出庭</td><td>抗诉案件或者二审开庭审理的公诉案件，同级人民检察院都应当派员出庭。
【提示】抗诉案件，检察院接到开庭通知后不派员出庭，且未说明原因的，人民法院可以裁定按人民检察院撤回抗诉处理，并通知第一审人民法院和当事人。</td></tr>
<tr><td>检察院阅卷</td><td>1个月以内查阅完毕。自通知后的第2日起计算，阅卷时间不计入审理期限。</td></tr>
<tr><td>辩护权</td><td>被告人可以继续委托第一审辩护人或者另行委托辩护人辩护。</td></tr>
<tr><td>新证据处理</td><td>控辩在二审期间提交新证据的，人民法院应当及时通知对方查阅、摘抄或者复制。</td></tr>
<tr><td>委托宣判</td><td>二审法院可以委托一审法院代为宣判。委托宣判的，二审法院应当直接向同级检察院送达二审判决书、裁定书。</td></tr>
</table>

特殊案件的二审程序	刑事附带民事案件	民刑独立生效	只就附带民事部分上诉，一审刑事部分的判决，在上诉期满后即发生法律效力。 【提示】应当送监执行的一审刑事被告人是二审附民被告人的，二审附带民事诉讼案件审结前，可以暂缓送监执行。
		二审案件分情况处理	1.【上诉刑事附带民事且民刑尚未生效】——民刑均有错，应当一并按照二审程序改判。 2.【只上诉刑事且民事生效】——民事有错，对民事按审判监督程序进行再审，刑事按二审程序审理。 3.【只上诉民事且刑事生效】——刑事有错，对刑事按审判监督程序进行再审，并将民事部分与刑事部分一并审理。
		二审增加独立请求或者反诉	二审法院可以根据自愿、合法的原则进行调解；调解不成的，告知当事人另行起诉。
		二审增加赔偿数额	二审法院可以依法进行调解，调解不成的，应当依法作出判决或裁定。
	自诉案件	法院对二审自诉案件的处理： 1. 二审自诉案件，必要时可以进行调解。调解结案的，法院应当制作调解书，第一审判决、裁定视为自动撤销。 2. 二审自诉案件，当事人也可以自行和解。自行和解的，法院应当裁定准许撤回自诉，并撤销第一审判决、裁定。 3. 二审期间，自诉当事人提出反诉的，人民法院应当告知其另行起诉。	
	死刑案件	检察院办理死刑上诉、抗诉案件，应当进行下列工作： 1. 讯问原审被告人，听取原审被告人的上诉理由或者辩解。 2. 必要时听取辩护人的意见。 3. 复核主要证据，必要时询问证人。 4. 必要时补充收集证据。 5. 对鉴定意见有疑问的，可以重新鉴定或者补充鉴定。 6. 根据案情情况，可以听取被害人的意见。	
	共同犯罪案件	共同犯罪案件二审的审理程序： 1. 对同案审理案件中未上诉的被告人，未被申请出庭或者人民法院认为没有必要到庭的，可以不再传唤到庭。 2. 同案审理的案件，未提出上诉、人民检察院也未对其判决提出抗诉的被告人要求出庭的，应当准许。出庭的被告人可以参加法庭调查和辩论。 3. 共同犯罪案件，只有部分被告人提出上诉，或者自诉人只对部分被告人的判决提出上诉，或者人民检察院只对部分被告人的判决提出抗诉的，其他同案被告人也可以委托辩护人辩护。	

三、第二审程序的处理

（一）维持原判

1. 适用情形。

（1）一审裁判没有任何错误，二审维持原判。

（2）一审量刑过轻，但受上诉不加刑原则的限制，二审维持原判。（只有被告方上

诉）

2. 裁决方式。

维持原判一律适用裁定。

【高能提醒】

民事诉讼与行政诉讼二审维持原判适用的法律文书：

民事诉讼中，第二审人民法院认为原判决、裁定认定事实清楚，适用法律正确的，以判决、裁定方式驳回上诉，维持原判决、裁定。（《民事诉讼法》第170条）

行政诉讼中，第二审人民法院认为原判决、裁定认定事实清楚，适用法律、法规正确的，判决或者裁定驳回上诉，维持原判决、裁定。（《行政诉讼法》第89条）

（二）改判

1. 适用情形。

（1）应当改判。原判决认定事实没有错误，但适用法律有错误或者量刑不当的，应当改判。

（2）可以改判。原判决认定事实不清楚或者证据不足的，可以在查清事实后改判。

2. 裁决方式。

改判一律适用判决。

（三）发回重审

1. 适用情形。

（1）可以发回重审。

原判决认定事实不清楚或者证据不足的，可以裁定撤销原判，发回原审人民法院重新审判。

【高能提醒】

原审人民法院对于这种情形发回重新审判的案件作出判决后，被告人提出上诉或者人民检察院提出抗诉的，第二审人民法院应当依法作出判决或者裁定，不得再发回原审人民法院重新审判。也即，此种情形的发回重审，只能发回一次。

（2）应当发回重审。

①违反《刑事诉讼法》有关公开审判的规定的；

②违反回避制度的；

③审判组织的组成不合法的；

④剥夺或者限制了当事人的法定诉讼权利，可能影响公正审判的；

⑤其他违反法律规定的诉讼程序，可能影响公正审判的。

【高能提醒】

原审人民法院对于发回重新审判的案件，应当另行组成合议庭，依照第一审程序进行审判。对于重新审判后的判决，可以上诉、抗诉。

2. 裁决方式。

撤销原判，发回重审的，一律适用裁定。

归纳总结

二审的处理方式	适用情形		裁决方式
维持原判	1. 一审裁判无误，二审维持原判。 2. 一审量刑过轻，但受上诉不加刑原则的限制，二审维持原判。 【提示】此种情形仅限于只有被告人一方上诉的案件。		裁定
改判	应当改判	原裁判认定的事实无误，但适用法律错误或者量刑不当，二审法院应当改判。	判决
	可以改判	原裁判事实不清或证据不足，二审法院可以在查清事实后改判。	
发回重审	可以发回	原裁判事实不清或证据不足，二审法院可以裁定撤销原判，发回重审。 【提示】此情形只能发回一次。	裁定
	应当发回	原裁判违反法定诉讼程序，二审法院应当裁定撤销原判，发回重审。 1. 违反《刑事诉讼法》有关公开审判的规定的。 2. 违反回避制度的。 3. 审判组织的组成不合法的。 4. 剥夺、限制了当事人的法定诉讼权利，可能影响公正审判的。 5. 其他违反法律规定的诉讼程序，可能影响公正审判的。 【提示】对于发回重新审判的案件，原审法院应当另行组成合议庭，依照第一审程序进行审判。对于重新审判后的判决，可以上诉、抗诉。	

甲杀人案，犯罪手段残忍，影响恶劣，第一审法院为防止被害人家属和旁听群众在法庭上过于激愤影响顺利审判，决定作为特例不公开审理。经审理，第一审法院判处甲死刑立即执行，甲上诉。对于本案，第二审法院下列哪些做法是正确的？（2008-2-67，多）①

A. 组成合议庭

B. 把案件作为第一审案件审理

C. 审理后改判

D. 撤销原判，发回重审

四、二审的效力和期限

（一）二审的效力

第二审的判决、裁定（死刑案件以及在法定刑以下判处刑罚的必须报经最高人民法院核准的除外）和最高人民法院的判决、裁定，都是终审的判决、裁定，一经宣告即发生法律效力，不得对其再行上诉或按二审程序提起抗诉。

（二）二审的期限

1. 第二审人民法院受理上诉、抗诉案件，应当在2个月以内审结。

2. 对于可能判处死刑的案件或者附带民事诉讼的案件，以及有下列规定情形之一的，经省、自治区、直辖市高级人民法院批准或者决定，可以延长2个月：

（1）交通十分不便的边远地区的重大复杂案件；

（2）重大的犯罪集团案件；

（3）流窜作案的重大复杂案件；

（4）犯罪涉及面广、取证困难的重大复杂案件。

① 答案：A、D。

3. 因特殊情况还需要延长的，报请最高人民法院批准。

4. 最高人民法院受理上诉、抗诉案件的审理期限，由最高人民法院决定。

【高能提醒】

二审法院发回原审法院进行重审的案件，原审法院从收到发回的案件之日起，重新计算审理期限。

第四节　对扣押、冻结在案财物的处理

对扣押、冻结在案财物的处理	妥善保管、随案移送	公安机关、人民检察院和人民法院对查封、扣押、冻结的犯罪嫌疑人、被告人的财物及其孳息，应当妥善保管，以供核查，并制作清单，随案移送。
	财物处理	1. 任何单位和个人不得挪用或者自行处理。 2. 对被害人的合法财产，权属明确的，应当依法及时返还，但须经拍照、鉴定、估价，并在案卷中注明返还的理由，将原物照片、清单和被害人的领取手续附卷备查；权属不明的，应当在人民法院判决、裁定生效后，按比例返还被害人，但已获退赔的部分应予扣除。 3. 对违禁品或者不宜长期保存的物品，应当依照国家有关规定处理。 4. 对作为证据使用的实物，包括作为物证的货币、有价证券等，应当随案移送。第一审判决、裁定宣告后，被告人上诉或者人民检察院抗诉的，第一审人民法院应当将上述证据移送第二审人民法院。对不宜移送的，应当将其清单、照片或者其他证明文件随案移送。 5. 法庭审理过程中，对查封、扣押、冻结的财物及其孳息，应当调查其权属情况，是否属于违法所得或者依法应当追缴的其他涉案财物。 6. 案外人对查封、扣押、冻结的财物及其孳息提出权属异议的，人民法院应当审查并依法处理。经审查，不能确认查封、扣押、冻结的财物及其孳息属于违法所得或者依法应当追缴的其他涉案财物的，不得没收。
	法院判决后的处理	1. 随案移送的或者人民法院查封、扣押的财物及其孳息，由第一审人民法院在判决生效后负责处理。 2. 查封、扣押、冻结的赃款赃物及其孳息，除依法返还被害人的以外，一律上缴国库。 3. 查封、扣押、冻结的财物与本案无关但已列入清单的，应当由查封、扣押、冻结机关依法处理。查封、扣押、冻结的财物属于被告人合法所有的，应当在赔偿被害人损失、执行财产刑后及时返还被告人。 4. 财物未随案移送的，应当通知查封、扣押、冻结机关将赔偿被害人损失、执行财产刑的部分移送人民法院。
违法处理扣押、冻结在案财物的法律责任	司法工作人员贪污、挪用或者私自处理查封、扣押、冻结的财物及其孳息的，依法追究刑事责任；不构成犯罪的，给予处分。	

第五节　在法定刑以下判处刑罚的核准程序

在法定刑以下判处刑罚的案件，突破了两审终审制，须报请最高人民法院核准才能生效。

一、逐级报请制度

1. 被告人未上诉、人民检察院未抗诉的案件。

一审不上诉和抗诉的，在上诉、抗诉期满后3日内报请上一级人民法院复核。上一级法院同意原判的，应当书面逐级报请最高人民法院核准。

【高能提醒】

任何一个上级法院都有否决权。上一级人民法院不同意原判的，应当裁定发回重审或者改变管辖按照第一审程序重新审理。原判是基层人民法院作出的，高级人民法院可以指定中级人民法院按照第一审程序重新审理。

2. 被告人上诉或者人民检察院抗诉的案件。

应当依照二审程序审理：

(1) 二审如果维持原判，或改判后仍在法定刑以下判处刑罚，则逐级层报最高院核准；

(2) 二审如果改判在法定刑内，则二审终审生效。

二、最高人民法院处理的结果

对在法定刑以下判处刑罚的案件，最高人民法院复核予以核准的，应当作出核准裁定书；不予核准的，应当作出不核准裁定书，并撤销原判决、裁定，发回原审人民法院重新审判或者指定其他下级人民法院重新审判。

【高能提醒】

若发回第二审法院重新审判，二审法院可以直接改判；必须通过开庭查清事实、核实证据或者纠正原审程序违法的，应当开庭审理。

最高院和上级人民法院复核在法定刑以下判处刑罚案件的审理期限，参照适用第二审审理期限的规定。

归纳总结

<table>
<tr><td rowspan="2">逐级报请制度</td><td>一审未上诉或抗诉的</td><td>在上诉、抗诉期满后3日内报请上一级人民法院复核。上一级法院同意原判的，应当书面逐级报请最高人民法院核准：
1. 上一级人民法院同意原判的，应当书面层报最高人民法院核准。
2. 上一级人民法院不同意的，应当裁定发回重新审判，或者改变管辖按照第一审程序重新审理。
3. 原判是基层人民法院作出的，高级人民法院可以指定中级人民法院按照第一审程序重新审理。</td></tr>
<tr><td>一审后上诉、抗诉的</td><td>应当依照二审程序审理。
1. 二审如果维持原判，或改判后仍在法定刑以下判处刑罚，则逐级层报最高院核准。
2. 二审如果改判在法定刑内，则二审终审生效。</td></tr>
<tr><td rowspan="2">最高院的处理结果</td><td>核准</td><td>认为原裁判正确，最高院予以核准的，应当作出核准裁定书。</td></tr>
<tr><td>不核准</td><td>认为原裁判不正确，最高院不予核准的，应当作出不核准裁定书，并撤销原判决、裁定，发回原审法院或者指定其他下级人民法院重新审判。
【提示】发回第二审法院重新审判，二审法院可以直接改判。必须通过开庭查清事实、核实证据或者纠正原审程序违法的，应当开庭审理。</td></tr>
<tr><td>审理期限</td><td colspan="2">最高院和上级人民法院复核在法定刑以下判处刑罚案件的审理期限，参照适用第二审审理期限的规定。</td></tr>
</table>

专题十七 死刑复核程序

核心重点

最高院死刑复核中的审查内容；全面审查原则；复核的程序要求；最高院复核后的处理；死缓不加刑原则。

考点精要

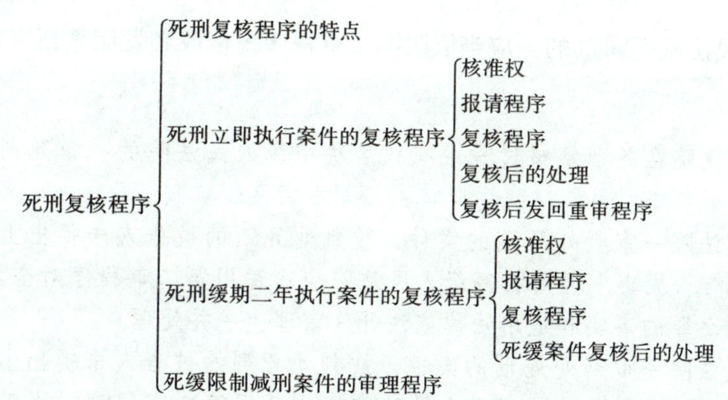

第一节 死刑复核程序的特点

死刑复核程序是我国刑事诉讼法规定的一种独立于普通程序之外的特别审核程序，旨在通过对原审裁判进行全面、有效的审查，防止死刑裁判可能出现的错误或者随意化。其特点体现在：

审理对象特别	死刑复核程序仅适用于判处死刑的案件，包括死刑立即执行和死刑缓期 2 年执行的案件。
所处诉讼阶段特别	死刑复核程序一般在死刑判决作出之后，发生法律效力和交付执行之前进行。
两审终审制的例外	死刑复核程序是死刑案件的终审程序。一般刑事案件经过第一审、第二审程序以后，判决就发生法律效力。而死刑案件除经过第一审、第二审程序以外，还必须经过死刑复核程序。只有经过复核并核准的死刑判决才能生效。
核准权的专属性	依据《刑事诉讼法》第 236 条规定，有权进行死刑复核的机关只有最高人民法院和高级人民法院。
程序启动的必然性	死刑复核程序的启动既不需要检察机关提起公诉或者抗诉，也不需要当事人提起自诉或上诉，只要二审法院审理完毕或者一审后经过法定的上诉期或抗诉期被告人没有提出上诉、检察院没有提起抗诉，人民法院就应当主动将案件报送高级人民法院或最高人民法院核准。
具有专门的报请复核程序	死刑案件的报请复核应当按照法院的组织系统逐级上报，不得越级报核。

第二节　死刑立即执行案件的复核程序

一、死刑立即执行案件的核准权

死刑立即执行的核准权统一由最高人民法院行使。（自2007年1月1日）

二、死刑立即执行案件的报请程序

1. 中级人民法院判处死刑立即执行的一审案件。

（1）被告人未上诉、人民检察院未抗诉的。

在上诉、抗诉期满后10日内报请高级人民法院复核。

①高级人民法院同意判处死刑的，应当在作出裁定后10日内报请最高人民法院核准；

②高级人民法院不同意的，应当依照第二审程序提审或者发回重新审判。

【高能提醒】

高级人民法院在死刑复核过程中有权否决中级人民法院的一审死刑判决。否决方式有两种：一是依照第二审程序提审；二是发回重新审判。

中级人民法院一审判处死刑的案件，被判处死刑的被告人未提出上诉，但共同犯罪的部分被告人提出上诉时，高级人民法院应当适用第二审程序对全案进行审查，并对涉及死刑之罪的事实和适用法律依法开庭审理，一并处理。

中级人民法院一审判处死刑的案件，被判处死刑的被告人未提出上诉，仅附带民事诉讼原告人提出上诉的，高级人民法院应当适用第二审程序对附带民事诉讼依法审理，并由同一审判组织对未提出上诉的被告人的死刑判决进行复核，作出是否同意判处死刑的裁判。

（2）被告人上诉或者人民检察院抗诉的。

①高级人民法院裁定维持的，应当在作出裁定后10日内报请最高人民法院核准；

②高级人民法院如认为判处死刑不当的，在二审中可对一审裁判的量刑进行改判。若改判的不再是死刑，则无需再上报，二审裁判即发生效力。

2. 高级人民法院判处死刑的第一审案件。

被告人未上诉、人民检察院未抗诉，应当在上诉、抗诉期满后10日内报请最高人民法院核准。

【高能提醒】

报请复核死刑（含死缓）案件，应当一案一报。同案审理的案件应当报送全案案卷、证据。如被告人犯有数罪，其中一罪被判处死刑，或共同犯罪案件，其中一名被告人被判处死刑，以上情形应当报送全案的诉讼案卷和证据。

<table>
<tr><td rowspan="4">报请程序</td><td rowspan="2">中院判死刑立即执行的一审案件</td><td>未上诉、抗诉的</td><td>在上诉、抗诉期满后10日内报请高院复核。
1. 高院同意判处死刑的，10日内报请最高人民法院核准；
2. 高院不同意判处死刑的，应当依照第二审程序提审或者发回重新审判。</td></tr>
<tr><td>上诉、抗诉的</td><td>1. 高院二审裁定维持原判的，10日内报请最高院核准；
2. 高院如果认为不应当判处死刑的，直接对一审裁判量刑进行改判。若改判不再是死刑，即生效，无须再上报。</td></tr>
<tr><td>高院判死刑立即执行的一审案件</td><td>未上诉、抗诉的</td><td>在上诉、抗诉期满后10日内报请最高院核准。</td></tr>
<tr><td colspan="3">【提示】报请死刑（包括死缓）复核的基本要求：一案一报，层层复核；同案审理的案件应当报送全案案卷、证据。</td></tr>
</table>

三、死刑立即执行案件的复核程序

（一）复核庭的组成

1. 必须组成合议庭；

2. 必须由3名审判员组成。

【高能提醒】

不得由人民陪审员参加。

（二）复核程序

1. 讯问被告人。

讯问被告人是死刑复核程序的必要环节。《刑事诉讼法》第240条规定，最高人民法院复核死刑案件，应当讯问被告人。

2. 听取辩护律师的意见。

最高人民法院复核死刑案件，辩护律师提出要求的，应当听取辩护律师的意见。

【高能提醒】

辩护律师要求当面反映意见的，应当在办公场所听取意见，并制作笔录，具备条件的法院还应当全程录音、录像。辩护律师提出书面意见的，应当附卷。

3. 全面审查案件。

复核死刑（包括死缓）案件，应当对事实认定、法律适用和诉讼程序进行全面审查：

（1）被告人的年龄，被告人有无刑事责任能力、是否系怀孕的妇女；

（2）原判认定的事实是否清楚，证据是否确实、充分；

（3）犯罪情节、后果及危害程度；

（4）原判适用法律是否正确，是否必须判处死刑，是否必须立即执行；

（5）有无法定、酌定从重、从轻或者减轻处罚情节；

（6）诉讼程序是否合法；

（7）应当审查的其他情况。

【高能提醒】

1. 共同犯罪案件中，部分被告人被判处死刑的，最高人民法院或高级人民法院应当对全案进行审查，但不能影响对其他被告人已生效裁判的执行；发现对其他被告人已生效裁判确有错误时，可以指令原审法院再审。但应当注意，共犯的全面审查不等于所有人都需要最高院核准，只有死刑犯需要核准。

2. 同案审理的案件中，部分被告人被判死刑，对未被判处死刑的同案被告人需要羁押执行刑罚的，应当在其裁判生效后十日内交付执行。但是，该同案被告人参与实施有关死刑之罪的，应当在最高法院复核讯问被判处死刑的被告人后交付执行。

4. 检察院监督。

在复核死刑案件过程中，最高人民检察院可以向最高人民法院提出意见。最高人民检察院提出意见的，最高人民法院应当审查，并将采纳情况及理由反馈给最高人民检察院。

最高人民法院应当将死刑复核结果通报最高人民检察院。

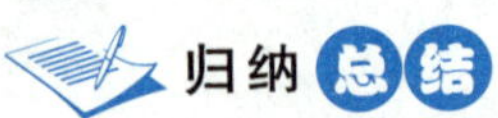

复核程序	复核庭的组成	审判员3人组成合议庭进行。
	讯问被告人	复核死刑案件，应当讯问被告人。
	听取辩护律师意见	辩护律师提出要求的，应当听取辩护律师的意见。 要求当面→办公场所；书面意见→应当附卷。
	全面审查案件	复核死刑（包括死缓）案件，应当对定罪与量刑进行全面审查（7点）。
		1. 共同犯罪案件中，部分被告人被判处死刑的，最高院或高院应当对全案进行审查，但不能影响对其他被告人已生效裁判的执行；发现对其他被告人已生效裁判确有错误时，可以指令原审法院再审。 【提示】共犯的全面审查不等于所有人都需要最高院核准，只有死刑犯需要核准。 2. 同案审理的案件中，部分被告人被判死刑，对未被判处死刑的同案被告人需要羁押执行刑罚的，应当在其裁判生效后十日内交付执行。但是，该同案被告人参与实施有关死刑之罪的，应当在最高法院复核讯问被判处死刑的被告人后交付执行。
	检察院监督	最高检可以向最高院提出意见；最高院应当审查，并将采纳情况及理由反馈给最高院。
		最高院应当将死刑复核结果通报最高检。

关于死刑复核程序，下列哪一选项是正确的？（2012-2-33，单）①

A. 最高法院复核死刑案件，可以不讯问被告人

B. 最高法院复核死刑案件，应当听取辩护律师的意见

C. 在复核死刑案件过程中，最高检察院应当向最高法院提出意见

D. 最高法院应当将死刑复核结果通报最高检察院

四、判处死刑立即执行案件复核后的处理

最高人民法院复核死刑案件，应当作出核准或者不核准死刑的裁定。对于不核准

① 答案：D。

死刑的，最高人民法院可以发回重新审判或者通过提审予以改判。

（一）裁定核准

1. 直接核准。

原判认定事实和适用法律正确、量刑适当、诉讼程序合法的，应当裁定核准。

2. 纠正后核准。

原判认定的某一具体事实或者引用的法律条款等存在瑕疵，但判处被告人死刑并无不当的，可以在纠正后作出核准的判决、裁定。

（二）裁定不予核准，并撤销原判，发回重审

最高人民法院复核死刑案件，在以下情形下应当裁定不予核准，并撤销原判，发回重审：

1. 原判事实不清、证据不足的；【事实错】

2. 复核期间出现新的影响定罪量刑的事实、证据的；【新事实】

3. 原判认定事实正确，但依法不应当判处死刑的；【量刑错】

4. 原审违反法定诉讼程序，可能影响公正审判的。【程序错】

【高能提醒】

复核死刑或者复核死刑缓期二年执行的案件程序中，发现被告人可能符合强制医疗的条件，应当裁定撤销原判，发回原审人民法院重新审理。

（三）特殊情形的处理

1. 数罪并罚案件两罪以上被判处死刑。

（1）其中部分犯罪的死刑裁判认定事实不清、证据不足的，对全案裁定不予核准，并撤销原判，发回重审；

（2）其中部分犯罪的死刑裁判认定事实正确，但依法不应当判处死刑的，可以改判，并对其他应当判处死刑的犯罪作出核准死刑的判决。

2. 一案中两名以上被告人都被判处死刑。

（1）其中部分被告人的死刑裁判认定事实不清、证据不足的，对全案裁定不予核准，并撤销原判，发回重审；

（2）其中部分被告人的死刑裁判认定事实正确，但依法不应当改判死刑的，可以改判，并对其他应当判处死刑的被告人作出核准死刑的判决。

【高能提醒】

对于以上两种特殊案件的处理，可以总结为：

1. 一并原则。【部分犯罪或被告人事实不清→全案发回重审】

部分犯罪或者部分被告人的死刑判决、裁定认定事实不清、证据不足的，应当对全案裁定不予核准，并撤销原判，发回重审。

2. 分离原则。【部分犯罪或者被告人量刑不当→改判，其他部分核准】

部分犯罪或者部分被告人的死刑判决、裁定认定事实正确，但依法不应当判处死刑的，对这一部分可以改判，同时对其他应当判处死刑的犯罪或者被告人作出核准死刑的判决。

<table>
<tr><td rowspan="5">复核结果</td><td rowspan="2">裁定核准</td><td>直接核准</td><td>认定事实和适用法律正确、量刑适当、诉讼程序合法的。</td></tr>
<tr><td>纠正后核准</td><td>认定的具体事实或引用法律条款存在瑕疵，但判处死刑并无不当的。</td></tr>
<tr><td colspan="2">裁定不予核准，发回重审</td><td>1. 事实不清、证据不足。【事实】
2. 复核期间出现新证据、新事实，影响定罪量刑。【事实】
3. 事实正确，但判处死刑不当。【量刑】
4. 违反法定诉讼程序，可能影响公正审判。【程序】</td></tr>
<tr><td rowspan="2">特殊情形的处理【改判 or 发回重审】</td><td>一并原则</td><td>针对一人有两罪以上被判处死刑，或者一案中两名以上被告人被判处死刑的案件，如果其中部分犯罪或者部分被告人的死刑判决、裁定认定事实不清、证据不足的，应当对全案裁定不予核准，并撤销原判，发回重审。【部分犯罪或被告人事实不清→全案发回重审】</td></tr>
<tr><td>分离原则</td><td>针对一人有两罪以上被判处死刑，或者一案中两名以上被告人被判处死刑的案件，如果其中部分犯罪或者部分被告人的死刑判决、裁定认定事实正确，但依法不应当判处死刑的，对这一部分可以改判，同时对其他应当判处死刑的犯罪或者被告人作出核准死刑的判决。【部分犯罪或者被告人量刑不当→改判，其他部分核准】</td></tr>
</table>

关于死刑复核程序，下列哪些选项是正确的？（2008-2-79，多）①

A. 赵某因故意杀人罪和贩毒罪分别被判处死刑，最高人民法院对案件进行复核时，认为张某贩毒罪的死刑判决认定事实和适用法律正确、量刑适当、程序合法，但故意杀人罪的死刑判决事实不清、证据不足，遂对全案裁定不予核准，撤销原判，发回重审

B. 钱某因绑架罪和抢劫罪分别被判处死刑，最高人民法院在对案件进行复核时，发现钱某绑架罪的死刑判决认定事实和适用法律正确、量刑适当、诉讼程序合法，抢劫罪的死刑判决认定事实清楚，但依法不应当判处死刑，遂对绑架罪作出核准死刑的判决，对抢劫罪的死刑判决予以改判

C. 孙某伙同李某持枪抢劫银行被分别判处死刑，最高人民法院进行复核时发现孙某的死刑判决认定事实和适用法律正确、量刑适当、程序合法，李某的死刑判决认定事实不清、证据不足，遂对全案裁定不予核准

D. 周某伙同吴某劫持航空器致人重伤被分别判处死刑，最高人民法院在复核时发现周某的死刑判决认定事实和适用法律正确、量刑适当、程序合法，吴某的死刑判决认定事实清楚，但依法不应当判处死刑，遂对周某作出核准死刑的判决，对吴某的死刑判决予以改判

五、复核后发回重审的程序

（一）发回程序

1. 最高人民法院裁定不予核准死刑的，根据案件情况，可以发回第二审人民法院

① 答案：A、B、C、D。

或者第一审人民法院重新审判。

2. 高级人民法院依照复核程序审理后报请最高人民法院核准死刑，最高人民法院裁定不予核准，发回高级人民法院重新审判的，高级人民法院可以依照第二审程序提审或者发回重新审判。

（二）发回后的处理

1. 应当另行组成合议庭。

发回重新审判的案件，原审人民法院应当另行组成合议庭进行审理。

但有两个例外，发回不需要另行组成合议庭：

（1）复核期间出现新的影响定罪量刑的事实、证据，发回重新审判的；

（2）原判认定事实正确，但依法不应当判处死刑，发回重新审判的。

2. 应当开庭审理的情形。

（1）第一审人民法院重新审判的，应当开庭审理；

（2）第二审人民法院重新审判的，可以直接改判；必须通过开庭查清事实、核实证据或者纠正原审程序违法的，应当开庭审理。

<table>
<tr><td rowspan="3">复核后发回重审</td><td>发回程序</td><td colspan="2">1. 最高人民法院裁定不予核准死刑的，根据案件情况，可以发回第二审人民法院或者第一审人民法院重新审判。
2. 高级人民法院依照复核程序审理后报请最高人民法院核准死刑，最高人民法院裁定不予核准，发回高级人民法院重新审判的，高级人民法院可以依照第二审程序提审或者发回重新审判。</td></tr>
<tr><td rowspan="2">发回后的处理</td><td>应当另组合议庭</td><td>发回重新审判的案件，原审人民法院应当另行组成合议庭进行审理。
【两个例外】
1. 复核期间出现新的影响定罪量刑的事实、证据而发回重审的，不另行组成合议庭；
2. 最高院复核后认为原判认定事实正确，但依法不应当判处死刑的，发回重新审判不另行组成合议庭。</td></tr>
<tr><td>应当开庭审理的情形</td><td>1. 第一审人民法院重新审判的，应当开庭审理。
2. 第二审人民法院重新审判的，可以直接改判；必须通过开庭查清事实、核实证据或者纠正原审程序违法的，应当开庭审理。</td></tr>
</table>

第三节　死刑缓期二年执行案件的复核程序

1. 死缓案件的核准权。

死刑缓期二年执行案件的核准权，由高级人民法院统一行使。

2. 死缓案件的报请程序。

中级人民法院判处死刑缓期二年执行的第一审案件，被告人不上诉，人民检察院不抗诉的，应当报请高级人民法院核准。

【高能提醒】

一案一报。同案审理的案件应当报送全案案卷、证据。逐级上报。

3. 死缓案件的复核程序。

高级人民法院核准死刑缓期二年执行的案件，应当由审判员 3 人组成合议庭，合

议庭审查时应当讯问被告人。

4. 死缓案件复核后的处理。

高级人民法院对于报请核准的死刑缓期二年执行的案件，按照下列情形分别处理：

（1）予以核准。

①直接裁定核准。原判认定事实和适用法律正确、量刑适当、诉讼程序合法的，应当裁定核准。

②纠正后核准。原判认定的某一具体事实或者引用的法律条款等存在瑕疵，但判处被告人死刑缓期执行并无不当的，可以在纠正后作出核准的判决、裁定。

（2）不予核准。

①应当改判。原判认定事实正确，但适用法律有错误，或者量刑过重的，应当改判。【法律/量刑】

【高能提醒】

高院核准判处死刑缓期二年执行案件，不能加重被告人的刑罚。即高级人民法院对死刑缓期二年执行案件的改判，只能减轻原判刑罚，而不能改判为死刑立即执行，也不得以提高审级等方式加重被告人的刑罚。

②可以发回重审或改判。

a. 原判事实不清、证据不足的，可以裁定不予核准，并撤销原判，发回重新审判，或者依法改判。

b. 复核期间出现新的影响定罪量刑的事实、证据的，可以裁定不予核准，并撤销原判，发回重新审判，或者审理后依法改判。

③应当发回重审。原审违反法定诉讼程序，可能影响公正审判的，应当裁定不予核准，并撤销原判，发回重新审判。

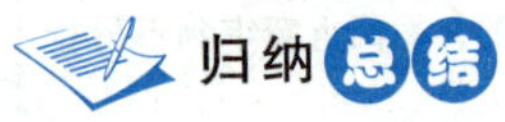
归纳总结

死缓案件复核后的处理	予以核准	裁定核准	原判认定的事实和适用法律正确、量刑适当、诉讼程序合法的。
		纠正后核准	原判认定的具体事实或者引用的法律条款存在瑕疵，但判处被告人死刑缓期执行并无不当的。
	不予核准	应当依法改判	原判认定的事实正确，但适用法律有错误，或者量刑过重的。【法律/量刑】
		可以发回重审或改判	1. 原判认定的事实不清、证据不足的。【事实】 2. 复核期间出现新的影响定罪量刑的事实、证据的。【事实】
		应当发回重审	原审违反法定诉讼程序，可能影响公正审判的。【程序】

第四节 死刑缓期执行限制减刑案件的审理程序

一、适用对象

对被判处死刑缓期执行的累犯以及因故意杀人、强奸、抢劫、绑架、放火、爆炸、投放危险物质或者有组织的暴力性犯罪被判处死刑缓期执行的犯罪分子。

二、作出时间与方式

1. 作出时间。

人民法院根据犯罪情节、人身危险性等情况，可以在作出裁判的同时决定对其限制减刑。

2. 作出方式。

限制减刑应在判决书主文部分单独作为一项予以宣告。

三、死缓与死缓限制减刑

1. 死缓限制减刑→死缓。

高级人民法院（二审）审理或者复核判处死刑缓期执行并限制减刑的案件。

高级人民法院（二审）审理或者复核判处死刑缓期执行并限制减刑的案件，认为原判对被告人判处死刑缓期执行适当，但判决限制减刑不当的，应当改判，撤销限制减刑。

【高能提醒】

不论是上诉的二审程序还是死缓复核程序，量刑从重改轻，不受限制。

2. 死缓→死缓限制减刑。

高级人民法院（二审）审理或者复核判处死刑缓期执行没有限制减刑的案件。

（1）高级人民法院审理判处死刑缓期执行没有限制减刑的上诉案件，认为原判事实清楚、证据充分，但应当限制减刑的，不得直接改判，也不得发回重新审判。确有必要限制减刑的，应当在第二审判决、裁定生效后，按照审判监督程序重新审判。

（2）高级人民法院复核判处死刑缓期执行没有限制减刑的案件，认为应当限制减刑的，不得以提高审级等方式对被告人限制减刑，而应在核准死缓之后，按照审判监督程序重新审判。

【高能提醒】

在上诉的二审程序和死缓复核程序中，量刑从轻改重会受到上诉不加刑、复核不加刑的限制。

四、死刑与死缓限制减刑

死刑→死缓限制减刑

1. 高级人民法院（二审）审理或复核死刑案件。

（1）高级人民法院审理判处死刑的第二审案件，对被告人改判死刑缓期执行的，可以同时决定对其限制减刑。

（2）高级人民法院复核判处死刑后没有上诉、抗诉的案件，认为应当改判死刑缓期执行并限制减刑的，可以提审或者发回重新审判。

2. 最高人民法院复核死刑案件。

（1）最高人民法院复核死刑案件，认为对被告人可以判处死刑缓期执行并限制减刑的，应当裁定不予核准，并撤销原判，发回重新审判。

（2）一案中两名以上被告人被判处死刑，最高人民法院复核后，对其中部分被告人改判死刑缓期执行的，如果符合《刑法》第50条第2款的规定，可以同时决定对其限制减刑。

归纳总结

<table>
<tr><td rowspan="6">死缓的限制减刑</td><td>适用对象</td><td colspan="2">1. 被判处死刑缓期执行的累犯。
2. 因故意杀人、强奸、抢劫、绑架、放火、爆炸、投放危险物质或者有组织的暴力性犯罪被判处死刑缓期执行的犯罪分子。</td></tr>
<tr><td>作出时间与方式</td><td colspan="2">1. 时间：可以在作出裁判的同时决定对其限制减刑。
2. 方式：在判决书主文部分单独作为一项予以宣告。</td></tr>
<tr><td rowspan="2">死缓与死缓限制减刑</td><td>重→轻
【改判】</td><td>高院二审或复核死刑缓期执行并限制减刑的案件，认为原判对被告人判处死刑缓期执行适当，但判决限制减刑不当的，应当改判，撤销限制减刑。</td></tr>
<tr><td>轻→重
【审判监督】</td><td>1. 上诉：高院二审死刑缓期执行没有限制减刑的上诉案件，认为原判事实清楚、证据充分，但应当限制减刑的，不得直接改判，也不得发回重新审判。确有必要限制减刑的，应当在第二审判决、裁定生效后，按照审判监督程序重新审判。
2. 复核：高院复核死刑缓期执行没有限制减刑的案件，认为应当限制减刑的，不得以提高审级等方式对被告人限制减刑，而应在核准死缓之后，按照审判监督程序重新审判。</td></tr>
<tr><td rowspan="2">死刑与死缓限制减刑</td><td rowspan="2">重→轻
【改判 & 发回】</td><td>1. 高院二审或复核死刑案件。
高院审理判处死刑的第二审案件，对被告人改判死刑缓期执行的，如果符合《刑法》第 50 条第 2 款的规定，可以同时决定对其限制减刑。
高院复核判处死刑后没有上诉、抗诉的案件，认为应当改判死刑缓期执行并限制减刑的，可以提审或者发回重新审判。</td></tr>
<tr><td>2. 最高院复核死刑案件。
最高院复核死刑案件，认为对被告人可以判处死刑缓期执行并限制减刑的，应当裁定不予核准，并撤销原判，发回重新审判。
一案中两名以上被告人被判处死刑，最高院复核后，对其中部分被告人改判死刑缓期执行的，如果符合《刑法》第 50 条第 2 款的规定，可以同时决定对其限制减刑。</td></tr>
</table>

专题十八 审判监督程序

核心重点

申诉的主体；提起审判监督程序的主体范围；对生效裁判申诉的审查处理；提起审判监督程序的理由；审判监督程序的审理方式；依照审判监督程序重新审判后的处理。

考点精要

- 审判监督程序
  - 审判监督程序概述
    - 审判监督程序内涵
    - 审判监督程序与二审程序的区别
  - 审判监督程序的提起
    - 审判监督程序中的申诉
    - 提起审判监督程序的主体
    - 提起审判监督程序的理由
    - 提起审判监督程序的方式
  - 依照审判监督程序对案件的重新审判
    - 再审与提审
    - 审理方式
    - 审理程序
    - 强制措施
    - 再审不加刑
    - 再审申诉和抗诉的撤回
    - 重新审理后的处理
    - 再审的期限

第一节 审判监督程序概述

1. 审判监督程序的内涵。

审判监督程序，又称再审程序，是指人民法院、人民检察院对于已经发生法律效力的判决和裁定，发现在认定事实上或者在适用法律上确有错误，由人民法院对案件进行重新审判的一种诉讼程序。它对依法纠正错案，保障当事人尤其是被告人的合法权益起到积极的推动作用。

2. 审判监督程序与二审程序的区别。

区别	审判监督程序	二审程序
审理对象	已经生效的判决或裁定。	尚未发生效力的判决或裁定。
提起理由	生效的判决或裁定“确有错误”。	上诉理由：未作限制。 抗诉理由：第一审裁判确有错误。
提起主体	本院的审判委员会； 最高人民法院、上级人民法院； 最高人民检察院、上级人民检察院。	被告人、自诉人、附带民事诉讼的原告和被告以及他们的法定代理人； 经被告人同意或授权的辩护人、近亲属； 与一审人民法院同级的人民检察院。

区别	审判监督程序	二审程序
审理程序	根据原来是第一审案件还是第二审案件而分别依照第一审程序和第二审程序来进行。	只能按照第二审的程序进行审理。
审理法院	既可以是原审人民法院，又可以是任何上级人民法院。	只能是第一审法院的上一级人民法院。

第二节　审判监督程序的提起

一、审判监督程序中的申诉

申诉，是指当事人及其法定代理人、近亲属认为人民法院已经发生法律效力的判决、裁定确有错误，要求人民法院或者人民检察院进行审查处理的一种请求。

1. 申诉的主体。

（1）当事人及其法定代理人、近亲属。

（2）案外人认为人民法院已经发生法律效力的判决、裁定侵害其合法权益，提出申诉的，人民法院应当审查处理。

（3）申诉可以委托律师代为进行。

2. 申诉的对象。

申诉的对象是已经发生法律效力的判决、裁定。

3. 申诉的效力。

（1）申诉不能停止判决、裁定的执行；（区别于上诉）

（2）申诉不能直接引起审判监督程序。

4. 申诉的时间。

人民法院对刑事案件的申诉人在刑罚执行完毕后 2 年内提出的申诉，应当受理；超过 2 年提出申诉，具有下列情形之一的，应当受理：

（1）可能对原审被告人宣告无罪的；

（2）原审被告人在刑罚执行完毕后 2 年内向人民法院提出申诉，人民法院未受理的；

（3）属于疑难、复杂、重大案件的。

5. 申诉的审查处理。

（1）提交相关材料。

向法院申诉，应当提交相关材料。申诉材料不符合规定的，法院应当告知申诉人补充材料；申诉人对必要材料拒绝补充且无正当理由的，不予审查。

（2）受理、审查申诉的法院。

申诉由终审人民法院审查处理。但是，第二审人民法院裁定准许撤回上诉的案件，申诉人对第一审判决提出申诉的，可以由第一审人民法院审查处理。

上一级人民法院对未经终审人民法院审查处理的申诉，可以告知申诉人向终审人民法院提出申诉，或者直接交终审人民法院审查处理，并告知申诉人；案件疑难、复杂、重大的，也可以直接审查处理。

对死刑案件的申诉，可以由原核准的人民法院直接审查处理，也可以交由原审人民法院审查。原审人民法院应当写出审查报告，提出处理意见，层报原核准的人民法院审查处理。

（3）对申诉审查后的处理。

情形一：应当重新审判。

当事人及其法定代理人、近亲属的申诉符合下列情形之一的，人民法院应当重新审判：

①有新的证据证明原判决、裁定认定的事实确有错误，可能影响定罪量刑的；

②据以定罪量刑的证据不确实、不充分、依法应当排除的；

③证明案件事实的主要证据之间存在矛盾的；

④主要事实依据被依法变更或者撤销的；

⑤认定罪名错误的；

⑥量刑明显不当的；

⑦违反法律关于溯及力规定的；

⑧违反法律规定的诉讼程序，可能影响公正裁判的；

⑨审判人员在审理该案件时有贪污受贿、徇私舞弊、枉法裁判行为的。

情形二：驳回申诉。

申诉不具有上述情形的，法院应当说服申诉人撤回申诉；对仍然坚持申诉的，应当书面通知驳回。

【高能提醒】

申诉人对驳回申诉不服的，可以向上一级人民法院申诉。上一级人民法院经审查认为申诉不符合《刑事诉讼法》第 242 条和《刑事诉讼法解释》第 375 条第 2 款的，应当说服申诉人撤回申诉；对仍然坚持申诉的，应当驳回或者通知不予重新审判。

（4）受理申诉后的处理期限。

对立案审查的申诉案件，法院应当在 3 个月内作出决定，至迟不得超过 6 个月。

6. 申诉与上诉的区别。

不同点	申诉	上诉
对象不同	已经发生法律效力的判决、裁定。	尚未发生法律效力的一审判决、裁定。
提起的主体不同	当事人及其法定代理人、近亲属。	被告人、自诉人、附带民事诉讼当事人及其法定代理人、经被告人同意的被告人的辩护人及其近亲属。
受理的机关不同	包括原审人民法院及其上级人民法院，还包括与上述各级人民法院对应的人民检察院。	受理上诉的机关只能是原审人民法院及其上级人民法院。
提起的期限不同	一般为刑罚执行完毕后 2 年内。	不服判决的上诉期限是 10 日，不服裁定的上诉期限是 5 日。
后果不同	1. 申诉不停止生效判决、裁定的执行。 2. 申诉只是提起审判监督程序的材料来源，不能必然导致审判监督程序的开始。	1. 上诉必然导致一审判决、裁定不能生效。 2. 上诉必然会引起第二审程序。

二、提起审判监督程序的主体

1. 各级人民法院院长和审判委员会。

各级人民法院院长对本院已经发生法律效力的判决和裁定，如果发现在认定事实上或者在适用法律上确有错误，必须提交审判委员会处理。

【高能提醒】

只能是本院已经发生法律效力的判决和裁定，而不能是上级或其他同级人民法院已经发生法律效力的判决和裁定。

2. 最高人民法院和上级人民法院。

最高人民法院对各级人民法院已经发生法律效力的判决和裁定，上级人民法院对下级人民法院已经发生法律效力的判决和裁定，如果发现确有错误，可以指令下级人民法院再审；对于原判决、裁定认定事实正确，但是在适用法律上有错误，或者案情疑难、复杂、重大的，或者有其他不宜由原审人民法院审理的情况的案件，也可以提审。

3. 最高人民检察院和上级人民检察院。

最高人民检察院对各级人民法院（包括最高人民法院）已经发生法律效力的判决和裁定；上级人民检察院对下级人民法院已经发生法律效力的判决和裁定，如果发现确有错误，有权按照审判监督程序向同级人民法院提出抗诉。

【高能提醒】

基层人民检察院没有再审抗诉权。地方各级人民检察院发现同级人民法院已经发生法律效力的判决和裁定确有错误的，无权按照审判监督程序提出抗诉，应当报请上级人民检察院按照审判监督程序，向它的同级人民法院提出抗诉。

归纳总结

再审抗诉与二审抗诉的区别

不同点	二审抗诉	再审抗诉
对象不同	地方各级法院尚未发生法律效力的一审判决、裁定	已经发生法律效力的判决和裁定
有权抗诉机关不同	原审法院同级人民检察院	原审法院之上级人民检察院或最高检
接受抗诉机关不同	接受二审抗诉的是提出抗诉人民检察院的上一级人民法院	接受再审抗诉的是提出抗诉的人民检察院的同级人民法院
提起期限不同	二审抗诉有法定的期限	法律没有对再审抗诉的期限作规定
效力不同	必然导致第一审判决、裁定不发生法律效力	再审抗诉不会停止原判决、裁定的执行

王某因间谍罪被甲省乙市中级法院一审判处死刑，缓期2年执行。王某没有上诉，检察院没有抗诉。判决生效后，发现有新的证据证明原判决认定的事实确有错误。下列哪些机关有权对本案提起审判监督程序？（2017-2-75，多）①

A. 乙市中级法院　B. 甲省高级法院　C. 甲省检察院　D. 最高检察院

① 答案：B、D。

三、提起审判监督程序的理由

《刑事诉讼法》第242条对提起审判监督的理由，作了原则性的规定，即发现已经发生法律效力的判决、裁定，在认定事实上或者在适用法律上确有错误。

1. 认定事实上的错误。

（1）有新的证据证明原判决、裁定认定的事实确有错误，可能影响定罪量刑的。

（2）据以定罪量刑的证据不确实、不充分、依法应当予以排除，或者证明案件事实的主要证据之间存在矛盾。

2. 适用法律上的错误。

（1）有罪判无罪，无罪判有罪，混淆罪与非罪的界限。

（2）重罪轻判，轻罪重判，量刑不当。

（3）认定罪名不正确，一罪判数罪，数罪判一罪，影响定罪量刑或者造成严重的社会影响。

（4）免于刑事处罚或者适用缓刑错误。

（5）对具有法定从重、从轻、减轻处罚情节的，没有依法从重、从轻、减轻处罚，使量刑显失公正的。

另外，严重违反法律规定的诉讼程序，可能影响公正审判的或者审判人员在审理该案件时，有贪污受贿，徇私舞弊，枉法裁判的行为，也应提起审判监督程序。

四、提起审判监督程序的方式

根据《刑事诉讼法》的规定，提起审判监督程序的方式有：决定再审、指令再审、决定提审和提出抗诉。

1. 决定再审。

决定再审是各级人民法院院长对本院已生效的判决和裁定提起审判监督程序的方式。

2. 指令再审。

指令再审是最高人民法院对各级人民法院已经发生法律效力的判决和裁定，上级人民法院对下级人民法院已经发生法律效力的判决和裁定，如果发现确有错误，可以指令下级人民法院再审从而提起审判监督程序的一种方式。

【高能提醒】

上级人民法院指令下级人民法院再审的，一般应当指令原审人民法院以外的下级人民法院审理；由原审人民法院审理更有利于查明案件事实、纠正裁判错误的，可以指令原审人民法院审理。

3. 决定提审。

决定提审是最高人民法院对各级人民法院已经发生法律效力的判决和裁定，上级人民法院对下级人民法院已经发生法律效力的判决和裁定，如果发现确有错误，需要重新审理，而直接组成合议庭，调取原审案卷和材料，并进行审判从而提起审判监督程序的一种方式。

4. 提出抗诉。

提出抗诉是最高人民检察院对各级人民法院已经发生法律效力的判决和裁定，上

级人民检察院对下级人民法院已经发生法律效力的判决和裁定，如果发现确有错误，向同级人民法院提出抗诉从而提起审判监督程序的一种方式。

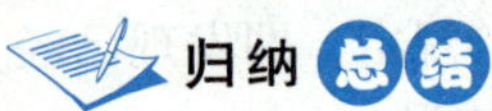

<table>
<tr><td rowspan="11">审判监督程序中的申诉</td><td>申诉主体</td><td colspan="3">1. 当事人及其法定代理人、近亲属。
2. 案外人认为已经发生法律效力的判决、裁定侵害其合法权益，提出申诉的，人民法院应当审查处理。
【提示】申诉可以委托律师代为进行。</td></tr>
<tr><td>申诉对象</td><td colspan="3">已经发生法律效力的判决、裁定。</td></tr>
<tr><td>申诉效力</td><td colspan="3">1. 申诉不能停止判决、裁定的执行。
2. 申诉不能直接引起审判监督程序。</td></tr>
<tr><td>申诉时间</td><td colspan="3">1. 一般情形：刑罚执行完毕后2年内提出申诉。
2. 特殊情形：超过2年提出申诉，也应当受理。
（1）可能对原审被告人宣告无罪的；
（2）在期限内向法院申诉，法院未受理的；
（3）属于疑难、复杂、重大案件的。</td></tr>
<tr><td rowspan="5">申诉的审查处理</td><td>提交相关材料</td><td colspan="2">向法院申诉，应当提交相关材料。申诉材料不符合规定的，法院应当告知申诉人补充材料；申诉人对必要材料拒绝补充且无正当理由的，不予审查。</td></tr>
<tr><td>受理、审查申诉的法院</td><td colspan="2">1. 申诉由终审法院审查处理。但撤回上诉的，对一审判决提出申诉的，可以由一审法院处理。
2. 上一级法院对未经终审法院审查处理的申诉，可以告知申诉人向终审法院提出申诉，或者直接交终审法院审查处理，并告知申诉人；案件疑难、复杂、重大的，也可以直接审查处理。
3. 对死刑案件的申诉，可由原核准法院直接审查处理，也可以交由原审法院审查。原审法院应当写出审查报告，提出处理意见，层报原核准法院审查处理。</td></tr>
<tr><td rowspan="2">对申诉审查后的处理</td><td>应当重新审判</td><td>经审查，具有下列情形之一的，应当根据《刑事诉讼法》第242条的规定，决定重新审判：1. 有新的证据证明原判决、裁定认定的事实确有错误，可能影响定罪量刑的；2. 据以定罪量刑的证据不确实、不充分、依法应当排除的；3. 证明案件事实的主要证据之间存在矛盾的；4. 主要事实依据被依法变更或者撤销的；5. 认定罪名错误的；6. 量刑明显不当的；7. 违反法律关于溯及力规定的；8. 违反法律规定的诉讼程序，可能影响公正裁判的；9. 审判人员在审理该案件时有贪污受贿、徇私舞弊、枉法裁判行为的。（《刑事诉讼法解释》第375条第2款）</td></tr>
<tr><td>驳回申诉</td><td>申诉不具有上述情形的，应当说服申诉人撤回申诉；对仍然坚持申诉的，应当书面通知驳回。
【提示】申诉人对驳回申诉不服的，可以向上一级人民法院申诉。上一级人民法院经审查认为申诉不符合《刑事诉讼法》第242条和《刑事诉讼法解释》第375条第2款的，应当说服申诉人撤回申诉；对仍然坚持申诉的，应当驳回或者通知不予重新审判。</td></tr>
<tr><td>受理申诉后的处理期限</td><td colspan="2">对立案审查的申诉案件，法院应当在3个月内作出决定，至迟不得超过6个月。</td></tr>
</table>

<table>
<tr><td rowspan="3">提起审判监督程序的主体</td><td rowspan="2">法院</td><td>本院院长+审判委员会</td><td colspan="2">各级人民法院院长对本院已经发生法律效力的判决和裁定，如果发现在认定事实上或在适用法律上确有错误，必须提交审判委员会处理。——决定本院来审。</td></tr>
<tr><td>最高院、上级法院</td><td colspan="2">最高人民法院对各级法院已经发生法律效力的判决和裁定，上级法院对下级法院已经发生法律效力的判决和裁定，如果发现确有错误，有权提审或者指令下级法院再审。</td></tr>
<tr><td>检察院</td><td colspan="3">最高人民检察院对各级人民法院已经发生法律效力的判决和裁定，上级人民检察院对下级法院已经发生法律效力的判决和裁定，如果发现确有错误，有权按照审判监督程序向同级人民法院提起抗诉。</td></tr>
<tr><td rowspan="2">提起审判监督程序的理由</td><td colspan="3">原裁判在认定事实上的错误</td><td>包括事实不清和证据不确实、充分两个方面。</td></tr>
<tr><td colspan="3">原裁判在适用法律上的错误</td><td>包括适用实体法即刑法的错误，也包括适用程序法即刑事诉讼法的错误。</td></tr>
<tr><td rowspan="4">提起审判监督程序的方式</td><td>决定再审</td><td colspan="3">各级人民法院院长→本院生效裁判。</td></tr>
<tr><td>指令再审</td><td colspan="3">最高人民法院→各级法院生效裁判。
上级人民法院→下级法院生效裁判。</td></tr>
<tr><td>决定提审</td><td colspan="3">最高人民法院→各级法院生效裁判。
上级人民法院→下级法院生效裁判。</td></tr>
<tr><td>提出抗诉</td><td colspan="3">最高人民检察院→各级法院生效裁判。
上级人民检察院→下级法院生效裁判。</td></tr>
</table>

第三节　依照审判监督程序对案件的重新审判

一、再审和提审

1. 再审。

再审，是指人民法院根据再审决定或再审指令对已生效裁判进行重新审判的程序。

上级法院指令下级法院再审的，一般应当指令原审法院以外的下级法院审理；由原审法院审理更有利于查明案件事实、纠正裁判错误的，也可以指令原审法院审理。

在再审中，应当注意：

(1) 审判组织。

人民法院应当另行组成合议庭进行再审，原来审判该案的审判人员应当回避。

(2) 适用审级。

如果重新审判的案件，原来是第一审案件，应当按照第一审程序进行审判，所作的判决、裁定可以上诉、抗诉。原来是第二审案件或者经过提审的案件，应当按照第二审程序进行审判，所作的判决、裁定，是终审的判决、裁定。

(3) 再审决定书的制作。

人民法院决定按照审判监督程序重新审判的案件，除人民检察院提起抗诉外，应当制作再审决定书。

(4) 再审不中止执行。

再审期间不停止原判决、裁定的执行，但被告人可能经再审改判无罪，或者可能经再审减轻原判刑罚而致刑期届满的，可以决定中止原判决、裁定的执行，必要时，可以对被告人采取取保候审、监视居住措施。

2. 提审。

提审，是指最高人民法院对各级人民法院、上级人民法院对下级人民法院已经发生法律效力的判决、裁定确有错误的，或者接受同级人民检察院的再审抗诉后，直接调取原审案卷和材料，并组成合议庭对案件进行审判的程序。

【高能提醒】

上级人民法院按照审判监督程序提审的案件，应当按照第二审程序进行审判，所作的判决、裁定是终审的判决、裁定。

二、审理方式

1. 再审应当开庭审理的情形。

（1）依照第一审程序审理的。

（2）依照第二审程序需要对事实或者证据进行审理的。

（3）人民检察院按照审判监督程序提出抗诉的。

（4）可能对原审被告人（原审上诉人）加重刑罚的。

（5）有其他应当开庭审理的情形。

【高能提醒】

人民法院开庭审理的再审案件，同级人民检察院应当派员出席法庭。

2. 再审可以不开庭审理的情形。

（1）原判决、裁定认定事实清楚，证据确实、充分，但适用法律错误，量刑畸重的。

（2）1979 年《刑事诉讼法》施行以前裁判的。

（3）原审被告人（原审上诉人）、原审自诉人已经死亡或者丧失刑事责任能力的。

（4）原审被告人（原审上诉人）在交通十分不便的边远地区监狱服刑，提押到庭确有困难的；但人民检察院提出抗诉的，人民法院应征得人民检察院的同意。

（5）人民法院按照审判监督程序决定再审，按“将开庭的时间、地点在开庭 7 日以前通知人民检察院”的规定，经两次通知，人民检察院不派员出庭的。

三、审理程序

1. 重点审查与全面审查。

依照审判监督程序重新审判的案件，法院应当重点针对申诉、抗诉和决定再审的理由进行审理。必要时，应当对原判决、裁定认定的事实、证据和适用法律进行全面审查。

2. 对原审被告人不出庭的处理。

开庭审理的再审案件，再审决定书或者抗诉书只针对部分原审被告人，其他同案原审被告人不出庭不影响审理的，可以不出庭参加诉讼。

3. 再审的审理程序规定。

开庭审理的再审案件，系人民法院决定再审的，由合议庭组成人员宣读再审决定书；系人民检察院抗诉的，由检察人员宣读抗诉书；系申诉人申诉的，由申诉人或者其辩护人、诉讼代理人陈述申诉理由。

4. 中止审理与终止审理。

原审被告人（原审上诉人）收到再审决定书或者抗诉书后下落不明或者收到抗诉书后未到庭的，人民法院应当中止审理；

原审被告人（原审上诉人）到案后，恢复审理；如果超过 2 年仍查无下落的，应当裁定终止审理。

四、强制措施

1. 人民法院决定再审的案件，需要对被告人采取强制措施的，由人民法院依法决定。

2. 人民检察院提出抗诉的再审案件，需要对被告人采取强制措施的，由人民检察院依法决定。

五、再审不加刑

除人民检察院抗诉的以外，再审一般不得加重原审被告人的刑罚。再审决定书或者抗诉书只针对部分原审被告人的，不得加重其他同案原审被告人的刑罚。

六、再审申诉和抗诉的撤回

1. 人民法院审理人民检察院抗诉的再审案件，人民检察院在开庭审理前撤回抗诉的，应当裁定准许；人民检察院接到出庭通知后不派员出庭，且未说明原因的，可以裁定按撤回抗诉处理，并通知诉讼参与人。

2. 人民法院审理申诉人申诉的再审案件，申诉人在再审期间撤回申诉的，应当裁定准许；申诉人经依法通知无正当理由拒不到庭，或者未经法庭许可中途退庭的，应当按撤回申诉处理，但申诉人不是原审当事人的除外。

七、重新审理后的处理

1. 事实认定正确、法律适用正确、量刑适当的，应当裁定驳回申诉或者抗诉，维持原判决、裁定。

2. 事实认定、适用法律等方面有瑕疵的，应当裁定纠正并维持原判决、裁定。

3. 适用法律错误，或者量刑不当的，应当撤销原判决、裁定，依法改判。

4. 依照第二审程序审理的案件，原判决、裁定事实不清或者证据不足的，可以在查清事实后改判，也可以裁定撤销原判，发回原审人民法院重新审判。

5. 原裁判认定被告人姓名等身份信息有误，但事实和适用法律正确、量刑适当，作出生效判决、裁定的法院可以通过裁定对有关信息予以更正。

八、再审的期限

人民法院按照审判监督程序重新审判的案件，应当在作出提审、再审决定之日起 3 个月以内审结，需要延长期限的，不得超过 6 个月。

接受抗诉的人民法院按照审判监督程序审判抗诉的案件，审理期限适用前款规定；对需要指令下级人民法院再审的，应当自接受抗诉之日起 1 个月以内作出决定，下级人民法院审理案件的期限适用前款规定。

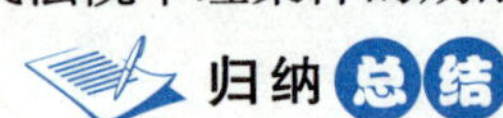

依照审判监督程序对案件的重新审判	再审与提审	再审	法院根据再审决定或再审指令对案件重新审判的程序。 【提示】上级法院指令下级人民法院再审的，一般应当指令原审法院以外的下级法院审理；由原审法院审理更有利于查明案件事实、纠正裁判错误的，也可以指令原审法院审理。
		提审	最高院对各级法院、上级法院对下级法院的已生效裁判发现确有错误，或者接受同级人民检察院的再审抗诉后，直接对案件进行审判的程序。
	审判组织		再审法院应当另行组成合议庭进行再审。原来审判该案的合议庭成员应当回避。
	适用审级		1. 原来是第一审案件，应当依照第一审程序进行审判，所作的判决、裁定，可以上诉、抗诉。 2. 原来是第二审案件，或者是上级法院提审的案件，应当依照第二审程序进行审判。所作的判决、裁定，是终审的判决、裁定，不可以上诉、抗诉。
	再审决定书的制作		法院决定按照审判监督程序重新审判的案件，除检察院提起抗诉的外，应当制作再审决定书。
	再审不中止执行		再审期间不停止原判决、裁定的执行，但被告人可能经再审改判无罪，或者可能经再审减轻原判刑罚而致刑期届满的，可以决定中止原判决、裁定的执行，必要时，可以对被告人采取取保候审、监视居住措施。
	审理方式	应当开庭	1. 依照第一审程序审理的。 2. 依照第二审程序需要对事实或者证据进行审理的。 3. 人民检察院按照审判监督程序提出抗诉的。 4. 可能对原审被告人（原审上诉人）加重刑罚的。 5. 有其他应当开庭审理情形的。
		可以不开庭	对原审被告人、原审自诉人已经死亡或者丧失行为能力的再审案件，可以不开庭审理。
	审理程序		1. 依照审判监督程序重新审判的案件，法院应当重点针对申诉、抗诉和决定再审的理由进行审理。必要时，应当对原判决、裁定认定的事实、证据和适用法律进行全面审查。 2. 开庭审理的再审案件，再审决定书或者抗诉书只针对部分原审被告人，其他同案原审被告人不出庭不影响审理的，可以不出庭参加诉讼。 3. 开庭审理的再审案件，系人民法院决定再审的，由合议庭组成人员宣读再审决定书；系人民检察院抗诉的，由检察人员宣读抗诉书；系申诉人申诉的，由申诉人或者其辩护人、诉讼代理人陈述申诉理由。 4. 人民法院开庭审理的再审案件，同级人民检察院应当派员出席法庭。
	中止审理与终止审理		1. 原审被告人下落不明或者收到抗诉书后未到庭的，人民法院应当中止审理。 2. 原审被告人到案后，恢复审理；如果超过2年仍查无下落的，应当裁定终止审理。
	强制措施		1. 法院决定再审的案件，需要对被告人采取强制措施的，由法院决定。 2. 检察院提出抗诉的再审案件，需要对被告人采取强制措施的，由检察院决定。
	再审审限		应当在作出提审、再审决定之日起3个月以内审结，需要延长期限的，不得超过6个月。
	再审不加刑		除人民检察院抗诉的以外，再审一般不得加重原审被告人的刑罚。再审决定书或者抗诉书只针对部分原审被告人的，不得加重其他同案原审被告人的刑罚。

续表

	重新审理后的处理	事实、适用法律正确、量刑适当。	裁定驳回申诉或抗诉，维持原裁判。
		事实、法律等方面有瑕疵。	裁定纠正并维持原裁判。
		法律错误或量刑不当。	撤销原裁判，依法改判。
		依二审程序审理，原裁判事实不清或证据不足的。	可以在查清事实后改判。
			也可以裁定撤销原裁判，发回原审法院重审。
		原裁判认定被告人姓名等身份信息有误，但事实和适用法律正确、量刑适当。	作出生效判决、裁定的法院可以通过裁定对有关信息予以更正。

专题十九 执 行

核心重点

不同裁决的执行主体；死刑的变更情形与程序；暂予监外执行的适用条件与适用程序；财产刑的执行；减刑与假释程序。

考点精要

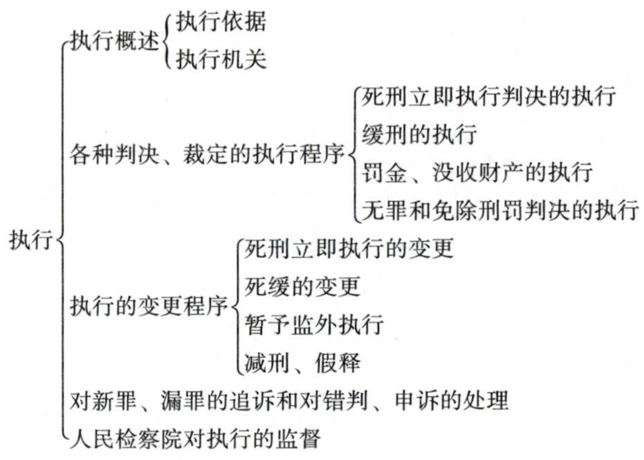

第一节 执行概述

1. 执行的依据。

已生效的判决、裁定是执行的依据，这样的判决、裁定包括：

（1）已过法定期限没有上诉、抗诉的判决、裁定；

（2）终审的判决和裁定，即第二审的判决和裁定以及最高人民法院第一审的判决和裁定；

（3）高级人民法院核准的死刑缓期二年执行的判决、裁定；

（4）最高人民法院核准死刑的以及核准在法定刑以下判处刑罚的判决和裁定。

2. 执行机关。

（1）人民法院。人民法院负责死刑立即执行、罚金和没收财产的判决以及无罪或者免除刑罚的判决的执行。

（2）监狱。对于被判处死刑缓期二年执行、无期徒刑、有期徒刑（余刑超过3个月）的罪犯，由公安机关送交监狱执行刑罚。

（3）公安机关。公安机关负责执行送交执行时余刑不足3个月的有期徒刑和拘役、剥夺政治权利。

（4）未成年犯管教所。未成年犯管教所负责未成年犯被判处刑罚的执行。

（5）社区矫正机构。被判处管制、宣告缓刑、假释或者暂予监外执行的罪犯，依法实行社区矫正，由社区矫正机构负责执行。

【高能提醒】

罪犯被交付执行刑罚的时候，应当由交付执行的法院在判决生效后10日内将有关的法律文书送达公安机关、监狱或者其他执行机关。

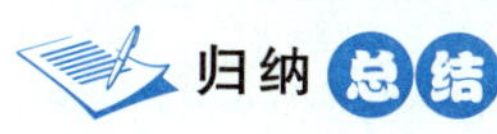

执行机关	人民法院	死刑立即执行、罚金、没收财产、无罪、免除刑罚。
	监狱	死刑缓期二年执行、无期徒刑、有期徒刑，由公安机关送交监狱执行。
	公安机关	有期徒刑（余刑不足3个月的，由看守所执行）、拘役、剥夺政治权利。
	未成年犯管教所	未成年犯。
	社区矫正机构	管制、宣告缓刑、假释或者暂予监外执行。

第二节　各种判决、裁定的执行程序

一、死刑立即执行判决的执行

1. 执行死刑命令的签发。

最高人民法院判处和核准的死刑立即执行的判决，应当由最高人民法院院长签发执行死刑的命令。

2. 执行死刑的机关和期限。

执行死刑的机关是第一审人民法院。第一审人民法院接到死刑执行命令后，应当在7日以内执行。

【高能提醒】

在死刑缓期执行期间故意犯罪，最高人民法院核准执行死刑的，由罪犯服刑地的中级人民法院执行。

3. 执行死刑的场所和方法。

（1）死刑可以在刑场或者指定的羁押场所内执行。刑场不得设在繁华地区、交通要道和旅游景点附近。

（2）死刑采用枪决或者注射等方法执行。采用枪决、注射以外的其他方法执行死刑的，应当事先层报最高院批准。

4. 执行死刑的具体程序。

（1）第一审人民法院在执行死刑前，应当告知罪犯有权会见其近亲属。罪犯近亲属申请会见的，人民法院应当准许，并及时安排会见。

（2）人民法院将罪犯交付执行死刑，应当在交付执行3日前通知同级检察院派员到场监督。

（3）执行死刑完毕，应当由法医验明罪犯确实死亡后，在场书记员制作笔录。交付执行的人民法院应当将执行死刑情况（包括执行死刑前后照片）及时逐级上报最高人民法院。

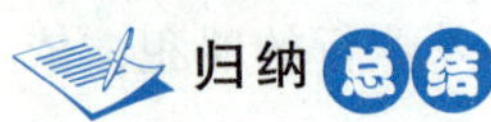

执行命令的签发	由最高人民法院院长签发。
执行死刑的机关	第一审人民法院。
执行死刑的程序	1. 由高院交付第一审法院执行。第一审法院接到死刑执行命令后，应当在7日以内执行。 【提示】在死刑缓期执行期间故意犯罪，最高人民法院核准执行死刑的，由罪犯服刑地的中级人民法院执行。 2. 死刑采用枪决或者注射等方法执行。采用注射方法执行死刑的，应当在指定的刑场或者羁押场所内执行。采用枪决、注射以外的其他方法执行死刑的，应当事先层报最高院批准。 3. 交付执行3日前通知同级人民检察院派员临场监督。 4. 在执行死刑前，应当告知罪犯有权会见其近亲属。罪犯申请会见并提供具体联系方式的，人民法院应当通知其近亲属。罪犯近亲属申请会见的，人民法院应当准许，并及时安排会见。 5. 法院的审判人员现场指挥执行死刑。在执行前需对罪犯验明正身，讯问有无遗言、信札，然后交付执行人员执行死刑。在执行前，如果发现可能有错误，应当暂停执行，报请最高人民法院裁定。执行死刑应当公布，但不应当示众。 6. 执行死刑后，在场书记员应当写成笔录。

二、缓刑的执行

1. 执行机关。

对判处管制、宣告缓刑、假释或者暂予监外执行的罪犯，依法实行社区矫正，由社区矫正机构负责执行。

2. 执行程序。

（1）一审宣告缓刑的，罪犯在押的应当变更强制措施，改为监视居住、取保候审；

（2）对于被宣告缓刑的罪犯，宣告缓刑时，应当同时宣告缓刑的考验期；

（3）对被判处管制、宣告缓刑的罪犯，法院应当核实其居住地；

（4）判决、裁定生效后10日内，应当将法律文书送达罪犯居住地的县级司法行政机关，同时抄送罪犯居住地的县级人民检察院。

3. 缓刑的考察与处理。

（1）发现新罪、漏罪。罪犯在缓期考验期限内再犯新罪或者发现漏罪，应当依法撤销缓刑的，由审判新罪的法院予以撤销；即使是下级法院也可以撤销上级法院宣告的缓刑，通知原宣告缓刑的人民法院和执行机关即可。

（2）违反相关规定。罪犯在缓刑考验期限内，有下列情形之一的，原作出缓刑判决、裁定的人民法院应当在收到执行机关的撤销缓刑建议书后一个月内，作出撤销缓刑的裁定：

①违反禁止令，情节严重的；

②无正当理由不按规定时间报到或者接受社区矫正期间脱离监管，超过一个月的；

③因违反监督管理规定受到治安管理处罚，仍不改正的；

④受到执行机关三次警告仍不改正的；

⑤违反有关法律、行政法规和监督管理规定，情节严重的其他情形。

人民法院撤销缓刑的裁定，一经作出，立即生效。

（3）缓刑考验期满，原判刑罚不再执行。对宣告缓刑的犯罪分子，在缓刑考验期限内，如果没有《刑法》第 77 条规定的情形，缓刑考验期满，原判的刑罚就不再执行。如果被同时判处附加刑的，附加刑仍应执行。

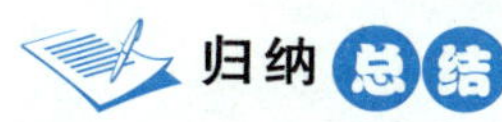

<table>
<tr><td>执行机关</td><td colspan="2">社区矫正机构</td></tr>
<tr><td>执行程序</td><td colspan="2">1. 一审宣告缓刑的，罪犯在押的应当变更强制措施，改为监视居住、取保候审。
2. 对于被宣告缓刑的罪犯，宣告缓刑时，应当同时宣告缓刑的考验期。
3. 对被判处管制、宣告缓期的罪犯，法院应当核实其居住地。
4. 判决、裁定生效后 10 日内，应当将法律文书送达罪犯居住地的县级司法行政机关，同时抄送罪犯居住地的县级人民检察院。</td></tr>
<tr><td rowspan="3">缓刑的考察与处理</td><td>情形一</td><td>缓期考验期限内再犯新罪或者发现漏罪，应当依法撤销缓刑的，由审判新罪的法院予以撤销。即使是下级法院也可以撤销上级法院宣告的缓刑，通知原宣告缓刑的人民法院和执行机关即可。</td></tr>
<tr><td>情形二</td><td>在缓刑考验期限内违反法律、行政法规或者国务院公安部门有关缓刑的监督管理规定，原决定法院应当依法撤销缓刑。
【提示】人民法院撤销缓刑的裁定，一经作出，立即生效。</td></tr>
<tr><td>情形三</td><td>在缓刑考验期限内没有《刑法》第 77 条规定的情形，缓刑考验期满，原判的刑罚就不再执行。如果被同时判处附加刑的，附加刑仍应执行。</td></tr>
</table>

三、罚金、没收财产判决的执行

1. 执行主体。

财产刑由第一审法院负责裁判执行的机构执行。被执行的财产在异地的，可以委托财产所在地的同级法院代为执行。对于没收财产，必要的时候，可以会同公安机关执行。

2. 执行时间。

（1）罚金刑。罚金在判决指定的期限内一次或分期缴纳；期满无故不缴纳或未足额缴纳的，法院应当强制缴纳；任何时候发现有可执行的财产，应当随时追缴（包括主刑执行完毕后）。

（2）没收财产。判处没收财产的，判决生效后，人民法院应当立即执行。判处没收财产的，应当执行刑事裁判生效时被执行人合法所有的财产。

【高能提醒】

执行没收财产或罚金刑，应当参照被扶养人住所地政府公布的上年度当地居民最低生活费标准，保留被执行人及其所扶养家属的生活必需费用。

3. 执行措施。

人民法院应当依法对被执行人的财产状况进行调查，发现有可供执行的财产，需要查封、扣押、冻结的，应当及时采取查封、扣押、冻结等强制执行措施。

4. 执行顺序。

（1）被判处罚金或者没收财产，同时又承担附带民事诉讼赔偿责任的，应先履行对被害人的民事赔偿责任。判处财产刑之前被执行人所负正当债务，应当偿还的，经

债权人请求，先行予以偿还。【先民后刑】

（2）被执行人在执行中同时承担刑事责任、民事责任，其财产不足以支付的，按照下列顺序执行：

①人身损害赔偿中的医疗费用；

②退赔被害人的损失；

③其他民事债务；

④罚金；

⑤没收财产。

债权人对执行标的依法享有优先受偿权，其主张优先受偿的，人民法院应当在前款第①项规定的医疗费用受偿后，予以支持。

5. 执行方式。

执行的财产应当全部上缴国库。委托执行的，受托人民法院应当将执行情况连同上缴国库凭据送达委托人民法院；不能执行到位的，应当及时告知委托人民法院。

6. 执行异议。

案外人对被执行财产提出权属异议的，人民法院应当审查并参照《民事诉讼法》的有关规定处理。

7. 特殊情形的处理。

（1）中止执行。具有下列情形之一的，人民法院应当裁定中止执行：

①执行标的物系人民法院或者仲裁机构正在审理的案件争议标的物，需等待该案件审理完毕确定权属的；

②案外人对执行标的物提出异议确有理由的；

③其他应当中止执行的情形。

【高能提醒】

中止执行的原因消除后，恢复执行。

（2）终结执行。执行财产刑过程中，具有下列情形之一的，人民法院应当裁定终结执行：

①据以执行的判决、裁定被撤销的；

②被执行人死亡或者被执行死刑，且无财产可供执行的；

③被判处罚金的单位终止，且无财产可供执行的；

④依照《刑法》第53条规定（因遭遇不能抗拒的灾祸缴纳罚金确有困难）免除罚金的；

⑤应当终结执行的其他情形。（《刑事诉讼法解释》第444条）

【高能提醒】

裁定终结执行后，发现被执行人的财产有被隐匿、转移等情形的，应当追缴。

（3）执行回转。财产刑全部或部分被撤销的，已执行的财产应当全部或者部分返还被执行人；无法返还的，财产刑被撤销应当依法赔偿。

（4）罚金减免。因遭遇不能抗拒的灾祸缴纳罚金确有困难，被执行人向执行法院申请减少或者免除的，执行法院经审查认为符合法定减免条件的，应当在收到申请后1个月内依法作出裁定准予减免；认为不符合法定减免条件的，裁定驳回申请。

（5）罚金折抵。行政机关就同一犯罪事实所作的罚款，法院判处罚金时应当折抵，扣除行政处罚已执行的部分。

(6) 财产转让的处理。被执行人将刑事裁判认定为赃款赃物的涉案财物用于清偿债务、转让或者设置其他权利负担，具有下列情形之一的，人民法院应予追缴：

①第三人明知是涉案财物而接受的；

②第三人无偿或者以明显低于市场的价格取得涉案财物的；

③第三人通过非法债务清偿或者违法犯罪活动取得涉案财物的；

④第三人通过其他恶意方式取得涉案财物的。

【高能提醒】

第三人善意取得涉案财物的，执行程序中不予追缴。作为原所有人的被害人对该涉案财物主张权利的，人民法院应当告知其通过诉讼程序处理。

(7) 赃款赃物的追缴。对赃款赃物及其收益，人民法院应当一并追缴。被执行人将赃款赃物投资或者置业，对因此形成的财产及其收益，人民法院应予追缴。被执行人将赃款赃物与其他合法财产共同投资或者置业，对因此形成的财产中与赃款赃物对应的份额及其收益，人民法院应予追缴。对于被害人的损失，应当按照刑事裁判认定的实际损失予以发还或者赔偿。

(8) 涉案财产认定错误的处理。执行过程中，案外人或被害人认为刑事裁判中对涉案财物是否属于赃款赃物认定错误或者应予认定而未认定，向执行法院提出书面异议，可以通过裁定补正的，执行机构应当将异议材料移送刑事审判部门处理；无法通过裁定补正的，应当告知异议人通过审判监督程序处理。

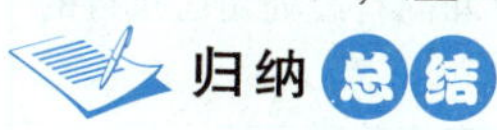

归纳总结

执行主体		财产刑由第一审法院负责裁判执行的机构执行。被执行的财产在异地的，可以委托财产所在地的同级法院代为执行。 对于没收财产，必要的时候，可以会同公安机关执行。
执行时间	罚金刑	可一次或分期缴纳；期满无故不缴纳或未足额缴纳的，法院应当强制缴纳；任何时候发现有可执行的财产，应当随时追缴（包括主刑执行完毕后）。
	没收财产	判决生效后，法院应当立即执行。 **【提示】** 没收财产的范围：判处没收财产的，应当执行刑事裁判生效时被执行人合法所有的财产。
	【提示】执行没收财产或罚金刑时，应当参照被扶养人住所地政府公布的上年度当地居民最低生活费标准，保留被执行人及其所扶养家属的生活必需费用。	
执行措施		可先行查封、扣押和冻结（为防止没收财产判决执行前罪犯转移财产）
执行顺序		1. 被判处罚金或者没收财产，同时又承担附带民事诉讼赔偿责任的，应先履行对被害人的民事赔偿责任。判处财产刑之前被执行人所负正当债务，应当偿还的，经债权人请求，先行予以偿还。（先民后刑） 2. 被执行人在执行中同时承担刑事责任、民事责任，其财产不足以支付的，按照下列顺序执行： (1) 人身损害赔偿中的医疗费用； (2) 退赔被害人的损失； (3) 其他民事债务； (4) 罚金； (5) 没收财产。 债权人对执行标的依法享有优先受偿权，其主张优先受偿的，人民法院应当在前款第（1）项规定的医疗费用受偿后，予以支持。

<table>
<tr><td>执行方式</td><td colspan="2">执行的财产应当全部上缴国库。</td></tr>
<tr><td>执行异议</td><td colspan="2">案外人对被执行财产提出权属异议的，人民法院应当审查并参照民事诉讼法的有关规定处理。</td></tr>
<tr><td rowspan="9">特殊情形的处理</td><td>中止执行</td><td>执行财产刑过程中，具有下列情形之一的，人民法院应当裁定中止执行：
1. 执行标的物系人民法院或者仲裁机构正在审理案件的争议标的物，需等待该案件审理完毕确定权属的。
2. 案外人对执行标的物提出异议的。
3. 应当中止执行的其他情形。（《刑事诉讼法解释》第443条）
【提示】中止执行的原因消除后，应当恢复执行。</td></tr>
<tr><td>终结执行</td><td>执行财产刑过程中，具有下列情形之一的，人民法院应当裁定终结执行：
1. 据以执行的判决、裁定被撤销的。
2. 被执行人死亡或者被执行死刑，且无财产可供执行的。
3. 被判处罚金的单位终止，且无财产可供执行的。
4. 依照《刑法》第53条规定（因遭遇不能抗拒的灾祸缴纳罚金确有困难）免除罚金的。
5. 应当终结执行的其他情形。（《刑事诉讼法解释》第444条）
【提示】裁定终结执行后，发现被执行人的财产有被隐匿、转移等情形的，应当追缴。</td></tr>
<tr><td>执行回转</td><td>财产刑全部或部分被撤销的，已执行的财产应当全部或者部分返还被执行人；无法返还的，财产刑被撤销应当依法赔偿。</td></tr>
<tr><td>罚金减免</td><td>因遭遇不能抗拒的灾祸缴纳罚金确有困难，被执行人向执行法院申请减少或者免除的，执行法院经审查认为符合法定减免条件的，应当在收到申请后1个月内依法作出裁定准予减免；认为不符合法定减免条件的，裁定驳回申请。</td></tr>
<tr><td>罚金折抵</td><td>行政机关就同一犯罪事实所作的罚款，法院判处罚金时应当折抵，扣除行政处罚已执行的部分。</td></tr>
<tr><td>财产转让的处理</td><td>被执行人将刑事裁判认定为赃款赃物的涉案财物用于清偿债务、转让或者设置其他权利负担，具有下列情形之一的，人民法院应予追缴：
1. 第三人明知是涉案财物而接受的。
2. 第三人无偿或者以明显低于市场的价格取得涉案财物的。
3. 第三人通过非法债务清偿或者违法犯罪活动取得涉案财物的。
4. 第三人通过其他恶意方式取得涉案财物的。
【提示】第三人善意取得涉案财物的，执行程序中不予追缴。作为原所有人的被害人对该涉案财物主张权利的，人民法院应当告知其通过诉讼程序处理。</td></tr>
<tr><td>赃款赃物的追缴</td><td>1. 对赃款赃物及其收益，人民法院应当一并追缴。
2. 被执行人将赃款赃物投资或者置业，对因此形成的财产及其收益，人民法院应予追缴。被执行人将赃款赃物与其他合法财产共同投资或者置业，对因此形成的财产中与赃款赃物对应的份额及其收益，人民法院应予追缴。
3. 对于被害人的损失，应当按照刑事裁判认定的实际损失予以发还或者赔偿。</td></tr>
<tr><td>涉案财产认定错误的处理</td><td>可以通过裁定补正的，执行机构应当将异议材料移送刑事审判部门处理。无法通过裁定补正的，应当告知异议人通过审判监督程序处理。</td></tr>
</table>

题

被告人王某故意杀人案经某市中级法院审理，认为案件事实清楚，证据确实、充分。请根据下列条件，回答问题。如王某被并处没收个人财产，关于本案财产刑的执

行及赔偿、债务偿还，下列说法正确的是：(2010-2-97，任)①

A. 财产刑由公安机关执行

B. 王某应当先履行对提起附带民事诉讼的被害人的民事赔偿责任

C. 案外人对执行标的物提出异议的，法院应当裁定中止执行

D. 王某在案发前所负所有债务，经债权人请求先行予以偿还

四、无罪和免除刑罚判决的执行

1. 无罪和免除刑罚判决的执行机关是人民法院。

2. 无罪和免除刑罚判决的执行，在判决生效后开始。

3. 无罪或者免除刑罚的判决生效后，人民法院应立即向被告人及有关单位宣布，并撤销所采取的一切强制措施。

4. 根据《刑事诉讼法》第249条的规定，第一审法院判决被告人无罪、免除刑事处罚的，如果被告人在押，在宣判后应当立即释放。

第三节　执行的变更程序

当已生效刑事判决、裁定交付执行或处于执行过程中时，若出现需要对刑罚内容或刑罚的执行方法加以变更的新情况，人民法院则需要根据法律规定进行相应处理，其处理程序亦是执行程序的组成部分。

一、死刑立即执行的变更程序

（一）变更的适用情形

第一审人民法院在接到执行死刑命令后、执行前，发现有下列情形之一的，应当暂停执行，并立即将请求停止执行死刑的报告和相关材料层报最高人民法院：

1. 罪犯可能有其他犯罪的；

2. 共同犯罪的其他犯罪嫌疑人到案，可能影响罪犯量刑的；

3. 共同犯罪的其他罪犯被暂停或者停止执行死刑，可能影响罪犯量刑的；

4. 罪犯揭发重大犯罪事实或者有其他重大立功表现，可能需要改判的；

5. 罪犯怀孕的；

6. 判决、裁定可能有影响定罪量刑的其他错误的。

（二）变更的程序

1. 发现错误。

(1) 下级人民法院发现错误的。下级人民法院在接到最高人民法院执行死刑命令后、执行前，发现有需要停止执行情形的，应当暂停执行死刑，并立即将请求停止执行死刑的报告及相关材料层报最高人民法院审批。

最高人民法院经审查，认为不影响罪犯定罪量刑的，应当决定下级人民法院继续执行死刑；认为可能影响罪犯定罪量刑的，应当裁定下级人民法院停止执行死刑。

(2) 最高人民法院发现错误的。最高人民法院在执行死刑命令签发后、执行前，发现有停止执行情形的，应当立即裁定下级人民法院停止执行死刑，并将有关材料移

① 答案：B、C。

交下级人民法院。

【高能提醒】

最高院“决定继续执行”“裁定停止执行”

2. 停止后的调查。

下级人民法院接到最高人民法院停止执行死刑的裁定后，应当会同有关部门调查核实停止执行死刑的事由，并及时将调查结果和意见层报最高人民法院审核。

3. 最高院的审查。

对下级人民法院报送的停止执行死刑的调查结果和意见，由最高人民法院原作出核准死刑判决、裁定的合议庭负责审查，必要时，另行组成合议庭进行审查。

(三) 变更的结果

最高人民法院对停止执行死刑的案件，应当按照下列情形分别处理：

1. 确认罪犯怀孕的，应当改判；

2. 确认罪犯有其他犯罪，依法应当追诉的，应当裁定不予核准死刑，撤销原判，发回重新审判；

3. 确认原判决、裁定有错误或者罪犯有重大立功表现，需要改判的，应当裁定不予核准死刑，撤销原判，发回重新审判；

4. 确认原判决、裁定没有错误，罪犯没有重大立功表现，或者重大立功表现不影响原判决、裁定执行的，应当裁定继续执行死刑，并由院长重新签发执行死刑的命令。

【高能提醒】

最高院裁定继续执行的，应当由院长重新签发执行令。

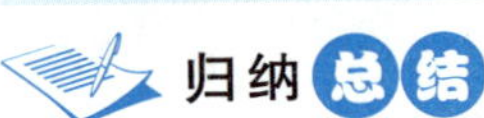

归纳总结

<table>
<tr><td>变更情形</td><td colspan="3">执行前，发现有下列情形之一的，应当暂停执行，并层报最高人民法院：
1. 罪犯可能有其他犯罪的；
2. 共同犯罪的其他犯罪嫌疑人到案，可能影响罪犯量刑的；
3. 共同犯罪的其他罪犯被暂停或者停止执行死刑，可能影响罪犯量刑的；
4. 罪犯揭发重大犯罪事实或者有其他重大立功表现，可能需要改判的；
5. 罪犯怀孕的；
6. 判决、裁定可能有影响定罪量刑的其他错误的。</td></tr>
<tr><td rowspan="4">变更的程序</td><td rowspan="2">发现错误</td><td>下级法院发现错误</td><td>1. 下级法院执行前发现有上述情形的，应暂停执行死刑，并立即层报最高院审批。
2. 最高院经审查：
(1) 认为不影响罪犯定罪量刑的，应当决定下级法院继续执行死刑；
(2) 认为可能影响罪犯定罪量刑的，应当裁定下级法院停止执行死刑。
【提示】最高院“决定继续执行”“裁定停止执行”</td></tr>
<tr><td>最高院发现错误</td><td>最高院在执行死刑命令签发后、执行前，发现有法定停止执行情形的，应当立即裁定下级法院停止执行死刑，并将有关材料移交下级法院。</td></tr>
<tr><td>停止后的调查</td><td colspan="2">下级人民法院接到最高人民法院停止执行死刑的裁定后，应当会同有关部门调查核实停止执行死刑的事由，并及时将调查结果和意见层报最高人民法院审核。</td></tr>
<tr><td>最高院的审查</td><td colspan="2">对下级人民法院报送的停止执行死刑的调查结果和意见，由最高人民法院原作出核准死刑判决、裁定的合议庭负责审查，必要时，另行组成合议庭进行审查。</td></tr>
</table>

变更的结果	应当改判	确认罪犯正在怀孕的，应当依法改判。
	发回重审	1. 确认罪犯有其他犯罪，依法应当追诉的，应当裁定不予核准死刑，撤销原判，发回重审。 2. 确认原裁判有错或罪犯有重大立功表现需改判的，应裁定不予核准死刑，撤销原判发回重审。
	继续执行	确认原裁判没有错误，罪犯没有重大立功表现，或者重大立功表现不影响原裁判执行的，应当裁定继续执行原核准死刑的裁判，并由院长重新签发执行死刑的命令。

二、死缓执行的变更

被判处死刑缓期二年执行的罪犯，由公安机关依法送交监狱执行刑罚。根据其在死刑缓期执行期间的表现，死缓判决可作两种变更：

1. 依法减刑。

（1）在缓刑执行期间，如果没有故意犯罪，2 年期满以后，减为无期徒刑。

（2）死缓犯在缓期执行期间，如果确有重大立功表现，2 年期满以后，减为 25 年有期徒刑。

死刑缓期执行期满减为无期徒刑、有期徒刑的，刑期自死刑缓期执行期满之日起计算。

【高能提醒】

被判处死刑缓期二年执行的罪犯，如果死刑缓期二年执行期满后尚未裁定减刑前又犯新罪的，应当依法减刑后，对其所犯新罪另行审判。

2. 执行死刑。

（1）在死刑缓期执行期间，如果故意犯罪，情节恶劣的，查证属实，应当执行死刑。

（2）其程序是：由罪犯服刑监狱及时侦查，侦查终结后移送人民检察院审查起诉。经人民检察院提起公诉，服刑地的中级人民法院依法审判，所作的判决可以上诉、抗诉。认定构成故意犯罪的判决、裁定发生法律效力后，由作出生效判决、裁定的人民法院依法报请最高人民法院核准死刑。核准后，交罪犯服刑地的中级人民法院执行。

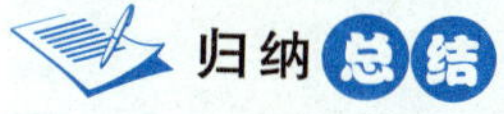

执行机关	由公安机关依法将罪犯送交监狱执行刑罚	
两种变更结果	依法减刑	1. 在缓刑执行期间，如果没有故意犯罪，2 年期满以后，减为无期徒刑。 2. 死缓犯在缓期执行期间，如果确有重大立功表现，2 年期满以后，减为 25 年有期徒刑。 **【提示】**死刑缓期执行的期间，从判决或者裁定核准死刑缓期执行的法律文书宣告或者送达之日起计算。死刑缓期执行期满，依法应当减刑的，人民法院应当及时减刑。死刑缓期执行期满减为无期徒刑、有期徒刑的，刑期自死刑缓期执行期满之日起计算。
	执行死刑	在死刑缓期执行期间，如果故意犯罪，情节恶劣的，查证属实，应当执行死刑。 **【提示】**1. 死刑缓期执行期间故意犯罪的，不是必然执行死刑，对于故意犯罪未执行死刑的，死刑缓期执行的期间重新计算，并报最高人民法院备案。 2. 由罪犯服刑监狱及时侦查，侦查终结后移送检察院审查起诉。经检察院提起公诉，服刑地的中院依法审判，所作的判决可以上诉、抗诉。认定构成故意犯罪的判决、裁定发生法律效力后，由作出生效判决、裁定的法院依法报请最高院核准死刑。核准后，交罪犯服刑地的中级人民法院执行。

三、暂予监外执行

暂予监外执行，是指被判处拘役、有期徒刑以及无期徒刑的罪犯，具有法律规定的某种特殊情况，不适宜在监狱或者拘役所等场所执行刑罚，暂时采取不予关押的一种变通执行方法。

（一）适用对象

1. 拘役。

2. 有期徒刑。

3. 无期徒刑（特殊情形下）。

（二）适用条件

1. 罪犯有严重疾病需要保外就医。

【高能提醒】

对罪犯确有严重疾病，必须保外就医的，由省级人民政府指定的医院诊断并开具证明文件。对适用保外就医可能有社会危险性的罪犯，或者自伤自残的罪犯，不得保外就医。

2. 怀孕或者正在哺乳自己婴儿的妇女。

【高能提醒】

对被判处无期徒刑的罪犯，有此情形的，也可以暂予监外执行。

3. 生活不能自理，适用暂予监外执行不致危害社会的。

（三）适用程序

1. 决定主体。

（1）交付执行前。对具备暂予监外执行条件的罪犯，由交付执行的人民法院决定。

【高能提醒】

罪犯在被交付执行前，因有严重疾病、怀孕或者正在哺乳自己婴儿的妇女、生活不能自理的原因，依法提出暂予监外执行的申请的，有关病情诊断、妊娠检查和生活不能自理的鉴别，由人民法院负责组织进行。

（2）交付执行后。暂予监外执行由监狱或者看守所提出书面意见，报省级以上监狱管理机关或者设区的市一级以上公安机关批准。监狱、看守所提出暂予监外执行的书面意见的，应当将书面意见的副本抄送人民检察院。人民检察院可以向决定或者批准机关提出书面意见。

2. 执行机关。

对于暂予监外执行的罪犯，由社区矫正机构负责执行。

3. 收监执行。

暂予监外执行的罪犯具有下列情形之一的，原作出暂予监外执行决定的人民法院，应当在收到执行机关的收监执行建议书后15日内，作出收监执行的决定：

（1）不符合暂予监外执行条件的；

（2）经批准离开所居住的市、县，经警告拒不改正，或者拒不报告行踪，脱离监管的；

（3）因违反监督管理规定受到治安管理处罚，仍不改正的；

（4）受到执行机关两次警告，仍不改正的；

（5）保外就医期间不按规定提交病情复查情况，经警告拒不改正的；

（6）暂予监外执行的情形消失后，刑期未满的；

（7）保证人丧失保证条件或者因不履行义务被取消保证人资格，不能在规定期限内提出新的保证人的；

（8）违反法律、行政法规和监督管理规定，情节严重的其他情形。

【高能提醒】

在人民法院作出决定后，由公安机关依照《刑事诉讼法》第253条第2款的规定送交执行刑罚。

不符合暂予监外执行条件的罪犯通过贿赂等非法手段被暂予监外执行的，在监外执行的期间不计入执行刑期。罪犯在暂予监外执行期间脱逃的，脱逃的期间不计入执行刑期。

4. 法律监督。

（1）对监外执行意见的监督。监狱、看守所提出暂予监外执行的书面意见的，应当将书面意见的副本抄送检察院。检察院可以向决定或者批准机关提出书面意见。

（2）对监外执行决定的监督。决定或者批准机关应当将暂予监外执行决定书抄送检察院。检察院认为暂予监外执行不当的，应当自接到通知之日起1个月以内将书面意见送交决定或者批准机关，决定或者批准机关接到检察院的书面意见后，应当立即对该决定进行重新核查。

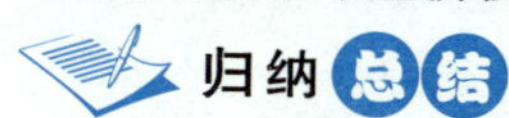

归纳总结

<table>
<tr><td>适用对象</td><td colspan="3">被判处拘役、有期徒刑、无期徒刑的罪犯。</td></tr>
<tr><td rowspan="2">适用条件</td><td>拘役或有期徒刑</td><td colspan="2">1. 有严重疾病需要保外就医的。（省级人民政府指定的医院诊断并开具证明文件）
2. 怀孕或者正在哺乳自己婴儿的妇女。
3. 生活不能自理，适用暂予监外执行不致危害社会的。
【提示】对于适用保外就医可能有社会危险性的罪犯，或者自伤自残的罪犯，不得保外就医。</td></tr>
<tr><td>无期徒刑</td><td colspan="2">怀孕或者正在哺乳自己婴儿的妇女。</td></tr>
<tr><td rowspan="3">适用程序</td><td rowspan="2">决定主体</td><td>交付执行前</td><td>由交付执行的人民法院决定。
【提示】罪犯在被交付执行前，因有严重疾病、怀孕或者正在哺乳自己婴儿的妇女、生活不能自理的原因，依法提出暂予监外执行的申请的，有关病情诊断、妊娠检查和生活不能自理的鉴别，由人民法院负责组织进行。</td></tr>
<tr><td>交付执行后</td><td>由省级以上监狱管理机关或者设区的市一级以上公安机关批准决定。
1. 监狱提出书面意见——省级以上监狱管理机关批准。
2. 看守所提出书面意见——设区的市一级以上公安机关批准。</td></tr>
<tr><td>执行主体</td><td colspan="2">监外执行由居住地社区矫正机构执行。</td></tr>
</table>

<table>
<tr><td rowspan="2">适用程序</td><td rowspan="2">情形变更的后果</td><td>收监执行</td><td>1. 发现不符合暂予监外执行条件的。
2. 严重违反有关暂予监外执行监督管理规定的。
3. 监外执行的情形消失后，罪犯服刑未满的，应当及时收监。
【提示】1. 依法应当予以收监的，在法院作出决定后，由公安机关依法送交执行刑罚。2. 法院收监执行决定书，一经作出，立即生效。</td></tr>
<tr><td>特殊情形</td><td>1. 不符合暂予监外执行条件的罪犯通过贿赂等非法手段被暂予监外执行的，在监外执行的期间不计入执行刑期。罪犯在暂予监外执行期间脱逃的，脱逃的期间不计入执行刑期。
2. 暂予监外执行过程中罪犯服刑期届满的，应当由原关押监狱等执行机关办理释放手续。
3. 罪犯在暂予监外执行期间死亡，负责执行的机关应及时通知原关押监狱或其他执行机关。</td></tr>
</table>

四、减刑、假释

（一）减刑

减刑，是指被判处管制、拘役、有期徒刑或者无期徒刑的罪犯，在执行期间确有悔改或者立功表现，由人民法院依法适当减轻其原判刑罚的制度。

1. 适用对象。

（1）管制；（2）拘役；（3）有期徒刑；（4）无期徒刑。

2. 适用条件。

在执行期间，认真遵守监规，接受教育改造，确有悔改表现的，或者有立功表现的，可以减刑；有重大立功表现的，应当减刑。

3. 适用程序。

（1）对被判处无期徒刑的罪犯的减刑，由罪犯服刑地的高级人民法院，在收到同级监狱管理机关审核同意的减刑建议书后 1 个月内作出裁定，案情复杂或者情况特殊的，可以延长 1 个月；

（2）对被判处有期徒刑和被减为有期徒刑的罪犯的减刑，由罪犯服刑地的中级人民法院，在收到执行机关提出的减刑建议书后 1 个月内作出裁定，案情复杂或者情况特殊的，可以延长 1 个月；

（3）对被判处拘役、管制的罪犯的减刑，由罪犯服刑地中级人民法院，在收到同级执行机关审核同意的减刑建议书后 1 个月内作出裁定。

（二）假释

假释，是指对于被判处有期徒刑、无期徒刑的犯罪分子经过一定期限的服刑改造，确有悔改表现，释放后，不致再危害社会的，附条件地将其提前释放的一种制度。

1. 适用对象。

（1）有期徒刑；（2）无期徒刑。

【高能提醒】

但累犯以及因杀人、爆炸、抢劫、强奸、绑架等暴力性犯罪被判处 10 年以上有期徒刑、无期徒刑的犯罪分子除外。

2. 适用条件。

（1）已实际执行一定的刑期，即被判处有期徒刑的犯罪分子，实际执行原判刑期

1/2 以上，被判处无期徒刑的犯罪分子，实际执行 13 年以上；

（2）认真遵守监规，接受教育改造，确有悔改表现，没有再犯罪危险。

【高能提醒】

以上两个条件须同时具备。但根据《刑法》第 81 条的规定，如果有特殊情况，经最高人民法院核准，可以不受上述执行刑期的限制。所谓特殊情况，是指涉及政治性、外交性的情况等。

3. 考察与处理。

对于被假释的罪犯，在假释考验期内，由公安机关予以监督。对被假释的罪犯的考察，结果有以下两种：

（1）执行完毕。

被假释的罪犯，在考验期内没有违反法律、行政法规和公安机关有关假释的监督管理规定的行为，则被认为原判刑罚已执行完毕，公安机关应当向本人宣布并通报原裁定假释的人民法院和原关押罪犯的刑罚执行机关，无需另外办理释放手续。

（2）撤销假释。

①被假释的罪犯，在考验期内再犯新罪，则由审理新罪的人民法院撤销假释，把前罪没有执行完毕的刑罚和后罪新判处的刑罚，按照数罪并罚的原则，决定应当执行的刑期。

②被假释的罪犯，在考验期内，有违反法律、行政法规和公安机关有关假释的监督管理规定的行为，尚未构成新的犯罪的，公安机关可以向人民法院提出撤销假释的建议，人民法院应当自收到撤销假释建议书之日起 1 个月内予以审核裁定。人民法院应当裁定撤销假释的，由公安机关将罪犯送交收监。

（三）减刑、假释的审理程序

1. 管辖。

（1）无期徒刑的减刑、假释：由服刑地高级人民法院管辖。

（2）有期徒刑、拘役、管制的减刑，有期徒刑的假释：由服刑地中级人民法院管辖。

2. 审判组织。

人民法院审理减刑、假释案件，应当依法由审判员或者由审判员和人民陪审员组成合议庭进行。

3. 审判方式。

人民法院审理减刑、假释案件，可以采取开庭审理或者书面审理的方式。

（1）应当开庭审理的情形。

人民法院审理减刑、假释案件，可以采取开庭审理或者书面审理的方式。但下列减刑、假释案件，应当开庭审理：

①因罪犯有重大立功表现报请减刑的；

②报请减刑的起始时间、间隔时间或者减刑幅度不符合司法解释一般规定的；

③公示期间收到不同意见的；

④人民检察院有异议的；

⑤被报请减刑、假释罪犯系职务犯罪罪犯，组织（领导、参加、包庇、纵容）黑社会性质组织犯罪罪犯，破坏金融管理秩序和金融诈骗犯罪罪犯及其他在社会上有重

大影响或社会关注度高的；

⑥人民法院认为其他应当开庭审理的。

（2）书面审理。

人民法院书面审理减刑案件，可以提讯被报请减刑罪犯；书面审理假释案件，应当提讯被报请假释罪犯。

4. 通知对象。

人民法院开庭审理减刑、假释案件，应当通知人民检察院、执行机关及被报请减刑、假释罪犯参加庭审。

人民法院根据需要，可以通知证明罪犯确有悔改表现或者立功、重大立功表现的证人，公示期间提出不同意见的人，以及鉴定人、翻译人员等其他人员参加庭审。

5. 审理地点。

开庭审理应当在罪犯刑罚执行场所或者人民法院确定的场所进行。有条件的人民法院可以采取视频开庭的方式进行。在社区执行刑罚的罪犯因重大立功被报请减刑的，可以在罪犯服刑地或者居住地开庭审理。

6. 宣判方式。

人民法院开庭审理减刑、假释案件，能够当庭宣判的应当当庭宣判；不能当庭宣判的，可以择期宣判。

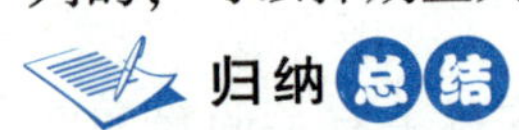

归纳总结

<table>
<tr><td rowspan="5">减刑</td><td>适用对象</td><td colspan="2">被判处管制、拘役、有期徒刑或者无期徒刑的罪犯。</td></tr>
<tr><td>适用条件</td><td colspan="2">在执行期间，认真遵守监规，接受教育改造，确有悔改表现的，或者有立功表现的，可以减刑；有重大立功表现的，应当减刑。
【提示】《刑法》第 78 条规定，减刑以后实际执行的刑期不能少于下列期限：
1. 判处管制、拘役、有期徒刑的，不能少于原判刑期的 1/2；
2. 判处无期徒刑的，不能少于 13 年；
3. 人民法院依照本法第 50 条第 2 款规定限制减刑的死刑缓期执行的犯罪分子，缓期执行期满后依法减为无期徒刑的，不能少于 25 年，缓期执行期满后依法减为 25 年有期徒刑的，不能少于 20 年。</td></tr>
<tr><td rowspan="3">适用程序</td><td>减刑建议书的提出</td><td>1. 无期徒刑的减刑：执行机关应当提出经省、自治区、直辖市监狱管理机关审核同意的监狱减刑建议书。
2. 有期徒刑、拘役、管制的罪犯的减刑：执行机关应当提出减刑建议书。</td></tr>
<tr><td rowspan="2">期限</td><td rowspan="2">1. 对被判处无期徒刑的罪犯的减刑，由罪犯服刑地的高级人民法院，在收到同级监狱管理机关审核同意的减刑建议书后 1 个月内作出裁定，案情复杂或者情况特殊的，可以延长 1 个月；
2. 对被判处有期徒刑和被减为有期徒刑的罪犯的减刑，由罪犯服刑地的中级人民法院，在收到执行机关提出的减刑建议书后 1 个月内作出裁定，案情复杂或者情况特殊的，可以延长 1 个月；
3. 对被判处拘役、管制的罪犯的减刑，由罪犯服刑地中级人民法院，在收到同级执行机关审核同意的减刑建议书后 1 个月内作出裁定。
【提示】拘役、管制无“可以延长 1 个月”的规定。</td></tr>
<tr></tr>
</table>

假释	适用对象		被判处有期徒刑、无期徒刑的犯罪分子。 【提示】但累犯以及因杀人、爆炸、抢劫、强奸、绑架等暴力性犯罪被判处 10 年以上有期徒刑、无期徒刑的犯罪分子除外。
	适用条件		1. 已实际执行一定的刑期，即被判处有期徒刑的犯罪分子，实际执行原判刑期 1/2 以上，被判处无期徒刑的犯罪分子，实际执行 13 年以上； 2. 认真遵守监规，接受教育改造，确有悔改表现，没有再犯罪的危险。 【提示】以上两个条件须同时具备。但根据《刑法》第 81 条的规定，如果有特殊情况，经最高人民法院核准，可以不受上述执行刑期的限制。所谓特殊情况，是指涉及政治性、外交性等情况。
	后果	执行完毕	在考验期内没有违反法律、行政法规和公安机关有关假释的监督管理规定的行为，则被认为原判刑罚已执行完毕。
		撤销假释	1. 考验期内再犯新罪或者发现漏罪的，则由审理新罪的人民法院撤销假释，把前罪没有执行完毕的刑罚和后罪新判处的刑罚，按照数罪并罚的原则，决定应当执行的刑期。
			2. 有违反法律、行政法规和公安机关有关假释的监督管理规定的行为，尚未构成新的犯罪的，公安机关可以向法院提出撤销假释的建议，法院应当自收到撤销假释建议书之日起 1 个月内予以审核裁定。法院应当裁定撤销假释的，由公安机关将罪犯送交收监。
减刑、假释的审理程序	管辖		1. 无期徒刑的减刑、假释：由服刑地高级人民法院管辖。 2. 有期徒刑、拘役、管制的减刑，有期徒刑的假释：由服刑地中级人民法院管辖。
	审判组织		由审判员或者由审判员和人民陪审员组成合议庭进行。
	审判方式	应当开庭审理	人民法院审理减刑、假释案件，可以采取开庭审理或者书面审理的方式。 但下列减刑、假释案件，应当开庭审理： 1. 因罪犯有重大立功表现报请减刑的； 2. 报请减刑的起始时间、间隔时间或者减刑幅度不符合司法解释一般规定的； 3. 公示期间收到不同意见的； 4. 人民检察院有异议的； 5. 被报请减刑、假释罪犯系职务犯罪罪犯，组织（领导、参加、包庇、纵容）黑社会性质组织犯罪罪犯，破坏金融管理秩序和金融诈骗犯罪罪犯及其他在社会上有重大影响或社会关注度高的； 6. 人民法院认为其他应当开庭审理的。
		书面审理	人民法院书面审理减刑案件，可以提讯被报请减刑罪犯；书面审理假释案件，应当提讯被报请假释罪犯。
	通知对象		1. 人民法院开庭审理减刑、假释案件，应当通知人民检察院、执行机关及被报请减刑、假释罪犯参加庭审。 2. 人民法院根据需要，可以通知证明罪犯确有悔改表现或者立功、重大立功表现的证人，公示期间提出不同意见的人，以及鉴定人、翻译人员等其他人员参加庭审。
	审理地点		开庭审理应当在罪犯刑罚执行场所或者人民法院确定的场所进行。有条件的人民法院可以采取视频开庭的方式进行。在社区执行刑罚的罪犯因重大立功被报请减刑的，可以在罪犯服刑地或者居住地开庭审理。
	宣判方式		人民法院开庭审理减刑、假释案件，能够当庭宣判的应当当庭宣判；不能当庭宣判的，可以择期宣判。

五、对新罪、漏罪的追诉和对错判、申诉的处理

1. 对新罪、漏罪的处理。

新罪，是指罪犯在服刑期间又犯罪。漏罪，是指在执行中发现的罪犯在判决宣告以前所犯的尚未判决的罪行。针对不同情形，法律对于新罪、漏罪的处理方式也不尽相同：

在监狱服刑的罪犯	如又犯新罪或被发现有漏罪，由监狱进行侦查。侦查终结后，将案件移送检察院处理。
在看守所、拘役所服刑的罪犯	如又犯新罪或被发现有漏罪，由负责执行的公安机关侦查终结后，移送检察院处理。
对服刑罪犯脱逃后又犯罪的	如新罪是由监狱等执行机关将罪犯捕回后发现的，应由监狱等执行机关侦查终结后移送检察院处理；如新罪是犯罪地的公安机关破获的，应当由犯罪地的司法机关依管辖规定及法定程序进行诉讼。

2. 对错判、申诉的处理。

监狱和其他执行机关在刑罚执行中，如认为判决有错误或罪犯提出申诉，应当转请人民检察院或者原判法院处理。

六、人民检察院对执行的监督

（一）对执行死刑的监督

1. 人民法院在交付执行死刑前，应当通知同级人民检察院派员临场监督。

2. 在执行死刑前，发现有下列情形之一的，应当建议人民法院立即停止执行。

（1）被执行人并非应当执行死刑的罪犯的；

（2）罪犯犯罪时不满 18 周岁，或者审判时已满 75 周岁，依法不应当适用死刑的；

（3）判决可能有错误的；

（4）在执行前罪犯有检举揭发他人重大犯罪行为等重大立功表现，可能需要改判的；

（5）罪犯正在怀孕的。

（二）对暂予监外执行的监督

1. 对意见的监督。

监狱、看守所提出暂予监外执行的书面意见的，应当将书面意见的副本抄送检察院。检察院可以向决定或者批准机关提出书面意见。

2. 对决定的监督。

决定或者批准机关应当将暂予监外执行决定书抄送检察院。检察院认为暂予监外执行不当的，应当自接到通知之日起 1 个月以内将书面意见送交决定或者批准机关，决定或者批准机关接到检察院的书面意见后，应当立即对该决定进行重新核查。

（三）对减刑、假释的监督

1. 监督分工。

人民检察院办理减刑、假释案件，应当按照下列情形分别处理：

（1）对减刑、假释案件提请活动的监督，由对执行机关承担检察职责的人民检察院负责；

（2）对减刑、假释案件审理、裁定活动的监督，由人民法院的同级人民检察院

负责。

2. 对执行机关的监督。

人民检察院发现罪犯符合减刑、假释条件，但是执行机关未提请减刑、假释的，可以建议执行机关提请减刑、假释。

3. 法庭出席。

人民法院开庭审理减刑、假释案件的，人民检察院应当指派检察人员出席法庭，发表检察意见，并对法庭审理活动是否合法进行监督。

4. 对减刑、假释裁定的监督。

（1）人民检察院经审查认为人民法院减刑、假释裁定不当的，应当在收到裁定书副本后20日以内，依法向作出减刑、假释裁定的人民法院提出书面纠正意见。

（2）人民检察院对人民法院减刑、假释裁定提出纠正意见的，应当监督人民法院在收到纠正意见后1个月以内重新组成合议庭进行审理并作出最终裁定。

（3）人民检察院发现人民法院已经生效的减刑、假释裁定确有错误的，应当向人民法院提出书面纠正意见，提请人民法院按照审判监督程序依法另行组成合议庭重新审理并作出裁定。

（四）对执行刑罚活动的监督

人民检察院对执行机关执行刑罚的活动是否合法实行监督。如果发现有违法的情况，应当通知执行机关纠正。

专题二十 特别程序

核心重点

未成年人诉讼程序的特点、强制辩护、讯问时法定代理人到场、附条件不起诉、犯罪记录封存制度；和解程序的案件范围、不同机关的和解处理程序和效果、和解协议的履行；没收案件的范围、启动、没收程序的中止、终止、二审结果；强制医疗案件的范围、启动、管辖、救济方式、解除。

考点精要

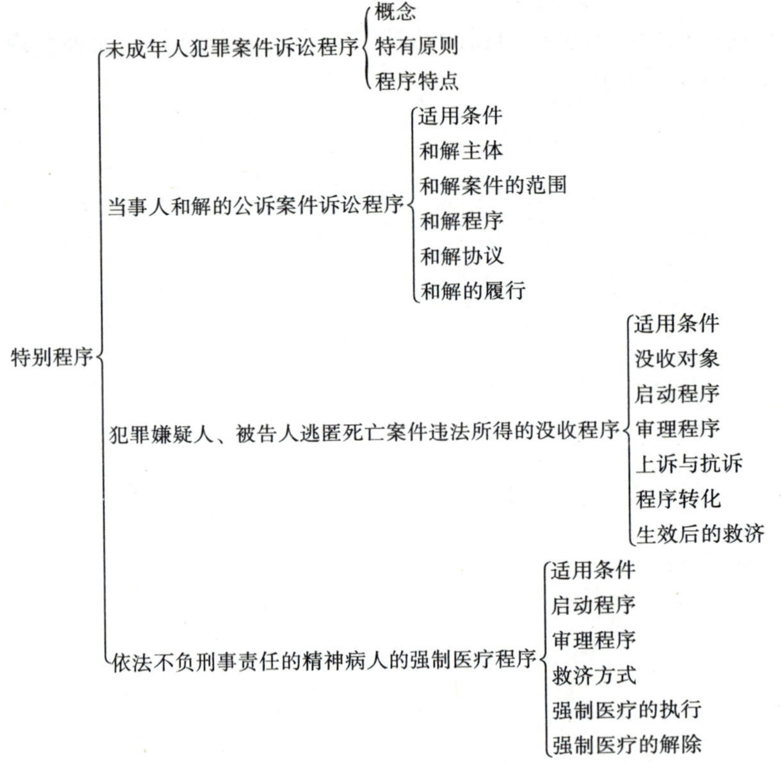

第一节　未成年人犯罪案件诉讼程序

一、概念

未成年人刑事案件，是指被告人实施被指控的犯罪时已满14周岁、不满18周岁的案件。

对于没有充分证据证明被告人实施被指控的犯罪时已达到法定刑事责任年龄且确实无法查明的，应当推定其没有达到相应法定刑事责任年龄。

未成年人刑事案件诉讼程序，是指专门适用于未成年人刑事案件的侦查、起诉、审判、执行等程序的一种特别刑事诉讼程序。

【高能提醒】

“周岁”按照公历的年、月、日计算，从周岁生日的第二天起算。

二、未成年人刑事案件诉讼程序的特有原则

我国法律对未成年人刑事案件诉讼程序的特有原则作了专门规定：

1. 教育为主，处罚为辅原则。

考虑到未成年人的特点，法律明确规定对犯罪的未成年人实行教育、感化、挽救的方针，坚持教育为主、惩罚为辅的原则。同时明确要求人民法院、人民检察院和公安机关办理未成年人刑事案件，应当保障未成年人行使其诉讼权利，保障未成年人得到法律帮助，由熟悉未成年人身心特点的司法人员来处理该类案件。

2. 分案处理原则。

为了防止交叉影响，对被拘留、逮捕和执行刑罚的未成年人与成年人应当分别关押、分别管理、分别教育。

【高能提醒】

《人民检察院办理未成年人刑事案件的规定》第51条规定：人民检察院审查未成年人与成年人共同犯罪案件，一般应当将未成年人与成年人分案起诉。但是具有下列情形之一的，可以不分案起诉：

（1）未成年人系犯罪集团的组织者或者其他共同犯罪中的主犯的；

（2）案件重大、疑难、复杂，分案起诉可能妨碍案件审理的；

（3）涉及刑事附带民事诉讼，分案起诉妨碍附带民事诉讼部分审理的；

（4）具有其他不宜分案起诉情形的。

《刑事诉讼法解释》第464条规定：分案起诉至同一人民法院的未成年人与成年人共同犯罪案件，可以由同一个审判组织审理；不宜由同一个审判组织审理的，可以分别由少年法庭、刑事审判庭审理。

3. 不公开审理原则。

审判的时候被告人不满18周岁的案件，一律不公开审理。但是，经未成年被告人及其法定代理人同意，未成年被告人所在学校和未成年人保护组织可以派代表到场。

4. 及时原则。

由于未成年人生理、心理上都还不尽成熟，诉讼时间过长，特别是羁押时间过长将会给其未来带来长期的影响。因此，对于未成年人的刑事案件更应当及时进行。

及时原则要求在诉讼进行的每个阶段，司法机关和司法人员都应及时对案件作出处理，不拖拉、不延误。

【高能提醒】

《刑事诉讼法解释》第474条规定：对未成年人刑事案件，人民法院决定适用简易程序审理的，应当征求未成年被告人及其法定代理人、辩护人的意见。上述人员提出异议的，不适用简易程序。

5. 和缓原则。

和缓原则要求对未成年人犯罪的案件，一定要注意结合未成年犯罪嫌疑人、被告人的身心特点，尽量不采用激烈、严厉的诉讼方式。

【高能提醒】

对未成年犯罪嫌疑人、被告人应当严格限制适用逮捕措施。人民检察院审查批准逮捕和人民法院决定逮捕，应当讯问未成年犯罪嫌疑人、被告人，听取辩护律师的意见。

归纳总结

教育为主，惩罚为辅原则	按照最有利于未成年人和适合未成年人身心特点进行。
分案处理原则	分别关押、分别管理、分别教育。
不公开审理原则	审判时不满 18 周岁，不公开审理；学校与未成年人保护组织派代表到场。
及时原则	及时处理；简易程序须征求未成年被告人及其法定代理人与辩护人的意见。
和缓原则	尽量采取不激烈、严厉的诉讼方式；严格限制适用逮捕措施。

三、未成年人刑事案件诉讼程序的特点

（一）必须查明犯罪嫌疑人、被告人的准确出生日期

1. 对于未成年人的刑事案件，不论是立案阶段，还是侦查、起诉及审判阶段，都必须重点查明犯罪嫌疑人、被告人确切的出生时间，因为年龄因素关系到是否应当追究刑事责任。

2. 未成年犯罪嫌疑人、被告人的准确出生日期要具体到“日”。在判断是否满 14 周岁、16 周岁时，以生日当天的 24 时为标准。

【高能提醒】

对于没有充分证据证明被告人实施被指控的犯罪时已经达到法定刑事责任年龄且确实无法查明的，应当推定其没有达到相应法定刑事责任年龄。相关证据足以证明被告人实施被指控的犯罪时已经达到法定刑事责任年龄，但是无法准确查明被告人具体出生日期的，应当认定其达到相应法定刑事责任年龄。

（二）社会调查制度

1. 公安机关、人民检察院、人民法院办理未成年人刑事案件，根据情况可以对未成年犯罪嫌疑人、被告人的成长经历、犯罪原因、监护教育等情况进行调查。开展社会调查，可以委托有关组织和机构进行。

2. 对于未成年被告人情况的调查报告，以及辩护人提交的有关未成年被告人情况的书面材料，法庭应当审查并听取控辩双方意见。上述报告和材料可以作为法庭教育和量刑的参考。

（三）特殊审判组织

1. 少年法庭的概念。

未成年人案件审判庭和未成年人刑事案件合议庭统称少年法庭。

（1）中级人民法院和基层人民法院可以设立独立建制的未成年人案件审判庭。尚不具备条件的，应当在刑事审判庭内设立未成年人刑事案件合议庭，或者由专人负责

审理未成年人刑事案件。

（2）高级人民法院应当在刑事审判庭内设立未成年人刑事案件合议庭。具备条件的，可以设立独立建制的未成年人案件审判庭。

2. 少年法庭审理范围。

（1）被告人实施被指控的犯罪时不满 18 周岁、人民法院立案时不满 20 周岁的案件。

（2）被告人实施被指控的犯罪时不满 18 周岁、人民法院立案时不满 20 周岁，并被指控为首要分子或者主犯的共同犯罪案件。

（3）其他共同犯罪案件有未成年被告人的，或者其他涉及未成年人的刑事案件是否由少年法庭审理，由院长根据少年法庭工作的实际情况决定。

3. 分案处理。

对分案起诉至同一人民法院的未成年人与成年人共同犯罪案件，可以由同一个审判组织审理；不宜由同一个审判组织审理的，可以分别由少年法庭、刑事审判庭审理。未成年人与成年人共同犯罪案件，由不同人民法院或者不同审判组织分别审理的，有关人民法院或者审判组织应当互相了解共同犯罪被告人的审判情况，注意全案的量刑平衡。

（四）特殊讯问、询问制度

1. 法定代理人、合适成年人到场制度。

在讯问和审判时，应当通知未成年犯罪嫌疑人、被告人的法定代理人到场。无法通知、法定代理人不能到场或者法定代理人是共犯的，也可以通知犯罪嫌疑人、被告人的其他成年亲属，所在学校、单位、居住地基层组织或者未成年人保护组织的代表到场，并将有关情况记录在案。到场的法定代理人可以代为行使未成年犯罪嫌疑人、被告人的诉讼权利。

【高能提醒】

到场的法定代理人或者其他人员认为办案人员在讯问、审判中侵犯未成年人合法权益的，可以提出意见。讯问笔录应当交由到场的法定代理人或者其他人员阅读或者向其宣读。

未成年犯罪嫌疑人明确拒绝法定代理人以外的合适成年人到场，检察院可以准许，但应当另行通知其他合适成年人到场。

2. 其他在讯问、询问时应注意的事项。

（1）讯问女性未成年犯罪嫌疑人，应当有女工作人员在场。

（2）审判未成年人刑事案件，未成年被告人最后陈述后，其法定代理人可以进行补充陈述。

（3）询问未成年被害人、证人，适用上述规则。

（4）对未成年人刑事案件，人民法院决定适用简易程序审理的，应当征求未成年被告人及其法定代理人、辩护人的意见。上述人员提出异议的，不适用简易程序。

（5）开庭前和休庭时，法庭根据情况，可以安排未成年被告人与其法定代理人或者其他成年亲属、代表会见。

（五）强制辩护制度

未成年犯罪嫌疑人、被告人没有委托辩护人的，人民法院、人民检察院、公安机关应当通知法律援助机构指派律师为其提供辩护。

【高能提醒】

1. 此处判断未成年人的标准是“诉讼过程中”，而非犯罪时。(《高检规则》第485条)

2. 未成年被害人及其法定代理人因经济困难或其他原因没有委托诉讼代理人的，法院应当帮助其申请法律援助。(《刑事诉讼法解释》第473条)

(六) 慎用强制措施

1. 严格限制适用逮捕措施。

人民检察院审查批准逮捕和人民法院决定逮捕，应当讯问未成年犯罪嫌疑人、被告人，听取辩护律师的意见。对被拘留、逮捕和执行刑罚的未成年人与成年人应当分别关押、分别管理、分别教育。

【高能提醒】

对未成年犯罪嫌疑人作出批准逮捕决定后，应当依法进行羁押必要性审查。对不需要继续羁押的，应当及时建议予以释放或者变更强制措施。

在法庭上，不得使用戒具。必须使用的，在现实危险消除后，应当立即停止使用。

2. 法庭上一般不得使用戒具。

在法庭上不得对未成年被告人使用戒具，但被告人人身危险性大，可能妨碍庭审活动的除外。必须使用戒具的，在现实危险消除后，应当立即停止使用。

(七) 附条件不起诉

1. 适用情形。

未成年人涉嫌刑法分则第四、五、六章规定的犯罪，可能判1年以下刑罚，事实清楚、证据确实、充分，符合起诉条件，但有悔罪表现的，检察院可以作出附条件不起诉的决定。

2. 附条件不起诉的决定程序。

(1) 对附条件不起诉的决定，应当征求公安机关和被害人意见，如果公安机关和被害人不同意的，公安机关可以要求复议、提请复核或者被害人有权申诉。

作出附条件不起诉的决定以前，应当听取公安机关、被害人、未成年犯罪嫌疑人的法定代理人、辩护人的意见，并制作笔录附卷。被害人是未成年人的，还应当听取被害人的法定代理人、诉讼代理人的意见。

公安机关或者被害人对附条件不起诉有异议或争议较大的案件，检察院可以召集侦查人员、被害人及其法定代理人、诉讼代理人、未成年犯罪嫌疑人及其法定代理人、辩护人举行不公开听证会。

人民检察院作出附条件不起诉的决定后，应当制作附条件不起诉决定书，并在三日以内送达公安机关、被害人或者其近亲属及其诉讼代理人、未成年犯罪嫌疑人及其法定代理人、辩护人。

送达时，应当告知被害人或者其近亲属及其诉讼代理人，如果对附条件不起诉决定不服，可以自收到附条件不起诉决定书后七日以内向上一级人民检察院申诉。

(2) 未成年犯罪嫌疑人及其法定代理人对人民检察院决定附条件不起诉有异议的，

人民检察院应当作出起诉的决定。

（3）人民检察院在作出附条件不起诉决定后，应当在十日内将附条件不起诉决定书报上级人民检察院主管部门备案。上级人民检察院认为下级人民检察院作出的附条件不起诉决定不适当的，应当及时撤销下级人民检察院作出的附条件不起诉决定，下级人民检察院应当执行。

3. 附条件不起诉的考验。

（1）考验机关：人民检察院。

（2）考验时间：6 个月以上 1 年以下，从决定之日起计算。

（3）被附条件不起诉的未成年犯罪嫌疑人，应当遵守下列规定：

①遵守法律法规，服从监督；

②离开所居住市、县或者迁居，应当报经考察机关批准；

③按照考察机关规定报告自己的活动情况；

④按照考察机关的要求接受矫治和教育。

（4）检察院可以要求被附条件不起诉的未成年犯罪嫌疑人接受下列矫治和教育：

①完成戒瘾治疗、心理辅导或者其他适当的处理措施；

②向被害人赔偿损失、赔礼道歉等；

③向社区或者公益团体提供公益劳动；

④接受相关教育；

⑤不得进入特定场所，与特定的人员会见或者通信，从事特定的活动；

⑥遵守其他保护被害人安全以及预防再犯的禁止性规定。

4. 考验期满后的处理。

（1）起诉。被附条件不起诉的未成年犯罪嫌疑人，在考验期内有下列情形之一的，人民检察院应当撤销附条件不起诉的决定，提起公诉：

①实施新的犯罪的；

②发现决定附条件不起诉以前还有其他犯罪需要追诉的；

③违反治安管理规定，造成严重后果，或者多次违反治安管理规定的；

④违反考察机关有关附条件不起诉的监督管理规定，造成严重后果，或者多次违反考察机关有关附条件不起诉的监督管理规定的。

（2）不起诉。被附条件不起诉的未成年犯罪嫌疑人，在考验期内没有上述情形，考验期满的，人民检察院应当作出不起诉的决定。

【高能提醒】

在押的，作出附条件不起诉决定后，检察院应当作出释放或变更强制措施。

5. 对附条件不起诉的救济。

（1）公安机关对附条件不起诉决定不服，可以要求作出决定的检察机关复议，意见不被接受，可以向上一级检察机关提请复核；被害人不服，可以自收到决定书后 7 日以内向上一级检察机关申诉。

（2）被害人对检察院附条件不起诉的决定不服，只能向上一级检察院申诉。

【高能提醒】

被害人只能向上一级检察院申诉，不能向法院起诉。

（3）未成年犯罪嫌疑人及其法定代理人对检察院决定附条件不起诉有异议的，检

察院应当作出起诉的决定。

（八）犯罪记录封存制度

1. 封存条件。

犯罪时不满18周岁，被判处5年有期徒刑以下刑罚的，司法机关和有关部门应当对相关犯罪记录予以封存。

2. 封存的解除。

（1）实施新的犯罪，且新罪与封存记录之罪数罪并罚后被决定执行5年以上刑罚的。

（2）发现漏罪，且漏罪与封存记录之罪数罪并罚后被决定执行5年以上刑罚的。

3. 封存期间的注意事项。

（1）犯罪记录被封存的，不得向任何单位和个人提供，但司法机关为办案需要或者有关单位根据国家规定进行查询的除外。依法进行查询的单位，应当对被封存的犯罪记录的情况予以保密。

（2）司法机关或者有关单位向人民法院申请查询封存的犯罪记录的，应当提供查询的理由和依据。对查询申请，人民法院应当及时作出是否同意的决定。

<table>
<tr><td colspan="2">必须查明犯罪嫌疑人、被告人的准确出生日期</td><td>未成年犯罪嫌疑人、被告人的准确出生日期要具体到“日”，在判断是否满14周岁、16周岁时，以生日当天的24时为标准。</td></tr>
<tr><td colspan="2">社会调查制度</td><td>1. 公、检、法办理未成年人刑事案件，根据情况可以对未成年犯罪嫌疑人、被告人的成长经历、犯罪原因、监护教育等情况进行调查，并制作社会调查报告，作为办案和教育的参考。
2. 开展社会调查，可以委托有关组织和机构进行。</td></tr>
<tr><td rowspan="3">特殊审判组织</td><td>少年法庭的概念</td><td>未成年人案件审判庭和未成年人刑事案件合议庭统称少年法庭。</td></tr>
<tr><td>少年法庭的审理范围</td><td>1. 被告人实施被指控的犯罪时不满18周岁、人民法院立案时不满20周岁的案件。
2. 被告人实施被指控的犯罪时不满18周岁、人民法院立案时不满20周岁，并被指控为首要分子或者主犯的共同犯罪案件。
3. 其他共同犯罪案件有未成年被告人的，或者其他涉及未成年人的刑事案件是否由少年法庭审理，由院长根据少年法庭工作的实际情况决定。</td></tr>
<tr><td>分案处理</td><td>对分案起诉至同一人民法院的未成年人与成年人共同犯罪案件，可以由同一个审判组织审理；不宜由同一个审判组织审理的，可以分别由少年法庭、刑事审判庭审理。</td></tr>
<tr><td colspan="2">特殊讯问规则</td><td>1. 法定代理人、合适成年人到场制度。
2. 讯问女性未成年犯罪嫌疑人，应当有女工作人员在场。
3. 未成年被告人最后陈述后，其法定代理人可以进行补充陈述。</td></tr>
<tr><td colspan="2">强制辩护制度</td><td>未成年犯罪嫌疑人、被告人没有委托辩护人的，公检法应当通知法律援助机构指派律师为其提供辩护。
【提示】未成年被害人及其法定代理人因经济困难或其他原因没有委托诉讼代理人的，法院应当帮助其申请法律援助。</td></tr>
<tr><td colspan="2">慎用强制措施</td><td>1. 严格限制适用逮捕措施。
对未成年犯罪嫌疑人、被告人应当严格限制适用逮捕措施。逮捕前，应当讯问未成年犯罪嫌疑人、被告人，听取辩护律师的意见。
【提示】对未成年犯罪嫌疑人作出批准逮捕决定后，应当依法进行羁押必要性审查。对不需要继续羁押的，应当及时建议予以释放或者变更强制措施。
2. 法庭上一般不得使用戒具。
在法庭上，对未成年被告人不得使用戒具。必须使用的，在现实危险消除后，应当立即停止使用。</td></tr>
</table>

<table>
<tr><td rowspan="5">附条件不起诉</td><td>适用情形</td><td colspan="2">未成年人涉嫌刑法分则第四、五、六章规定的犯罪，可能判1年以下刑罚，符合起诉条件，但有悔罪表现的，检察院可以作出附条件不起诉的决定。
【提示】人民检察院在作出附条件不起诉的决定以前，应当听取公安机关、被害人的意见，并制作笔录附卷。被害人是未成年人的，还应当听取被害人的法定代理人、诉讼代理人的意见。</td></tr>
<tr><td>附条件不起诉的考验</td><td colspan="2">1. 考验主体：人民检察院。
2. 考验期限：附条件不起诉的考验期为6个月以上1年以下，从检察院作出附条件不起诉的决定之日起计算。考验期不计入案件审查起诉期限。
3. 考验期义务。
被附条件不起诉的未成年犯罪嫌疑人，应当遵守下列规定：
（1）遵守法律法规，服从监督；
（2）按照考察机关的规定报告自己的活动情况；
（3）离开所居住的市、县或者迁居，应当报经考察机关批准；
（4）按照考察机关的要求接受矫治和教育。</td></tr>
<tr><td rowspan="2">考验后的处理</td><td>起诉</td><td>被附条件不起诉的未成年犯罪嫌疑人，在考验期内有下列情形之一的，人民检察院应当撤销附条件不起诉的决定，提起公诉：
1. 实施新的犯罪的。
2. 发现决定附条件不起诉以前还有其他犯罪需要追诉的。
3. 违反治安管理规定，造成严重后果，或者多次违反治安管理规定的。
4. 违反考察机关有关附条件不起诉的监督管理规定，造成严重后果，或者多次违反考察机关有关附条件不起诉的监督管理规定的。</td></tr>
<tr><td>不起诉</td><td>在考验期内没有上述情形，考验期满的，检察院应当作出不起诉的决定。</td></tr>
<tr><td>对附条件不起诉的救济</td><td colspan="2">1. 对附条件不起诉的决定，公安机关可以提出复议和复核。
2. 被害人对检察院对未成年犯罪嫌疑人作出的附条件不起诉的决定和考验期满的不起诉的决定，可以向上一级检察院申诉，不可以向法院起诉。
3. 未成年犯罪嫌疑人及其法定代理人对检察院决定附条件不起诉有异议的，检察院应当作出起诉的决定。</td></tr>
<tr><td rowspan="3">犯罪记录封存</td><td>封存条件</td><td colspan="2">犯罪时不满18周岁，被判处5年有期徒刑以下刑罚的，应当对相关犯罪记录予以封存。
【提示】2012年12月31日以前审结的案件符合上述规定的，相关犯罪记录也应当封存。</td></tr>
<tr><td>封存的解除</td><td colspan="2">对被封存犯罪记录的未成年人，符合下列条件之一的，应当对其犯罪记录解除封存：
1. 实施新的犯罪，且新罪与封存记录之罪数罪并罚后被决定执行5年有期徒刑以上刑罚的。
2. 发现漏罪，且漏罪与封存记录之罪数罪并罚后被决定执行5年有期徒刑以上刑罚的。</td></tr>
<tr><td>封存期间的注意事项</td><td colspan="2">1. 犯罪记录被封存的，不得向任何单位和个人提供，但司法机关为办案需要或者有关单位根据国家规定进行查询的除外。依法进行查询的单位，应当对被封存的犯罪记录的情况予以保密。
2. 司法机关或者有关单位向人民法院申请查询封存的犯罪记录的，应当提供查询的理由和依据。对查询申请，人民法院应当及时作出是否同意的决定。</td></tr>
</table>

第二节 当事人和解的公诉案件诉讼程序

一、适用条件

1. 正面条件。

（1）犯罪嫌疑人、被告人真诚悔罪。所谓真诚悔罪，是指犯罪嫌疑人、被告人已经充分认识到自己的犯罪行为给被害人及社会带来的损害，并且通过积极赔偿、赔礼道歉等方式表现出来。

（2）获得被害人谅解。被害人谅解是达成刑事和解的决定性条件。

（3）被害人自愿和解。被害人自愿和解，是指被害人做出谅解并且达成和解协议是出于其自由意志做出的，而非受到外来压力的影响。为了保证被害人和解的自愿性，《刑事诉讼法》第278条规定了公安机关、人民检察院和人民法院对和解自愿性进行审查。

2. 反面条件。

犯罪嫌疑人、被告人在5年以内未曾故意犯罪。

【高能提醒】

不管是否处罚，只要5年内有故意犯罪就不适合此和解程序。

二、案件范围

1. 因民间纠纷引起，涉嫌刑法分则第四章、第五章规定的犯罪案件，可能判处3年有期徒刑以下刑罚的。

【高能提醒】

《公安部规定》第323条规定，（1）雇凶伤害他人的；（2）涉及黑社会性质组织犯罪的；（3）涉及寻衅滋事的；（4）涉及聚众斗殴的；（5）多次故意伤害他人身体的；（6）其他不宜和解的案件，不适用当事人和解的公诉案件诉讼程序。

此处的“3年有期徒刑以下刑罚”是指宣告刑而非法定刑。

2. 除渎职犯罪以外的可能判处7年有期徒刑以下刑罚的过失犯罪案件。

题

下列哪一案件可以适用当事人和解的公诉案件诉讼程序？（2016-2-41，单）①

A. 甲因侵占罪被免除处罚2年后，又涉嫌故意伤害致人轻伤

B. 乙涉嫌寻衅滋事，在押期间由其父亲代为和解，被害人表示同意

C. 丙涉嫌过失致人重伤，被害人系限制行为能力人，被害人父亲愿意代为和解

D. 丁涉嫌破坏计算机信息系统，被害人表示愿意和解

三、和解主体

1. 被害人。

（1）被害人死亡的，其近亲属可以与被告人和解。近亲属有多人的，达成和解协议，应当经处于同一继承顺序的所有近亲属同意。

（2）被害人系无行为能力或者限制行为能力人的，其法定代理人、近亲属可以代为和解。

2. 被告人。

（1）被告人的近亲属经被告人同意，可以代为和解。

（2）被告人系限制行为能力人的，其法定代理人可以代为和解。

① 答案：C。

（3）被告人的法定代理人、近亲属依照前两款规定代为和解的，和解协议约定的赔礼道歉等事项，应当由被告人本人履行。

【高能提醒】

在被害人死亡的情形下，其近亲属是“与被告人和解”，而不是代为和解。

在促成和解的过程中，法院和检察院的角色有所差别：

《刑事诉讼法解释》第 496 条规定，对符合刑事诉讼法第二百七十七条规定的公诉案件，事实清楚，证据充分的，人民法院应当告知当事人可以自行和解；当事人提出申请的，人民法院可以主持双方当事人协商以达成和解。根据案件情况，人民法院可以邀请人民调解员、辩护人、诉讼代理人、当事人亲友等参与促成双方当事人和解。

《高检规则》第 497 条规定，人民检察院对于符合刑事和解条件的公诉案件，可以建议当事人进行和解，并告知相应的权利义务，必要时可以提供法律咨询。

四、和解的对象

双方当事人可以就赔偿损失、赔礼道歉等民事责任事项进行和解，并且可以就被害人及其法定代理人或者近亲属是否要求或者同意公、检、法对犯罪嫌疑人依法从宽处理进行协商，但不得对案件的事实认定、证据采信、法律适用和定罪量刑等依法属于公安机关、人民检察院、人民法院职权范围的事宜进行协商。

五、和解协议

1. 和解协议的制作。

（1）双方当事人和解的，公安机关、人民检察院、人民法院应当听取当事人和其他有关人员的意见，对和解的自愿性、合法性进行审查，并主持制作和解协议书。

（2）检察院阶段：和解协议应当由双方当事人签字，可以写明和解协议书系在检察院主持下制作。检察院不在当事人和解协议书上签字，也不加盖检察院印章。

（3）法院阶段：和解协议书应当由双方当事人和审判人员签名，但不加盖法院印章。对和解协议中的赔偿损失内容，双方当事人要求保密的，人民法院应当准许，并采取相应的保密措施。

【高能提醒】

对和解协议中的赔偿损失内容可以保密，但是对于双方当事人达成和解这一事实，不能保密。

2. 对和解协议的异议及审查。

对公安机关、人民检察院主持制作的和解协议书，当事人提出异议的，人民法院应当审查。经审查，和解自愿、合法的，予以确认，无需重新制作和解协议书。

和解不具有自愿性、合法性的，应当认定无效。

和解协议被认定无效后，双方当事人重新达成和解的，人民法院应当主持制作新的和解协议书。

3. 和解协议的履行。

（1）履行方式：即时履行。和解协议约定的赔偿损失内容，被告人应当在协议签署后即时履行。

【高能提醒】

被害人或者其法定代理人、近亲属提起附带民事诉讼后，双方愿意和解，但被告人不能即时履行全部赔偿义务的，人民法院应当制作附带民事调解书。

（2）履行和解协议后的反悔。和解协议已经全部履行，当事人反悔的，法院不予支持，但有证据证明和解违反自愿、合法原则的除外。

（3）履行和解协议后提起附带民诉的处理。双方当事人在侦查、审查起诉期间已经达成和解协议并全部履行，被害人或者其法定代理人、近亲属又提起附带民事诉讼的，人民法院不予受理，但有证据证明和解违反自愿、合法原则的除外。

六、不同阶段达成和解协议的处理

1. 和解适用于侦查、起诉与审判三个阶段

2. 达成和解协议的案件，各阶段的处理方式不同

（1）侦查阶段，公安机关可以向人民检察院提出从宽处理的建议。

（2）审查起诉阶段，人民检察院可以向人民法院提出从宽处罚的建议；对于犯罪情节轻微，不需要判处刑罚的，可以作出不起诉的决定。（酌定不起诉）

（3）审判阶段，对达成和解协议的案件，人民法院应当对被告人从轻处罚；符合非监禁刑适用条件的，应当适用非监禁刑；判处法定最低刑仍然过重的，可以减轻处罚；综合全案认为犯罪情节轻微不需要判处刑罚的，可以免除刑事处罚。共同犯罪案件，部分被告人与被害人达成和解协议的，可以依法对该部分被告人从宽处罚，但应当注意全案的量刑平衡。

【高能提醒】

没有判决无罪的处理。

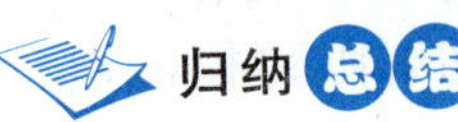

适用条件	正面条件	1. 犯罪嫌疑人、被告人真诚悔罪； 2. 通过向被害人赔偿损失、赔礼道歉等方式获得被害人谅解； 3. 被害人自愿和解。
	反面条件	犯罪嫌疑人、被告人在5年以内曾经故意犯罪的，不适用本章规定的当事人和解的公诉案件诉讼程序。 【提示】犯罪嫌疑人在犯《刑事诉讼法》第277条第1款规定的犯罪前5年内曾故意犯罪，无论该故意犯罪是否已经追究，均应当认定为前款规定的5年以内曾故意犯罪。
案件范围		1 因民间纠纷引起，涉嫌刑法分则第4、5章规定的犯罪案件，可能判处3年有期徒刑以下刑罚的； 2. 除渎职犯罪以外的可能判处7年有期徒刑以下刑罚的过失犯罪案件。
和解主体	被害人	1. 被害人死亡的，其近亲属可以与被告人和解； 2. 被害人系无行为能力或者限制行为能力人的，其法定代理人、近亲属可以代为和解。
	被告人	被告人的近亲属经被告人同意，可以代为和解。 被告人系限制行为能力人的，其法定代理人可以代为和解。 【注意】被告人的法定代理人、近亲属依照前两款规定代为和解的，和解协议约定的赔礼道歉等事项，应当由被告人本人履行。
和解的对象		双方当事人可以就赔偿损失、赔礼道歉等民事责任事项进行和解，并且可以就被害人及其法定代理人或者近亲属是否要求或者同意公、检、法对犯罪嫌疑人依法从宽处理进行协商，但不得对案件的事实认定、证据采信、法律适用和定罪量刑等依法属于公安机关、人民检察院、人民法院职权范围的事宜进行协商。

和解协议	和解协议的制作	1. 双方当事人和解的，公安机关、人民检察院、人民法院应当听取当事人和其他有关人员的意见，对和解的自愿性、合法性进行审查，并主持制作和解协议书。 2. 检察院阶段：和解协议应当由双方当事人签字，可以写明和解协议书系在检察院主持下制作。检察院不在当事人和解协议书上签字，也不加盖检察院印章。 3. 法院阶段：和解协议书应当由双方当事人和审判人员签名，但不加盖法院印章。对和解协议中的赔偿损失内容，双方当事人要求保密的，人民法院应当准许，并采取相应的保密措施。
	对和解协议的异议及审查	对公安机关、人民检察院主持制作的和解协议书，当事人提出异议的，人民法院应当审查。经审查，和解自愿、合法的，予以确认，无需重新制作和解协议书；和解不具有自愿性、合法性的，应当认定无效。和解协议被认定无效后，双方当事人重新达成和解的，人民法院应当主持制作新的和解协议书。
	和解协议的履行	1. 和解协议约定的赔偿损失内容，被告人应当在协议签署后即时履行。 2. 和解协议已经全部履行，当事人反悔的，法院不予支持，但有证据证明和解违反自愿、合法原则的除外。 3. 双方当事人在侦查、审查起诉期间已经达成和解协议并全部履行，被害人或者其法定代理人、近亲属又提起附带民事诉讼的，人民法院不予受理，但有证据证明和解违反自愿、合法原则的除外。
不同阶段达成和解协议的处理		1. 和解适用于侦查、起诉与审判三个阶段。 2. 达成和解协议的案件，公安司法机关的处理方式不同： （1）侦查阶段，公安机关可以向人民检察院提出从宽处理的建议。 （2）审查阶段，人民检察院可以向人民法院提出从宽处罚的建议；对于犯罪情节轻微，不需要判处刑罚的，可以作出不起诉的决定。 （3）对达成和解协议的案件，人民法院应当对被告人从轻处罚；符合非监禁刑适用条件的，应当适用非监禁刑；判处法定最低刑仍然过重的，可以减轻处罚；综合全案认为犯罪情节轻微不需要判处刑罚的，可以免除刑事处罚。共同犯罪案件，部分被告人与被害人达成和解协议的，可以依法对该部分被告人从宽处罚，但应当注意全案的量刑平衡。

第三节　犯罪嫌疑人、被告人逃匿、死亡案件违法所得的没收程序

一、适用条件

依照《刑法》规定应当追缴违法所得及其他涉案财产，且符合下列情形之一的，检察院可以向法院提出没收违法所得的申请：

1. 贪污贿赂犯罪、恐怖活动犯罪等重大犯罪案件，犯罪嫌疑人、被告人逃匿，在通缉1年后不能到案的。

2. 犯罪嫌疑人、被告人死亡。

【高能提醒】

具有下列情形之一的，应当认定为《刑事诉讼法》第280条第1款规定的“重大犯罪案件”。

（1）犯罪嫌疑人、被告人可能被判处无期徒刑以上刑罚的；

（2）案件在本省、自治区、直辖市或者全国范围内有较大影响的；

（3）其他重大犯罪案件。

二、没收对象

1. 根据《刑事诉讼法》第280条的规定，该程序的没收对象是犯罪嫌疑人、被告人的违法所得及其他涉案财产。

2.《刑事诉讼法解释》第509条规定，实施犯罪行为所取得的财物及其孳息，以及被告人非法持有的违禁品、供犯罪所用的本人财物，应当认定为刑事诉讼法第二百八十条规定的“违法所得及其他涉案财产”。

下列哪一选项不属于犯罪嫌疑人、被告人逃匿、死亡案件违法所得没收程序中的“违法所得及其他涉案财产”？(2014-2-42，单)[①]

A. 刘某恐怖活动犯罪案件中从其住处搜出的管制刀具

B. 赵某贪污案赃款存入银行所得的利息

C. 王某恐怖活动犯罪案件中制造爆炸装置使用的所在单位的仪器和设备

D. 周某贿赂案受贿所得的古玩

三、启动程序

1. 侦查阶段。

公安机关认为有前款规定情形的，应当写出没收违法所得意见书，移送人民检察院。

2. 审查起诉阶段。

人民检察院发现案件符合《刑事诉讼法》第280条规定情形的，可直接启动违法所得没收程序。

根据《高检规则》第529条规定，人民检察院应当在接到公安机关移送的没收违法所得意见书后30日以内作出是否提出没收违法所得申请的决定。30日以内不能作出决定的，经检察长批准，可以延长15日。对于公安机关移送的没收违法所得案件，经审查认为不符合《刑事诉讼法》第280条第1款规定条件的，应当作出不提出没收违法所得申请的决定，并向公安机关书面说明理由；认为需要补充证据的，应当书面要求公安机关补充证据，必要时也可以自行调查。公安机关补充证据的时间不计入人民检察院办案期限。

根据《高检规则》第530条规定，人民检察院发现公安机关应当启动违法所得没收程序而不启动的，可以要求公安机关在7日以内书面说明不启动的理由。经审查，认为公安机关不启动理由不能成立的，应当通知公安机关启动程序。

根据《高检规则》第532条规定，在审查公安机关移送的没收违法所得意见书的过程中，在逃的犯罪嫌疑人、被告人自动投案或者被抓获的，人民检察院应当终止审查，并将案卷退回公安机关处理。

根据《高检规则》第534条规定，在人民检察院审查起诉过程中，犯罪嫌疑人死亡，或者贪污贿赂犯罪、恐怖活动犯罪等重大犯罪案件的犯罪嫌疑人逃匿，在通缉1年后不能到案，依照刑法规定应当追缴其违法所得及其他涉案财产的，人民检察院可

① 答案：C。

以直接提出没收违法所得的申请。

【高能提醒】

死亡的没收程序无需通缉。

3. 审判阶段。

如果犯罪嫌疑人、被告人逃匿的，人民法院应当根据《刑事诉讼法》第200条的规定中止审理；如果犯罪嫌疑人、被告人死亡的，人民法院应当根据《刑事诉讼法》第15条的规定终止审理；如果符合没收违法所得条件的，应当再由人民检察院提出没收违法所得的申请，人民法院不能直接作出没收违法所得的裁定。

【高能提醒】

人民法院在必要的时候，可以查封、扣押、冻结申请没收的财产。

四、法院的受理程序

1. 管辖法院。

没收违法所得及其他涉案财产的申请，由犯罪地或者犯罪嫌疑人、被告人居住地的中级人民法院组成合议庭进行审理。

2. 法院的公告。

人民法院受理没收违法所得的申请后，应当在15日内发出公告。公告期间为6个月。人民法院在公告期满后对没收违法所得的申请进行审理。

3. 利害关系人申请参加诉讼。

犯罪嫌疑人、被告人的近亲属和其他利害关系人有权申请参加诉讼，也可以委托诉讼代理人参加诉讼。

【高能提醒】

犯罪嫌疑人、被告人的近亲属和其他利害关系人申请参加诉讼的，应当在公告期间提出。公告期满后申请参加诉讼的，必须提出合理理由才能准许。

五、审理方式

两种审理方式，开庭审理与不开庭审理：

1. 利害关系人参加诉讼的，法院应当开庭审理。没有利害关系人申请参加诉讼的，可以不开庭审理。

2. 利害关系人接到通知后无正当理由拒不到庭，或者未经法庭许可中途退庭的可以转为不开庭审理，但还有其他利害关系人参加的除外。

【高能提醒】

法院对没收违法所得的申请开庭审理的，检察院应当派员出席法庭。

六、法院的裁定

1. 人民法院经审理，对经查证属于违法所得及其他涉案财产，除依法返还被害人的以外，应当裁定予以没收。

2. 对不属于应当追缴的财产的，应当裁定驳回申请，解除查封、扣押、冻结措施。

七、审理期限

审理申请没收违法所得案件的期限，参照公诉案件第一审普通程序和第二审程序的审理期限执行。

【高能提醒】

公告期间和请求刑事司法协助的时间不计入审理期限。

八、上诉与抗诉

对于人民法院作出的裁定，犯罪嫌疑人、被告人的近亲属和其他利害关系人或者人民检察院可以在5日内提出上诉、抗诉。

九、程序转化

1. 没收程序转诉讼程序。

根据《刑事诉讼法解释》第519条规定，没收程序中，在逃的犯罪嫌疑人、被告人自动投案或者被抓获的，人民法院应当终止审理。检察院向原法院提起公诉的，可以由同一审判组织审理。

2. 诉讼程序转没收程序。

根据《六机关规定》第38条规定，诉讼审理中，被告人死亡的，应当裁定终止审理；被告人脱逃的，应当裁定中止审理。检察院可以依法另行向法院提出没收违法所得的申请。向原受理案件的人民法院提出申请的，可以由同一审判组织审理。

十、裁定生效后的救济措施

1. 没收违法所得裁定生效后，犯罪嫌疑人、被告人到案并对没收裁定提出异议，人民检察院向原作出裁定的人民法院提起公诉的，可以由同一审判组织审理。

人民法院经审理，应当按照下列情形分别处理：

（1）原裁定正确的，予以维持，不再对涉案财产作出判决；

（2）原裁定确有错误的，应当撤销原裁定，并在判决中对有关涉案财产一并作出处理。

2. 人民法院生效的没收裁定确有错误的，除前种情形外，应当依照审判监督程序予以纠正。已经没收的财产，应当及时返还；财产已经上缴国库的，由原没收机关从财政机关申请退库，予以返还；原物已经出卖、拍卖的，应当退还价款；造成犯罪嫌疑人、被告人以及利害关系人财产损失的，应当依法赔偿。

归纳总结

适用条件	依照刑法规定应当追缴违法所得及其他涉案财产，且符合下列情形之一的，检察院可以向法院提出没收违法所得的申请： 1. 犯罪嫌疑人、被告人实施了贪污贿赂犯罪、恐怖活动犯罪等重大犯罪后逃匿，在通缉一年后不能到案的。 2. 犯罪嫌疑人、被告人死亡。（《刑事诉讼法》第280条第1款） 【提示】具有下列情形之一的，应当认定为《刑事诉讼法》第280条第1款规定的“重大犯罪案件”：①犯罪嫌疑人、被告人可能被判处无期徒刑以上刑罚的；②案件在本省、自治区、直辖市或者全国范围内有较大影响的；③其他重大犯罪案件。

项目	阶段	内容
没收对象		犯罪嫌疑人、被告人的违法所得及其他涉案财产。
启动程序	侦查阶段	公安机关认为有前款规定情形的，应当写出没收违法所得意见书，移送人民检察院。人民检察院可以向人民法院提出没收违法所得的申请。
	审查起诉阶段	人民检察院发现案件符合《刑事诉讼法》第280条规定情形的，可直接启动违法所得没收程序。
	审判阶段	如果犯罪嫌疑人、被告人逃匿的，法院应当中止审理；如果犯罪嫌疑人、被告人死亡的，法院应当终止审理。如果符合没收违法所得条件的，应当再由人民检察院提出没收违法所得的申请，人民法院不能直接作出没收违法所得的裁定。 【提示】人民法院在必要的时候，可以查封、扣押、冻结申请没收的财产。
法院的受理程序		1. 管辖法院：由犯罪地或者犯罪嫌疑人、被告人居住地的中级人民法院组成合议庭审理。 2. 法院的公告：法院应当发出公告。公告期间为6个月。 3. 利害关系人申请参加诉讼：犯罪嫌疑人、被告人的近亲属和其他利害关系人有权申请参加诉讼，也可以委托诉讼代理人参加诉讼。利害关系人申请参加诉讼的，应当在公告期间提出。 【提示】“其他利害关系人”是指对申请没收的财产主张所有权的人。
审理方式		1. 利害关系人参加诉讼的，法院应当开庭审理。没有利害关系人申请参加诉讼的，可以不开庭审理。 2. 利害关系人接到通知后无正当理由拒不到庭，或者未经法庭许可中途退庭的可以转为不开庭审理，但还有其他利害关系人参加的除外。 【提示】法院对没收违法所得的申请开庭审理的，检察院应当派员出席法庭。
法院的裁定		1. 法院经审理，对经查证属于违法所得及其他涉案财产，除依法返还被害人的以外，应当裁定予以没收。 2. 对不属于应当追缴的财产的，应当裁定驳回申请，解除查封、扣押、冻结措施。（《刑事诉讼法》第282条）
审理期限		审理申请没收违法所得案件的期限，参照公诉案件第一审普通程序和第二审程序的审理期限执行。 【提示】公告期间和请求刑事司法协助的时间不计入审理期限。
上诉与抗诉		对于法院作出的裁定，犯罪嫌疑人、被告人的近亲属和其他利害关系人或者检察院可以在5日内提出上诉、抗诉。
程序转化		1. 没收程序转诉讼程序。没收违法所得审理过程中，在逃的犯罪嫌疑人、被告人自动投案或者被抓获的，人民法院应当终止审理。检察院向原法院提起公诉的，可以由同一审判组织审理。 2. 诉讼程序转没收程序。诉讼审理中，被告人死亡的，应当裁定终止审理；被告人脱逃的，应当裁定中止审理。检察院可以依法另行向法院提出没收违法所得的申请。向原受理案件的人民法院提出申请的，可以由同一审判组织审理。
裁定生效后的救济措施	犯罪嫌疑人、被告人到案的	没收违法所得裁定生效后，犯罪嫌疑人、被告人到案并对没收裁定提出异议，人民检察院向原作出裁定的人民法院提起公诉的，可以由同一审判组织审理。法院经审理，应当按照下列情形分别处理： 1. 原裁定正确的，予以维持，不再对涉案财产作出判决。 2. 原裁定确有错误的，应当撤销原裁定，并在判决中对有关涉案财产一并作出处理。
	犯罪嫌疑人、被告人没到案的	法院生效的没收裁定确有错误的，除前种情形外，应当依照审判监督程序予以纠正。已经没收的财产，应当及时返还；财产已经上缴国库的，由原没收机关从财政机关申请退库，予以返还；原物已经出卖、拍卖的，应当退还价款；造成犯罪嫌疑人、被告人以及利害关系人财产损失的，应当依法赔偿。

第四节　依法不负刑事责任的精神病人的强制医疗程序

一、适用条件

对实施暴力行为的精神病人，适用强制医疗，需要满足以下三个条件：

1. 实施暴力行为，危害公共安全或者严重危害公民人身安全，社会危害性已经达到犯罪程度。

2. 经法定程序鉴定依法不负刑事责任的精神病人。

3. 有继续危害社会的可能。

【高能提醒】

只有暴力行为侵犯公共安全或者严重危害公民人身安全，没有涉及财产犯罪。

二、启动方式

1. 公安机关发现精神病人符合强制医疗条件的，应当写出强制医疗意见书，移送人民检察院。

2. 对于公安机关移送的或者在审查起诉过程中发现的精神病人符合强制医疗条件的，人民检察院应当向人民法院提出强制医疗的申请。

《高检规则》第 544 条规定，人民检察院应当在接到公安机关移送的强制医疗意见书后 30 日以内作出是否提出强制医疗申请的决定。对于公安机关移送的强制医疗案件，经审查认为不符合《刑事诉讼法》第 284 条规定条件的，应当作出不提出强制医疗申请的决定，并向公安机关书面说明理由；认为需要补充证据的，应当书面要求公安机关补充证据，必要时也可以自行调查。公安机关补充证据的时间不计入人民检察院办案期限。

《高检规则》第 545 条规定，人民检察院发现公安机关应当启动强制医疗程序而不启动的，可以要求公安机关在 7 日以内书面说明不启动的理由。经审查，认为公安机关不启动理由不能成立的，应当通知公安机关启动程序。

《高检规则》第 548 条规定，在审查起诉中，犯罪嫌疑人经鉴定系依法不负刑事责任的精神病人的，人民检察院应当作出不起诉决定。认为符合《刑事诉讼法》第 284 条规定条件的，应当向人民法院提出强制医疗的申请。

3. 人民法院在审理案件过程中发现被告人符合强制医疗条件的，可以作出强制医疗的决定。

对实施暴力行为的精神病人，在人民法院决定强制医疗前，公安机关可以采取临时的保护性约束措施。

三、法院的审理程序

1. 管辖法院。

依法不负刑事责任的精神病人强制医疗的案件，由被申请人实施暴力行为所在地的基层人民法院管辖；由被申请人居住地的人民法院审判更为适宜的，可以由被申请人居住地的基层人民法院管辖。

2. 审理方式。

审理强制医疗案件，应当组成合议庭，开庭审理。但是，被申请人、被告人的法定代理人请求不开庭审理，并经人民法院审查同意的除外。

3. 通知法定代理人。

人民法院审理强制医疗案件，应当通知被申请人或者被告人的法定代理人到场。

4. 强制法律援助。

被申请人或者被告人没有委托诉讼代理人的，人民法院应当通知法律援助机构指派律师为其提供法律帮助。

5. 审理期限。

法院经审理，对于被申请人或者被告人符合强制医疗条件的，应当在 1 个月以内作出决定。

四、审理结果

1. 法院对检察院申请强制医疗程序的审理结果。

对检察院申请强制医疗的案件，人民法院审理后应当按照下列情形分别处理：

（1）符合强制医疗条件的，应当作出对被申请人强制医疗的决定。

（2）被申请人属于依法不负刑事责任的精神病人，但不符合强制医疗条件的，应当作出驳回强制医疗申请的决定。

（3）被申请人具有完全或者部分刑事责任能力，依法应当追究刑事责任的，应当作出驳回强制医疗申请的决定，并退回人民检察院依法处理。

2. 法院在公诉案件审理过程中作出强制医疗的决定。

法院在审理过程中发现被告人可能符合强制医疗条件的，应当依照法定程序对被告人进行法医精神病鉴定。经鉴定，被告人属于依法不负刑事责任的精神病人的，应当适用强制医疗程序进行审理。人民法院审理后，应当按照下列情形分别处理：

（1）被告人符合强制医疗条件的，应当判决宣告被告人不负刑事责任，同时作出对被告人强制医疗的决定；

（2）被告人属于依法不负刑事责任的精神病人，但不符合强制医疗条件的，应当判决宣告被告人无罪或者不负刑事责任；被告人已经造成危害结果的，应当同时责令其家属或者监护人严加看管和医疗；

（3）被告人具有完全或者部分刑事责任能力，依法应当追究刑事责任的，应当依照普通程序继续审理。

五、救济方式

1. 被决定强制医疗的人、被害人及其法定代理人、近亲属对强制医疗决定不服的，可以向上一级人民法院申请复议。

2. 对不服强制医疗决定的复议申请，上一级人民法院应当组成合议庭审理，并在 1 个月内，按照下列情形分别作出复议决定：

（1）被决定强制医疗的人符合强制医疗条件的，应当驳回复议申请，维持原决定；

（2）被决定强制医疗的人不符合强制医疗条件的，应当撤销原决定；

（3）原审违反法定诉讼程序，可能影响公正审判的，应当撤销原决定，发回原审人民法院重新审判。

六、强制医疗的执行

人民法院决定强制医疗的，应当在作出决定后5日内，向公安机关送达强制医疗决定书和强制医疗执行通知书，由公安机关将被决定强制医疗的人送交强制医疗。

七、强制医疗的解除

（一）申请程序

1. 强制医疗机构提出解除意见。

强制医疗机构应当定期对被强制医疗的人进行诊断评估。对于已不具有人身危险性，不需要继续强制医疗的，应当及时提出解除意见，报决定强制医疗的人民法院批准。

2. 被强制医疗的人及其近亲属提出解除申请。

（1）被强制医疗的人及其近亲属申请解除强制医疗的，应当向决定强制医疗的人民法院提出。

（2）被强制医疗的人及其近亲属提出的解除强制医疗申请被人民法院驳回，6个月后再次提出申请的，人民法院应当受理。

（二）法院的处理

1. 人民法院应当组成合议庭进行审查，并在1个月内，按照下列情形分别处理：

（1）被强制医疗的人已不具有人身危险性，不需要继续强制医疗的，应当作出解除强制医疗的决定，并可责令被强制医疗的人的家属严加看管和医疗；

（2）被强制医疗的人仍具有人身危险性，需要继续强制医疗的，应当作出继续强制医疗的决定。

2. 人民法院应当在作出决定后5日内，将决定书送达强制医疗机构、申请解除强制医疗的人、被决定强制医疗的人和人民检察院。决定解除强制医疗的，应当通知强制医疗机构在收到决定书的当日解除强制医疗。

（三）检察院的监督

人民检察院认为强制医疗决定或者解除强制医疗决定不当，在收到决定书后20日内提出书面纠正意见的，人民法院应当另行组成合议庭审理，并在1个月内作出决定。

归纳总结

适用条件	1. 实施暴力行为，危害公共安全或者严重危害公民人身安全，社会危害性已经达到犯罪程度。 2. 经法定程序鉴定属于依法不负刑事责任的精神病人。 3. 有继续危害社会的可能。 可以予以强制医疗。
启动方式	1. 公安机关：公安机关发现精神病人符合强制医疗条件的，应当写出强制医疗意见书，移送人民检察院。 2. 检察院：对于公安机关移送的或者在审查起诉过程中发现的精神病人符合强制医疗条件的，人民检察院应当向人民法院提出强制医疗的申请。 【提示】在审查起诉中，犯罪嫌疑人经鉴定系依法不负刑事责任的精神病人的，人民检察院应当作出不起诉决定。认为符合《刑事诉讼法》第284条规定条件的，应当向人民法院提出强制医疗的申请。 3. 法院：人民法院在审理案件过程中发现被告人符合强制医疗条件的，可以作出强制医疗的决定。 【提示】对实施暴力行为的精神病人，在人民法院决定强制医疗前，公安机关可以采取临时的保护性约束措施。

审理程序	管辖法院	被申请人实施暴力行为所在地的基层法院；由被申请人居住地的法院审判更为适宜的，可以由被申请人居住地的基层法院管辖。
	审判组织	应当组成合议庭审理。
	审理方式	开庭审理。但是，被申请人、被告人的法定代理人请求不开庭审理，并经法院审查同意的除外。审理检察院申请强制医疗的案件，应当会见被申请人。
	通知法定代理人	人民法院审理强制医疗案件，应当通知被申请人或者被告人的法定代理人到场。
	强制法援辩护	被申请人或者被告人没有委托诉讼代理人的，法院应当通知法律援助机构指派律师为其提供法律帮助。
	审理期限	法院经审理，对于被申请人或者被告人符合强制医疗条件的，应当在1个月以内作出决定。
审理结果	法院对检察院申请强制医疗程序的审理结果	1. 符合强制医疗条件的，应当作出对被申请人强制医疗的决定。 2. 被申请人属于依法不负刑事责任的精神病人，但不符合强制医疗条件的，应当作出驳回强制医疗申请的决定。 3. 被申请人具有完全或者部分刑事责任能力，依法应当追究刑事责任的，应当作出驳回强制医疗申请的决定，并退回人民检察院依法处理。
	法院在公诉案件审理过程中作出强制医疗的决定	1. 被告人符合强制医疗条件的，应当判决宣告被告人不负刑事责任，同时作出对被告人强制医疗的决定。 2. 被告人属于依法不负刑事责任的精神病人，但不符合强制医疗条件的，应当判决宣告被告人无罪或者不负刑事责任；被告人已经造成危害结果的，应当同时责令其家属或者监护人严加看管和医疗。 3. 被告人具有完全或者部分刑事责任能力，依法应当追究刑事责任的，应当依照普通程序继续审理。
救济方式	1. 被决定强制医疗的人、被害人及其法定代理人、近亲属对强制医疗决定不服的，可以自收到决定书之日起5日内向上一级人民法院申请复议。复议期间不停止执行强制医疗的决定。 2. 对不服强制医疗决定的复议申请，上一级人民法院应当组成合议庭审理，并在1个月内，按照下列情形分别作出复议决定： （1）被决定强制医疗的人符合强制医疗条件的，应当驳回复议申请，维持原决定； （2）被决定强制医疗的人不符合强制医疗条件的，应当撤销原决定； （3）原审违反法定诉讼程序，可能影响公正审判的，应当撤销原决定，发回原审人民法院重新审判。	
强制医疗的执行	人民法院决定强制医疗的，应当在作出决定后5日内，向公安机关送达强制医疗决定书和强制医疗执行通知书，由公安机关将被决定强制医疗的人送交强制医疗。	
强制医疗的解除	申请程序	强制医疗机构应当定期对被强制医疗的人进行诊断评估。对于已不具有人身危险性，不需要继续强制医疗的，应当及时提出解除意见，报决定强制医疗的法院批准。
		被强制医疗的人及其近亲属申请解除强制医疗的，应当向决定强制医疗的人民法院提出。被强制医疗的人及其近亲属提出的解除强制医疗申请被人民法院驳回，6个月后再次提出申请的，人民法院应当受理。
	法院的处理	1. 人民法院应当组成合议庭进行审查，并在1个月内，按照下列情形分别处理： （1）被强制医疗的人已不具有人身危险性，不需要继续强制医疗的，应当作出解除强制医疗的决定，并可责令被强制医疗的人的家属严加看管和医疗； （2）被强制医疗的人仍具有人身危险性，需要继续强制医疗的，应当作出继续强制医疗的决定。 2. 人民法院应当在作出决定后5日内，将决定书送达强制医疗机构、申请解除强制医疗的人、被决定强制医疗的人和人民检察院。决定解除强制医疗的，应当通知强制医疗机构在收到决定书的当日解除强制医疗。
	检察院的监督	人民检察院认为强制医疗决定或者解除强制医疗决定不当，在收到决定书后20日内提出书面纠正意见的，人民法院应当另行组成合议庭审理，并在1个月内作出决定。

专题二十一 涉外刑事诉讼程序与司法协助制度

核心重点

涉外刑事诉讼程序所适用的案件范围；外国籍当事人委托中国律师辩护或代理的原则；外国人国籍的确认；诉讼文书的送达；刑事司法协助的主体。

考点精要

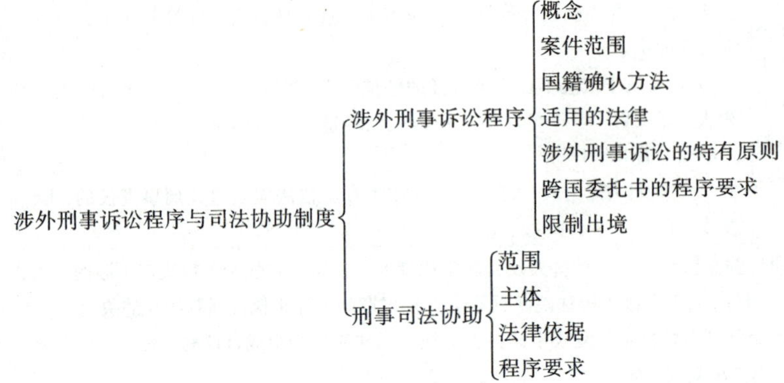

第一节 涉外刑事诉讼程序

一、概念

涉外刑事诉讼程序，是指诉讼活动涉及外国人（包括无国籍人，下同）或需要在国外进行的刑事诉讼所特有的方式、方法和步骤。简言之，涉外刑事诉讼程序，就是涉外刑事诉讼所特有的方式、方法和步骤。

涉外刑事诉讼与涉外案件的刑事诉讼不同。根据有关规定，涉外刑事案件是指以下两类案件：

1. 在中华人民共和国领域内，外国人犯罪的或者中国公民侵犯外国人合法权利的刑事案件。

2. 在中华人民共和国领域外，符合《刑法》第7~10条规定情形的中国公民犯罪或者外国人对中华人民共和国国家和公民犯罪的案件。

涉外案件的刑事诉讼，是指中国司法机关处理涉外刑事案件的方式、方法和步骤。涉外刑事诉讼是指刑事诉讼活动涉及外国人或者某些诉讼活动需要在国外进行这两种情况。涉外刑事诉讼包括涉外案件的刑事诉讼，但又不仅指涉外案件的刑事诉讼。在司法实践中，有些案件不是涉外案件，但由于案发时或案发后的一些特殊情况，使得

这些案件的诉讼活动涉及外国人或者需要在国外进行。例如，目击案件发生的证人是外国人或虽是中国人，但诉讼时已身在国外；案件发生后，犯罪嫌疑人、被告人潜逃国外等。随着中国对外开放的深入，这类案件数量会逐年增多。这些案件，在诉讼时所采取的方式、方法和步骤不同于其他非涉外案件，可能要请求外国司法机关协助调查，或者需要向外国申请引渡犯罪嫌疑人等。从这方面讲，这些案件的刑事诉讼与涉外案件的刑事诉讼有共同的地方，故应一并予以研究。把涉外刑事诉讼程序等同于涉外刑事案件的诉讼程序，是不全面的。

二、案件范围

涉外刑事诉讼程序所适用的案件范围包括两类：

1. 涉外刑事案件。

（1）中国公民在中华人民共和国领域内对外国公民、无国籍人及外国法人犯罪的案件。在这种案件中，外国人、无国籍人或者外国法人是被害人，诉讼活动涉及外国人，故应适用涉外刑事诉讼程序。

（2）外国公民、无国籍人或外国法人在中华人民共和国领域内对中国国家、组织或者公民实施犯罪的案件。这种案件的犯罪嫌疑人、被告人是外国公民或法人，诉讼活动涉及外国人，也应适用涉外刑事诉讼程序。

（3）外国公民、无国籍人或者外国法人在中华人民共和国领域内侵犯外国公民、无国籍人或者外国法人的合法权利、触犯中国刑法，构成犯罪的案件。这种案件，犯罪行为没有危害中国国家、组织和公民的利益，但犯罪地点在中国境内，中国司法机关具有管辖权。这种案件的被害人、犯罪嫌疑人、被告人都是外国人，其侵害行为也可能是多种多样的，但只有那些根据中国刑法规定构成犯罪的行为，才适用涉外刑事诉讼程序予以追究。

（4）中华人民共和国缔结或者参加的国际条约所规定的，中国有义务管辖的国际犯罪行为。改革开放以来，中国缔结和参加了不少国际条约。根据这些公约和中国国内法的有关规定，凡中国有义务管辖的国际犯罪案件，均适用涉外刑事诉讼程序。

（5）外国人、无国籍人、外国法人在中华人民共和国领域外对中国国家或公民实施按照中国《刑法》规定最低刑为 3 年以上有期徒刑的犯罪案件，但按照犯罪地法律不受处罚的除外。这类案件的犯罪嫌疑人、被告人是外国人，犯罪地也不在中国境内，但因为犯罪行为是针对中国国家或中国公民实施的，按照保护管辖原则，我国有权依照涉外刑事诉讼程序追究其刑事责任。

2. 某些诉讼活动需要在国外进行的案件。

（1）某些刑事诉讼活动需要在国外进行的非涉外刑事案件，包括中国《刑法》第 7~8 条规定的中国公民在中国领域之外犯罪的案件；中国公民在中国领域内犯罪，犯罪后潜逃出境的案件；犯罪嫌疑人、被告人、被害人均为中国公民，但证人是外国人且诉讼时已出境的案件。在上述案件的诉讼过程中，某些诉讼活动如查缉犯罪嫌疑人、被告人或者收集证据等活动需要在国外进行，而中国的司法机关又不能直接到国外去行使职权，故需要按照国际条约或者互惠原则等规定，请求外国司法机关予以协助。

（2）外国司法机关管辖的，根据国际条约或者互惠原则，外国司法机关请求中国司法机关为其提供刑事司法协助的案件，等等。

三、国籍确认方法

1. 外国人的国籍，根据其入境时的有效证件确认。

2. 国籍不明的，根据公安机关或者有关国家驻华使、领馆出具的证明确认。

3. 国籍无法查明的，以无国籍人对待，适用本章有关规定，在裁判文书中写明“国籍不明”。

四、适用的法律

同时，涉外刑事诉讼是中国刑事诉讼活动的一个组成部分，因而，它适用的实体法和程序法都应是中国的法律以及中国参加或者缔结的国际条约或者国际公约，不存在适用外国实体法和程序法的问题。

五、涉外刑事诉讼的特有原则

1. 适用中国刑事法律和信守国际条约相结合的原则。

司法机关及诉讼参与人在进行涉外刑事诉讼时，除了要遵守中国刑法和刑事诉讼法外，还应当遵守中国缔结或者参加的国际条约中有关刑事诉讼程序的具体规定，除非中国对该条款有保留。

2. 外国籍犯罪嫌疑人、被告人享有中国法律规定的诉讼权利并承担诉讼义务的原则。

具有外国国籍的犯罪嫌疑人、被告人（包括无国籍人及外国国籍法人）在涉外刑事诉讼中，依照中国刑事诉讼法和其他法律的有关规定，享有诉讼权利，承担诉讼义务。既不享有本国法规定的诉讼权利，也不遵循本国法所规定的诉讼义务。

【高能提醒】

人民法院受理涉外刑事案件后，应当告知在押的外国籍被告人享有与其国籍国驻华使、领馆联系，与其监护人、近亲属会见、通信，以及请求人民法院提供翻译的权利。

3. 使用中国通用的语言文字进行诉讼的原则。

（1）司法机关在进行涉外刑事诉讼时，使用中国通用的语言进行预审、法庭审判和调查询问。

（2）人民法院审判涉外刑事案件，使用中华人民共和国通用的语言、文字，应当为外国籍当事人提供翻译。人民法院的诉讼文书为中文本。外国籍当事人不通晓中文的，应当附有外文译本，译本不加盖人民法院印章，以中文本为准。外国籍当事人通晓中国语言、文字，拒绝他人翻译，或者不需要诉讼文书外文译本的，应当由其本人出具书面声明。

4. 外国籍当事人委托中国律师辩护或代理的原则。

外国籍当事人如欲委托律师辩护或者代理，必须委托在中国注册的律师，不允许委托外国律师。

六、跨国委托书的程序要求

1. 外国籍当事人从中华人民共和国领域外寄交或者托交给中国律师或者中国公民

的委托书，以及外国籍当事人的监护人、近亲属提供的与当事人关系的证明，必须经所在国公证机关证明，所在国中央外交主管机关或者其授权机关认证，并经我国驻该国使、领馆认证，但我国与该国之间有互免认证协定的除外。

2. 对来自境外的证据材料，法院应当对材料来源、提供人、提供时间以及提取人、提取时间等进行审查。经审查，能够证明案件事实且符合刑事诉讼法规定的，可以作为证据使用，但提供人或者我国与有关国家签订的双边条约对材料的使用范围有明确限制的除外；材料来源不明或者其真实性无法确认的，不得作为定案的根据。

七、限制出境

1. 对涉外刑事案件的被告人，可以决定限制出境。

2. 对开庭审理案件时必须到庭的证人，可以要求暂缓出境。

3. 作出限制出境的决定，应当通报同级公安机关或者国家安全机关；限制外国人出境的，应当同时通报同级人民政府外事主管部门和当事人国籍国驻华使、领馆。

4. 人民法院决定限制外国人和中国公民出境的，应当书面通知被限制出境的人在案件审理终结前不得离境，并可以采取扣留护照或者其他出入境证件的办法限制其出境；扣留证件的，应当履行必要手续，并发给本人扣留证件的证明。

5. 对需要在边防检查站阻止外国人和中国公民出境的，受理案件的人民法院应当层报高级人民法院，由高级人民法院填写口岸阻止人员出境通知书，向同级公安机关办理交控手续。

6. 控制口岸不在本省、自治区、直辖市的，应当通过有关省、自治区、直辖市公安机关办理交控手续。紧急情况下，确有必要的，也可以先向边防检查站交控，再补办交控手续。

涉外刑事案件	两类案件： 1. 涉外刑事案件。 （1）在中华人民共和国领域内，外国人犯罪的或者我国公民侵犯外国人合法权利的刑事案件； （2）符合《刑法》第 7 条、第 10 条规定情形的我国公民在中华人民共和国领域外犯罪的案件； （3）符合《刑法》第 8 条、第 10 条规定情形的外国人对中华人民共和国国家或者公民犯罪的案件； （4）符合《刑法》第 9 条规定情形的中华人民共和国在所承担国际条约义务范围内行使管辖权的案件。 2. 某些诉讼活动需要在国外进行的案件。
国籍的确定	具有外国国籍的人、国籍不明的人、无国籍人。（《刑事诉讼法解释》第 394 条）： 1. 外国人的国籍，根据其入境时的有效证件确认。 2. 国籍不明的，根据公安机关或者有关国家驻华使、领馆出具的证明确认。 3. 国籍无法查明的，以无国籍人对待，适用涉外刑事案件审理程序，在裁判文书中写明“国籍不明”。
法律适用	1. 对于外国人应当追究刑事责任的，适用我国刑事诉讼法的规定。 2. 对于享有外交特权和豁免权的外国人应当追究刑事责任的，通过外交途径解决。 3. 中华人民共和国缔结或者参加的国际条约中有关于刑事诉讼程序具体规定的，适用该国际条约的规定。但是，我国声明保留的条款除外。

涉外刑事诉讼的特有原则	1. 适用中国刑事法律和信守国际条约相结合的原则。 2. 外国籍犯罪嫌疑人、被告人享有中国法律规定的诉讼权利并承担诉讼义务的原则。 3. 使用中国通用的语言文字进行诉讼的原则。 4. 外国籍当事人委托中国律师辩护或代理的原则。
跨国委托书的程序要求	外籍当事人从域外寄交或者托交给中国律师或者中国公民的委托书，必须经所在国公证机关证明，所在国中央外交主管机关或者其授权机关认证，并经我国驻该国使、领馆认证，但我国与该国之间有互免认证协定的除外。
限制出境	1. 对涉外刑事案件的被告人，可以决定限制出境。 2. 对开庭审理案件时必须到庭的证人，可以要求暂缓出境。 3. 作出限制出境的决定，应当通报同级公安机关或者国家安全机关；限制外国人出境的，应当同时通报同级人民政府外事主管部门和当事人国籍国驻华使、领馆。 4. 人民法院决定限制外国人和中国公民出境的，应当书面通知被限制出境的人在案件审理终结前不得离境，并可以采取扣留护照或者其他出入境证件的办法限制其出境；扣留证件的，应当履行必要手续，并发给本人扣留证件的证明。 5. 对需要在边防检查站阻止外国人和中国公民出境的，受理案件的人民法院应当层报高级人民法院，由高级人民法院填写口岸阻止人员出境通知书，向同级公安机关办理交控手续。 6. 控制口岸不在本省、自治区、直辖市的，应当通过有关省、自治区、直辖市公安机关办理交控手续。紧急情况下，确有必要的，也可以先向边防检查站交控，再补办交控手续。

第二节　刑事司法协助

刑事司法协助，是指一国的法院或其他的司法机关，根据另一国的法院或其他司法机关的请求，代为或者协助实行与刑事诉讼有关的司法行为。

一、范围

1. 狭义。狭义的刑事司法协助是指与审判有关的刑事司法协助，它包括送达刑事司法文书、询问证人和鉴定人、搜查、扣押、有关物品的移交以及提供有关法律资料等。

2. 广义。广义的刑事司法协助除了狭义上的刑事司法协助以外，还包括引渡等内容。

【高能提醒】

如果外国法院请求的事项同中华人民共和国的主权、安全或者社会公共利益不相容以及违反中国法律的，应当予以驳回；不属于我国法院职权范围的，应当予以退回，并说明理由。

二、法律依据

1. 国家间共同参加的国际公约。
2. 国家间签订的刑事司法协助条约。
3. 国家间临时达成的关于刑事司法协助的互惠协议。
4. 国内的法律规定。

三、主体

1. 刑事司法协助的主体，是指请求提供刑事司法协助和接受请求提供刑事司法协助的司法机关，包括请求国的司法机关和接受请求国的司法机关。在主张刑事司法协助狭义说的国家，刑事司法协助的主体仅指人民法院；在主张刑事司法协助广义说的国家，刑事司法协助的主体，除了法院外，还包括检察机关、警察机关。

2. 我国主张刑事司法协助广义说，因此，我国的公安机关、检察机关和人民法院，都是刑事司法协助的主体。

四、程序要求

1. 请求与我国签订司法协助协定的国家的法院代为一定诉讼行为的，必须由所在省、自治区、直辖市高级人民法院报经最高人民法院审查同意。

2. 与我国签订司法协助协定的国家的法院请求我国法院代为一定诉讼行为的，应当由最高人民法院审查后转达。

3. 外国法院请求的事项有损中华人民共和国的主权、安全、社会公共利益的，法院不予协助。

4. 请求和提供司法协助，应当依照中华人民共和国缔结或者参加的国际条约规定的途径进行；没有条约关系的，通过外交途径进行。

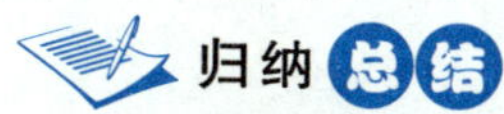

含义	刑事司法协助，是指我国司法机关和外国司法机关之间，根据本国缔结或者参加的国际条约，或者按照互惠原则，相互请求，代为进行某些刑事诉讼行为的一项制度。
主体	我国司法机关（公、检、法、司）和国外司法机关
根据	1. 我国缔结或者参加的国际条约。 2. 或者按照互惠原则。
程序	1. 外国法院请求的事项有损中华人民共和国的主权、安全、社会公共利益的，法院不予协助。 2. 请求和提供司法协助，应当依照中华人民共和国缔结或者参加的国际条约规定的途径进行；没有条约关系的，通过外交途径进行。 3. 人民法院请求外国提供司法协助的，应当经高级人民法院审查后报最高人民法院审核同意。 4. 外国法院请求我国提供司法协助，属于人民法院职权范围的，经最高人民法院审核同意后转有关人民法院办理。